LE SPÉCIALISTE

la Philosophie

STEPHEN LAW

Adaptation française :
Marie-Céline Cassanhol

GRÜND

« L'HOMME EST UNE CORDE TENDUE ENTRE L'ANIMAL ET LE SURHOMME – UNE CORDE AU-DESSUS D'UN ABÎME. »

Friedrich Nietzsche, ***Ainsi parlait Zarathoustra***

« LES PHILOSOPHES… SONT IRRÉSISTIBLEMENT TENTÉS DE POSER DES QUESTIONS, ET D'Y RÉPONDRE, À LA MANIÈRE DE LA SCIENCE. »

Ludwig Wittgenstein, *Le Cahier bleu,* Gallimard, Paris, 1996

« LES PLUS SAGES SONT LES PLUS RESPECTÉS. »

Attribué à Platon

Un livre de Dorling Kindersley

POUR L'ÉDITION ANGLAISE
Création éditoriale : Sam Atkinson
Création artistique : Victoria Clark
Fabrication : Rita Sinha
PAO : John Goldsmid
Responsable éditoriale : Debra Wolter
Responsable artistique : Karen Self
Directeur artistique : Bryn Walls
Directeur de la publication : Jonathan Metcalf

Textes supplémentaires de Daniel Cardinal, Michael Lacewing et Chris Horner

Réalisé pour Dorling Kindersley par Cobaltid

Suivi éditorial : Marek Walisiewicz, Kati Dye, Louise Abbott, Jamie Dickson, Maddy King
Suivi artistique : Paul Reid, Lloyd Tilbury, Pia Ingham, Darren Bland, Claire Oldman, Annika Skoog

POUR L'ÉDITION FRANÇAISE
Adaptation française : Marie-Céline Cassanhol
Secrétariat d'édition : Émilie Collet

ISBN 978-2-7000-1887-5
Dépôt légal : janvier 2008
PAO : PAOh! Dole
Texte composé en Baskerville
Imprimé en Chine

GARANTIE DE L'ÉDITEUR

Malgré tous les soins apportés à la fabrication, il est malheureusement possible que cet ouvrage comporte un défaut d'impression ou de façonnage. Dans ce cas, il vous sera échangé sans frais. Veuillez à cet effet le rapporter au libraire qui vous l'a vendu ou nous écrire à l'adresse ci-dessous en nous précisant la nature du défaut constaté. Dans l'un ou l'autre cas, il sera immédiatement fait droit à votre réclamation.

Editions Gründ – 60, rue Mazarine – 75006 Paris
www.grund.fr

SOMMAIRE

PENSER EN PHILOSOPHE EST UNE AVENTURE – UN VOYAGE VERS LES LIMITES DE LA PENSÉE ET DE L'ENTENDEMENT. NOUS SOMMES SOUVENT FASCINÉS PAR DES QUESTIONS PHILOSOPHIQUES, SANS TOUJOURS SAVOIR COMMENT LES APPROCHER. CET OUVRAGE EST UN GUIDE PRATIQUE POUR ABORDER LA PHILOSOPHIE DE FAÇON CLAIRE ET CONCISE.

Ce guide de philosophie est rédigé à l'intention des non initiés, mais il se révélera utile aux étudiants qui entament leurs études dans ce domaine. À travers ces pages, vous découvrirez certaines des pensées les plus extraordinaires, déconcertantes, inspirantes et parfois, les plus justes que les hommes aient jamais conçues. Encore aujourd'hui, les philosophes cherchent des réponses aux questions que posait déjà à l'Antiquité Platon, l'un des plus grands philosophes de tous les temps.

Cet ouvrage n'est pas à lire d'une seule traite. Vous puiserez sûrement dedans à votre gré, allant d'un chapitre à l'autre à mesure que vous explorerez les relations entre les penseurs et leurs idées.

La meilleure façon d'aborder un texte philosophique est une lecture active. Réfléchissez de façon critique à ce que vous venez de lire. N'hésitez pas à relire plusieurs fois les passages les plus complexes et à prendre le temps de vous en imprégner.

« La plus sûre description d'ensemble de la tradition philosophique européenne est qu'elle consiste en une série de notes de bas de pages à Platon. »

Alfred North Whitehead

Il faut souligner que cet ouvrage est une sorte d'« avant-goût ». Son but n'est pas tant de couvrir tout le domaine que d'offrir aux lecteurs une sélection éclairante de questions, de penseurs et d'idées. Les principaux domaines de la philosophie occidentale sont abordés, mais certains, tels que l'énigme du miroir, sont plus particuliers. Les sujets ici explorés sont, dans une certaine mesure, le reflet des goûts et des affinités des auteurs. Leur sélection ne prétend pas représenter de façon exhaustive les questions philosophiques les plus importantes.

Lorsque l'on se met à réfléchir en philosophe, on se pose en retrait et l'on commence à douter de ce que l'on considérait jusqu'alors comme évident – comme la réalité elle-même.

INTRODUCTION À LA PHILOSOPHIE

QU'EST-CE QUE LA PHILOSOPHIE ?

Les questions philosophiques comptent parmi les plus captivantes, les plus déroutantes et les plus importantes. Elles peuvent bouleverser nos croyances les mieux ancrées. Mais qu'est-ce exactement qu'une question philosophique, et comment les philosophes tentent-ils d'y répondre ?

Nous avons tous des croyances philosophiques

La philosophie est souvent considérée comme une discipline « d'intellectuels », sans rapport avec le quotidien. Mais en réalité, elle s'applique à bien des domaines de la vie courante.

Sans nous en rendre compte, nous avons tous des croyances philosophiques. Par exemple, vous supposez sans doute, comme moi, que le passé constitue un guide assez fiable pour l'avenir. C'est une croyance philosophique. Certains croient en l'existence de Dieu. D'autres pas. Là encore, cela relève du domaine de la philosophie. Pour certains, l'âme est immortelle et pour d'autres, l'homme n'est que matière pure. Moralement, on peut croire que les choses sont bonnes ou mauvaises, indépendamment de notre savoir, ou bien au contraire, que le bien et le mal sont de simples préférences subjectives. Nous pensons que le monde qui nous entoure est réel, et qu'il continue d'exister lorsque nous cessons de l'observer.

D'où vient l'univers ? Pourquoi existe-t-il ? La philosophie pose des questions fondamentales et souvent troublantes au sujet de la vie.

L'eau-forte de Goya *Le sommeil de la raison engendre des monstres* traduit l'esprit des Lumières et leur foi en la capacité de la raison à dissiper la peur, l'incertitude et la superstition.

Ces croyances philosophiques ont suscité maints débats chez les philosophes.

Il ne fait aucun doute qu'elles ont un impact significatif sur notre vie quotidienne. Quelqu'un pour qui la morale n'est rien de plus qu'une préférence subjective se comportera bien différemment de quelqu'un pour qui voler ou tuer sont des actes objectivement mauvais. Aujourd'hui, les débats de morale ou de politique comportent aussi un aspect philosophique. La question de l'avortement, des droits des animaux, de la guerre, de la liberté d'expression – tous ces domaines ont une importante dimension philosophique.

Quelqu'un qui n'a jamais réfléchi à ces questions, ou qui est mal outillé pour y réfléchir, se trouve véritablement désavantagé lorsque vient le moment de comprendre où est la vérité.

DES QUESTIONS FONDAMENTALES

Les enfants ont tendance à demander « pourquoi ? » à propos de tout, abordant directement nos croyances les plus fondamentales. Cette même tendance innocente se retrouve chez les philosophes, qui s'interrogent sur les fondements, posent des questions simples auxquelles nous ne pensons pas nécessairement car nous considérons ces fondements comme allant de soi.

Réfléchir en philosophe peut s'avérer captivant. Mais c'est aussi parfois perturbant, car l'on perd alors notre filet de sécurité. Le sol que l'on croyait ferme sous nos pieds peut soudain se dérober pour nous laisser seuls au-dessus du vide. Ce sentiment de vertige intellectuel est fréquent en philosophie. Il n'est pas étonnant que nombre d'entre nous préfèrent ne pas réfléchir à de tels sujets et rester là où ils se sentent en sécurité.

Pourtant, le risque vaut la peine d'être pris. Remettre certains fondements en question est parfois payant. Certaines des découvertes les plus importantes sont dues à des scientifiques qui ont fait cette démarche. Einstein a déclaré un jour que l'une de ses plus grandes sources d'inspiration était l'œuvre du philosophe du XVIIIe siècle David Hume, qui lui donna envie de remettre en question ce que l'on tenait pour vrai jusqu'alors.

Outre la science, plusieurs domaines ont bénéficié de ces remises en question. C'est le cas de la morale ou de la politique, dont certaines avancées ont été rendues possibles grâce à des personnes qui sont parfois allées jusqu'à rejeter une vérité que tout le monde acceptait.

« LA PHILOSOPHIE EST UNE LUTTE CONTRE LA MANIÈRE DONT LE LANGAGE ENSORCELLE NOTRE INTELLIGENCE. »

Ludwig Wittgenstein, *Investigations philosophiques*, Gallimard, Paris, 2004

Encore récemment, on considérait « évident » à travers presque tout l'Occident que l'esclavage était moralement acceptable et que la place d'une femme était à son foyer.

Les progrès de la morale et de la politique, quand d'autres acceptaient les choses comme allant de soi, ont permis de changer ces situations. La civilisation occidentale est très redevable à ceux qui ont été préparés à penser et à remettre en question les vérités « toutes faites ».

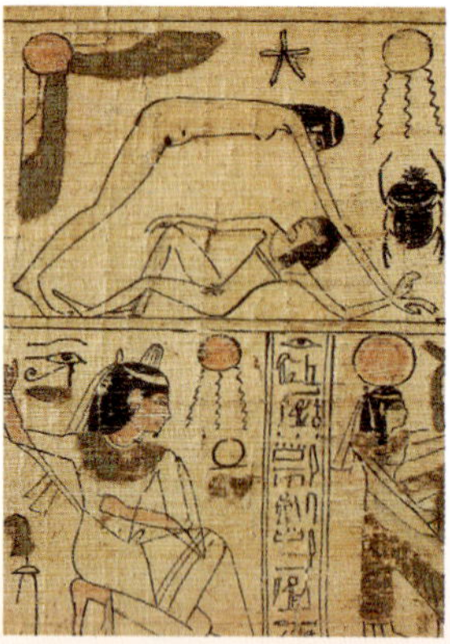

Comme bien d'autres cultures, l'Ancienne Égypte avait élaboré ses mythes de la création. La philosophie s'interroge elle aussi sur nos origines.

PHILOSOPHIE ET RELIGION

Nombre des questions abordées par la philosophie intéressent aussi la religion. Les religions tentent de trouver une raison à l'existence de l'univers. Certaines religions affirment que Dieu est à l'origine de toute chose. Elles sont nombreuses à aborder les questions de l'âme, d'une essence non physique et de ce qui différencie le bien du mal. Les plus grands penseurs religieux étaient souvent des philosophes, et certains des philosophes les plus importants étaient des théologiens.

Malgré cette convergence d'intérêts, philosophie et religion diffèrent sur bien des points, dont l'essentiel est le rôle capital que la philosophie accorde à la raison. Bien sûr, la raison a ses limites et n'est pas la clé de tous les puzzles philosophiques. Mais la philosophie nous incite à employer notre faculté de raisonner avec autant

Les Mayas avaient un système complexe de croyances où se mêlaient religion, mathématiques et cosmologie.

« UNE VIE SANS RÉFLEXION NE VAUT PAS LA PEINE D'ÊTRE VÉCUE. »

Attribué à Socrate

de précision et de profondeur que possible.

Les religions aussi encouragent l'emploi de la raison. Mais elles insistent surtout sur l'importance d'autres voies vers la vérité, parmi lesquelles la révélation et les textes sacrés. Parfois, elles vont même jusqu'à invalider la raison dans certains domaines. C'est en cela que philosophie et religion divergent. Dans la tradition philosophique occidentale, les postulats sont soumis à un examen critique afin de justifier chaque position de façon rationnelle : on essaie de fournir des arguments capables d'étayer la vérité.

RAISONNEMENT PHILOSOPHIQUE

Il faut préciser que les « raisonnements » des philosophes ne sont pas nécessairement complexes ou subtils. La plupart du temps, il s'agit de réflexions communes, dont la structure est semblable à celle de vos réflexions lorsque vous essayez de comprendre pourquoi votre voiture est en panne, si quelqu'un est en train de vous mentir, ou comment vous rendre d'un lieu à un autre par l'itinéraire le plus simple. Là encore, si la raison ne peut résoudre toutes nos questions, elle peut néanmoins éclairer certaines d'entre elles. Et quand elle ne peut apporter de réponse, elle montre souvent en quoi d'autres ne suffisent pas. C'est pourquoi réfléchir en philosophe reste malgré tout un précieux instrument, même lorsqu'on ne trouve pas de solutions.

A. J. AYER SUR LA PHILOSOPHIE

« Ce sont ses méthodes plus que les sujets qu'elle aborde qui distingue la philosophie des autres formes d'art ou de science. Les assertions des philosophes sont censées être vraies, étayées par des arguments qui réfutent les théories des autres ; mais ces arguments sont d'un genre très particulier. La démonstration d'une assertion philosophique ne ressemble pas, ou bien rarement, à celle d'une assertion mathématique… Pas plus qu'elle ne ressemble à aucune des démonstrations des assertions des sciences descriptives. Les théories philosophiques ne peuvent être soumises à l'épreuve de l'observation. »

A. J. Ayer, *The Problem of Knowledge*

SCIENCE ET PHILOSOPHIE

La philosophie pose des questions qui, souvent, semblent dépasser les capacités de la science à fournir une réponse. Par exemple : pourquoi l'univers existe-t-il ? Comment être sûr que nous ne sommes pas prisonniers d'une réalité virtuelle ? L'âme est-elle immortelle ? Qu'est-ce qui rend les actes en accord ou non avec la morale ? L'être humain jouit-il du libre arbitre ?

L'une des raisons pour lesquelles la science n'est que d'un piètre secours, c'est qu'elle présuppose certaines réponses. Considérons la question suivante : comment savoir si je ne suis pas prisonnier d'un monde illusoire ? Si vous avez vu le film *Matrix*, vous comprendrez en quoi notre monde pourrait relever de l'irréel – peut-être d'une réalité virtuelle recréée par ordinateur, et dans laquelle nous serions branchés dès la naissance : une illusion qui nourrit notre système nerveux depuis une machine centrale. Si la science empirique présuppose que nous accédons à la réalité grâce à nos cinq sens, elle ne peut prouver si nous sommes ou non victimes d'une aussi subtile illusion.

Considérons maintenant la question suivante : pourquoi l'univers existe-t-il ? Les scientifiques nous proposent le modèle du « big-bang » qui s'est produit il y a environ treize milliards et demi d'années. De cet événement extraordinaire naissent non seulement la matière et l'énergie, mais aussi le temps et l'espace. Cette explication scientifique efface-t-elle définitivement tout mystère ? Répond-elle au pourquoi de son existence ? Non. Et l'on peut s'interroger : pourquoi y a-t-il eu un « bang » plutôt que rien ? Le mystère n'est pas résolu, il est simplement suspendu. La science offre beaucoup de réponses intéressantes sur l'origine de l'univers, mais le mystérieux « pourquoi » dépasse son domaine.

La religion s'intéresse souvent aux mêmes questions que la philosophie. Mais contrairement à cette dernière, elle place parfois la foi au-dessus de la raison.

En physique des particules, on essaie d'identifier les particules élémentaires qui constituent l'univers, et de comprendre leur interaction. Mais les physiciens ne peuvent nous dire pourquoi ces particules existent, car l'expérimentation ne permet pas de répondre à cette question.

Autre raison pour laquelle la science reste impuissante : ces questions touchent souvent, au moins en partie, au domaine du sens et du concept. Pour répondre à la question « L'être humain jouit-il du libre arbitre ? », il nous faut d'abord définir ce qu'est le libre arbitre, c'est-à-dire ce que ce concept implique. Même une fois toutes les pièces scientifiques rassemblées, l'énigme du libre arbitre restera insoluble tant que la définition de son concept n'est pas claire. Cette clarification du sens et des concepts est l'une des activités principales d'un philosophe.

UN RÔLE POUR LA SCIENCE

Cependant, la science et la démonstration empirique aident parfois à résoudre certains problèmes philosophiques. Il arrive que la science, et bien sûr les preuves fournies par nos sens, ait une grande influence. Reprenons la question de l'existence de Dieu. Certains pensent que la science moderne a mis au jour les preuves d'un « créateur intelligent ». D'autres croient que les souffrances du monde suffisent à invalider l'existence d'un Dieu bon et tout-puissant. Dans les deux cas, l'observation du monde révèle des preuves qui peuvent faire pencher la balance des probabilités pour ou contre Dieu, même si de telles preuves ne permettent pas de conclure ou non à son existence (à moins qu'elles le puissent ?). Les preuves et l'examen empiriques peuvent s'avérer utiles quant il s'agit de croire en Dieu, quand bien même la question de son existence reste philosophique.

DIVERSES APPROCHES

La plupart des philosophes soulignent l'importance de la raison, mais leurs approches peuvent diverger totalement. La méthode la plus évidente, pour appliquer la raison à une question philosophique, consiste à essayer de la « résoudre » de la même façon que l'on résout un casse-tête logique. Même si vous ne parvenez pas à trouver la bonne réponse, vous aurez sûrement éliminé plusieurs solutions incorrectes (à la façon de Sherlock Holmes qui n'a pas encore

BERTRAND RUSSELL SUR LA PHILOSOPHIE

« Il sera profitable [...] de considérer la valeur de la philosophie et les motifs qu'on peut avoir de l'étudier. Il est d'autant plus nécessaire de traiter cette question que bien des hommes, sous l'influence de la science ou de la vie pratique, inclinent à penser que la philosophie n'est rien d'autre qu'un jeu innocent mais frivole, l'art de couper les cheveux en quatre, bref, un ensemble de controverses sur des sujets où la connaissance est impossible. [...] Si son étude a quelque valeur pour d'autres que le spécialiste, ce doit être indirectement, à travers les effets qu'elle peut avoir sur la vie de celui qui s'y consacre. C'est dans cette influence qu'il faut d'abord chercher la valeur de la philosophie. »

Bertrand Russell, *Problèmes de philosophie* (trad. F. Rivenc), © 1989, Éditions Payot, p. 177

trouvé le meurtrier, mais est capable d'innocenter le majordome).

Cette approche « directe » des questions philosophiques est courante. Mais elle n'est pas la seule.

Une approche plus radicale consiste à essayer de démontrer que la question est bancale. Voici un exemple : on peut aborder la question « Pourquoi existe-t-il quelque chose plutôt que rien ? » de façon directe et essayer de résoudre le problème. On peut aussi démontrer que, même si la question paraît sensée, elle ne l'est pas. Normalement, quand on considère une situation où il n'y a « rien », nous entendons par là qu'il n'y a rien à tel endroit, c'est-à-dire un espace vide, comme lorsque l'on dit « Il n'y a rien dans cette boîte ». Mais le « rien » que l'on doit examiner lorsque l'on considère la question « Pourquoi existe-t-il quelque chose plutôt que rien ? » est bien plus radical – il implique l'absence même d'espace et de temps. Cette notion de néant absolu a-t-elle d'ailleurs un sens ? Nombre de philosophes soutiennent que non. Et si la notion de néant absolu est infondée, la question l'est aussi. Auquel cas, elle ne nécessite pas de réponse.

S'exercer un peu à la pensée critique permet de voir plus clair dans le discours des représentants douteux et les pirouettes des politiciens.

Devant un problème philosophique insoluble en apparence, il vaut toujours la peine de considérer ce genre d'approche.

FACULTÉS DE PENSER

Il y a encore une raison pour laquelle réfléchir en philosophe est un exercice utile. Philosopher stimule d'importantes facultés de penser, facultés dont nous avons tous besoin si nous voulons rester sensibles à la vérité. Il s'agit souvent de facultés facilement transmissibles, qui restent toujours d'actualité. Savoir repérer un manque de logique, couper court au verbiage, vous montrer pertinent, vous exprimer avec clarté et précision vous servira toujours, quel que soit votre mode de vie. Ces capacités sont souvent d'une grande utilité dans certaines professions, qui privilégient d'ailleurs les candidats qualifiés dans le domaine philosophique.

La faculté de critiquer développée par la philosophie porte aussi ses fruits dans d'autres domaines. Elle nous aide à nous protéger des ruses des politiciens, des vendeurs malveillants de voiture d'occasion, des négationnistes, des gourous de sectes et autres charlatans. Nous risquons tous de commettre certaines erreurs lorsqu'il s'agit d'évaluer des probabilités et de tirer des conclusions, et un contact, même succinct, avec la pensée philosophique peut contribuer à nous rendre moins vulnérables.

De plus, il est avéré qu'encourager les débats philosophiques en classe peut avoir des effets bénéfiques sur l'apprentissage général des enfants, car cela améliore non seulement leur intellect, mais aussi leur intelligence sociale et émotionnelle. Un brin de philosophie à un jeune âge semble avoir des effets positifs toute la vie.

NAVIGUER DANS CET OUVRAGE

Dans le chapitre suivant, l'aperçu de l'histoire de la philosophie constitue une carte sur laquelle sont situés les principaux courants et développements de la philosophie. Ensuite, les branches de la philosophie introduisent sept des subdivisions les plus importantes, et certains sujets sont examinés plus en détail. En plus d'une connaissance des questions que se sont posées les philosophes et de leurs réponses, cet ouvrage a pour but de fournir quelques outils pour penser par soi-même. La boîte à outils du philosophe contient quelques clés à cet effet : comment, par exemple, appliquer les techniques de l'argumentation et du raisonnement employées par les philosophes, ou comment repérer les erreurs logiques

courantes. Enfin, dans le dernier chapitre, vous trouverez le portrait concis de nombreuses figures de proue de l'histoire de la philosophie, ainsi que de brèves entrées sur certains penseurs moins connus.

LE VERDICT DE SOCRATE

Socrate, philosophe grec de l'Antiquité, fut accusé de corrompre la jeunesse d'Athènes et devant la menace d'une éventuelle peine capitale, on rapporte qu'il eut ce commentaire : « Une vie sans réflexion ne vaut pas la peine d'être vécue ». Socrate considérait qu'il valait mieux mourir plutôt que de renoncer à la pensée philosophique. C'est peut-être exagéré. Mais je pense que l'on peut affirmer qu'une société dans laquelle il n'y a peu ou prou de réflexion philosophique est une société malade. Une société qui ne laisse pas de place à la philosophie ni à la critique des fondements est une société qui court le sérieux danger de s'atrophier.

« IL NE FAUT PAS FAIRE SEMBLANT DE PHILOSOPHER, MAIS PHILOSOPHER EFFECTIVEMENT ; CAR CE DONT NOUS AVONS BESOIN, CE N'EST PAS DE PARAÎTRE EN BONNE SANTÉ, MAIS D'ÊTRE VRAIMENT EN BONNE SANTÉ. »

Épicure, in *Les Philosophes hellénistiques*, A. A. Long, D. N. Sedley, Flammarion, Paris, 2001, vol. I, p. 308

Lorsqu'on se met à réfléchir en philosophe, on marche parfois à contre-courant, car c'est alors qu'apparaissent les remises en question, et parfois le rejet de ce que la majorité considère comme allant de soi.

HISTOIRE DE LA PHILOSOPHIE

L'ANTIQUITÉ

Aristote disait que l'étonnement était au fondement de la philosophie ; si c'est le cas, ses origines remontent aussi loin que celles de l'humanité. Mais avant 600 av. J.-C., les réponses aux énigmes qui caractérisent la condition humaine étaient essentiellement mythiques et religieuses.

La Grèce antique

La première personne dont on ait retrouvé quelques réflexions philosophiques, vers 585 av. J.-C., est Thalès, qui vivait dans la colonie grecque de Milet, sur la côte de l'Asie Mineure. Comme les futurs penseurs milésiens qui lui succédèrent, il s'efforça d'expliquer les phénomènes observables de façon rationnelle et naturaliste. L'un des thèmes centraux des spéculations de ces penseurs concernait la substance dont l'univers était constitué. Et s'ils divergeaient quant à la nature de cette substance, leur conviction fondamentale selon laquelle tout doit être constitué de la même et unique substance perdura jusque dans la physique moderne.

Leur entreprise philosophique se répandit à travers le monde grec. Au sud de l'Italie, Parménide et Zénon soutenaient que rien ne peut être créé ni détruit : tout ce qui existe est une réalité indistincte et immuable, et l'apparence de multiplicité et de changement que perçoivent nos sens n'est donc qu'illusion. Pythagore créa une école influente à Crotone, en Italie méridionale. L'importance du pythagorisme gît dans la conviction que les nombres sont la clé pour comprendre la nature de la réalité. L'impact de cette idée sur la science est sans commune mesure.

Les premiers philosophes débattirent de la composition de l'univers. Thalès pensait que l'eau, sous diverses formes, était le principe de toutes choses.

Leucippe est peut-être le premier « atomiste » ; au Ve siècle av. J.-C., il formule sa théorie selon laquelle l'univers est composé d'un nombre infini de minuscules particules indestructibles de matière qui, de par leur combinaison et leurs mouvements, produisent tous les phénomènes. Développé par Démocrite puis par Épicure, l'atomisme tomba aux oubliettes durant le Moyen Âge, pour réapparaître à l'époque moderne.

Après les atomistes, la philosophie s'intéressa à la nature humaine et à l'éthique, surtout à Athènes, où la philosophie entrait dans son âge d'or. La capacité à débattre et argumenter était hautement appréciée dans la démocratie athénienne, où l'on rencontrait le succès politique en convaincant les foules. Dans ce contexte, ceux qui savaient manier l'argumentation prospéraient.

CHRONOLOGIE

600 AV. J.-C.

v. 570 av. J.-C. Pythagore, père de la pensée scientifique et mathématique moderne, naît sur l'île de Samos, au large de la Turquie.

563 av. J.-C. Siddhârta Gautama, fondateur du bouddhisme, naît au Népal, 12 ans après la naissance de Confucius en Chine.

v. 427 av. J.-C. Naissance de Platon. Ses théories métaphysiques ont formé les bases de l'ensemble de la pensée philosophique occidentale.

400 AV. J.-C.

221 av. J.-C. La « Grande Unification » marque les débuts de la Chine impériale, qui dure jusqu'en 1912, lorsque la Chine devient une République.

200 AV. J.-C.

100 av. J.-C. L'ouverture de la Route de la Soie entre la Chine et l'Occident permet d'échanger biens et idées.

Au ve siècle av. J.-C., Athènes, dirigée par Périclès et dominant la Grèce, connaît un âge d'or dans les domaines de l'art, de l'architecture et de la philosophie.

Parmi eux se distinguait Socrate. Il invitait ses concitoyens à débattre avec lui dans le but de mettre au jour des concepts moraux ; sa méthode dialectique de questions-réponses eut un impact durable.

Selon son élève Platon, Socrate aurait rencontré Parménide ; Platon lui-même a sans doute hérité de ce dernier une méfiance des sens, voyant en elle une voie vers la vraie connaissance. Platon, dont les écrits exploitèrent les méthodes dialectiques de son professeur, cristallisa dans ses dialogues un corps de textes que tous les philosophes, jusqu'à nos jours, ont dû affronter. Il est surtout connu pour sa théorie des Idées – monde d'idées éternelles plus réel que les objets physiques et changeants que nous percevons dans notre environnement. Son élève, Aristote, fut le premier à tenter de présenter des notions philosophiques de façon véritablement systématique et aussi à s'attaquer à la logique, classant par catégories les formes valides de raisonnement. Platon et Aristote ont tous deux créé des écoles qui, avec quelques interruptions, ont perduré pendant des siècles, perpétuant la tradition socratique de l'examen libre et critique.

« TOUS LES HOMMES ONT, PAR NATURE, LE DÉSIR DE CONNAÎTRE. »

Aristote, *Métaphysique* 980a (trad. J. Tricot), Vrin, Paris, 1991

49 av. J.-C. Jules César et son armée franchissent le Rubicon pour s'emparer de Rome.

30 Le Christ meurt crucifié. L'année exacte de sa mort reste sujette à débat, mais l'an 33 est communément accepté.

121 L'empereur romain Marc Aurèle étudie la philosophie grecque et loue l'ethos des stoïques dans un ouvrage déterminant : les *Méditations*.

150 Ptolémée d'Alexandrie, un érudit grec versé en astronomie et dans les mathématiques, démontre que la terre est ronde.

205 Le néoplatonicien Plotin naît en Égypte. Son explication de l'œuvre de Platon guide le développement du christianisme, de l'islam et du judaïsme.

0 — 100 — 200 — 300

L'ancienne pensée orientale

Tandis que Socrate et Platon instauraient les fondements de la philosophie occidentale, Confucius et Lao-tseu inauguraient l'époque classique de la philosophie chinoise, qui dura 400 ans et fut nourrie par des penseurs tels que Mozi, Mengzi (Mencius), et Han Fei Zi. Ces penseurs, préoccupés principalement par des questions sociales et politiques, créèrent les quatre principales écoles de la pensée chinoise.

Les « trois sages » de l'Orient : Lao-tseu, Bouddha et Confucius. La philosophie chinoise est modelée par l'influence d'une poignée de penseurs.

MODELER LA SOCIÉTÉ

La première de ces écoles est le confucianisme, qui influa longtemps sur le gouvernement chinois et fut la philosophie officielle de la dynastie des Hans. Confucius plaçait l'accent sur la valeur des structures et des rôles sociaux traditionnels, affirmant que les dirigeants devaient favoriser le sens moral naturel de leurs sujets.

La seconde pensée est le taoïsme, né du *Tao-tö-king*, ouvrage attribué à Lao-tseu et réactualisé par Zhuangzi. Le taoïsme prône l'ingérence minimale du gouvernement afin de permettre à la société de revenir à une condition non forcée, plus en accord avec la nature. Lao-tseu rejetait toute distinction sociale artificielle, et il finit par quitter le monde civilisé.

Le troisième courant de pensée philosophique orientale commence avec Mozi qui, au IVe siècle av. J.-C., fonda une communauté reposant sur l'entraide. Le moïsme, comme le confucianisme, prône la vertu morale inhérente à chaque être.

À l'inverse, la quatrième école, le légisme créé par Han Fei Zi, insiste sur la nécessité d'imposer des lois strictes afin de garantir la conformité à des codes moraux de comportements chez un peuple par nature immoral. Le légisme fut le principe de base de la dynastie Qin, autocrate sans pitié, qui en 221 av. J.-C., orchestra la première Grande Unification de la Chine en un seul et même État impérial. À partir de la période classique (qui prit fin avec la disparition de la dynastie Qin), la philosophie chinoise est essentiellement l'adaptation et le développement des divers thèmes abordés par ces quatre principales écoles de pensée.

LE VEDA

La philosophie indienne est née d'un ensemble d'anciens textes religieux, regroupés sous le nom de Veda, et qui remontent jusqu'au XIVe siècle av. J.-C. On sait peu de chose sur leurs auteurs. Le Veda traite surtout de cosmologie, de métaphysique et de religion : dans un passage, les sages débattent par exemple de la question de l'origine de l'univers. Plusieurs écoles de pensée sont nées en réaction au Veda, soit en accord avec son autorité, soit pour contester sa doctrine. Le bouddhisme, fondé par Siddhârta Gautama, représente l'une des neuf écoles de cette tradition, qui affiche son scepticisme à l'égard du Veda. Elle fait valoir qu'un individu ne peut accéder à l'illumination spirituelle qu'une fois libéré des fers des désirs terrestres.

Les déités, et non les philosophes, sont les véhicules de la sagesse dans les textes du Veda. Ici, une représentation de Ganesa est sur le point d'être immergée lors d'une fête hindoue rituelle.

De la Grèce à Rome

Durant la majorité de l'âge d'or, les Cités-Etats grecques restèrent indépendantes. Ce n'est qu'en 330 av. J.-C. qu'elles furent réunies pour former une nation par le roi macédonien Alexandre le Grand, qui partit à la conquête d'une grande partie des terres connues alors, depuis la Grèce et l'Égypte à l'ouest, jusqu'à la Chine et l'Inde à l'est. Cet empire garantit à la culture grecque une influence durable sur le monde. L'un des plus grands accomplissements d'Alexandre fut la construction du port d'Alexandrie en Égypte, qui devint un centre culturel au carrefour de l'Orient et de l'Occident.

En même temps, de l'autre côté de la Méditerranée, un petit État grandissait peu à peu. Rome, d'abord point de franchissement du Tibre, était devenue un empire dominant les routes commerciales occidentales. Après avoir vaincu et rasé la puissance commerciale rivale, Carthage, les Romains se tournèrent vers la Grèce. En 146 av. J.-C., Rome fit tomber la Grèce continentale sous sa coupe, mettant fin à l'âge d'or de la culture grecque. Néanmoins, même si l'empire romain atteignit de nouveaux sommets, les Grecs remportèrent eux aussi une victoire, car Rome fit de la culture grecque un véritable modèle pour son Empire. C'est ainsi que les traditions de Platon, et dans une moindre mesure, celles d'Aristote, trouvèrent leur place dans la vie intellectuelle de Rome.

« JE SUIS UN CITOYEN DU MONDE. »

Diogène

L'ÈRE DES « ÉCOLES »

De nombreux groupes philosophiques virent le jour en Grèce après la mort d'Aristote et se perpétuèrent à Rome. La première de ces écoles fut fondée par les cyniques. Antisthène (v. 445-360 av. J.-C.), disciple de Socrate, abandonna à la mort de ce dernier sa vie tranquille d'aristocrate pour vivre et travailler parmi les pauvres. Il rejeta le confort de la civilisation pour adopter un mode de vie plus proche de la nature. Diogène (v. 400-325 av. J.-C.), son disciple le plus célèbre, se montra plus radical encore, rejetant toute distinction artificielle basée sur les

L'empereur romain Marc Aurèle adhérait à l'école de pensée des stoïques. Ses écrits plaçaient l'accent sur le caractère éphémère de la vie humaine.

conventions sociales, telle que les vêtements et la nudité, le public et le privé.

Il cessa de se laver et de s'habiller et élut domicile dans un tonneau. Son attitude lui valut le surnom de « chien » ou « cynique ».

Le stoïcisme fut créé par Zénon de Kition en 300 av. J.-C. à Chypre et devint le courant philosophie prédominant dans l'Empire romain. Rejetant l'atomisme (voir p. 24), les stoïques percevaient l'univers comme un continuum gouverné par une « âme du monde » qui se conforme à des principes rationnels à la portée de la raison humaine. Puisque nous faisons partie de cet ordre naturel, il n'existe pas de réalité transcendante, et donc pas de dimension spirituelle à la réalité, pas de vie après la mort. L'ordre naturel, étant l'ordre juste des choses, ne devrait pas susciter en nous de résistance, et nous devrions sereinement accepter ce qui nous arrive – d'où l'adjectif « stoïque ». Plus tard, les stoïques Sénèque et Marc Aurèle, l'empereur romain, rédigèrent d'importantes œuvres dans lesquelles ils prônèrent cette doctrine.

Diogène est le plus connu des cyniques. Présenté à Alexandre le Grand, il l'ignora, n'étant pas impressionné par les exploits terrestres.

ÉPICURIENS ET SCEPTIQUES

C'est à cette époque qu'Épicure instaura son école, surnommée le « Jardin ». Atomistes, les épicuriens affirmaient que les dieux ne se souciaient pas de l'humanité. Puisque la mort est notre lot à tous, il valait mieux profiter le plus possible de la vie en optimisant les bonheurs de ce monde. Épicure étayait ses opinions empiristes en arguant que tout savoir nous est transmis via l'impact des atomes sur nos organes sensoriels. Bien sûr, le rejet de tout rôle divin et d'une existence après la mort firent des épicuriens la bête noire du christianisme, et Épicure fut dénoncé comme l'Antéchrist au Moyen Âge. Au Ier siècle avant J.-C., le poète romain Lucrèce écrivit son chef-d'œuvre *De la nature*, où il expose la philosophie d'Épicure. Vers 80 av. J.-C., Ænésidème fit renaître l'école sceptique en s'inspirant de Pyrrhon (360-272 av. J.-C.) et affirma que le savoir pur est inatteignable, car les informations glanées par nos sens sont sujettes à l'inconstance. Ainsi, la seule solution rationnelle consistait pour lui à s'abstenir de croire en quoi que ce soit, ce qui devait aboutir à la paix de l'esprit. Cette doctrine puise ses origines chez Socrate, qui affirmait ne détenir aucun savoir ; pourtant, le savoir avait toujours été considéré comme accessible. Pyrrhon semble avoir été impressionné par la grande diversité d'opinions parmi les gens de cultures différentes qu'il rencontra lorsqu'il servait sous les ordres d'Alexandre. Depuis cette époque, le scepticisme a gardé un rôle vital, et parfois destructeur, au cœur de l'entreprise philosophique.

LE NÉO-PLATONISME

Le fondateur du néo-platonisme est Plotin (v. 205-270). Depuis leur centre à Alexandrie, les néo-platoniciens parvinrent à exercer une influence considérable sur les traditions culturelles de Rome et, plus tard, sur le christianisme. Avec sa doctrine de La Trinité (Âme, Intelligence, Un), Plotin jette un pont entre la théorie des Idées de Platon (l'Un est une forme ultime équivalente au Bien, et le monde possède une réalité uniquement en ce qu'il participe aux Formes intelligibles) et la théologie chrétienne. Les scolastiques chrétiens ont emprunté à Plotin l'idée selon laquelle le corps est essentiellement insignifiant. Ce qui importe, c'est de nourrir l'Âme, dans le but d'atteindre Dieu, l'Un. Atteindre l'Un était une sorte de révélation extatique.

LE MOYEN ÂGE

La philosophie de la période dite du Moyen Âge, depuis le déclin de la culture païenne classique jusqu'à la Renaissance, est marquée par le souci des penseurs juifs, chrétiens et musulmans, d'allier philosophies grecque et romaine à l'orthodoxie religieuse.

L'Orient et l'Occident

L'Empire romain était parvenu à assimiler de nombreuses religions à sa culture. En revanche, le christianisme avait été proscrit car il interdisait d'adorer César, et ses adeptes furent persécutés. Après trois siècles de lutte, il fut enfin accepté par l'empereur romain Constantin comme religion légale. En 330, Constantin déplaça la capitale de l'Empire toujours grandissant de Rome à Byzance, où il bâtit la glorieuse cité de Constantinople. En 380, dans une tentative désespérée pour unifier son Empire délité, il fit du christianisme la religion officielle de l'Empire romain.

Les « barbares » chassèrent les colons romains de toute l'Europe occidentale.

Cela eut de nombreuses répercussions. La plus remarquable fut l'occupation par les évêques chrétiens des sièges laissés vides à Rome ; ils élurent des papes qui devinrent la force politique dominante en Europe occidentale pour les quatorze siècles à venir. Le christianisme avait désormais besoin d'une doctrine formelle et cohérente que l'on puisse rédiger et enseigner ; les théologiens tels que saint Augustin (354-430), formulèrent les premières traditions intellectuelles de l'Église chrétienne et furent les premiers à s'atteler aux problèmes de théologie que les intellectuels chrétiens tentent encore de résoudre aujourd'hui.

LA CHUTE DE ROME

En 476, l'aile occidentale de l'Empire romain s'effondra, ses frontières étant trop faibles pour parer l'assaut des barbares. Entre l'an 500 et l'an 1000, le nord et l'ouest de l'Europe furent plongés dans un âge de ténèbres, ainsi nommé car les activités intellectuelles et culturelles perdirent de leur dynamisme, et l'intérêt pour la philosophie s'atrophia. En l'an 800, l'Église avait établi une stricte hiérarchie contrôlée par le Pape et qui s'étendait à travers l'Europe grâce à un réseau d'évêchés. Ceux qui n'avaient pas les mêmes opinions que la tradition étaient aussitôt mis au silence par l'emprisonnement, l'excommunication ou la torture. À cette époque, seuls les ecclésiastiques savaient lire et écrire en Europe. Aussi le contrôle du Pape sur les

CHRONOLOGIE

300

380 Le christianisme devient la religion officielle de l'Empire romain, gouverné depuis sa nouvelle capitale : Constantinople.

410 Les Goths pillent Rome, amorçant le déclin de l'Empire romain en Europe occidentale, et son effondrement dès 476.

480 Boèce, auteur de la *Consolation de la philosophie*, naît à Rome.

500

552 Le bouddhisme s'étend au Japon depuis Baekje (aujourd'hui la Corée). Son apparition est transcrite dans le *Nihon Shoki.*

570 Naissance du prophète musulman Mahomet, à La Mecque. En 750, l'Empire islamique s'étend de l'Espagne à l'Asie centrale.

700

v. 700 Les mathématiciens indiens calculent la valeur de pi et la durée d'une année solaire.

écrits intellectuels était presque total, et les spéculations philosophiques devaient se conformer au dogme de l'Église.

LA PHILOSOPHIE ISLAMIQUE

Durant l'âge des ténèbres que traversait l'Europe, on continuait à étudier les philosophes grecs de l'Antiquité à Constantinople et dans tout l'Empire byzantin. Au IXe siècle, le monde islamique, qui s'étendait de l'Inde à l'Andalousie, se familiarisait avec eux. Au début de cette période, Bagdad était le cœur de la vie philosophique ; l'institut de la maison de la Sagesse, soutenu par des califes, menait des recherches scientifiques et politiques sans souffrir outre mesure de l'ingérence politique. Pour le monde islamique commence alors l'âge d'or de l'érudition, période qui dura jusqu'au XIIIe siècle et fut marquée par le remarquable essor de la culture islamique. Les recherches scientifiques étaient encouragées par la religion comme par l'État, et d'importants progrès furent réalisés dans un grand nombre de disciplines dont la médecine, l'ingénierie, l'astronomie et les mathématiques. Les Croisades mettront fin à cette période, ainsi que les ravages des Mongols, mais les découvertes de l'époque avaient déjà pavé la voie de la science moderne.

Comme leurs frères œuvrant dans les traditions juives et chrétiennes, les

Constantinople – aujourd'hui Istanbul – devint le centre du pouvoir au Proche-Orient après que Constantin en ait fait la capitale de l'Empire romain chancelant.

v. 1070 Anselme, théologien et philosophe chrétien, développe l'argument de la preuve ontologique de l'existence de Dieu.

1099 Les Croisés chrétiens s'emparent de la ville sainte de Jérusalem. La ville sera reprise par les armées musulmanes en 1187.

1126 Le philosophe islamique Averroès, innovateur en mathématiques, médecine et théologie, naît à Cordoue.

1225 Thomas d'Aquin, l'un des plus grands théologiens de l'Église catholique, naît au royaume de Naples. Ses théories influenceront les penseurs de l'éthique et de l'épistémologie.

1275 L'explorateur vénitien Marco Polo se rend en Chine mongole.

900 — 1100 — 1300

scolastiques islamiques cherchaient à harmoniser les vérités révélées dans leur foi avec la flamme de la recherche philosophique qui, depuis la Grèce, s'était répandue dans le monde connu. Les philosophes s'intéressaient à la nature de Dieu et à son rapport au monde en tant que création, au libre arbitre et à l'immortalité. Mais surtout, ils identifièrent et traduisirent de nombreux textes du grec ancien. Ils approfondirent essentiellement le néo-platonisme et les enseignements d'Aristote pour tenter de réconcilier la vérité révélée du Coran avec la raison. Par exemple, ils adoptèrent le postulat des néo-platoniciens selon lequel Dieu est source de tout être, et ils utilisèrent les concepts aristotéliciens pour identifier l'essence et l'existence de Dieu. De plus, ils réactualisèrent les arguments d'Aristote dans le Kalam pour démontrer l'existence de Dieu.

Al-Farabi et Avicenne s'imposaient en Orient, où ils développèrent ces questions ainsi que leur propre version de l'État idéal de Platon, tandis qu'en Espagne mauresque, Averroès et le philosophe juif Maimonide (1135-1204) défendaient l'idée selon laquelle il ne peut y avoir de contradiction entre les découvertes de la raison humaine, comme celles d'Aristote, et les enseignements révélés par Dieu.

Pharmacie d'Ibn Sina, philosophe perse du Xe siècle connu en Occident sous le nom latinisé d'Avicenne. Véritable polymathe, Avicenne produisit d'importantes œuvres non seulement en philosophie, mais aussi en astronomie, mathématiques et médecine.

LA SCOLASTIQUE CHRÉTIENNE

À cette époque, en Europe occidentale, tandis que les œuvres de Platon avaient été assimilées à la doctrine chrétienne, les grands ouvrages scientifiques et philosophiques d'Aristote restèrent oubliés durant plus de mille ans. Le climat intellectuel offrait un contraste profond avec celui de la Grèce antique. Il émanait des écrits de Platon et d'Aristote une impression de liberté : les débats pouvaient aboutir n'importe où. Mais à la période scolastique, les conclusions de

Buste de Maimonide, à Cordoue en Espagne. Ce philosophe et physicien juif écrivit d'importants ouvrages de médecine et tenta de réconcilier Aristote avec la théologie juive.

« ACCEPTE LA VÉRITÉ, DE QUICONQUE L'A ÉNONCÉE. »

Maimonide, *Guide des égarés,* Verdier, Lagrasse, 2002

tout raisonnement philosophique étaient déterminées à l'avance : toutes devaient suivre la ligne officielle de l'Église.

Cependant, au XIIe et XIIIe siècle, des traductions islamiques de textes grecs de l'Antiquité apparurent dans le monde occidental. De nouveaux textes originaux d'Aristote furent découverts lors de la mise à sac de Constantinople durant la Quatrième Croisade (1202-1204). La mise à disposition de ces textes révolutionna la philosophie scolastique. Aristote fut d'abord perçu comme une menace et l'étude de ses œuvres fut interdite par l'Église. Mais au nord de l'Italie, Thomas d'Aquin fut tellement impressionné par le philosophe grec qu'il se fit un devoir de réunir Aristote et l'Église. Il chercha à réconcilier les écrits d'Aristote avec le christianisme déjà adapté au platonisme. Son œuvre, le thomisme, reste aujourd'hui la ligne officielle de l'Église catholique, étudiée par tous les ecclésiastiques. Hormis l'œuvre de Karl Marx, aucune autre production philosophique n'a modelé le monde dans lequel nous vivons avec autant d'influence que celle de saint Thomas d'Aquin.

LE BIEN ET DIEU

C'est ainsi que les projets philosophiques des Grecs de l'Antiquité s'ancrèrent dans l'ancien Empire romain et l'Église catholique. Le christianisme était devenu une sorte de platonisme ayant pour but de dévaloriser la vie de ce monde en l'opposant au monde idéal auquel nous aspirons. Le corps n'étant que l'enveloppe temporaire de l'âme, le vrai savoir ne peut être acquis qu'une fois l'âme de retour dans l'autre monde. Le Bien de Platon était devenu le Dieu chrétien, la source de l'être et de la connaissance, et l'objet ultime de nos aspirations. Ce paradigme perdura malgré la réconciliation de la philosophie aristotélicienne avec la doctrine chrétienne. Les écrits d'Aristote prirent une importance capitale à la Renaissance. Mais l'ironie veut qu'après avoir été en vif désaccord avec la théorie des Idées de Platon durant sa vie, Aristote fut finalement réconcilié avec Platon mille cinq cents ans après sa mort.

La philosophie n'était pas éteinte, mais elle était limitée par la religion, à tel point que les scolastiques gaspillaient leur énergie intellectuelle dans des débats arides. Mais en l'espace de deux siècles, l'Europe allait connaître une étonnante succession de révolutions intellectuelles qui bouleversèrent le monde. Dans les sciences, les arts, la religion, et la philosophie, les anciennes idées furent remplacées par de nouveaux modèles de pensée. Les idées de Platon et d'Aristote, qui dominaient l'Occident depuis mille cinq cents ans, furent remises en question, étudiées, et souvent rejetées tandis que l'Europe traversait une période d'effervescence intellectuelle encore jamais connue depuis la Grèce antique.

Saint Thomas d'Aquin, l'un des théologiens les plus influents de l'histoire de l'Église catholique, exprima sa pensée sur des sujets philosophiques capitaux, dont l'existence de Dieu.

LES PREMIERS MODERNES

À la fin du Moyen Âge, un esprit de renaissance intellectuelle et artistique s'épanouit en Europe. Durant cette période d'innovations et de découvertes, une nouvelle sorte de penseurs se mit à défier les vues orthodoxes sur l'ordre de l'univers et de la société.

L'humanisme et la montée des sciences

La Renaissance représentait l'émergence d'un nouvel humanisme dans les arts et un esprit revigoré de découvertes scientifiques. Elle apparut en Italie au milieu du XIVe siècle et se répandit rapidement dans toute l'Europe. Cette période de croissance et d'innovations se déroulait sur fond de changements sociaux, et économiques radicaux, engendrés par la rapide expansion des villes. Parallèlement, l'économie agricole se développa pour répondre aux besoins croissants, et de nouvelles technologies permirent d'accroître la productivité. De plus, le mouvement d'enclosure (dont le but était de convertir les terres communes en propriétés privées) contraignit les paysans et les serfs à fuir leurs terres pour les villes. Le système féodal cédait la place au capitalisme à mesure que se créait une nouvelle classe de riches commerçants.

Les textes anciens en latin et en grec étaient plus accessibles, et nombre des penseurs de l'époque découvraient d'autres héritages de la tradition aristotélicienne et platonicienne qui avait dominé la vie intellectuelle depuis si longtemps. Grâce à l'élégante poésie latine de Lucrèce et de Cicéron, les philosophies païennes du stoïcisme et de l'épicurisme furent ressuscitées.

Le révolutionnaire *Systemate Mundi* ou « système du monde » de Galilée reconnaissait sa dette envers Copernic et Ptolémée, mais aussi envers Aristote.

UNE SCIENCE NOUVELLE

Les penseurs de la Renaissance s'intéressaient aux sciences, y compris les sciences occultes telles que l'alchimie. La fin de la période scolastique *(voir p. 32-33)* fut précipitée par un empressement toujours plus vif à remettre en question les théories acceptées sur le monde – des théories dans lesquelles l'Église jouait souvent un rôle capital. Le chancelier anglais Francis Bacon (1561-1626) proposa une nouvelle démarche scientifique, que l'on appelle aujourd'hui la méthode d'induction *(voir p. 180-185)*. Il recommandait aux scientifiques de commencer par observer le monde et d'utiliser leurs observations comme fondements de leurs théories générales. Cette approche s'opposait à la

CHRONOLOGIE

1300 Le philosophe et mystique Maître Eckhart, dominicain et néoplatonicien, enseigne à Paris.

1347 L'épidémie de peste noire arrive en Europe, dont la population diminue de plus d'un tiers avant la fin du siècle.

1400 Les réalisations scientifiques et artistiques de la Renaissance italienne marquent le début d'une nouvelle ère de progrès et de découvertes en Europe.

1445 Johannes Gutenberg invente la presse typographique, qui permettra de publier des livres en masse et facilitera la circulation des idées à travers l'Europe

1543 Nicolas Copernic publie *Des révolutions des orbes célestes,* où il soutient que la Terre tourne autour du soleil.

1300 — 1400 — 1500

tendance des penseurs du Moyen Âge, qui se conformaient aux visions du monde traditionnelles.

Cette nouvelle approche trouva son expression la plus claire dans la notion de révolution en cosmologie, qui découlait des découvertes de Galilée au début du XVIIe siècle. La représentation traditionnelle de l'univers, exprimée par la physique d'Aristote et la cosmologie néoplatonicienne, faisait figurer la Terre entourée de corps célestes en orbite fixe. Les scolastiques *(voir p. 32-33)* avaient adopté cette cosmologie qui définissait leurs vues métaphysiques sur la place de l'homme, la Création et Dieu.

Le nouvel humanisme vit le débat intellectuel dépasser les limites de l'Église pour envahir le quotidien. *Les Quatre Philosophes*, de Rubens, illustre la façon dont se mêlaient les vies artistique et intellectuelle.

Mais Galilée, examinant le soleil à travers un télescope de son invention *(voir p. 82-85)*, vit que les taches de l'astre changeaient de position, laissant penser que la Terre tournait autour de lui. S'appuyant sur cette observation, et sur d'autres, il mit sur pied un irréfutable modèle héliocentrique de l'univers qu'avait déjà proposé Copernic environ 70 ans plus tôt.

Cette découverte, plus que toute autre, prouvait que, sur les sujets scientifiques

1596 Le rationaliste René Descartes, le « fondateur de la philosophie moderne », naît à La Haye (aujourd'hui appelée « Descartes ») en Touraine.

1651 Le philosophe anglais Thomas Hobbes publie le *Léviathan* dans lequel il énonce ses théories sur la structure idéale d'une société et de son gouvernement.

1748 Le philosophe écossais David Hume publie une œuvre majeure : *Traité de la nature humaine.*

1751 Publication du premier volume de l'*Encyclopédie* de Denis Diderot, auquel a participé le philosophe Jean-Jacques Rousseau.

1789 À Paris, la prise de la Bastille marque le commencement de la Révolution française.

1600 — 1700 — 1800

Martin Luther contesta l'Église catholique en brûlant la bulle papale devant les murs de Wittenberg. Il révolutionna la croyance selon laquelle toute relation avec Dieu n'était possible qu'à travers l'Église.

au moins, l'Église et les penseurs de l'Antiquité avaient tort.

Peu favorable aux travaux de Galilée, l'Église l'obligea à rétracter ses opinions, sous peine de torture. Cependant, le monde évoluait rapidement, et l'Église s'avéra incapable de résister à la montée de ce nouvel esprit critique.

UNE NOUVELLE ÈRE

Influencés par les anciens atomistes, Galilée, Gassendi et Hobbes *(voir p. 275)* ressuscitèrent la conception mécanique de la nature de l'univers. Les philosophes placèrent alors l'être humain et le monde naturel, plutôt que Dieu et l'au-delà, au centre de leurs études.

En Europe du Nord, la Renaissance donna lieu à la Réforme, période durant laquelle des penseurs religieux se retournèrent contre l'Église, réclamant un retour aux enseignements de la Bible. Les réformateurs tels qu'Érasme, Calvin et Luther contestèrent les enseignements du catholicisme et en 1571, la Réforme s'installa véritablement, lorsque Luther afficha à Wittenberg, en Allemagne, ses 95 thèses défiant l'autorité de l'Église.

Contrairement aux catholiques, pour qui Dieu ne peut être atteint qu'à travers l'institution de l'Église, les protestants mettaient en avant la relation personnelle des individus avec Dieu. Le schisme qui en résulta au sein de l'Église ébranla encore la mainmise de la pensée scolastique. Aussi importante fut-elle dans le domaine des arts et de la science, la Renaissance eut plus tard un réel impact sur la philosophie. Au début du XVIIe siècle, la scène était prête à accueillir une nouvelle sorte de philosophes libérés du dogme religieux et animés par le désir de revenir à l'esprit de la Grèce antique. En première ligne de ce courant se trouvait René Descartes (1596-1650). Inspiré par les travaux scientifiques de Galilée, il s'efforça d'appliquer la méthode mathématique à tous les domaines de l'entendement humain, et bâtit ainsi un corps de connaissances dont certaines vérités étaient obtenues par la raison pure. Ce faisant, il rompit avec le passé et offrit à la philosophie et à la science de nouvelles bases intellectuelles.

> « JE PENSE, DONC JE SUIS. »
>
> **René Descartes**

Les Lumières

En Europe, les progrès intellectuels et sociaux atteignirent leur point culminant au XVIIIe siècle, dit des Lumières. Après Descartes, les penseurs se virent comme émergeant dans un nouvel Âge de Raison, qui se défaisait enfin des chaînes du Moyen Âge, caractérisées par l'adhérence servile à la tradition, à l'autorité et à la superstition. La science se fit la meilleure arme de la révolte contre le dogme des philosophes catholiques médiévaux. Francis Bacon avait incité les scientifiques à déterminer par eux-mêmes la structure du monde naturel, structure qu'il décrivit, empruntant une métaphore au domaine du droit, comme « loi » de nature. Les progrès scientifiques, notamment ceux que l'on doit à Isaac Newton (1642-1727), nourrirent l'optimisme des Lumières quant aux avancées scientifiques et sociales. Ces philosophes se définirent comme des penseurs libres bâtissant un avenir neuf et brillant. Un groupe d'intellectuels surnommés « les Encyclopédistes », parmi lesquels Voltaire, Rousseau et Diderot, compila un vaste recueil de connaissances – l'*Encyclopédie* – dont l'ambition était de répertorier les connaissances humaines en accord avec l'esprit de la nouvelle science. Rousseau bouleversa l'ordre établi en déclarant que tous les hommes naissent libres. La pression sociale, qui cherchait à obtenir un système de gouvernement plus égalitaire, engendra la Révolution en 1789, suivie par les guerres révolutionnaires et napoléoniennes qui ébranlèrent le système politique établi.

LE RATIONALISME

Après Descartes, le développement de la philosophie se partage en deux tendances distinctes : le rationalisme et l'empirisme

La science devint le nouveau dieu à l'époque des Lumières, inspirant une crainte respectueuse chez une nouvelle génération de penseurs.

(voir p. 66-73). Des philosophes tels que Spinoza ou Leibniz appartiennent à la première tendance, tandis que les britanniques Locke, Berkeley et Hume, ainsi que les Encycopédistes, représentent la seconde. Dans la lignée de Descartes, les rationalistes considéraient la raison comme la seule voie sûre menant à la connaissance. Influencés par l'application fructueuse des mathématiques en sciences, ils pensaient qu'il était possible, en utilisant la méthode de déduction à partir de principes premiers, d'élaborer une grande théorie capable de tout expliquer. Ils instaurèrent ainsi une tradition de construction de systèmes métaphysiques. Spinoza a d'ailleurs construit ses concepts sur le modèle axiomatique de la géométrie euclidienne. À partir d'axiomes et de définitions tenues pour évidentes et reconnaissables grâce à la raison, Spinoza développe une série de démonstrations puis de conclusions quant à la nature de l'univers. Dieu, dont la connaissance peut être rationnelle, reste le principe central de ces systèmes et plusieurs catégories aristotéliciennes, comme celle de la substance, des notions fondamentales.

L'EMPIRISME

En réaction à la nouvelle science, les Britanniques ne se préoccupèrent pas tant du rôle des mathématiques, que de celui de l'observation empirique, et ils regardaient d'un œil méfiant la construction de systèmes.

John Locke, le premier des trois grands empiristes britanniques de l'époque, adopta un ton plus modéré, cherchant à décrire comment le savoir est acquis par l'expérience. Ainsi, il tenta de déterminer les limites de l'apprentissage chez l'homme. Locke rejetait l'idée, associée aux rationalistes, que nous possédons une connaissance innée constituée de principes abstraits *(voir p. 68-69)*. Il pensait plutôt que notre savoir tout entier est issu exclusivement de nos sens.

« OSEZ PENSER PAR VOUS-MÊME. »

Emmanuel Kant

Plus radical que celui des rationalistes, le projet de « renouveau » des empiristes prévoyait d'élaborer un corps de connaissances à partir de rien, ce qui allait de pair avec le rejet de toute distinction conceptuelle héritée de la tradition aristotélicienne. Ce rejet des enseignements orthodoxes, en particulier ceux liés à l'Église, pava la voie du libéralisme moderne et donna naissance à de nouvelles idées sociales et politiques.

Le second empiriste britannique, George Berkeley, est connu pour avoir porté l'approche de Locke à son ultime logique, soutenant qu'il n'est de connaissance possible qu'à travers l'esprit. L'idée même d'un monde matériel existant au-delà de la perception que nous en avons était, selon lui, une contradiction en soi.

Le troisième, David Hume, tenta d'appliquer à l'esprit les principes que Newton avait appliqués au monde ; il chercha à formuler une loi qui sous-tende ses rouages. Sa conclusion sceptique est la suivante : quelque chose d'autre que la raison gouverne les opérations de l'esprit et constitue le fondement de nos croyances. Hume est également célèbre pour ses attaques virulentes contre la croyance religieuse.

Le penseur allemand Emmanuel Kant est une autre figure de proue de ce siècle. Il voyait son œuvre comme une synthèse des tendances rationaliste et empiriste, et à laquelle participait une révolution copernicienne qui plaçait l'esprit au centre de l'acquisition des connaissances.

William Blake qualifiait Sir Isaac Newton de « grand architecte ». L'œuvre de Newton tendait à découvrir les principes généraux qui gouvernent les mécanismes de l'univers.

L'ÉPOQUE MODERNE

La mort de Kant en 1804 marqua l'apogée d'une période où science et rationalité étaient vues comme les voies vers la connaissance et le progrès social. La pensée occidentale prit ensuite un nouveau tournant dû aux changements politiques et technologiques, et à l'érosion de la foi en la raison.

Le XIXe siècle

Plutôt que de se confiner à une interprétation rationnelle de la réalité, le mouvement romantique qui succéda au siècle des Lumières était en quête d'une dimension émotionnelle et spirituelle concernant le monde et la place qu'y tient l'homme. Les changements sociaux et économiques engendrés par la Révolution industrielle – en particulier l'émergence d'une classe nouvelle d'ouvriers industriels – sous-tendaient ce développement. Les conditions honteuses dans lesquelles ces ouvriers étaient enfermés et les divisions sociales qui en découlaient fournirent l'élan nécessaire à un développement des philosophies socialistes et utilitaires qui visaient à améliorer les maux visibles de l'industrialisation.

En Europe, le romantisme chercha à établir la prééminence de l'esprit de l'homme au sein du monde naturel.

UN IDÉALISME ABSOLU

En Allemagne, la première partie du XIXe siècle fut dominée par un idéalisme absolu. Les idéalistes allemands, empreints de l'esprit métaphysique, retrouvèrent certaines des ambitions des grands bâtisseurs de systèmes du XVIIIe siècle, comme Spinoza ou Leibniz. Les trois grandes figures de cette école – Fichte, Schelling et Hegel – étaient tous fils de pasteurs protestants et étudièrent la théologie ; l'influence de la religion sur leur pensée est évidente. Dans la lignée de Kant, ils voyaient la conscience humaine comme la réalité métaphysique première. Mais selon eux, plutôt que de simplement imposer une forme à la réalité, l'esprit en est une partie constituante. Si l'univers est identifié grâce à la pensée, on peut, en réfléchissant sur le moi, acquérir une connaissance de l'esprit absolu, qui définit la réalité. Inévitablement, en réaction à un tel optimisme métaphysique, on revint à la recherche empirique comme base du savoir. En France, le positivisme d'Auguste Comte rejetait toute prétention à la connaissance qui ne soit pas fondée sur la recherche scientifique et considérait la pensée religieuse et métaphysique comme désuète. Selon lui, la société devait être traitée comme un objet d'étude scientifique, et il introduisit un néologisme : la « sociologie ».

CHRONOLOGIE

1802 Napoléon Bonaparte se proclame Empereur des Français, mettant fin au statut de république révolutionnaire de la France.

1804 Emmanuel Kant, peut-être le plus grand philosophe du siècle des Lumières, meurt à l'âge de 80 ans.

1848 Karl Marx publie son *Manifeste du parti communiste,* appelant à l'abolition du système capitaliste et à la création d'une société sans classes.

1859 Charles Darwin publie *L'Origine des espèces,* théorie selon laquelle la vie sur Terre, y compris l'humanité, a évolué grâce au processus de sélection naturelle.

1886 Parution de *Par-delà le bien et le mal,* critique de la morale, de Nietzsche.

1905 Albert Einstein publie sa *Théorie de la relativité,* début d'une nouvelle ère de l'entendement scientifique.

1800 1825 1850 1875

En Angleterre, Mill défendait un projet empiriste comparable. Souscrivant à une politique libérale, Mill développa la morale utilitaire ébauchée par son père James Mill et par Jeremy Bentham. Plus radical, Marx, dans son *Manifeste* de 1848, appelait au renversement du système capitaliste et de la société de classes.

Un autre courant important de la philosophie du XIXe siècle est représenté par Schopenhauer, Nietzsche et Kierkegaard, qui contestaient la foi placée dans la raison et la science. Schopenhauer acceptait l'idée kantienne de l'existence d'une réalité inconnaissable cachée derrière les apparences, mais il accordait un crédit inconditionnel à l'expérience humaine. Nietzsche s'opposait aussi aux Lumières, qui faisaient de la raison la force principale de la vie. Quant à Kierkegaard, il plaçait l'accent sur la réalité de la conscience subjective individuelle.

En Europe, les inégalités sociales engendrèrent troubles et révolte. Le roman d'Émile Zola, *Germinal* (*ci-dessous*, extrait de l'adaptation cinématographique de Claude Berri en 1995), explorait ce thème à travers l'histoire d'une grève de mineurs.

1914-1918 L'Europe est plongée dans les conflits de la Première Guerre mondiale. En 1917, une révolution populaire renverse l'autocratie tsariste en Russie, ce qui aboutira à la création de l'Union soviétique, et à son gouvernement communiste.

1921 Ludwig Wittgenstein publie son *Tractatus Logico-Philosophicus,* sur la relation entre le langage, la réalité et l'examen philosophique.

1925

1939-1945 L'invasion de la Pologne par Hitler déclenche la Seconde Guerre mondiale, qui fait des millions de victimes. Heidegger, auteur de *Être et Temps*, soutient le parti nazi.

1950

1969 Les astronautes du programme américain Apollo deviennent les premiers explorateurs de la Lune.

1975

1989 L'éclatement de l'Union soviétique annonce la chute du communisme en Europe.

2000

2003 Pour les scientifiques, la cartographie du génome humain est « essentiellement achevée ».

Le XXᵉ siècle

Au début du XXᵉ siècle, les héritiers du positivisme de Comte *(voir page 40)* s'intéressaient aux fondements des mathématiques et contestaient les catégories aristotéliciennes qui sont à la base de la logique. Frege tenta de démontrer que logique et mathématiques sont les aspects étroitement liés d'un même domaine : la pensée humaine. Selon Russell, toute difficulté philosophique peut être résolue en clarifiant la véritable structure logique de langage qui la sous-tend.

Ce nouvel intérêt pour le langage s'écarta ensuite de la quête d'un langage idéal et d'une totale clarté scientifique pour s'intéresser d'un œil plus respectueux au langage ordinaire. Wittgenstein et d'autres en vinrent à penser que la confusion, en philosophie, est le résultat d'un mauvais usage du langage ordinaire. Ce courant étudia les questions de sens et examina minutieusement les propositions et le détail d'un argument philosophique. Ces tendances se cristallisèrent en ce que l'on appelle la philosophie analytique, qui resta prédominante durant tout le siècle dans le monde anglophone. Son influence sur la façon de mener un raisonnement reste très marquée chez les penseurs actuels.

La science moderne soulève de nouveaux et difficiles problèmes éthiques, tels que l'utilisation des animaux par la recherche scientifique et médicale.

LA PHÉNOMÉNOLOGIE

Dans le même temps, en Allemagne, on posait les bases d'une autre tradition. Husserl reprit l'idée de Descartes selon laquelle la philosophie doit partir du sujet pensant. C'est lui qui lance véritablement la « phénoménologie » ; ce mouvement de pensée se borne à décrire ce que la conscience peut saisir directement. Heidegger, à travers sa critique de Husserl, mit au point une théorie dans laquelle l'« être-là » ou Dasein, l'être humain abstrait et la façon dont il se place dans le monde, occupait le point central. L'influence de Heidegger sur les penseurs qui lui succédèrent est immense, en particulier sur Sartre et sa phénoménologie existentielle.

Le renversement d'anciens systèmes caractérisa la première moitié du XXᵉ siècle. De nouveaux idéaux politiques proposèrent d'autres structures de société.

LE MARXISME

Les deux guerres mondiales, l'holocauste, les révolutions communistes en Russie et en Chine sont autant d'événements qui marquèrent la philosophie politique de l'époque. S'appuyant sur les travaux de Marx *(voir page 311)* et appliquée dans l'Europe de l'Est socialiste, la vision matérialiste de Lénine fut adaptée à des problèmes pratiques tels que le rôle du parti communiste dans les changements effectifs. Comme Marx, Lénine voyait la philosophie comme un outil pour changer le monde et non comme une description désintéressée, allant jusqu'à la considérer comme une arme. Cependant, l'adhésion à de grandes œuvres, telles que la vision historique de Marx, s'étiola vers la fin du XXᵉ siècle.

LE POSTMODERNISME

Les penseurs devinrent de plus en plus méfiants quant à la fervente quête d'explications systématiques et complètes de la réalité et à la vision optimiste du progrès qui prévalaient depuis la Renaissance. Après la Seconde Guerre mondiale, leurs vues se rejoignirent peu à peu pour former le postmodernisme. À son tour, ce mouvement se fit l'héritier du courant philosophique du XIXᵉ siècle qui critiquait les valeurs des Lumières, illustré par la pensée de Kierkegaard et par les doutes de Nietzsche quant à la notion d'un savoir objectif ou d'une vérité « unique ». Pour Nietzsche, la notion de vérité masque une volonté de puissance et la rationalité est l'imposition des distinctions humaines sur un monde irrationnel. Les philosophes du XXᵉ siècle tels que Lyotard ou Foucault ont été profondément influencés par ces positions.

LES BRANCHES DE LA PHILOSOPHIE

LA PHILOSOPHIE SE DIVISE EN DE NOMBREUSES BRANCHES ET ÉCOLES. LES SEPT BRANCHES DE LA PHILOSOPHIE DONT TRAITE CE CHAPITRE METTENT AU JOUR CERTAINS DES ARGUMENTS ET DES IDÉES LES PLUS IMPORTANTS DE L'HISTOIRE DE LA PHILOSOPHIE, DEPUIS LA GRÈCE ANTIQUE JUSQU'À NOS JOURS.

Bien que la philosophie s'intéresse à de nombreux domaines, comme les mathématiques, le langage ou l'esthétique, un guide concis se doit d'être sélectif. À l'origine, la discipline appelée « philosophie » englobait bien plus de domaines qu'aujourd'hui, dont la « philosophie naturelle » (ce que nous appelons aujourd'hui les sciences naturelles – physique, chimie et biologie). À mesure que s'étendait notre compréhension de l'univers, certains domaines se sont éloignés de la philosophie pour devenir des disciplines à part entière. On peut se demander si ce phénomène pourrait se reproduire aujourd'hui pour d'autres subdivisions de la philosophie.

Les premiers philosophes, tels que Démocrite *(ci-dessus)*, s'intéressaient déjà aux sciences naturelles, divisées aujourd'hui en disciplines séparées, avec leurs propres méthodes et praticiens.

Les sept branches de la philosophie qui sont abordées ici ne sont pas hermétiquement fermées les unes aux autres mais se recoupent. La métaphysique, en particulier, subsume maintes questions posées en théologie, en philosophie morale et en philosophie de l'esprit. Et quand elles ne se recoupent pas, les branches restent étroitement liées. La façon dont nous répondons à une question dans un domaine particulier a souvent des répercussions sur d'autres branches. Par exemple, la définition de ce qui existe hors de l'esprit soulève des difficultés quant à la possibilité de connaître le monde physique. De même pour la question « Dieu existe-t-il ? » (en philosophie de la religion), dont la réponse influerait certainement sur notre propos en philosophie morale quant à la façon de mener sa vie.

Si quelques philosophes ont consacré leur vie intellectuelle à une seule branche, ils constituent des exceptions. Descartes, par exemple, est une figure centrale à la fois de la philosophie de l'esprit et de la théorie de la connaissance (sans compter ses nombreuses contributions dans d'autres domaines).

Certains des sujets les plus importants abordés en philosophie ont tendance à mener celui qui s'interroge d'une branche à l'autre.

LA CONNAISSANCE

La connaissance est la préoccupation principale de la philosophie. Définir ce que nous pouvons savoir, comment nous pouvons l'acquérir, et ce qu'est le savoir lui-même, sont des questions centrales. Car les branches de la philosophie doivent admettre que la connaissance est accessible si elles veulent pouvoir débattre de tout autre sujet.

Il existe plusieurs types de connaissances. Ce que nous rencontrons (Je connais bien Oxford), ce que nous savons faire (Je sais faire du vélo) et la connaissance conceptuelle (Je sais que les aigles sont des oiseaux), à laquelle la philosophie s'intéresse principalement. Son objet est donc de définir ce que signifie connaître une proposition.

Une proposition est un énoncé susceptible d'être vrai ou faux (« les éléphants sont gris »). Nous pensons souvent pouvoir compter sur nos sens ou sur ce que nous avons appris pour connaître de telles propositions. Mais en réalité, en savons-nous autant que nous le croyons ?

En philosophie, définir ce que nous sommes capables de connaître est capital. On aborde souvent ce sujet de façon sceptique : notre prétention au savoir est rarement, voire jamais, justifiée. Pour les sceptiques, la réalité pourrait être complètement différente de ce qu'elle paraît, non pas car la physique la révèlerait ainsi, mais en ce que les apparences (par exemple l'apparence d'un monde existant hors de l'esprit), peuvent être trompeuses. Le scepticisme nous met au défi d'expliquer comment nous savons que la réalité est, d'une façon générale, telle que nous en faisons l'expérience.

Définir ce que nous pouvons savoir implique une question fondamentale : les apparences sont-elles un guide fiable vers la réalité ? Parfois, nous nous laissons duper par ce que nous voyons.

Il est également important de définir ce que nous entendons par connaissance. Dans le *Théétète*, Platon (*voir p. 244-247*) déclarait que la connaissance est une croyance vraie et justifiée. Pour être qualifiée de connaissance, une croyance doit donc être à la fois vraie, et étayée par des preuves irréfutables. Mais cette définition fut vivement critiquée au XXe siècle, et ces quarante dernières années ont vu l'essor d'autres positions et théories.

Il convient également d'établir si la raison seule peut donner accès à la connaissance (position rationaliste), ou bien si nous dépendons de l'expérience sensible pour acquérir tout savoir (position empiriste). Ces définitions ont une incidence directe sur certaines des plus anciennes préoccupations philosophiques, dont la quête de preuves de l'existence de Dieu.

LE SCEPTICISME

Pour les sceptiques, peu importe le nombre de nos croyances, nous ne savons que peu de choses, ou rien, et en tout cas, bien moins que ce que nous pensons savoir. Certains des plus grands philosophes ont excellé dans le scepticisme, qu'ils défendirent avec de solides arguments.

Croyance et connaissance

Nous faisons intuitivement la distinction entre croyance et connaissance. On peut croire quelque chose à tort. Mais si on *connaît* une proposition, appelons-la *p*, alors *p* doit être vraie. Par exemple, si vous déclarez que les éléphants sont roses, et que vous pensez le savoir, vous avez tort. Si les éléphants sont gris, et non roses, vous ne pouvez pas *savoir* qu'ils sont roses. Mais vous pouvez le croire.

Mais une croyance vraie ne suffit pas à constituer une connaissance. On peut avoir des croyances vraies non justifiées. Ainsi, un juré peut penser que l'accusé est coupable simplement en voyant ses vêtements. Sa croyance est peut-être vraie. Mais le style vestimentaire ne suffit pas à inculper quelqu'un. Aussi, si c'est la seule raison qui incite cette croyance, celle-ci ne sera pas une connaissance, même si elle est vraie.

L'astrologie se veut un système de connaissances. Mais si certaines croyances astrologiques sont vraies, elles ne relèvent du savoir que si elles sont justifiées.

Par ailleurs, je sais que de nombreuses preuves démontrent que les prédictions astrologiques ne sont pas fiables. Mais si je lis mon horoscope et crois en l'une des prédictions, malgré ce que je sais, et si elle se réalise, savais-je alors qu'elle était vraie ? Non, car je n'avais aucune raison valable de le supposer.

Une connaissance a donc besoin de raisons qui permettent de penser qu'une proposition en laquelle nous croyons est vraie. Elle a besoin d'être justifiée.

On pense souvent la justification en termes de « preuves ». Les preuves d'une croyance sont des raisons, autres que la croyance elle-même, qui justifient ce que l'on croit être vrai. Par exemple, vous croyez que telle rose est rouge parce que vous la voyez, et qu'elle paraît rouge. Ou bien vous vous souvenez de l'endroit où vous avez laissé vos clés : posées sur la commode. C'est pourquoi vous croyez qu'elles y sont encore.

USER DE LOGIQUE

Parfois, la relation entre une preuve et ce qu'elle sert à prouver est logique. Ainsi, si vous voyez un chien derrière un chat, il s'ensuit que votre croyance (le chat est devant le chien) est vraie.

Mais une preuve n'entraîne habituellement pas ce qu'elle sert à prouver. Une preuve fournit simplement des raisons, parfois très bonnes, qui permettent de supposer qu'une croyance est vraie. Mais on peut posséder d'excellentes preuves pour croire une chose, et avoir tout de même tort. En général, une preuve ne constitue pas une garantie logique qu'une croyance est vraie.

La particularité du doute philosophique

Le doute philosophique apparaît lorsque l'on se met à réfléchir au comment des connaissances que nous pensons avoir. Par exemple, je crois que j'ai deux mains. Pourquoi ? Parce que je peux les sentir et les voir. Mais ces sensations pourraient-elles être trompeuses ? Après tout, les mêmes stimulations électriques dont mes yeux, mes oreilles et mes autres organes sensoriels nourrissent mon cerveau pourraient provenir d'un superordinateur commandant une sorte de programme de réalité virtuelle. Si ces stimulations étaient exactement identiques, les expériences et sensations qui en résultent seraient probablement tout aussi identiques. Je serais incapable de faire la différence. Ce que je prends pour le monde réel serait en fait une illusion très élaborée créée par un ordinateur, comme dans le film *Matrix*. Même le corps que je semble habiter serait virtuel. Alors comment savoir que je ne suis pas relié à un ordinateur ? En fait, comment savoir qu'il existe bien un monde hors de mon esprit ? Et si je ne sais pas cela, comment être sûr que j'ai bien deux mains ? Le scepticisme soulève ce genre de doutes et en fait des défis philosophiques.

PAR-DELÀ LE DOUTE ORDINAIRE

Les doutes philosophiques sont particuliers. Il ne s'agit pas des mêmes doutes que ceux que nous éprouvons normalement, comme lorsque l'on vient de quitter son domicile et que l'on ne se rappelle pas avoir verrouillé la porte, saisi de panique à l'idée qu'elle est toujours ouverte, laissant la voie libre aux cambrioleurs. Le scepticisme ne considère pas ce genre de doute. Il soulève le doute dans les domaines dont on est le plus sûr. Imaginons que je voie un livre devant moi, et ne fasse aucune place au doute ordinaire. Le doute sceptique peut tout de même apparaître. Car, comment puis-je être sûr que ce que je vois est un guide

Dans le film *Matrix*, une intelligence artificielle emprisonne la conscience humaine dans un monde illusoire. Les sceptiques soulignent que nous ne serions pas capables de nous en rendre compte si tel était le cas.

> « POUR EXAMINER LA VÉRITÉ, IL EST BESOIN, UNE FOIS DANS SA VIE, DE METTRE TOUTE CHOSE EN DOUTE AUTANT QU'IL SE PEUT. »
>
> **Descartes, *Principes de la philosophie***

fiable de la réalité des choses ? Certes, il semble qu'il y ait un livre devant moi. Mais comment savoir si je peux faire confiance à ces apparences ? Le scepticisme met en doute nos suppositions les plus fondamentales quant à la nature du monde sensible.

Ce genre de doute est-il légitime ? Certes, il est souvent sans conséquences pratiques. Même les philosophes sceptiques quant au monde extérieur se comportent comme nous tous dès qu'ils sont hors de leur bureau. Leur doute philosophique s'évapore aussitôt. Dans une certaine mesure, le scepticisme philosophique à propos du monde extérieur est indéfendable. Même s'il est vrai, nul ne peut se forcer à croire que c'est le cas ; tout du moins pas de façon durable. Cependant, il se peut qu'il soit vrai malgré tout, et qu'il reste la seule position rationnelle à adopter.

LE SCEPTICISME EN RÉSUMÉ

La conclusion tirée par les sceptiques n'est pas : « Nous ne pouvons être sûrs de nos jugements de tous les jours, bien qu'ils soient probablement vrais. » Les sceptiques pensent plutôt que nous avons très peu, voire aucune raison de supposer que ces jugements sont vrais. Il semble que s'ils ont raison, nous n'avons pas plus de raisons de supposer que le monde qui nous entoure est réel que nous n'en avons de supposer qu'il s'agit d'une illusion élaborée. Pour les sceptiques, il est tout aussi raisonnable de croire que le monde sensible est illusoire que de croire qu'il est réel. C'est une conclusion beaucoup plus radicale que de simplement dire que nous ne pouvons être entièrement sûrs que ce que nous vivons est réel.

Ainsi, le propos des sceptiques n'est pas que nous sommes trompés par un superordinateur. Il consiste à dire que nous n'avons aucun moyen de savoir si nous vivons quelque chose de réel. Pour les sceptiques, que l'on vive dans un monde réel est tout aussi possible que d'imaginer que tout est illusoire.

DIFFÉRENTS SCEPTICISMES

Le scepticisme le plus souvent débattu par les philosophes est celui qui touche au monde extérieur. Il met en doute notre connaissance de la réalité physique, du monde hors de l'esprit. Mais cela n'est pas la seule « connaissance » dont on pourrait douter. Certains doutent des propositions mathématiques ou logiques, d'autres de la mémoire. On peut aussi adhérer à une forme plus limitée du scepticisme quant au monde extérieur, et penser que si une certaine connaissance en est possible, on ne peut connaître les parties du monde que nous n'avons pas observées. Cela inclut bien sûr l'avenir.

Les explorateurs du pôle Nord incarnent l'instinct qui pousse l'humanité à acquérir des connaissances directes. Mais la majorité de l'univers échappe à l'observation directe.

SE DÉFIER DES SENS

Dans le *Théétète*, Platon (*voir p. 244-247*) présente ainsi la position du sophiste Protagoras : « telle m'apparaît chaque chose, telle elle est pour moi, et telle elle t'apparaît à toi [...]. Est-ce qu'il n'arrive pas quelquefois, bien que ce soit le même vent qui souffle, que l'un frissonne, l'autre non. » En cas de désaccord, comment être sûr que ce que l'on vit correspond à la réalité ? Cela ne prouve-t-il pas la faillibilité de nos cinq sens ?

TROUVER UN ACCORD

Les désaccords sur les preuves sensibles ne sont pas courants. On s'accorde tous sur le fait que l'air est un gaz et non un liquide, ou s'il souffle une brise (même si sa douceur peut être débattue). Nos désaccords de ce type présupposent un consensus dans nos perceptions, ce qui étaie l'affirmation selon laquelle les perceptions peuvent être source de connaissances. Mais l'illusion d'optique met en doute la fiabilité de nos sens. Par exemple, l'eau donne parfois une apparence courbe aux objets droits qui percent sa surface. Une telle illusion ne prouve-t-elle pas le manque de fiabilité de nos sens ? Là encore, non. Ces erreurs de perception sont corrigibles, ou prévisibles, si l'on a connaissance du comportement de la lumière, et des autres paramètres. Ce dont j'ai fait l'expérience peut servir à corriger ce que je vois. Ainsi, les illusions ne sont pas des raisons suffisantes pour affirmer que nos sens manquent, *généralement*, de fiabilité.

Les illusions d'optique montrent que nos sens ne sont pas toujours un guide fiable vers la réalité, et peuvent parfois être dupés.

Douter de la mémoire et de la raison

Peut-on étendre encore le doute sceptique ? Si l'on creuse l'hypothèse que nous sommes reliés à un superordinateur programmant une imitation de la réalité (*voir p. 51*), il faut aussi douter de la mémoire et de l'expérience sensible. Car, par son action sur l'activité cérébrale d'une personne, l'ordinateur peut créer des « souvenirs » qui n'existent pas. Cette bicyclette rouge dont je me souviens si bien et qu'on m'avait offerte pour mon cinquième anniversaire n'a peut-être jamais existé. En fait, tous mes souvenirs sont peut-être fabriqués. Il semble que je ne dispose d'aucun moyen de m'en assurer.

Si c'est le cas, je ne peux davantage connaître le monde qui m'entoure que mon passé, y compris la réalité (ou irréalité) de son existence. Aussi, il se peut que j'existe depuis très peu de temps, peut-être quelques minutes seulement.

L'hypothèse du superordinateur ne met pas en doute uniquement la mémoire et l'expérience sensible. La faculté de la raison à révéler la vérité devient aussi vulnérable. Car, si mes pensées m'étaient insufflées directement par le superordinateur, et qu'il me faisait penser que le résultat de « 2 + 2 = ? » est 4, alors que c'est en fait 5 ? Ou si, chaque fois que j'essaie d'examiner en détail les conséquences de mes croyances sur le monde, j'obtiens des conclusions illogiques ?

Il semble que même mes plus simples jugements logiques et mathématiques soient aussi en proie au doute.

« JE NE PEUX CROIRE QUE DIEU AIT ÉCRIT SUR LES PIERRES UN MENSONGE ÉNORME ET SUPERFLU. »

Charles Kingsley, auteur du XIXe siècle, doutant du fait que Dieu ait créé le monde avec des fossiles qui semblent dater d'avant la Création.

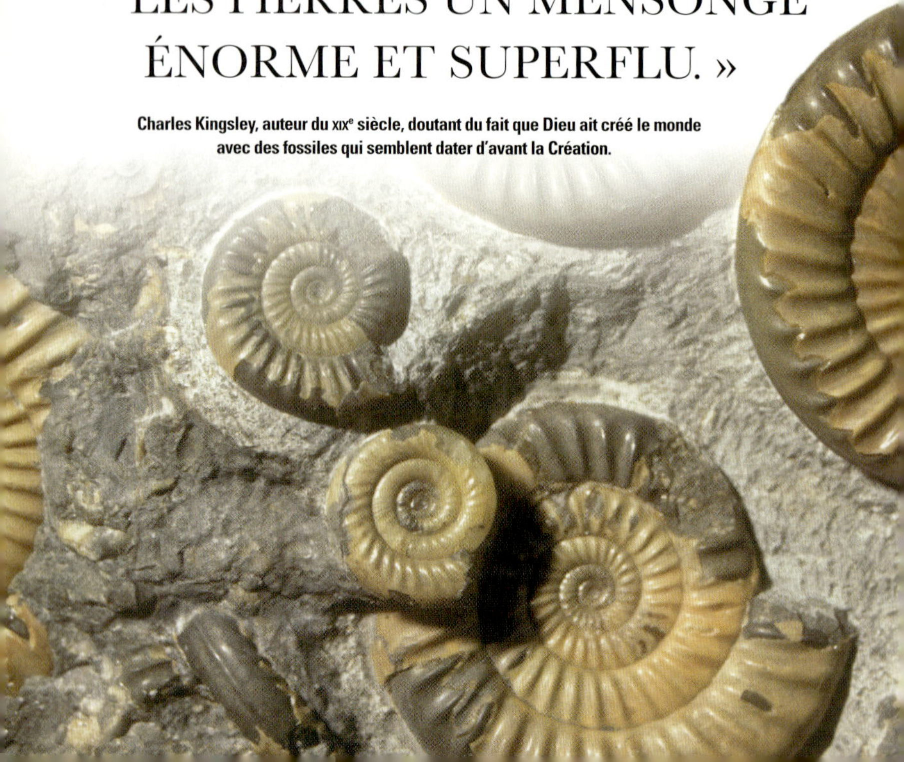

Le fiabilisme

Comment récuser les arguments des sceptiques ? Ces derniers soutiennent que la croyance selon laquelle les apparences sont un guide fiable pour connaître la réalité, n'est pas justifiée. Mais peut-être n'est-il pas nécessaire de la justifier.

Selon les fiabilistes, une croyance (par exemple, j'ai une rose devant moi) a valeur de connaissance si et seulement si elle est vraie et issue d'un processus fiable, c'est-à-dire un processus qui produit un fort pourcentage de croyances vraies. Habituellement, ce qui rend un processus fiable est la relation causale entre l'objet de la croyance (la rose) et la croyance elle-même. Ici, ce processus est la vision. En effet, la vision est un processus assez fiable en matière de production de croyances vraies (elle nous trompe parfois, mais rarement). Aussi, ma croyance selon laquelle une rose se trouve devant moi est effectivement vraie pour le fiabiliste.

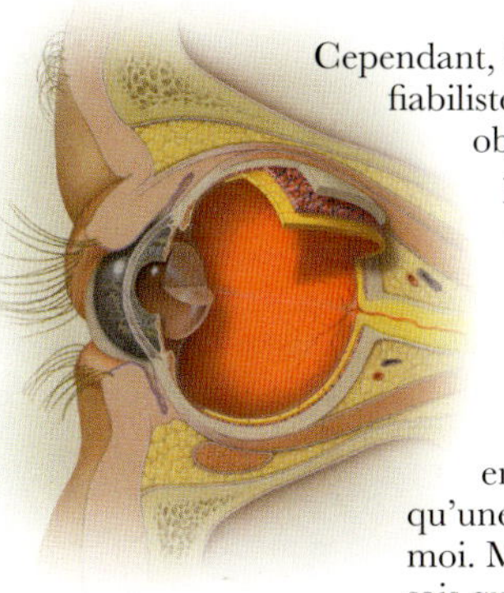

Les fiabilistes pensent que si les mécanismes qui élaborent les croyances (tels que la vue) sont fiables, alors elles relèvent du savoir.

DOUTER PLUS ENCORE

Bien sûr, on peut se demander si la définition de la connaissance du fiabilisme est vraie.

Cependant, il semble que si le fiabiliste a raison, alors les objections des sceptiques peuvent être réfutées. Mais si les sceptiques sont vaincus, un autre problème apparaît. Peut-être les sceptiques ont-ils tort ? Peut-être suis-je en mesure de savoir qu'une rose se trouve devant moi. Mais puis-je *savoir* que je sais qu'une rose est devant moi ? Afin de savoir que je sais, je dois aussi savoir que je peux faire confiance à mes sens. Mais en réalité, il n'existe aucun moyen de s'en assurer. Car après tout, même si mes sens n'étaient pas fiables, et si mon cerveau était à la merci d'un superordinateur, je ferais néanmoins confiance à mes sens, car l'ordinateur m'aurait inculqué la croyance qu'ils sont fiables.

Il semble donc que même si la bataille contre le scepticisme a été remportée, reste un doute plus profond. Je ne veux pas simplement savoir qu'une rose se trouve devant moi ; je veux savoir que c'est là une chose que je sais. Et ce type de savoir, le fiabiliste lui-même devra admettre que je ne peux le posséder.

ALVIN GOLDMAN

En 1967, le philosophe américain Alvin Goldman (né en 1938) a présenté sa « théorie causale de la connaissance », qui reprend la thèse fiabiliste. En réponse aux critiques que sa théorie suscita, il déclara que le savoir requiert aussi la faculté de savoir distinguer les alternatives pertinentes. Il s'intéressa ensuite aux liens entre théories de la connaissance et science cognitive, puis tenta de situer le savoir dans un contexte social, incluant le droit et l'éducation. Il est réputé pour ses travaux en philosophie de l'esprit.

Alvin Goldman a exploré de nombreux aspects du savoir dans ses travaux.

L'incohérence du scepticisme

Pour certains, le scepticisme n'a pas de sens, et se contredit.

On peut objecter que la signification de « connaissance » et de « savoir » dépend de l'emploi que l'on fait en général de ces termes. Ainsi, l'affirmation des sceptiques : « Je ne sais pas que je suis en train de lire cette page », n'a aucun sens. Car c'est précisément grâce à de tels cas que nous apprenons ce que « savoir » signifie.

Mais il semble que le recours au langage ordinaire soit vain contre les sceptiques. Pour eux, même dans ces cas typiques de « connaissance », nous faisons une hypothèse injustifiée, car avoir des connaissances sur le monde et savoir que les apparences sont un guide fiable pour connaître la réalité, est selon eux une condition. D'ordinaire, nous supposons cette condition remplie, et nous énonçons donc : « Je *sais* qu'une rose se trouve devant moi ». Mais pour les sceptiques, cette condition n'est pas remplie : après tout, je suis peut-être en train de vivre dans une réalité virtuelle. Auquel cas, je n'ai aucune raison de supposer que les apparences traduisent bien la réalité. Ainsi, même si nous apprenons le sens du mot « savoir » grâce au « langage ordinaire », la question reste ouverte quant à l'emploi correct de ce terme dans ces cas-là.

Pour le philosophe anglais Gilbert Ryle (*voir p. 331*), l'idée d'« erreur » mise en avant par les sceptiques présuppose que nous avons parfois « raison ». Sans justesse, la notion d'erreur n'a pas de sens, de même que les contrefaçons n'existeraient pas sans originaux.

Sans vraies pièces de monnaie, les fausses n'existeraient pas. Selon Ryle, nous devons avoir des connaissances vraies pour que l'« erreur » ait du sens.

La Vénus de Milo représente peut-être la beauté parfaite. Le concept d'imperfection n'a-t-il de sens que s'il existe des choses parfaites ?

Mais nos notions d'« erreur » et de « justesse » fonctionnent-elles ainsi ? Ou bien comme les termes « parfait » et « imparfait » ? Certes, nous ne pouvons concevoir l'imperfection sans la perfection. Mais il ne s'ensuit pas qu'afin d'avoir l'idée d'imperfection, quelque chose de parfait doit exister. De la même façon, nous ne pouvons inférer que nous savons certaines choses simplement parce que le scepticisme soulève la possibilité que nous sommes souvent dans l'erreur.

DOUTER DU DOUTE

Le philosophe autrichien Ludwig Wittgenstein (*voir p. 326-327*) explora le langage ordinaire. Selon lui, les sceptiques ont tort de croire qu'il est fondé de douter de croyances telles que « Il y a un monde extérieur » ou « J'ai deux mains ». Ces types de croyance sont des « hypothèses fondamentales ». Wittgenstein défend l'idée que beaucoup de ces hypothèses fondamentales ne sont pas des déclarations de connaissance.

Par exemple, je déclare que c'est une main que je tiens devant mon visage. Certes, il est des circonstances dans lesquelles l'énoncé « C'est une main » peut être utilisé pour formuler une connaissance (l'affirmation irréfutable d'une croyance) : lors de fouilles archéologiques par exemple, en mettant au jour de petits os. Mais si je lève ma propre main en plein jour et si je dis : « C'est une main », suis-je en train de formuler une connaissance ? Pas selon Wittgenstein. Remarquons que lever ainsi sa main et énoncer cette proposition, est une chose que l'on ferait si l'on apprenait aux autres la signification du mot « main ». Cette proposition, dans ces circonstances, sert non pas à formuler une connaissance, mais à montrer ce que veut dire le mot « main ».

Elle fonctionne comme une définition, de la même façon que « La laie est la femelle du sanglier ». Ainsi, demander

« Mais savons-nous que toutes les laies sont des sangliers ? » n'a pas de sens (si l'on doute aussi facilement, c'est que l'on ne sait pas ce que « laie » veut dire). Aussi, quelqu'un qui demanderait « Comment savoir que ceci est une main ? », dans ces circonstances, n'exprime pas un véritable doute.

Plutôt que d'essayer de récuser les sceptiques en démontrant comment l'énoncé « C'est une main » peut être justifié, Wittgenstein tente de montrer en quoi l'exigence de justification des sceptiques n'a pas de sens. En de telles circonstances, aucune connaissance n'est affirmée. Par conséquent, aucune justification n'est nécessaire.

UNE SOLUTION IMPARFAITE ?

La solution de Wittgenstein est controversée. D'abord, même si nous acceptons que la proposition « C'est une main » n'est habituellement pas employée pour affirmer une connaissance, il ne s'ensuit pas qu'elle ne peut jamais être employée dans ce sens. Dans le cas contraire, la nécessité de justification soulevée par les sceptiques réapparaît. Il semble qu'ils soient capables de résister au raisonnement de Wittgenstein.

« SI JE DEVAIS DOUTER DU FAIT QUE MA MAIN M'APPARTIENNE, COMMENT NE PAS DOUTER QUE LE MOT « MAIN » AIT UN SENS ? »

Ludwig Wittgenstein, ***De la certitude***

Pour Wittgenstein, si quelqu'un qui pose la question : « Comment savoir que ceci est une main ? », on devrait lui rappeler comment les mots sont appris et utilisés.

QU'EST-CE QUE LE SAVOIR ?

Une connaissance n'est pas une croyance infondée, même si elle se révèle être vraie. Mais une connaissance est-elle une croyance vraie qui est bien justifiée (*voir p. 50*) ? Et à quel point doit-on « justifier » une croyance pour qu'elle soit connaissance ?

La connaissance requiert-elle la certitude ?

Si la connaissance est une croyance vraie justifiée par des preuves, combien de preuves faut-il fournir ? En général, nous nous appuyons sur des raisons valables pour penser qu'une croyance est vraie, mais cela ne signifie pas que la possibilité de l'erreur est éliminée. On peut très bien avoir de bonnes raisons de croire quelque chose et néanmoins être dans l'erreur. Si j'entends des gouttes d'eau frapper contre la fenêtre et si je les vois couler sur la vitre, avec en fond le ciel sombre, et si mon ami rentre en secouant un parapluie et laisse ses empreintes de pas sur le sol en se plaignant de la pluie, alors je possède d'excellentes raisons de croire qu'il pleut. Pourtant, il est possible que je me trompe, ou que j'aie été dupé par mon ami, qui aura dirigé l'arrosage vers la fenêtre pour me faire croire qu'il pleuvait.

L'INFAILLIBILISME

Faut-il être absolument certain qu'une croyance est vraie avant de pouvoir l'appeler connaissance ? Les infaillibilistes pensent qu'une croyance ne peut être qualifiée de connaissance que s'il est impossible de faire erreur à son sujet. Mais dans quelle mesure est-ce plausible ? Si le savoir n'est accessible que dans les situations hermétiques à toute erreur, alors nous ne pouvons savoir que très peu de choses, voire aucune. Même en écartant le doute sceptique (*voir p. 50-53*), et même si nous possédons d'excellentes raisons de supposer qu'une chose est fondée, il reste possible de faire erreur dans nos jugements sur le monde.

Toute définition applicable de la connaissance doit-elle admettre la possibilité de l'erreur ? Les étudiants qui abordent la philosophie supposent souvent le contraire. Le genre de raisonnement suivant peut en effet les fourvoyer. On ne peut savoir ce qui n'est pas vrai. Aussi, si je sais qu'il pleut, je ne peux me tromper à ce sujet. Mais alors, si je sais qu'il pleut, je dois être infaillible quant à ce fait. Je dois être dans une position telle qu'il me soit impossible de me tromper. Les infaillibilistes en concluent que, ne pouvant jamais nous trouver dans une telle position (il reste toujours une marge d'erreur, aussi infime soit-elle), nous ne pouvons jamais savoir qu'il pleut.

Certaines illusions scéniques très convaincantes montrent qu'il y a toujours une place à l'erreur lorsque nous nous fions à nos sens.

Mais ce raisonnement ne tient pas : il exploite un glissement trompeur depuis un énoncé raisonnable portant sur la connaissance vers un énoncé extrêmement controversé *(voir encart ci-dessous)*.

NOUVELLES DÉFINITIONS

Le savoir exige plus que de simples croyances vraies : il ne peut être accidentel ou infondé dans le sens où peut l'être une croyance vraie. Mais il semble tout aussi difficile de suggérer qu'une croyance doit être infaillible pour être qualifiée de connaissance. Dans les pages suivantes, nous allons examiner d'autres définitions qui contournent ce problème.

Ayant signé les accords de Munich avec Hitler en 1938, Neville Chamberlain annonçait « La paix pour des générations ». Les certitudes sont parfois infondées.

UN MAUVAIS RAISONNEMENT

Les infaillibilistes affirment que « Si je sais que *p* [une proposition donnée], alors je ne peux pas me tromper à son sujet. » Ceci entraîne deux lectures, selon notre compréhension de « je ne peux pas ».

Lecture 1 : « Il est impossible que bien que je sache que *p*, je me trompe au sujet de *p*. »

Effectivement, par définition, nous ne pouvons savoir ce qui est faux.

Lecture 2 : « Si je sais que *p*, (je suis dans une position où) il est impossible que je me trompe à son sujet. »

C'est ce qu'affirment les infaillibilistes. Bien plus appuyée que la première, cette affirmation dit que si je sais que *p*, alors non seulement je ne me trompe pas sur *p*, mais je dois être dans une position telle que je ne peux me tromper sur *p*. Le raisonnement exploite cette ambiguïté, nous amenant à être d'accord avec la première lecture – qui est vraie – pour conclure ensuite à la deuxième, qui n'est pas impliquée par la première.

En quête de fondements

Comment fonctionne la justification ? On admet souvent que toute connaissance repose sur certaines croyances fondamentales.

Nombre de nos croyances reposent sur d'autres croyances et en tirent leur justification. Ainsi, je crois que Napoléon était corse, car je crois aussi que les sources historiques qui l'affirment sont fiables. Mais si ma première croyance est justifiée, la seconde doit l'être aussi. Nous pouvons donc tirer le principe général suivant : pour croire à raison en une proposition sur la base de preuves, on doit croire à raison en ces preuves.

Mais si toute croyance n'est justifiée que par une autre croyance, nous sommes face à une régression à l'infini (*voir p. 213*).

La justification de mes croyances doit s'achever quelque part, avec des croyances qui ne soient pas justifiées par d'autres croyances. Sinon, comment pourrait-il être justifié de croire en quoi que ce soit ?

Les fondationnalistes pensent qu'en remontant la chaîne des justifications, on aboutit à des croyances vraies « fondamentales » qui ne nécessitent plus de justifications. Ce sont les fondements sur lesquels repose toute connaissance. Mais si les croyances fondamentales ne sont pas déduites d'autres croyances, comment sont-elles justifiées ?

Selon l'une des théories les plus acceptées, les fondements du savoir reposent sur l'expérience sensible. Pour de nombreux empiristes, dont Locke (*voir p. 282-283*) et Hume (*voir p. 290-291*), toute connaissance dérive de l'expérience.

Certes, une expérience sensible n'est pas une croyance ; voir une chaise, ce

Nous devons croire aux documents et images historiques afin de savoir si les événements historiques, comme la campagne de Napoléon en Égypte, eurent réellement lieu.

On reconnaît tous un chien blanc et marron sur la photo de droite ; mais quels concepts s'appliquent devant une peinture abstraite ? Toute expérience perceptive implique-t-elle des concepts ?

n'est pas croire qu'il y a une chaise devant soi. Mais si l'on n'est pas en proie à une hallucination ou un rêve, on peut inférer une telle croyance de l'expérience. Issue directement de l'expérience sensible, elle constitue une croyance fondamentale. Elle est fondée, même si elle n'est pas déduite d'autres croyances.

FONDEMENTS ILLUSOIRES

Cette forme de fondationnalisme, relativement plausible, rencontre des objections. Les croyances sont structurées par les concepts. Croire que « le chien marron a eu peur de la voiture bruyante » implique les concepts : chien, marron, peur, voiture et bruit. Je ne peux avoir cette croyance sans posséder ces concepts. Mais l'expérience est-elle structurée par ces concepts ? Est-ce que je vois un chien marron, et est-ce que j'entends une voiture bruyante ? Ou bien ai-je des expériences sensibles auxquelles j'applique ces concepts ? Pour Wilfrid Sellars *(voir ci-contre)*, les fondationnalistes sont donc face à un problème.

Admettons que l'expérience soit structurée par des concepts. Est-ce vrai de toutes les expériences ? Les enfants, par exemple, doivent assimiler les concepts. Un bébé ne sachant pas encore ce qu'est un chien, ni la couleur marron, ne peut faire l'expérience d'un « chien marron ». Il fait incontestablement une expérience, mais elle n'est pas structurée par ces concepts. L'enfant apprend à appliquer correctement les concepts (par exemple, « C'est un chien » et « Ce n'est pas un chien »), en essayant et en se trompant, ou par une forme de raisonnement. Son concept de « chien » a été formé par diverses déductions. Aussi Sellars avance-t-il que si l'expérience est elle-même structurée par les concepts, elle ne peut pas être le fondement du savoir, car elle dépend encore du savoir acquis par déduction.

Mais imaginons que l'expérience ne soit *pas* structurée par les concepts. Le problème se pose alors du lien entre l'expérience seule et les croyances portant sur l'expérience, car les croyances sont structurées par les concepts. Pour aller de l'expérience aux croyances, nous devons appliquer les concepts à l'expérience sensible. Mais là encore, nous avons recours au savoir par inférence.

Que l'expérience soit ou non structurée par les concepts, Sellars conclut que toute croyance reposant directement sur l'expérience sensible implique des concepts et dépend donc de déductions d'autres connaissances. C'est pour cela qu'elles ne peuvent être des croyances fondamentales sur lesquelles repose tout savoir.

WILFRID SELLARS

Le philosophe américain Wilfrid Sellars (1912-1989) s'opposa vivement aux vues fondationnalistes. En 1956, il attaqua la position traditionnelle selon laquelle l'expérience est le fondement du savoir dans son essai *Empirisme et philosophie de l'esprit*. Sellars avance qu'il faut intégrer les expériences avant de pouvoir en tirer une connaissance. Il s'est intéressé à ce processus en tentant de réconcilier les modèles scientifiques de la réalité avec notre perception de nous-mêmes en tant qu'agents libres et rationnels, ouvrant ainsi la porte aux débats sur le savoir et la philosophie de l'esprit de tout le XXe siècle.

La croyance vraie justifiée : une connaissance ?

Certains philosophes pensent que connaître des propositions (telles que les éléphants sont gris) implique une vraie croyance justifiée. Si cela est suffisant, alors on connaît une proposition si et seulement si :

La proposition *p* est vraie
On croit que *p*
Notre croyance que *p* est justifiée

Selon la théorie de la connaissance comme « croyance vraie justifiée », ce sont là les « conditions nécessaires et suffisantes » *(voir p. 218)*. Une connaissance serait donc une croyance vraie justifiée. D'abord, nous ne pouvons savoir ce qui est faux. Si une proposition est fausse, alors, même si nous pensons la connaître, il s'avère que non. Ensuite, il faut *croire* que *p* afin de *savoir* que *p*. Comment puis-je dire que je sais qu'il pleut si je ne le crois pas ? Enfin, la connaissance est plus qu'une croyance vraie. La nécessité de justification d'une connaissance explique pourquoi deviner juste ne relève pas du savoir.

PAR-DELÀ LA CROYANCE

En 1963, le philosophe américain Edmund Gettier publiait *Is Justified True Belief Knowledge ?* – article célèbre qui présente des cas où une personne possède une croyance vraie, mais non une connaissance. Voici un exemple de Gettier. Imaginons que je conduise

Devant cette façade, nous pourrions avoir raison de croire qu'il s'agit d'une vraie maison en feu, et non d'un décor de cinéma.

dans un endroit où, sans que je le sache, un film est en tournage. Nombre des maisons que je vois sont en fait des « façades ». Plusieurs d'entre elles sont en feu. Je pense alors « cette maison est en feu ». Mais s'il s'agit d'une façade, ma croyance est fausse, et donc n'est pas une connaissance. Si, par hasard, je regarde en fait l'une des rares vraies maisons, et non une façade, alors ma croyance est vraie, et semble justifiée : devant les apparences d'une maison et celles du feu, je n'ai aucune raison de douter du bon fonctionnement de mes yeux (sans revenir au scepticisme).

Mais bien que ma croyance soit vraie et justifiée, Gettier remarque que ce n'est pas une connaissance. Le lien entre l'origine de ma croyance (ses justifications) et le fait qu'elle soit avérée est, dans ce cas, trop accidentel. Dans cet exemple, j'aurais pu regarder une simple façade sans faire la différence. Si une croyance vraie justifiée n'est pas suffisante, comme dans le raisonnement de Gettier, alors qu'est-ce qu'une connaissance ? Elle nécessite un paramètre qui tienne compte de situations dans lesquelles on ne peut être conscient de toutes les éventualités.

Nous reconnaissons les gens sans problème. Mais à moins de savoir qu'une personne a un jumeau identique, il est facile de se méprendre.

RETOUR AU FIABILISME

Certaines objections de Gettier sont applicables au fiabilisme (*voir p. 55*). Il est vrai que, en général, une croyance n'est pas accidentellement vraie si le processus qui la produit est fiable. Mais examinons cet autre exemple de Gettier : vous voyez une amie, Julie, et lui adressez un signe de la main. Mais, fait que vous ignoriez, Julie a une sœur jumelle, Anne, qui vit dans le quartier. Si vous aviez vu Anne de l'autre côté de la rue, vous l'auriez prise pour Julie. Aussi, votre croyance n'est qu'accidentellement vraie. Pourtant, le processus qui l'a produite est fiable. Ainsi, le fiabilisme semble dire que l'on sait, lorsque l'on ne sait pas.

Certains fiabilistes répondent que pour être qualifiée de connaissance, une croyance doit non seulement être le produit d'un processus fiable, mais l'on doit aussi être capable de distinguer les éventualités pertinentes de la situation donnée. Si Julie n'a pas de sœur jumelle, vous pourrez faire la distinction entre les éventualités (soit c'est Julie, soit c'est quelqu'un d'autre) pour savoir qu'il s'agit de Julie. Mais si elle a une sœur jumelle, vous ne saurez que vous faites signe à Julie que si vous savez la distinguer de sa sœur Anne.

Nos attentes peuvent modeler les preuves sensibles. En 1947, le premier témoin d'une « soucoupe volante » déclara avoir vu un appareil en forme de boomerang qui « sautait comme une soucoupe sur un lac ». Depuis ce jour, les témoins s'empressent de rapporter avoir vu des soucoupes.

RAISON ET EXPÉRIENCE

Dans quelle mesure le savoir dépend-il de nos sens ? Nous découvrons le monde à la fois par la raison et par l'expérience. En plaçant l'accent sur l'une ou sur l'autre, les penseurs ont formé deux écoles de pensée : le rationalisme et l'empirisme.

Deux approches de la connaissance

Précisons d'abord quelques termes. L'expression latine « a priori » signifie : « à partir de ce qui vient avant ». En philosophie, elle fait référence aux connaissances absolument indépendantes de l'expérience. Savoir que « les célibataires ne sont pas mariés » ne nécessite aucunement d'interroger des célibataires pour vérifier qu'ils ne sont pas mariés. Nous savons la proposition vraie simplement en comprenant son sens. Par ailleurs, les propositions qui ne peuvent être établies que grâce à nos sens sont dites « a posteriori ». Cette distinction entre « a priori » et « a posteriori » renvoie à la méthode de vérification qu'une proposition est vraie. Il ne s'agit pas de la façon dont nous acquérons les concepts ou les mots impliqués dans la compréhension de la proposition. Bien sûr, il faut apprendre ce que « célibataire » et « marié » signifient avant d'être capable de la proposition « les célibataires ne sont pas mariés ». Ce savoir est fondé sur l'expérience – mais une fois l'énoncé compris, il semble que l'expérience soit inutile pour établir sa vérité. Si c'est le cas, alors le fait que je sache que « les célibataires ne sont pas mariés » est une connaissance *a priori*.

D'autre part, il est important d'expliquer la distinction entre

Certaines façons de décrire nos liens de parenté ne sont pas évidentes – mais elles restent vraies par définition.

propositions « analytiques » et « synthétiques ». Une proposition est analytique si elle est vraie (ou fausse) simplement en vertu de la signification de ses termes. Parce que « les célibataires ne sont pas mariés » est analytique, c'est aussi une proposition *a priori*. Mais toutes les vérités *a priori* ne sont pas analytiques. Par exemple, je peux sûrement savoir, *a priori*, que j'existe ; pourtant « j'existe » n'est pas analytique. Beaucoup de vérités analytiques, telles que « les célibataires ne sont pas mariés », sont évidentes, mais certaines ne le sont pas, comme par exemple : « l'unique cousine de la nièce du père du frère de ta mère est ta mère ».

Une proposition est synthétique si elle est vraie ou fausse en vertu des faits, et non simplement de la signification de ses termes. Ainsi, « il n'y a pas d'autruches en Islande » est synthétique.

VUES CONTRAIRES

Rationalisme et empirisme divergent sur la question de l'acquisition d'une connaissance du monde. Mais cette distinction n'est pas toujours très claire, et certaines définitions des termes ne sont pas mutuellement exclusives. Néanmoins rationalisme et empirisme peuvent être effectivement exclusifs. Le rationalisme prétend que l'on peut avoir une connaissance synthétique *a priori* de l'existence des choses hors de notre esprit. En d'autres termes, les rationalistes pensent que nous pouvons connaître certains faits sur le monde extérieur (morale, métaphysique, matière) sans avoir recours à l'un de nos sens.

L'empirisme conteste cela, prônant au contraire que toute connaissance du monde dérive de l'expérience sensible.

Comment pouvons-nous connaître le monde sans avoir recours à l'expérience ? Certains rationalistes suggèrent que nous possédons une forme d'intuition rationnelle qui nous permet de saisir certaines réalités. Cette faculté opère indépendamment de nos cinq sens, sorte de « sixième sens » particulier qui nous permet de détecter des principes moraux, mathématiques, ou d'autres faits.

Pour d'autres rationalistes, nous connaissons certaines vérités de façon innée (*voir p. 68-69*). Certes, il se peut que nous ne sachions rien à la naissance, mais les graines de la connaissance sont déjà plantées en nous, puis poussent et s'épanouissent en nous apportant une connaissance *a priori* des choses.

« LES CHOSES QUE NOUS CONCEVONS FORT CLAIREMENT ET FORT DISTINCTEMENT SONT TOUTES VRAIES. »

René Descartes, *Discours de la méthode,* Nathan, Paris, 1995, p. 55

« TOUS LES OBJETS DONT LA RAISON HUMAINE SE PROPOSE L'ÉTUDE SE DIVISENT NATURELLEMENT EN DEUX GENRES : LES RELATIONS D'IDÉES ET LES CHOSES DE FAIT. »

David Hume, *Enquête sur l'entendement humain* (trad. M. Malherbe), Vrin, Paris, 2004, p. 65

DESCARTES ET LA MARQUE DE L'OUVRIER

Les rationalistes rejettent la position empiriste selon laquelle une connaissance *a priori*, si elle existe, se limite à la connaissance de vérités analytiques ou de l'activité de l'esprit (*voir p. 66-67*). Ils pensent que nous pouvons avoir une connaissance synthétique *a priori* des choses. René Descartes (*voir p. 276-279*) était un vrai rationaliste, ainsi que le prouvent ses arguments concernant l'existence de Dieu.

Descartes prouve l'existence de Dieu par deux arguments. Le premier est la preuve ontologique (*voir p. 140-141*), tentative classique visant à prouver l'existence de Dieu *a priori*. Mais c'est l'autre argument que nous allons examiner ici. Dans son raisonnement, Descartes tente de prouver que Dieu existe simplement parce que nous en possédons l'idée. Toute idée doit avoir une cause, souligne Descartes, et si cette cause n'est issue ni de l'expérience ni de notre esprit, cela doit être parce qu'elle est « innée ». Les idées innées ne sont pas des idées auxquelles nous avons accès dès la naissance, mais qui sont déjà présentes en nous. Descartes avance donc que la cause de l'idée de Dieu ne peut être que Dieu.

Ainsi, une cause doit avoir au moins autant de « réalité » que ses effets. Le philosophe anglais Bernard Williams illustre ainsi ce propos : si nous découvrons le dessin d'une machine complexe, nous pensons qu'il doit être le produit d'une société avancée ou d'une imagination très fertile. Si nous nous trouvions devant ladite machine en train de fonctionner, nous serions encore plus impressionnés – la machine a plus de « réalité » en marche que sous forme de dessin.

Descartes pensait que parce que l'idée de Dieu est une chose parfaite, que des êtres viciés tels que les humains n'auraient pu imaginer eux-mêmes, elle doit avoir été imprimée en nous par Dieu.

Dieu est infini et parfait. Il possède donc le plus haut degré de réalité. Cette idée de Dieu n'est pas quelque chose que je suis capable d'inventer moi-même. En tant qu'être imparfait et fini, je peux être la cause de l'idée de quelque chose de « non fini » et de « non parfait ». Mais, insiste Descartes, cette conception négative de l'infini et de la perfection n'est pas l'idée de Dieu. L'idée de Dieu est un concept positif de l'infini et de la perfection, pas simplement l'absence de limites. C'est l'idée d'une chose qui ne peut avoir de limites. Aussi, même si ce n'est qu'une idée, notre esprit ne peut l'avoir créée. Seul Dieu a pu en être capable. En imprimant une idée de lui-même dans notre esprit, Dieu y aurait en quelque sorte laissé sa « marque » : signe révélateur de sa création. La preuve ontologique et la preuve de la marque visent toutes deux à établir l'existence de Dieu *a priori*. Descartes pense que, en réfléchissant à certaines idées ou concepts, nous pouvons établir un fait important concernant les choses – le fait que Dieu existe. C'est l'une des raisons pour lesquelles Descartes est un rationaliste.

« IL NE SERAIT PAS POSSIBLE… QUE J'EUSSE EN MOI L'IDÉE D'UN DIEU, SI DIEU N'EXISTAIT VÉRITABLEMENT. »

René Descartes, *Méditations métaphysiques*, Larousse, Paris, 1951, p. 60

Les empiristes et les connaissances *a priori*

Les rationalistes supposent qu'au moins une partie de notre connaissance du monde ne dérive pas de l'expérience (*voir p. 66-67*). Descartes, par exemple, suppose que nous savons, *a priori*, que Dieu existe. Selon lui, savoir que les objets physiques sont *étendus* (ils possèdent des dimensions physiques) n'est pas non plus uniquement fondé sur l'expérience. Descartes conteste le fait que les objets physiques possèdent des propriétés telles que la couleur ou l'odeur, et que nos sens nous révèlent. Quant à leurs propriétés géométriques authentiques, elles sont finalement saisies non pas par l'expérience, mais par la raison.

À l'opposé, quelques empiristes, comme John Stuart Mill (*voir p. 308-309*), récusent l'idée de connaissances *a priori*, mais la plupart leur accordent quelque crédit. Ils restent tout de même empiristes, car pour eux, nos connaissances *a priori* sont insignifiantes et limitées ; il s'agit de la connaissance des vérités « analytiques » (*voir p. 67*) et de la disposition des choses dans notre esprit.

Hume, par exemple, admet les connaissances *a priori*, mais souligne qu'elles se cantonnent aux « relations d'idées ». Ainsi, dire que les célibataires ne sont pas mariés révèle simplement une relation entre les idées de célibataire et de ne pas être marié : l'une entraîne l'autre. Selon Hume, quand il s'agit des choses qui existent hors de notre esprit, les faits doivent être acquis grâce aux sens.

La description mathématique des objets solides, comme un dessin technique, exclut les propriétés telles que les odeurs, les couleurs, les goûts, qui sont toutes perçues de façon subjective.

L'ORIGINE DES CONCEPTS

Nous avons vu que selon les empiristes, tout savoir substantiel sur le monde dépend de l'expérience (*voir p. 66-67*). Nous acquérons des connaissances en observant et en utilisant le raisonnement inductif (*voir p. 180-185*). Le fondement de nos connaissances sur ce qui est hors de l'esprit repose sur ce dont nous faisons l'expérience ici et maintenant, ou sur ce dont nous nous souvenons. Certains empiristes soulignent aussi le fait que tous les concepts dérivent finalement de l'expérience, ce à quoi adhère Hume. Il admet le concept de licorne – quelque chose dont nous n'avons pas fait l'expérience – mais seulement parce que ce concept est construit sur des concepts tirés de nos expériences (cornes, chevaux). Ainsi, il reste possible que quelqu'un n'ayant jamais fait l'expérience de la couleur ne puisse saisir le concept de rouge.

D'un autre côté, certains rationalistes pensent non seulement que les connaissances synthétiques *a priori* sont possibles, mais aussi que nous possédons certains concepts indépendamment de l'expérience. Descartes, par exemple, suppose que nous possédons le concept de Dieu (*voir p. 68-69*).

Les expériences laissent des impressions sur notre esprit, comme un sceau dans la cire, qui forment un réservoir de connaissances. Pour les empiristes, le savoir sans expérience est quasiment impossible.

L'empirisme, la morale et Dieu

L'empirisme est souvent considéré comme une théorie de la connaissance du monde matériel car il se concentre sur le savoir acquis grâce aux sens. Mais d'autres connaissances sont accessibles. Comment les empiristes traitent-ils par exemple des questions de morale, ou de l'existence de Dieu ?

Les empiristes réfutent la substantialité des connaissances *a priori* sur le monde extérieur. Aussi, pour tout domaine de connaissances, ils ont trois choix :

Nier que nous ayons la moindre connaissance dans ce domaine.

Dire que toute connaissance que nous possédions dérive de l'expérience.

Dire que toute connaissance *a priori* est analytique.

L'empiriste John Stuart Mill (*voir p. 308-309*) défend un savoir moral sur la base de « l'observation et de l'expérience ». Selon lui, maximiser le bonheur pour le plus de personnes possible devrait être notre but (*voir p. 102-103*). Mill avance que la seule preuve dont nous disposions de ce qui est bien est notre désir. Tout le monde désire être heureux, aussi n'y a-t-il pas de meilleure fin à toute action que le bonheur. Ce raisonnement n'établit pas que nous devrions désirer et viser au bonheur des autres, car chaque personne désire d'abord son propre bonheur. Mais Mill suppose que la morale concerne tout le monde de façon égale, et que c'est une vérité analytique. Nous devrions donc tous chercher à être heureux.

Une autre position empiriste sur le savoir moral consiste à reconnaître qu'il n'est pas fondé sur l'expérience, et qu'il vaut mieux adhérer au subjectivisme, pour lequel nos affirmations morales telles que « X a moralement tort » ou « Y a moralement raison », sont l'expression de nos sentiments à propos de X ou de Y. Ici, nous désapprouvons X et nous approuvons Y. Hume semble (par moments) adhérer à cette position.

« LE BONHEUR EST LA SEULE FIN DE L'ACTION HUMAINE. »

John Stuart Mill, *L'Utilitarisme*

Mill pensait que nous voulons tous être heureux. Plus controversé, il ajoutait que c'est là tout ce que nous désirons, car tout ce que nous désirons participe à notre bonheur.

Selon les émotivistes, quand nous parlons de choses bonnes ou mauvaises « moralement », nous exprimons en fait une réponse émotionnelle, qui se rapproche de celle des supporters de football quand leur équipe marque un but.

Le subjectivisme qualifie le savoir moral comme relevant de notre seul état mental. Les empiristes ne voient pas de difficulté dans les connaissances *a priori* de vérités morales si elles portent sur notre esprit.

Une stratégie empiriste légèrement différente consiste à nier le fait que les affirmations morales soient des propositions vraies. Les émotivistes (*voir p. 115*), par exemple, pensent qu'une personne disant « X a moralement tort » ne revendique pas une connaissance. Elle exprime plutôt ce qu'elle ressent – un peu comme si elle huait X. Puisque ces expressions d'émotion ne sont ni vraies ni fausses, il n'y a rien à « connaître », et la moralité se trouve ainsi exclue du débat sur le savoir.

Qu'en est-il de l'existence de Dieu ? Comment l'empiriste peut-il l'expliquer ? Les empiristes théistes admettent qu'il est possible de savoir que Dieu existe, mais ils nient le fait que c'est une connaissance *a priori*. Plutôt que de dépendre d'arguments *a priori* comme la preuve ontologique (*voir p. 140-141*) ou la preuve de la marque (*voir p. 68-69*) qui démontrent l'existence de Dieu, les empiristes insistent sur les signes d'une conception visible dans la nature, et en concluent qu'il est raisonnable de penser que Dieu en est à l'origine (*voir p. 147*). Ou, partant de l'observation empiriste que l'univers existe, ils pourraient avancer, via le principe (qui pourrait ou non être empirique) que l'existence d'une telle chose requiert une cause ou explication de quelque sorte (*voir p. 142-143*), et en conclure que Dieu est cette cause ou explication. Ces deux arguments sont fondés sur des preuves empiriques.

L'INTUITION RATIONNELLE

Les rationalistes font souvent appel à une sorte de sixième sens, l'« intuition », afin de rendre compte de nos connaissances synthétiques sur le monde. Hume pense que nombre des « vérités » que les philosophes prétendaient connaître grâce à l'« intuition rationnelle » n'étaient en fait que des suppositions.

Prenons par exemple la position de certains rationalistes pour qui l'« intuition rationnelle »

Les croyants pensent tirer de l'expérience religieuse des preuves non empiriques de l'existence de Dieu. Mais nos cinq sens pourraient-ils eux aussi en fournir, comme le pensent certains empiristes ?

révèle que tout événement doit avoir une cause. Peut-être est-il très difficile de croire qu'un événement puisse ne pas avoir de cause, mais cela ne signifie pas que nous soyons rationnellement justifiés de supposer qu'un tel événement ne puisse se produire. Étant donné cette objection, il serait utile que les rationalistes puissent fournir une définition de ce qu'est l'intuition et de son accession au savoir. Ce n'est pas chose facile.

La meilleure défense des rationalistes pourrait bien être l'attaque. L'explication des empiristes concernant la morale, Dieu et même le monde extérieur peut être réfutée. Ainsi, le rationalisme peut dire que, si nous ne voulons pas tomber dans le scepticisme (*voir p. 50-57*), nous devons accepter que nous avons bien une intuition rationnelle, même si nous ne savons pas exactement ce qu'elle est ni comment elle fonctionne. Mais même si cette réponse met en doute l'empirisme, elle est loin d'être concluante.

Le « grand théorème » de Pierre de Fermat mit 357 ans à être prouvé. Les vérités mathématiques peuvent être complexes, mais sont-elles des découvertes ?

« L'ŒIL [...] DOIT ÊTRE DÉTOURNÉ AVEC L'ÂME DES CHOSES PÉRISSABLES JUSQU'À CE QU'IL DEVIENNE CAPABLE DE SUPPORTER LA VUE DE L'ÊTRE. »

Platon, *La République* (trad. Emile Chambry), Les Belles Lettres, Paris, 1948, livre VII

CONNAISSANCES MATHÉMATIQUES

L'un des domaines sur lesquels les empiristes se concentrent traditionnellement est celui du savoir mathématique. Au premier abord, l'arithmétique et la géométrie sont sources de connaissances substantielles sur la réalité du monde, et s'avèrent particulièrement utiles lorsqu'il s'agit de carreler une salle de bains. Imaginons que je veuille carreler un sol de 10 m x 8 m avec des carreaux de 1 m x 1 m. Si j'utilise les règles mathématiques pour trouver combien de carreaux je dois acheter, j'obtiendrai le nombre exact. Une autre méthode, comme la conjecture, m'apportera sûrement un nombre inexact. Cela ne fait-il pas des mathématiques une source d'information fiable sur la structure du monde ? Pourtant les mathématiques sont une discipline *a priori*. Ainsi, les mathématiques semblent opposer un contre-exemple efficace à l'empirisme.

Comment les empiristes traitent-ils la question des mathématiques ? Certains, comme Mill, nient le fait que le savoir mathématique soit *a priori*. D'autres, comme Locke et Hume, acceptent qu'il soit *a priori*, mais contestent le fait qu'il apporte une connaissance substantielle. Car selon eux, le savoir mathématique est analytique. Locke et Hume avancent que tout savoir mathématique s'acquiert en développant une série de définitions (de termes mathématiques tels que « 1 », « plus » ou « égale »). Mais alors, comment expliquer les « découvertes » mathématiques ? Comment pouvons-nous être *surpris* par une chose qui est vraie par définition ? Les empiristes répondent que les connaissances analytiques n'ont pas besoin d'être évidentes. Les vérités mathématiques sont très complexes, et établir leur vérité (comme dans la vérité que la seule cousine de la nièce du père du frère de votre mère est en fait votre mère) exige beaucoup de travail. Que l'on puisse ou non démontrer que les mathématiques sont « analytiques », ou insignifiantes en définitive, reste controversé.

LA MÉTAPHYSIQUE

La métaphysique, l'une des branches majeures les plus anciennes de la philosophie, coïncide avec d'autres branches importantes, comme la philosophie de l'esprit ou de la religion. Il est donc difficile de la définir avec précision. Néanmoins, son objet d'étude principal est la nature de la réalité.

L'une des théories les plus anciennes et les plus intéressantes est la théorie des Idées de Platon, qui montre à quel point cette branche de la philosophie peut être radicale et contrarier le sens commun. Selon Platon, le monde que nous pensons voir autour de nous est une illusion. La véritable réalité, inaccessible à nos sens, ne peut être acquise que par la raison.

D'autres philosophes ont cherché à définir dans quelle mesure les objets et les propriétés qui nous entourent dépendent de notre esprit. Prenons la propriété d'être délicieux. Ce n'est pas une propriété entièrement objective ; elle est ancrée dans notre réaction personnelle à ce dont nous faisons l'expérience. C'est parce que le caractère délicieux – ou autre – des œufs n'est pas ancré dans les œufs, mais en nous. Mais qu'en est-il des autres aspects de la réalité ? D'autres choses, que l'on pense habituellement exister indépendamment de notre esprit, comme la couleur, la causalité, et même les objets physiques, dépendent-elles de l'esprit ?

L'une des plus vieilles énigmes de la philosophie relève aussi de la métaphysique. Platon lui-même tenta de comprendre pourquoi les miroirs reflètent droite et gauche de façon inversée, mais pas le haut et le bas. Comment expliquer cette étrange asymétrie ? Il se peut que la solution de cette énigme offre des clés pour comprendre d'autres problèmes métaphysiques.

La métaphysique pose des questions d'une portée considérable sur la nature de l'être et touche à des sujets qui dépassent les limites de la recherche scientifique.

UNE ALTERNATIVE RADICALE

Il est bon de nous rappeler que tous les philosophes ne considèrent pas la recherche métaphysique comme fructueuse. Certains, comme Kant, pensaient que la nature ultime de la réalité (noumène) est en principe impossible à connaître. D'autres, comme A.J. Ayer et Wittgenstein, suggèrent que les questions métaphysiques sont faussées. Il faut toujours garder cela à l'esprit. Peut-être plutôt que de chercher des solutions à des énigmes métaphysiques, nous devrions nous demander si nous posons les bonnes questions.

PLATON ET LES IDÉES

L'une des théories les plus innovantes et les mieux connues de la philosophie occidentale est la théorie des Idées de Platon. Cette théorie traite de nos suppositions les plus fondamentales sur la réalité, remettant en question la validité de notre quotidien.

Un royaume d'ombres

Platon croyait que le monde qui nous entoure est une illusion. La véritable réalité est cachée, et reste inaccessible à nos sens. Mais à quoi ressemble-t-elle ?

Selon Platon, elle contient des entités abstraites appelées *Idées*. Imaginons que nous observons plusieurs belles choses : un coucher de soleil, une fleur, un tableau… Ces choses diffèrent de maintes façons évidentes. Néanmoins, nous supposons qu'elles ont toutes un point commun : la beauté. Selon Platon, ce point commun est une essence : l'idée du Beau. De la même façon, Platon suppose qu'il existe une idée du cheval, une idée de la montagne, une idée du lit, et ainsi de suite. Chaque cas particulier participe d'une idée commune. C'est cette idée partagée qui fait d'eux des chevaux, des montagnes, des lits… Cependant, Platon pensait que les idées elles-mêmes diffèrent des cas particuliers.

DÉFINIR LES IDÉES

Selon Platon, chaque idée est *parfaite*, illustrant parfaitement chaque propriété. Aucun cas particulier n'est jamais parfaitement beau et pourrait toujours l'être un peu plus qu'il ne l'est. L'idée du Beau, d'un autre côté – la beauté en soi – est parfaitement belle.

Platon avance également que les idées sont *éternelles*. Les cas particuliers beaux sont éphémères. Une jolie fleur s'épanouit, mais fane très vite. Le Beau, en revanche, n'apparaît pas plus qu'il ne disparaît.

Qu'est-ce que la beauté ? Pour Platon, c'est une essence à laquelle participe les réalités sensibles belles.

Troisièmement, les idées sont immuables. Bien sûr, notre jugement de la beauté change avec le temps. Les modes vont et viennent. Mais selon Platon, le Beau ne s'altère pas. Enfin, les idées sont aussi plus réelles que les réalités sensibles qui participent d'elles mais n'en sont que de simples ombres ou reflets. Les idées sont pleinement réelles.

LES IDÉES ET LE SAVOIR

Platon ajoute que nous possédons une âme immortelle qui connut autrefois les idées (une expérience que nous avons oubliée). Cette âme retourne au royaume des idées à notre mort. En outre, tout savoir authentique est le savoir des Idées, et Platon propose l'argument suivant pour étayer cela.

Nos opinions changent constamment. Par exemple, nous croyions autrefois que la Terre était plate. Mais le savoir authentique ne peut changer ainsi. Si une chose s'avère ne pas relever du savoir, alors elle n'a jamais été une connaissance. Ce qui fut une connaissance à un moment donné ne peut cesser de l'être plus tard.

Mais si les connaissances ne peuvent changer, alors, soutient Platon, elles doivent porter *sur* ce qui ne peut changer. Puisque seules les idées sont immuables, il s'ensuit que la seule connaissance véritable est la connaissance des Idées.

Nos cinq sens sont incapables de nous fournir une connaissance des idées – ils ne révèlent qu'un monde d'ombres changeantes. C'est pour cela que Platon pense que seule la réflexion philosophique permet d'accéder au savoir véritable, c'est-à-dire la connaissance des idées éternelles, immuables et parfaites.

Platon pensait que les objets « réels » ne sont que des ombres fuyantes et imparfaites des Idées éternelles. Comme les reflets d'un miroir déformant, elles évoquent seulement la véritable forme des choses.

LE MYTHE DE LA CAVERNE DE PLATON

La caverne est l'une des allégories philosophiques les plus parlantes jamais imaginées. Elle illustre parfaitement la vision de Platon de la condition humaine, prisonnière d'un monde d'ombres. Le monde réel nous est caché. Comme les prisonniers de cette caverne allégorique, nous sommes séduits par une illusion. Nous prenons les ombres pour la réalité, sans avoir aucun moyen de savoir que nous sommes dupés.

PRISONNIERS DE L'ILLUSION

Dans la *République*, Platon présente une allégorie qui sert brillamment sa théorie des Idées. Imaginons que des prisonniers soient enchaînés au fond d'une caverne. Ils font face à la paroi et ne peuvent tourner la tête. Des ombres changeantes sont projetées sur le mur, et parce que c'est tout ce qu'ils peuvent voir, les prisonniers prennent ces ombres pour la réalité.

Puis l'un d'eux est libéré de ses chaînes. On l'emmène à la véritable source des ombres. Un grand feu brûle derrière les prisonniers et devant ce feu, des gens agitent divers objets. À mesure que les yeux du prisonnier s'adaptent à la luminosité, il commence à comprendre comment il a été dupé. Les objets qu'il considérait comme réels étaient en fait l'ombre d'objets réels.

Puis le prisonnier est emmené à l'extérieur de la grotte. Il se trouve en plein soleil. De nouveau, il est d'abord aveuglé par la lumière, mais il parvient à voir que le soleil est ce qui gouverne tout, et qu'il est la véritable source de tout ce qui l'entoure. Alors on ramène le prisonnier au fond de la caverne.

LE REJET DE LA SAGESSE

Parce que ses yeux ont été habitués à la lumière vive du soleil, il peine à avancer et à voir. Lorsqu'il tente d'expliquer aux autres prisonniers en quoi ils sont victimes d'une supercherie, ils l'ignorent. Ils le voient trébucher et lui affirment que c'est lui qui est aveugle, et non pas eux. Ils restent convaincus par ce que leurs sens semblent leur révéler, par le jeu d'ombres sur la paroi de la caverne. Ils succombent à l'illusion de la réalité et considèrent le seul sage parmi eux comme un fou.

Le mythe de la caverne permit à Platon d'expliquer sa croyance en des idées, dont la plus haute entité est l'idée du Bien.

Dans cette allégorie, les ombres représentent les réalités sensibles éphémères, par lesquelles Platon désigne toute chose individuelle que nous voyons dans notre « réalité », tandis que les véritables objets qui projettent leur ombre représentent leur idée réelle et parfaite. Le soleil représente l'idée du Bien. En effet, « aux dernières limites du monde intelligible est l'idée du Bien, qu'on aperçoit avec peine, mais qu'on ne peut apercevoir sans conclure qu'elle est la cause universelle de tout ce qu'il y a de bien et de beau ; que dans le monde visible, c'est elle qui a créé la lumière et le dispensateur de la lumière ; et que dans le monde intelligible ; c'est elle qui procure et dispense la vérité et l'intelligence, et qu'il faut la voir pour se conduire avec sagesse soit dans la vie privée, soit dans la vie publique. »
La République, Platon (trad. E. Chambry), © Les Belles Lettres, Paris, 1985, Livre VII (à partir de 514a)

L'allégorie de la caverne illustre la structure hiérarchique de la théorie de Platon, avec l'idée du Bien à son sommet, les autres idées s'étageant au-dessous, et le royaume des ombres, des réalités sensibles, tout en bas. L'ascension du prisonnier représente le voyage vers la vraie connaissance : la connaissance des idées et enfin, l'idée du Bien. Comme Socrate (*voir p. 242-243*) dans les dialogues philosophiques imagés de Platon, le prisonnier découvre la nature illusoire de ce que nous prenons habituellement pour la réalité, et aide ensuite les autres à découvrir cette vérité. Pour tout résultat, il est moqué, et les prisonniers restent enchaînés à leurs illusions.

Un principe commun

Pourquoi devrions-nous supposer que les Idées existent ? Selon Platon, toutes les choses belles ont un point commun : la beauté elle-même. Mais ce point commun doit être *à part* de toutes les belles choses qui existent, car de toute évidence, aucun des cas particuliers de la beauté n'est la beauté en soi. Chacun d'eux pourrait être plus beau qu'il ne l'est, alors que ceci n'est pas vrai du Beau. Et tandis que les cas particuliers, fugaces, peuvent cesser d'être beaux, le Beau est immuable. Ces réalités sensibles participent à l'essence ou idée du Beau.

Cet argument peut aussi être employé pour montrer qu'il existe une idée du cheval, une idée du lit, et ainsi de suite, pour tous les objets.

De plus, il peut être appliqué aux Idées elles-mêmes. Après tout, elles aussi ont un point commun : elles sont toutes des Idées. Platon conclut qu'il doit exister un principe inconditionné : le Bien. Cette réalité suprême illustre ce que toutes les Idées ont en commun : l'existence et la perfection.

L'OBJECTION DE PARMÉNIDE

Platon lui-même envisagea un certain nombre d'objections à sa théorie. L'une des plus intéressantes, présente dans le dialogue de *Parménide* de Platon, est l'argument du troisième homme.

La théorie de la participation établit que chaque fois que des choses partagent une qualité, notre croyance en une idée commune est justifiée. Mais si, comme

La conception de ce qui fait le charme des formes féminines a beaucoup évolué depuis l'époque de Rubens. Mais selon Platon, le Beau est éternel.

« TOUT EST CHEZ PLATON, TOUT ; INCROYABLE, MAIS QUE LEUR ENSEIGNE-T-ON DANS CES ÉCOLES ! »

Digory, dans *La Dernière Bataille* de C. S. Lewis, dont le royaume idéalisé de Narnia (extrait du film ci-dessus) s'étendait par-delà ce qu'il appelait la « Terre des ombres » de l'existence quotidienne.

Platon semble le penser, l'Idée elle-même possède la qualité en question (si l'idée du Beau est la beauté en soi), alors réalités sensibles et idées partagent une propriété commune. Suivant ce raisonnement, nous devons conclure qu'il existe donc une seconde Idée qui explique ce point commun. Mais si cette seconde Idée possède elle aussi cette qualité, il doit également en exister une troisième, et une quatrième, et ainsi de suite. La participation crée donc une *régression* (*voir p. 213*). Au lieu d'établir l'existence d'une seule Idée pour chaque genre de chose, elle semble démontrer l'existence d'un nombre infini de ces idées. Platon, s'il rejette cette conclusion, devrait aussi rejeter la théorie de la participation.

L'HÉRITAGE DE PLATON

La philosophie de Platon a eu un profond impact sur la culture occidentale, en particulier sur la pensée chrétienne. Prenons, par exemple, l'idée du Bien. Elle ressemble fortement à la conception chrétienne moderne de Dieu. Cette ressemblance n'est pas une simple coïncidence. Les philosophes tels qu'Augustin (*voir p. 256-257*) ont emprunté puis adapté les Idées platoniciennes à la tradition philosophique chrétienne.

L'un des penseurs du XXe siècle les plus influencés par Platon fut C. S. Lewis, auteur du *Monde de Narnia*. Lewis y parle de notre monde comme de la Terre des ombres – une référence directe à l'allégorie de la caverne de Platon. Lewis, comme Platon, pense que notre monde n'est qu'illusions : le monde réel est celui vers lequel voyagent nos âmes après la mort. Dans la pensée de Lewis, se mêlent l'idée chrétienne de l'au-delà et le royaume des Idées de Platon.

Aujourd'hui, peu de philosophes adhèrent à la théorie des Idées de Platon. Mais les questions que posa ce dernier, et les méthodes qu'il employa pour y répondre, dominent encore la tradition philosophique occidentale.

LA PRÉÉMINENCE DE L'ESPRIT

La philosophie examine souvent dans quelle mesure certains phénomènes dépendent de l'esprit. Prenons la couleur par exemple. Existe-t-elle vraiment à la surface des objets, ou bien dépend-elle de l'esprit de celui qui les perçoit ?

L'œil du spectateur

Nous pensons souvent que la couleur d'une tomate mûre est une caractéristique de la tomate, indépendante de l'esprit. Mais selon de nombreux scientifiques et philosophes, la couleur que semblent posséder les objets ne leur appartient pas véritablement – du moins, pas de la façon que l'on pense. La couleur, soutiennent-ils, est en grande partie le produit de l'esprit de l'observateur. Il en va de même, ajoutent-ils, des goûts, des odeurs et des sons. En fait, philosophes et scientifiques sont nombreux à faire la distinction entre « qualités premières », telles que la position, le nombre, la forme, la taille et le mouvement, qui sont tenues pour être des caractéristiques entièrement objectives de la réalité extérieure, par opposition aux « qualités secondes », comme la couleur, le goût et l'odeur, qui sont étroitement liées à l'esprit de l'observateur.

TOUT EST DANS L'ESPRIT

L'une des versions les plus simples de la théorie selon laquelle la couleur est une qualité seconde appartient au philosophe et physicien révolutionnaire Galilée, qui écrivait en 1623 : « Je pense que les goûts, les couleurs, les odeurs et autres qualités n'existent que dans l'être qui les ressent, et que cet être disparu, ces qualités disparaissent avec lui. ». Selon Galilée, la couleur dépendrait intrinsèquement de l'esprit. En effet, la couleur n'est pas du tout une caractéristique des objets extérieurs. Elle existe dans notre esprit. Sans observateurs, les couleurs disparaissent. Il en va de même pour d'autres qualités secondes telles que les goûts et les odeurs. Les seules qualités permanentes sont les

« LES GOÛTS, LES COULEURS ET LES ODEURS N'EXISTENT QUE PAR L'ÊTRE QUI LES RESSENT. »

Galilée, *L'Essayeur*

Selon Galilée et Locke, la couleur dépend de la perception de l'observateur. Pour des extraterrestres à qui l'herbe semble rouge, l'herbe est rouge. Leur jugement n'est pas moins correct que le nôtre.

Pour Galilée, les couleurs que les choses semblent avoir sont illusoires. Elles n'existeraient que dans l'esprit de l'observateur.

qualités premières de forme, de taille, de position et ainsi de suite. L'un des aspects intéressants de la théorie de Galilée, est qu'elle rend la couleur subjective. Peut-être des êtres à la physionomie très différente – des extraterrestres par exemple – verraient-ils du rouge là où nous voyons du vert, et vice versa. Selon Galilée, leur perception serait tout aussi « correcte » que la nôtre.

LOCKE ET LA COULEUR

Le philosophe du XVIIe siècle John Locke fait lui aussi la distinction entre qualités premières et secondes, mais la théorie qu'il propose est plus élaborée. En effet, les qualités secondes n'existeraient pas dans notre esprit, comme le pensait Galilée, mais dépendraient néanmoins de lui. La couleur, pour Locke, est un attribut (une « propriété dispositionnelle ») appartenant à un objet, qui déclenche une certaine sorte d'expérience ou d'idée dans l'esprit. Ainsi, pour qu'un objet soit rouge, il faut simplement qu'il soit vrai que *si* un observateur le regardait en des conditions normales, *alors* il produirait en lui une certaine sensation de rouge. L'explication de Locke place la couleur sur le même plan que d'autres propriétés dispositionnelles, comme la solubilité.

Pour qu'un morceau de sucre soit soluble, il suffit qu'il soit vrai que s'il était plongé dans l'eau, alors il se dissoudrait. Bien sûr, le morceau de sucre reste soluble même s'il n'est pas en train de se dissoudre. En fait, il reste soluble même s'il n'est jamais dissous, car il reste vrai que *si* il était plongé dans l'eau, *alors* il se dissoudrait. Ainsi, dans la théorie dispositionelle de la couleur de Locke, un objet continue d'être rouge même lorsque personne ne l'observe. Une tomate rouge reste rouge s'il reste vrai que si quelqu'un la regardait, alors elle produirait une certaine sensation de la couleur. Locke étend son point de vue aux sons, aux goûts, aux odeurs et à certaines qualités tactiles.

LE TISSU DE L'EXISTENCE

Pourquoi les objets sont-ils dotés de ces propriétés ? Locke pensait qu'ils étaient dus à un maquillage microscopique. Comme nombre de ses contemporains, il pensait que les objets physiques sont faits de minuscules corpuscules qui ne possèdent que des qualités premières (forme, taille, position, nombre et mouvement). Constitutifs de la structure microscopique d'un objet, ils en déterminent les qualités secondes.

En fait, la théorie corpusculaire s'est avérée proche de la réalité. Nous savons aujourd'hui que les objets physiques sont constitués de molécules et d'atomes, qui sont eux aussi faits de constituants subatomiques. Et il est vrai que la structure moléculaire et atomique des objets détermine et explique nombre de leurs propriétés « dispositionnelles » telles que la couleur ou l'odeur. Par exemple, le fait que l'eau soit constituée

« CES QUALITÉS […] NE SONT RIEN DANS LES OBJETS EUX-MÊMES, MAIS […] ELLES PRODUISENT EN NOUS DIVERSES SENSATIONS. »

John Locke, *Essai philosophique concernant l'entendement humain* (trad. P. Coste), Vrin, Paris, 1755

GALILÉE ET LES LUMIÈRES

Le physicien Galilée fut l'un des penseurs les plus marquants avant l'essor des Lumières, époque de progrès rationnel qui s'épanouit en Europe au XVIIIe siècle. Avant les Lumières, les penseurs avaient tendance à conformer leurs théories aux exigences de l'autorité d'Aristote et de l'Église. Galilée rejeta cette emprise et employa ses propres facultés de raison et d'observation. En construisant un télescope qui lui permettait d'observer les montagnes de la lune aussi bien que les mouvements des lunes de Jupiter, Galilée prouva qu'Aristote affirmait à tort que tous les corps célestes sont une sphère parfaite et qu'ils tournent tous autour de la Terre.

Galilée osa employer son intelligence et ses facultés d'observation. Ses idées le placèrent en conflit avec l'Église et ses doctrines.

La solubilité d'un morceau de sucre est une qualité dispositionelle du sucre, qui reste soluble même lorsqu'il n'est pas en train de se dissoudre.

d'atomes d'hydrogène et d'oxygène combinés d'une certaine façon explique pourquoi elle bout à 100 °C, mais aussi pourquoi elle est incolore, inodore, etc.

LE TEST DE LA FORÊT

À la question suivante : « Quand un arbre tombe dans une forêt, et que personne ne le voit, fait-il un bruit ? » Galilée répondrait « non » ; les sons n'existent que perçus par l'esprit. En revanche, l'analyse dispositionnelle des qualités secondes de Locke lui permet de répondre « oui ». Tant qu'il est vrai que si quelqu'un était présent, il entendrait un bruit, alors le bruit existe. Que quelqu'un l'entende ou non est sans importance.

Si Galilée et Locke expliquent la couleur différemment, tous deux la considèrent sujette à l'esprit d'un observateur. Locke rejoint Galilée sur le fait qu'un extraterrestre qui verrait l'herbe rouge quand nous la voyons verte aurait une expérience visuelle très différente de la nôtre, mais non moins valable. Tous deux pensent que la couleur de l'herbe n'est en aucune manière un fait objectif, indépendant de l'esprit.

LES OBJETS PHYSIQUES

Pour Locke et Galilée, couleurs, goûts, odeurs et autres qualités secondes sont donc subjectives. En effet, Galilée considère qu'elles n'existent que dans l'esprit. Et l'on a vu que la science moderne soutient leur point de vue *(voir ci-contre)*. Cependant, ni Locke ni Galilée ne croient que les objets physiques soient subjectifs. Pour eux, les objets physiques et leurs qualités premières constituent une réalité indépendante. Mais certains philosophes, comme George Berkeley (*voir p. 86*) pensent que même les objets physiques dépendent de l'esprit.

UN ARGUMENT SCIENTIFIQUE

L'un des arguments les plus connus venant à l'appui des affirmations de Galilée et de Locke est le suivant : quand les scientifiques bâtissent leurs théories, ils le font en se servant uniquement des qualités premières des choses. Couleurs, goûts, odeurs, etc. n'entrent pas en compte, pas plus que leur vision de l'organisation de l'univers. Cela ne suggère-t-il pas que les couleurs, les odeurs et les goûts ne sont des propriétés complètement objectives ? Que ces propriétés ne sont pas réellement « là », indépendantes de notre esprit ? Si c'est le cas, alors nombre de caractéristiques du monde qui nous entoure sont au moins en partie dues à notre perception.

Dieu et l'esprit

John Locke pensait que nous faisons l'expérience du monde sensible de façon indirecte, via des sensations ou idées. Quand j'observe une orange sur la table devant moi, je ne la perçois pas directement. Je suis conscient d'une certaine idée ou sensation que l'objet génère en moi.

Cette théorie soulève un problème célèbre. Si tout ce à quoi nous avons un accès direct sont nos propres idées, comment savoir si nous sommes entourés d'un monde physique ? Nos idées semblent former un voile par-delà lequel nous sommes incapables de voir. Après tout, il pourrait ne rien exister d'autre que nos idées. Ainsi, la théorie de Locke semble générer une sorte de scepticisme : nous ne pouvons rien connaître du monde extérieur. On parle alors parfois de « voile de la perception ».

George Berkeley, qui était presque contemporain de Locke, était frappé de l'efficacité avec laquelle les théories scientifiques du XVIIIe siècle, qui voyaient le monde physique comme une grande machine gouvernée par des lois, délogèrent Dieu de sa place centrale. L'idéalisme de Berkeley tend à résoudre ces deux questions : le voile de la perception et le rôle secondaire auquel la science de l'époque relégua Dieu.

Selon Berkeley, les objets physiques ne se trouvent pas au-delà de nos idées. Pour lui, les objets physiques *sont* les idées. L'orange que je vois sur la table n'est pas la cause cachée des expériences que je fais en la regardant. Elle est simplement ces expériences. Elle est simplement les idées que j'ai. La conséquence immédiate de cette position est que les objets physiques ne peuvent exister sans être observés. Les idées, relevant du mental, ne peuvent exister que dans l'esprit des observateurs. Mais il s'ensuit que les objets physiques, étant des idées, n'existent eux aussi que par l'observateur.

Bien sûr tout cela semble curieux. Car n'est-il pas ridicule de supposer que les objets physiques cessent d'exister lorsque nous cessons de les observer ?

Si nous percevons le monde via les idées, comme des images sur un écran, comment être sûr qu'il y ait une réalité au-delà de ce voile de la perception ?

TRAIT D'ESPRIT

On attribue à Monseigneur Ronald Knox ces deux limericks humoristiques qui illustrent la croyance de Berkeley selon laquelle la perception de Dieu expliquerait pourquoi les objets physiques continuent d'exister lorsque nous cessons de les observer.

Il était une fois un homme qui disait « Dieu
doit trouver excessivement curieux
s'il découvre que cet arbre
continue d'être
quand il n'y a plus personne sous son ombre. »

« Cher monsieur :
votre étonnement est curieux :
je suis toujours à l'ombre
et c'est pourquoi l'arbre
continue d'être,
puisqu'il est observé par
votre fidèle serviteur,
Dieu. »

OBSERVATION DIVINE

En fait, Berkeley admet que les objets physiques continuent d'exister lorsque nous ne les observons plus, car il suppose que Dieu les observe continuellement. Dieu assure donc l'existence de l'univers lorsque notre attention s'en détourne.

En identifiant les objets physiques avec les idées, Berkeley résout le problème du voile de la perception, et la question ne se pose donc plus de savoir s'il y a bien des objets physiques par-delà nos idées. Et en invoquant Dieu comme source unique de l'univers, l'idéalisme de Berkeley le replace au centre de la scène.

Selon Berkeley, un objet physique tel qu'un arbre n'existe que dans l'esprit de ses observateurs. En fin de compte, tout ce qui existe, ce sont des esprits et leur activité mentale.

LE PHÉNOMÉNALISME

Phénoménalistes et idéalistes s'accordent sur le fait que le monde sensible dépend de l'esprit. Mais ils divergent sur le rapport entre monde sensible et observateurs. Contrairement à Berkeley, les phénoménalistes admettent que les objets physiques continuent d'exister lorsque personne ne les observe, car les propositions sur les objets physiques sont en fait des énoncés conditionnels.

LES OBJETS INAPERCUS

Les énoncés conditionnels ont la forme suivante : « Si…, alors… ». John Locke, en effet, donne une analyse conditionnelle de la couleur *(voir p. 83-85)*. Il dit que pour qu'un objet soit rouge, il suffit qu'il soit vrai que si une personne l'observait, alors elle aurait une certaine expérience de la couleur rouge. Locke admet ainsi qu'un coquelicot poussant sur une colline isolée soit rouge même si personne ne le voit jamais. Tout ce qui doit être vrai, c'est simplement que si une personne l'observait, alors elle ferait une expérience de la couleur rouge.

Les phénoménalistes se contentent d'étendre ce même type d'analyse au monde sensible. Par exemple, dire qu'une fleur pousse en un certain endroit de la Lune revient (à peu près) à dire que si une personne observait cet endroit-là de la Lune, alors elle ferait certaines expériences du type fleur. Peu importe que quelqu'un se rende un jour sur la Lune pour observer cette fleur. Tant que la condition reste vraie, le fait que la fleur pousse là-bas reste tout aussi vrai. Pour les phénoménalistes, les objets physiques sont ce que John Stuart Mill appelait des « possibilités permanentes de sensation », par opposition aux idéalistes qui affirment qu'ils ne peuvent exister sans être observés.

Selon les phénoménalistes, une chaise dans une pièce vide peut continuer d'exister en l'absence d'observateurs.

Le regard éternel de Dieu ne se contente pas de surveiller l'humanité. Selon Berkeley, il permet à l'univers de continuer d'exister.

L'ARGUMENT CLÉ

L'idéalisme de Berkeley semble contraire à l'intuition. Pourquoi devrait-on supposer qu'il est vrai ? L'argument clé de Berkeley se concentre sur ce que nous sommes capables de concevoir. Berkeley pense pouvoir prouver que nous ne pouvons pas même concevoir que des objets physiques existent sans être observés. Essayez, demande-t-il, d'imaginer quelque chose qui existe sans être vu. Essayez d'imaginer un arbre que personne ne regarde. C'est impossible, car en imaginant l'arbre, vous le regardez.

Berkeley en conclut que l'hypothèse selon laquelle des objets physiques peuvent exister sans être observés par quiconque est à la fois fausse et inconsistante. Qu'un arbre ou tout autre objet physique puisse continuer d'exister lorsque personne ne les observe, n'est même pas une pensée que l'on peut concevoir, et *a fortiori* une vraie pensée.

ILLUSION ET RÉALITÉ

L'un des problèmes que rencontre cet idéalisme concerne la distinction entre illusion et réalité. Selon Berkeley, une chose sensible n'est qu'une somme d'idées. Et il en va évidemment de même pour un objet illusoire. Il semble donc que l'idéalisme soit incapable de faire la différence entre réalité et illusion. Comment Berkeley résout-il ce problème ? Il suggère que les objets imaginaires – si je suis victime d'une hallucination, comme Macbeth – n'existent que dans mon esprit. Les idées des choses réelles, d'un autre côté, existent aussi dans l'esprit des autres. Tout du moins dans l'esprit de Dieu.

Autre problème, l'idéalisme peine à expliquer les différentes perspectives d'un objet. Si je regarde un vase sous un certain angle, puis sous un autre, j'ai alors deux sommes d'idées très différentes. Du premier angle, il semble grand et rouge, mais du second, il est vert et semble beaucoup plus petit. Et sa forme a changé elle aussi.

Si j'identifie simplement un objet physique avec une idée ou une somme d'idées, il semble que, parce que j'ai deux sommes d'idées très différentes, je doive être face à deux objets très différents. C'est pourtant le même objet que je vois. Le phénoménalisme parvient à surmonter ce problème, car il intègre le fait qu'un même objet puisse sembler différent selon le point d'où on l'observe. Le phénoménalisme n'identifie pas un objet physique avec aucune idée ou somme d'idées en particulier. Il suggère plutôt que le discours sur les objets physiques est à la forme conditionnelle *(voir page de gauche)*.

« VOILÀ COMMENT JE RÉFUTE BERKELEY »

Dr Johnson, tapant du pied contre une pierre (même si Berkeley n'a pas dit que les pierres n'existaient pas).

Cause et effet

Au billard, une boule roule à la rencontre d'une autre. La deuxième boule se déplace sous le choc. Nous supposons alors que non seulement un événement suit l'autre, mais que l'un est à l'origine de l'autre, car nous supposons que le mouvement de la première boule nécessitait celui de l'autre. Mais quel est ce lien de nécessité ? Existe-t-il réellement ? Comme le fait remarquer le philosophe écossais David Hume (*voir p. 290-291*), plus on cherche à l'établir, plus ce mystérieux lien semble nous échapper.

Remarquons d'abord qu'aucune nécessité logique n'est impliquée. Il n'y a pas non plus de contradiction logique à supposer que lorsqu'une boule en frappe une autre, la deuxième restera immobile, ou montera à la verticale. Il semble donc que s'il existe un lien de nécessité entre les deux événements, ce lien doit être mis au jour, non par la logique, mais par l'expérience.

Mais, comme Hume le fait remarquer, nous ne semblons pas disposer de ce genre d'expériences. Quand nous voyons une boule taper contre une autre, nous ne voyons aucune « cause ». Nous observons simplement un événement consécutif à un autre. Pour conforter ce point, Hume souligne que si nous faisions l'expérience d'un lien de cette sorte, alors nous saurions, sur la base d'une seule observation, que deux événements sont liés par une relation de causalité. Une personne n'ayant jamais vu la façon dont des corps physiques se comportent comprendrait cette relation de causalité en voyant la première boule provoquer le déplacement de la seconde, car elle se produirait sous ses yeux. Mais le fait que deux phénomènes soient liés par la causalité ne peut être établi sur la base d'une seule observation. Il pourrait s'agir d'une coïncidence, comme lorsque le téléphone sonne juste après que la bouilloire se soit mise à siffler. Pour savoir si deux phénomènes sont liés

> « QUAND NOUS [...] EXAMINONS L'OPÉRATION DES CAUSES, NOUS NE POUVONS JAMAIS (...) DÉCOUVRIR UNE LIAISON NÉCESSAIRE. »
>
> **David Hume, *Enquête sur l'entendement humain***

Hume, passionné de billard, y trouvait aussi matière à réflexion.

RÉALISME ET ANTIRÉALISME

Réalistes et antiréalistes s'opposent dans presque toutes les branches de la philosophie. Chaque fois, ils divergent sur l'importance de la perception de l'esprit. Les réalistes, par exemple, pensent que les vérités mathématiques décrivent un état de choses dans une réalité mathématique indépendante de l'esprit. Les antiréalistes objecteraient qu'elles dépendent de l'esprit.

FAIRE LA DIFFÉRENCE

Galilée et Locke sont tous deux antiréalistes (*voir p. 82-85*) et pensent que les couleurs, comme les odeurs, les sons et autres « qualités secondes », dépendent de l'esprit. Mais bien sûr, Galilée et Locke restent réalistes à propos du monde sensible et des « qualités premières ». Berkeley, en revanche, est antiréaliste même à propos des objets physiques, dont il pense qu'ils dépendent aussi de l'esprit. Tout comme les phénoménalistes *(voir p. 88)*.

Il est possible d'être plus ou moins antiréaliste. Locke et les phénoménalistes, s'ils pensent que les objets physiques et la couleur dépendent de l'expérience, admettent néanmoins qu'ils existent en dehors de l'expérience, lorsque personne ne les observe. Galilée et Berkeley, d'un autre côté, adhèrent à des formes plus extrêmes d'antiréalisme. Pour Galilée, les couleurs sont dans l'esprit. Selon Berkeley, même les objets physiques n'existent que dans l'esprit de l'observateur. Souvent, l'une des raisons qui poussent les philosophes vers l'antiréalisme est le scepticisme (*voir p. 56-57*). C'est le cas de l'antiréalisme de Berkeley à propos des objets physiques. Ce dernier ne pouvait admettre que, si la réalité physique se trouve derrière les idées, nous puissions jamais la connaître. En adoptant une position antiréaliste, dans laquelle les objets physiques sont simplement les idées, il résolut ce puzzle.

La lumière du frigo s'éteint-elle une fois la porte fermée ? Les objets existent-ils quand ils ne sont plus observés ?

par la causalité, il faut observer de nombreuses « paires » de phénomènes. Vous n'êtes en position de savoir si A a causé B que si vous avez assisté à ce que Hume appelle une « conjonction constante » de A et de B par le passé. Hume conclut que nous n'avons aucune expérience d'une telle connexion.

LE CONCEPT DE CAUSE

Hume croit que tous les concepts dérivent de l'expérience. Donc, si nous avons un concept de la causalité, il vient lui aussi de l'expérience. Mais nous sommes là devant un mystère. Si, lorsque nous observons A causer B, il n'y a aucune expérience de relation de cause à effet – si nous n'observons rien de plus que le fait que A est suivi par B – alors d'où vient notre conception de la nécessité de ce lien de causalité ? Pourquoi ai-je le sentiment si fort qu'un tel lien est présent ? Pourquoi ai-je le sentiment que la seconde boule *doit* se déplacer à cause du mouvement de la première ?

La réponse de Hume est la suivante : l'habitude. Chaque fois qu'il m'est arrivé de voir une aiguille pressée contre un ballon, celui-ci a éclaté. Cette conjonction constante produit dans mon esprit une association involontaire – quand je vois l'aiguille s'approcher d'un ballon, j'ai une représentation précise d'un ballon qui éclate.

Hume affirme que les licornes et autres entités imaginaires sont un composite d'idées de choses dont nous avons fait l'expérience *(voir encart page de droite).*

Selon Hume, je projette à tort ce lien éprouvé, interne et mental (entre mon expérience d'une chose et l'idée que j'ai de l'autre) sur les objets eux-mêmes. Je transforme confusément une relation entre les choses de mon esprit en une relation entre les choses du monde. C'est ce qui est à l'origine de mon idée que le ballon *doit* éclater. Là encore, une chose que nous pensons se trouver dans le monde extérieur est en réalité ancrée dans notre esprit.

UN HASARD COSMIQUE ?

Hume avance que nos conceptions sont incapables de forcer le monde à se comporter régulièrement. Il l'a simplement fait, jusqu'à maintenant. Mais si rien ne fait que le monde se comporte régulièrement, s'il n'y a aucune relation nécessaire dans la nature, alors ces régularités constantes que nous avons observées jusqu'à aujourd'hui sont dues uniquement au hasard. Ce n'est qu'une coïncidence, si le ballon éclate à chaque fois qu'il est piqué par une aiguille : comme un dé qui roule des millions de fois et, par pur hasard, s'arrêterait chaque fois sur le six.

Cela n'est bien sûr guère plausible. Il doit y avoir, en lieu de hasard, une sorte d'objectivité nécessaire, un autre lien secret qui *fait* que le ballon éclate. Mais si

Nous supposons qu'un événement doit en entraîner un autre dans une relation de cause à effet – mais tel événement nécessite-t-il vraiment le suivant ?

> « NOUS N'AVONS D'AUTRE NOTION DE CAUSE ET D'EFFET QUE CELLE DE CERTAINS OBJETS QUI ONT TOUJOURS ÉTÉ CONTIGUS ET QUI DANS TOUTES LES OCCURRENCES PASSÉES ÉTAIENT INSÉPARABLES. »
>
> **David Hume, *Traité de la nature humaine***

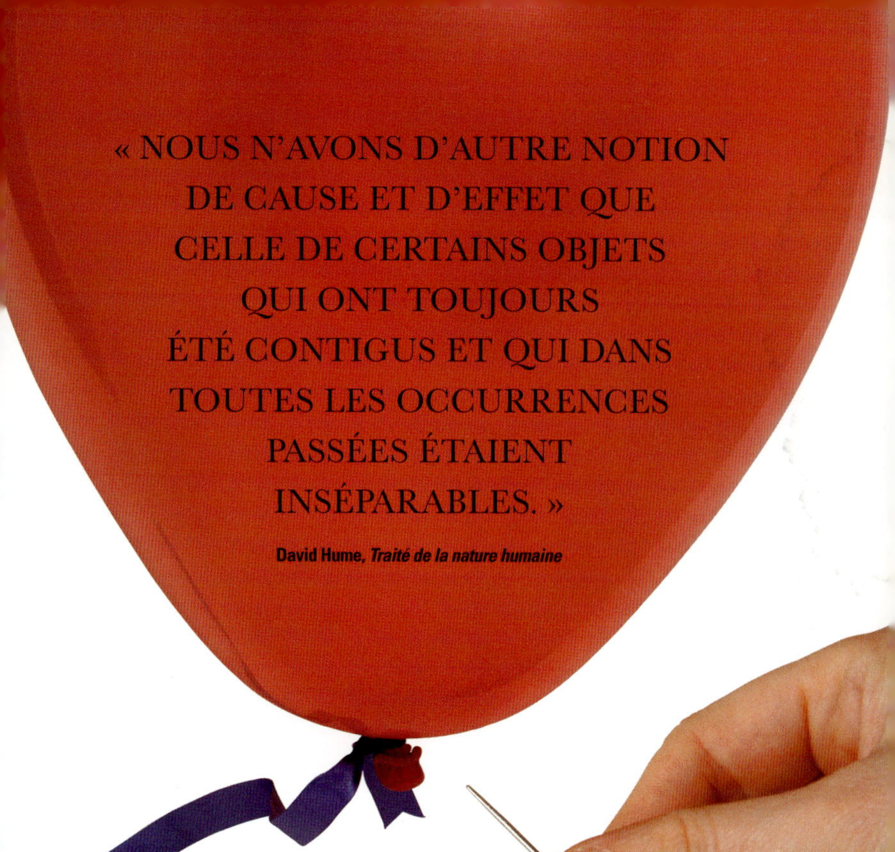

Hume a raison quant à l'origine de nos concepts, il est difficile de voir comment nous pourrions ne serait-ce qu'imaginer qu'il puisse exister un tel lien, et encore moins établir son existence.

LES CONCLUSIONS DE HUME

Alors, qu'est-ce qu'une cause ? Hume offre deux définitions. Dans la première, une chose en entraîne une autre, lorsque la première précède et est « contiguë » à la seconde, et qu'il y a une conjonction constante de ces événements.

Dans la seconde définition, une cause consiste en une chose qui « conduit à penser à l'autre ». C'est-à-dire que l'habitude d'une conjonction constante fait que l'esprit passe de l'*expérience* d'une chose à l'*idée* de l'autre (voir l'aiguille approcher du ballon fait que l'on s'attend à le voir éclater). Dans cette seconde définition, contrairement à la première, la causalité dépend de l'esprit. Sans un esprit pour faire l'expérience d'une conjonction constante, il ne peut y avoir de causes.

HUME ET LES CONCEPTS

La position empiriste de Hume (les concepts dérivent de l'expérience), nous permet de concevoir des choses dont nous n'avons jamais fait l'expérience, car ces concepts sont construits sur des concepts plus simples qui eux, dérivent de l'expérience. Si j'ai déjà vu des animaux à corne et des chevaux, je peux associer ces deux concepts pour créer celui de licorne. Hume souligne que nous n'avons aucune expérience directe de relation de cause à effet entre les événements. Notre conception de la causalité doit donc aussi être « construite » sur les expériences que nous avons déjà eues – comme celle de la conjonction constante. Les deux célèbres définitions de « cause » de Hume *(voir ci-contre)* définissent la causalité en terme de conjonction constante.

Dans le mythe de Narcisse, selon le poète grec Ovide, le jeune homme est tellement absorbé par son reflet qu'il en oublie le monde extérieur. Mais qu'adviendrait-il si, comme le pensent certains philosophes, la « réalité » que nous croyons vivre était aussi une illusion ?

L'énigme du miroir

Parfois, les choses qui nous sont les plus familières se révèlent les plus énigmatiques. Prenez un miroir. Combien de fois par jour voyez-vous votre reflet dans un miroir ? La plupart d'entre nous ne s'arrêtent pas pour songer à ce qu'ils voient, mais les miroirs laissent perplexes les plus grands philosophes.

Les miroirs nous donnent une image très fidèle de nous-mêmes, sauf d'un seul point de vue. Notre côté droit devient notre côté gauche dans le miroir.

Observez votre reflet dans un miroir. Si celui-ci était remplacé par une vitre, et si vous vous placiez de l'autre coté, comme votre propre reflet, votre position verticale serait toujours la même, mais votre main gauche se trouverait à la place de la droite, là où apparaît votre main droite dans le miroir, et votre main droite serait à gauche, là où apparaît votre main gauche. Voilà la source de l'énigme : les miroirs inversent la droite et la gauche, mais jamais le haut et le bas.

Quelle est la raison de cette curieuse asymétrie ? Certains des plus grands esprits, y compris Platon (*voir p. 244-247*), se sont débattus en vain avec ce mystère. Remarquons que cette inversion droite-gauche se produit toujours, peu importe notre hauteur. Allongez-vous sur le côté devant un miroir, et voyez par vous-même. Il n'importe pas non plus de déplacer le miroir. Retournez-le en plaçant le haut à la place du bas, et l'effet restera inchangé. Certains pensent que cela est dû au fait que nos yeux sont alignés horizontalement, à gauche et à droite, et qu'il en irait différemment s'ils étaient alignés verticalement. Mais ce n'est pas la raison. Si vous cachez l'un de vos yeux,

Cette danseuse assise près du miroir nous montre la curiosité des reflets. Même en position horizontale, notre reflet inverse droite et gauche, mais pas notre tête et nos pieds.

Posez une horloge devant un miroir et tirez des lignes imaginaires entre les chiffres. Les lignes restent parallèles.

l'asymétrie restera la même. Il faut donc chercher la réponse ailleurs.

UNE APPROCHE SCIENTIFIQUE

La science pourrait-elle résoudre ce problème ? Plus précisément, la lumière serait-elle reflétée différemment de gauche à droite qu'elle ne l'est de haut en bas ? Il semble que non.

Imaginons que l'on place une horloge devant un miroir et que l'on tire des flèches reliant les chiffres et leur reflet (voir ci-dessus). Elles montrent que le miroir reflète tout de manière parfaitement symétrique. Les flèches ne se croisent pas verticalement, ni horizontalement. Un miroir ne reflète pas la lumière différemment selon que les rayons viennent de droite ou de gauche. La lumière est toujours reflétée de la même manière, quel que soit son angle d'incidence.

Donc cette énigme est sans rapport avec la manière dont un miroir reflète la lumière. En effet, il ne s'agit pas du tout d'une énigme scientifique. Même si nous connaissons tous les faits scientifiques relatifs aux miroirs et à la lumière, nous sommes incapables de comprendre pourquoi les miroirs reflètent chaque chose en inversant gauche et droite. Plus on cherche à comprendre, plus ce mystère semble profond, et plus les miroirs semblent dotés d'une qualité magique. Pourquoi donc produisent-ils cela ? Le caractère déconcertant de cette question est typique de celui que provoquent généralement les problèmes philosophiques.

PROPOSITION DE SOLUTION

Voici une solution à l'énigme du miroir (pour le moins une partie de solution – un ou deux détails restent à résoudre). C'est là ma propre réponse à ce problème. Qu'elle soit satisfaisante ou pas, vous en jugerez par vous-même.

Comme nous l'avons vu, les miroirs n'inversent pas tout. Mais en comparant la façon dont votre gauche et votre droite seraient positionnées si vous

« CE QUI EST À GAUCHE APPARAÎT À DROITE PARCE QU'UN CONTACT A LIEU ENTRE LES PARTIES OPPOSÉES DU COURANT VISUEL ET LES PARTIES OPPOSÉES DE L'OBJET, CONTRAIREMENT À CE QUI SE PASSE D'HABITUDE DANS LA RENCONTRE. »

Platon tentant d'expliquer pourquoi les miroirs inversent la gauche et la droite, dans le *Timée* (46b)

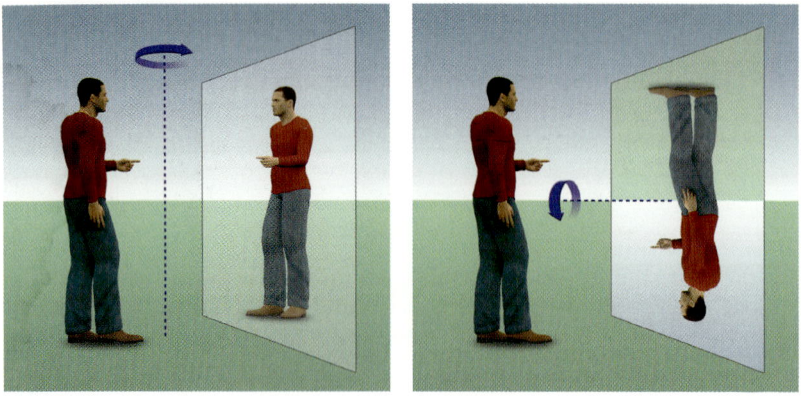

Pivotant sur un axe vertical (ci-dessus), cet homme semble se tenir de l'autre côté de la vitre : sa droite et sa gauche sont inversées. S'il pivote sur un axe horizontal *(ci-dessus, à droite)* haut et bas sont inversés, mais pas droite et gauche.

pivotiez pour vous faire face, et la façon dont les miroirs vous reflètent, nous tenons là quelque chose d'acquis. C'est l'axe sur lequel nous pivotons lorsque nous imaginons notre reflet dans le miroir.

À L'ENVERS

Lorsque nous retournons quelque chose, nous le faisons pivoter sur un axe. Une toupie, par exemple, tourne sur un axe vertical. La roue d'une voiture, sur un axe horizontal. Lorsque nous nous imaginons dans la position de notre reflet dans un miroir, nous nous faisons mentalement pivoter sur un axe vertical, comme dans le dessin ci-dessus. Si nous nous faisions pivoter sur un axe horizontal, nous nous retrouverions la tête en bas. Et gauche et droite ne seraient pas inversées. La main gauche (celle qui est tendue sur le dessin) resterait à gauche. Alors que ce serait là qu'apparaîtrait la main droite si nous nous regardions dans un miroir.

Il semble que la raison pour laquelle les miroirs inversent gauche et droite mais non haut et bas, est que nous prenions comme acquis un certain axe de rotation. Mais nous pourrions tout aussi bien choisir un axe horizontal. Il serait alors vrai de dire qu'un miroir inverse haut et bas, et non gauche et droite. Aussi, les miroirs inversent gauche et droite seulement si nous choisissons un axe de rotation vertical. Optez pour un axe horizontal, et les miroirs inverseront le haut et le bas.

OUBLIER L'ÉVIDENCE

Cette réponse à la question de savoir pourquoi les gens perçoivent là un mystère soulève le problème de savoir pourquoi l'axe vertical est celui que nous choisissons comme allant de soi. Peut-être la réponse est que nous n'avons pas l'habitude de faire des sauts périlleux et d'atterrir sur la tête. Nous nous tenons debout (la plupart du temps), et lorsque nous nous retournons, c'est presque toujours sur un axe vertical. Aussi, cette énigme du miroir vient surtout du fait que nous n'avons pas remarqué une chose que nous considérions comme allant de soi.

QUAND SEULE LA PHILOSOPHIE PEUT RÉPONDRE

Vous aurez remarqué que si cette solution ou cette partie de solution est correcte, nous n'avons pas eu recours à des recherches scientifiques sur le comportement de la lumière et des miroirs. Pas plus que nous n'avons eu recours à des études sur les mécanismes de notre cerveau. Et si nous avions fait appel à ces informations scientifiques, elles n'auraient en rien participé à résoudre notre énigme. Ce puzzle ne peut être résolu que par la raison. On croit parfois que la science peut répondre à toutes les questions. Mais pour le cas du miroir, la solution n'a rien de scientifique. Il semble que seule la philosophie soit à même d'apporter une réponse.

L'ÉNIGME DE LA PORTE

Voici une énigme proche de celle du miroir. Ouvrez une porte et passez le seuil. Une fois de l'autre côté, vous remarquerez que si elle s'ouvrait vers votre droite, elle s'ouvre à présent vers votre gauche. Mais si vous renouvelez l'expérience avec une trappe (ouverture verticale), la porte s'ouvrira toujours vers le haut. Pourquoi le fait de passer une porte inverse son ouverture de droite ou de gauche, mais pas de haut en bas ?

RÉSOUDRE LE MYSTÈRE

La solution de l'énigme de la porte est presque identique à celle du miroir. Si vous vous retournez après avoir passé une porte, vous pivotez en général sur un axe vertical. Mais si vous pivotiez sur un axe horizontal, et reveniez en flottant sur votre tête ? Alors une porte qui s'ouvrait vers votre gauche s'ouvrirait à nouveau de la même façon. Mais une porte qui s'ouvrait vers le bas s'ouvrirait maintenant vers le haut. Pour nous, gauche et droite sont inversées uniquement parce que nous ne considérons qu'un seul axe de rotation. En apesanteur, nous pourrions facilement nous retourner sur un axe horizontal. Aussi, après des années passées dans l'espace, il nous semblerait peut-être naturel qu'une porte qui s'ouvre vers le haut dans un sens s'ouvre vers le bas quand nous la repasserions. Pour des êtres qui vivent en apesanteur, où l'on peut aisément se retourner sur n'importe quel axe, le puzzle du miroir ou de la porte n'aurait probablement rien d'énigmatique.

Passez cette porte qui s'ouvre vers la droite. Repassez-la, elle s'ouvre maintenant vers la gauche.

Pour les astronautes en apesanteur, il est aussi facile de pivoter sur un axe vertical que sur un axe horizontal.

PHILOSOPHIE MORALE

Touchant à certains des sujets les plus controversés et les plus délicats, la philosophie morale revendique son aspect « pratique ». Mais si les philosophes se préoccupent des fins des actions de l'homme, la philosophie morale se veut plutôt une réflexion critique sur ce qui est conforme ou non à la morale, ce qui est bien ou mal.

Nous pouvons envisager la morale de trois manières différentes. De façon pratique d'abord, comme lorsque l'on se demande si une action, comme l'avortement ou l'euthanasie, est conforme ou non à la morale. Ou bien s'il est acceptable de mentir. Quiconque ayant débattu du pour ou du contre d'une action sur la base de la morale s'est déjà adonné à cette pratique.

Ensuite, l'éthique normative élabore des théories générales pour tenter de répondre à ces questions. Nous pouvons y participer en examinant nos propres actions, ou leurs conséquences ; ou bien en envisageant le genre de personne que l'on pourrait être, ou devenir.

Enfin, la métaéthique analyse les notions de bien et de mal, de moral et d'immoral – des concepts que l'éthique considère comme acquis. Par exemple, si je dis que l'euthanasie, c'est mal, suis-en train d'affirmer quelque chose de vrai ou de faux, comme peut l'être l'affirmation que vous tenez ce livre dans vos mains ? Ou bien suis-je en train de donner un ordre, comme dans l'énoncé « Ne pratiquez pas l'euthanasie » ? Ou bien est-ce plutôt l'expression d'un sentiment qui peut être partagé par d'autres personnes ?

Bien sûr, ces trois approches sont liées. Mais leur nature est le sujet d'un perpétuel débat philosophique. Par exemple, si les jugements moraux sont la simple expression de sentiments, et non des affirmations qui peuvent être correctes ou incorrectes, l'éthique pratique devient-elle vaine ?

L'idée que la morale est fondée dans la nature humaine a été utilisée par l'éthique normative et par la métaéthique. La morale est liée à des situations pratiques mais aussi à des idées sur la nature humaine et la façon dont les « valeurs morales » s'intègrent dans notre conception scientifique du monde.

Van Gogh représente une bonne action dans son tableau *Le Bon Samaritain*. Mais qu'est-ce qui rend une action « bonne », et la bonté est-elle rien de plus qu'un reflet de nos émotions ?

QUE DEVRAIS-JE FAIRE ?

La morale se présente comme un guide de vie et d'action. Les trois principales théories en éthique normative (qui traite de la façon dont les gens devraient se comporter) nous renseignent sur ce qu'est la morale et nous aident à formuler l'importance de mener une vie en accord avec la moralité.

L'utilitarisme : soyez heureux

Le philosophe et penseur politique anglais Jeremy Bentham (*voir p. 300*) a été surnommé le père moderne de l'utilitarisme. Il défendait le « principe du plus grand bonheur du plus grand nombre d'individus », selon lequel une action est bonne si et seulement si elle aboutit à ce résultat. Les actions sont donc jugées par leurs conséquences. Ainsi, un mensonge qui optimise le bonheur serait moralement bon. Pour Bentham, le bonheur consiste en plaisir ou absence de douleur, et la quantité totale de bonheur créée par une action est la somme de tous les plaisirs produits chez tous les individus concernés, moins la somme de toutes leurs douleurs.

Pour John Stuart Mill (*voir p. 308-309*), le bonheur de l'être humain est plus complexe. Plaisir et douleur n'ont pas la même importance ; certains plaisirs, plus « élevés » que d'autres, contribuent davantage au bonheur. Si tout le monde compare deux plaisirs et s'accorde pour trouver le premier plus « souhaitable et ayant plus de valeur » que le second, alors le premier est plus « élevé », même s'il engendre plus de douleur.

VISER PLUS HAUT

Si nos besoins élémentaires sont satisfaits, Mill pense que nous préférons les plaisirs de l'intellect, des sentiments et de l'imagination aux plaisirs du corps et des sens, même si nos capacités plus « élevées » impliquent que nous puissions éprouver une douleur, un ennui ou un mécontentement comparables. Par exemple, le plaisir d'être amoureux porte en lui la douleur du manque et la douleur potentielle de la rupture. Mais on préfère néanmoins être amoureux plutôt que de se régaler à un dîner. Il ne s'agit pas de qualité du plaisir, mais de qualité tout court. Le bonheur est différent du contentement ou de la satisfaction.

On objecte souvent à l'utilitarisme que nous ne pouvons

« IL VAUT MIEUX ÊTRE UN HOMME INSATISFAIT QU'UN PORC SATISFAIT. »

J. S. Mill, *L'Utilitarisme*

Mill pensait que le bonheur vient en partie de la qualité de nos plaisirs, qui sont plus élevés que ceux des cochons.

prévoir les conséquences d'une action et savoir si elle va optimiser le bonheur ou non. Or, une action est bonne si l'on peut raisonnablement s'attendre à ce qu'elle optimise le bonheur. Mill pensait que nous possédons un sens solide de cette estimation grâce aux règles morales dont nous avons hérité. Celles-ci se sont développées à mesure que l'on découvrait quelles actions tendaient à engendrer du bonheur. Mentir et voler n'en font pas partie ; tenir ses promesses et être gentil, si.

UN MAL EN SOI ?

L'un des points négatifs de l'utilitarisme est qu'il n'élimine aucun type d'action. Si torturer un enfant produit le bonheur du plus grand nombre, alors cela est moralement bon. Imaginons que des personnes ne maltraitent que des enfants abandonnés. Seul l'enfant en souffre (personne d'autre n'est au courant). Mais les malfaiteurs en tirent beaucoup de bonheur. Torturer l'enfant leur apporte plus de bonheur que le fait de ne pas le torturer, aussi se trouvent-ils moralement justifiés dans leur action. Cela est évidemment inadmissible.

Les utilitaristes répondront que quelqu'un découvrira la vérité, et qu'un plus grand nombre de personnes seront malheureuses. Mais ce n'est pas cela qui rend la torture immorale. Maltraiter un enfant est mal en soi.

Le bonheur n'est donc pas toujours bon et la morale ne peut se fonder entièrement sur sa défense. De plus, en visant seulement à maximiser le bonheur, sa répartition n'a plus d'importance. C'est un manquement à la justice.

On accuse souvent l'utilitarisme de ne pas tenir compte de la justice. Le plus grand bonheur ne signifie pas nécessairement une répartition juste du bonheur, ni une réponse aux besoins des plus miséreux.

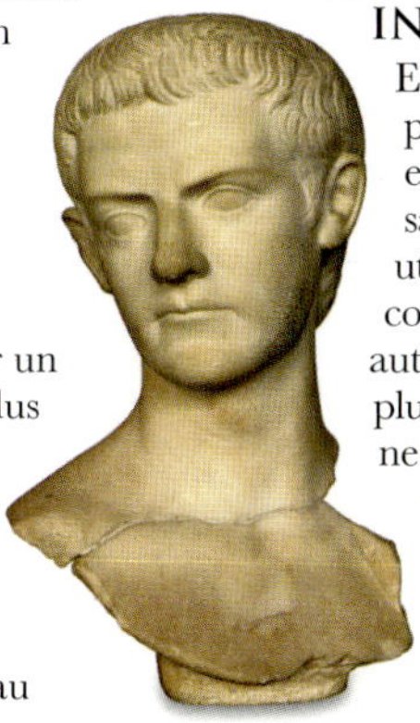

Prendre plaisir à la cruauté, comme l'empereur romain Caligula, est mal « en soi » – sans compter les souffrances occasionnées.

LES BESOINS DES INDIVIDUS

Enfin, l'utilitarisme ne prend pas en considération les liens entre un individu, ses actions et sa vie. Dans la société utilitariste, mon bonheur ne compte pas plus que celui d'un autre. De toute évidence, je suis plus affecté par mes actions que ne le sont les autres – mais c'est tout. Les actions que j'accomplis ne visent finalement qu'à générer le plus grand bonheur possible.

Voilà qui est inadmissible. Non seulement l'importance que nous accordons à notre propre bien-être et à celui de nos proches est ici niée, mais la morale en devient trop exigeante. Par exemple, chaque fois que j'achète un disque, je pourrais donner l'argent à une œuvre de charité. Cela créerait du bonheur, car les nécessiteux ont plus besoin de nourriture que je n'ai besoin de musique. Mais parce qu'il y aura toujours des gens dans une extrême pauvreté, je ne ferai jamais le bien en faisant quelque chose uniquement pour moi si je possède plus que le minimum nécessaire à ma survie.

Faire son devoir

La déontologie place la morale sous l'angle du devoir (le mot grec « *deon* » signifie « devoir »). Les devoirs se résument à des actions que l'on doit accomplir, ou dont on doit s'abstenir. C'est l'action elle-même qui est bonne ou mauvaise : ses conséquences n'entrent pas en compte. Les actions sont comprises en termes d'intentions. Par exemple, si une personne a commis un meurtre comme elle en avait l'intention, elle sera jugée différemment d'une personne qui ne cherchait qu'à se défendre. Il faut donc juger une action sur les intentions de son auteur. Cela ne rend pas les jugements moraux subjectifs. Ce qui importe, c'est la véritable raison pour laquelle une personne a choisi de perpétrer une action. Découvrir cette raison peut s'avérer difficile, mais c'est là un autre problème.

Nous avons tous des devoirs, comme par exemple, tenir une promesse. Mais je n'ai pas le devoir de faire que toutes les promesses soient tenues. La déontologie considère que nous devrions chacun tâcher d'accomplir nos propres devoirs au lieu de tendre au bonheur du plus grand nombre. En fait, nous ne devrions pas chercher à accroître le bien si, ce faisant, nous manquons à un devoir. La plupart des théories déontologiques reconnaissent deux sortes de devoirs. Les devoirs généraux, envers autrui, sont principalement des interdictions : ne pas mentir, ne pas tuer, etc. Mais certains sont positifs, comme le devoir d'aider celui qui est dans le besoin. Ensuite, il y a les devoirs que nous avons en raison de la nature de nos relations personnelles et sociales. Un parent, par exemple, a le devoir de s'occuper de son enfant.

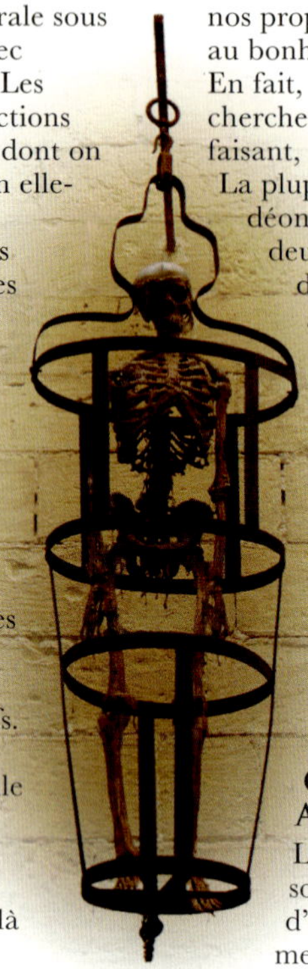

Serait-ce mal de torturer quelqu'un si l'on pensait par là empêcher une catastrophe ? Pour la déontologie, certains actes sont mal en soi, peu importe leurs conséquences.

OBJECTIONS AU DEVOIR

Les utilitaristes accusent souvent la déontologie d'irrationalité. Si je ne dois pas mentir, c'est parce que mentir est mal. Mais alors, nous devrions faire en sorte qu'il y ait le moins de mensonges possible. L'utilitarisme perçoit tous les raisonnements visant à décider de ce qu'il faut faire comme des moyens tendant vers une fin : il est rationnel de faire tout ce qui tend à une fin bonne. Donc, selon l'utilitarisme, je devrais limiter la prolifération des mensonges, même si cela requiert que je mente moi-même. La déontologie réfute cette position utilitariste.

Les intuitionnistes (*voir p. 114*) comme le philosophe écossais W. D. Ross, avancent qu'il existe plusieurs devoirs irréductibles et distincts et que nous devons nous servir de notre intuition morale (un sens inné des propriétés indéfinissables du bien) pour les découvrir. D'autres pensent que notre devoir est de faire ce que Dieu ordonne (*voir p. 107*), et que nous pouvons trouver dans les textes sacrés ou en consultant notre conscience.

CONFLITS DE DEVOIRS

Que conseille la déontologie lorsque nos devoirs semblent conflictuels ? La plupart des déontologues pensent qu'un vrai conflit de devoirs est impossible. S'il semble y avoir un conflit, c'est que nous avons mal compris ce qu'au moins l'un de nos devoirs exigeait. Donc, soit les devoirs ne sont jamais conflictuels, ce qui signifie que nous devons les formuler très précisément, soit ils « cèdent » : en cas de conflit, l'un cesse d'être un devoir dans une situation. Lequel ? Pour les déontologues, ce manque de conseils est l'une des forces de la théorie. Les choix, dans la vie, sont difficiles et exigent de la perspicacité.

Fonder la morale dans la raison

Pour Emmanuel Kant (*voir p. 294-297*), les principes moraux peuvent être déduits de la raison seule, permettant d'expliquer les caractéristiques de la morale. Selon lui, la morale est universelle : un ensemble de règles qui valent pour tous. Il est donc possible que tout le monde agisse moralement. La raison, elle aussi, est universelle, identique chez tous les êtres raisonnables. Morale et rationalité sont catégoriques ; la nécessité d'être rationnel et moral ne change pas selon nos désirs. Enfin, la morale s'applique à tous les êtres raisonnables. Elle ne concerne donc pas les êtres incapables de choix rationnels, comme les chats ou les chiens (s'ils se comportent mal, cela n'est pas d'un point de vue moral).

« LES LOIS MORALES DOIVENT ÊTRE VALABLES POUR TOUS LES ÊTRES RAISONNABLES. »

Emmanuel Kant
Fondements de la métaphysique des mœurs

MAXIMES MORALES

En tant qu'animaux raisonnables, Kant pense que nous faisons nos choix sur la base de « maximes », des intentions ou principes personnels qui incarnent les raisons motivant nos actions, comme par exemple « s'amuser le plus possible ». S'il est possible pour tous d'agir conformément à la morale, et si nos actes sont fondés sur nos maximes, alors une maxime qui est moralement acceptable doit permettre à tous d'agir.

Imaginons que vous voulez offrir un cadeau à un ami, mais ne pouvant le payer, vous le volez. Votre maxime ressemble à la suivante : « Vole si tu ne peux t'offrir ce que tu veux ». Si ce principe est universalisable, l'action est bonne. Mais si nous nous servions tous à notre gré, la notion de « possession » disparaîtrait. Et comme il est impossible de voler une chose que personne ne

La tendance de Pinocchio à raconter des histoires est mauvaise. Le fait de mentir ne passe pas le test kantien de l'universalisation. Si tout le monde mentait, ce ne serait plus la peine de mentir, car personne ne vous croirait.

Notre faculté de faire des choix rationnels nous confère à tous dignité et valeur, qui que nous soyons, et quelle que soit notre condition.

possède, il devient logiquement impossible pour tout le monde de voler. C'est pourquoi voler ce cadeau serait mal.

Nous pouvons découvrir nos devoirs en soumettant nos maximes à l'épreuve de ce que Kant appelait l'impératif catégorique qui nous commande d'agir comme si la maxime de notre action devait par notre volonté être érigée en loi universelle de la Nature. Kant ne dit pas qu'un acte, comme le vol, est mal parce que nous n'en apprécierions pas les conséquences si tout le monde l'imitait. Kant nous demande d'estimer si nous pourrions ériger (« vouloir ») notre maxime en règle universelle. Il parle de ce qu'il est possible de choisir, non de ce que nous aimerions choisir. Choisir de se comporter d'une manière que tout le monde ne puisse adopter est à la fois immoral et irrationnel. Kant ajoute que nous devons agir de manière à traiter l'humanité, aussi bien dans notre personne que dans la personne de tout autre, toujours comme une fin, et jamais comme un moyen. » En utilisant le mot « humanité », Kant met l'accent sur notre capacité à déterminer rationnellement quelles fins poursuivre. La faculté de faire des choix librement et rationnellement confère aux hommes leur dignité.

Traiter l'humanité d'une personne uniquement comme un moyen, c'est négliger sa faculté de faire elle-même ses choix rationnels. Contraindre une personne, ou lui mentir, c'est ne pas lui permettre de faire un choix en connaissance de cause.

OBJECTIONS À KANT

Des philosophes ont objecté que l'impératif catégorique de Kant est défaillant. Toute action n'est-elle pas justifiable, si l'on formule finement la maxime ? En volant un cadeau *(voir p. 105)*, je peux affirmer « Vole des cadeaux à tes 30 ans ». En universalisant cette maxime, seules les personnes âgées de 30 ans peuvent voler, et seulement des cadeaux. Le cas se produirait trop rarement pour avoir une incidence sur le concept de propriété privée. Cette loi pourrait donc s'appliquer à tous. Mais Kant répond que sa théorie ne concerne que les véritables maximes personnelles, non celles qui sont inventées. Si je suis honnête avec moi-même, j'admettrai qu'avoir 30 ans n'était pas l'une de mes motivations. Imaginons cependant qu'un vendeur qui travaille dur et déteste son emploi gagne soudain à la loterie et souhaite alors « ne plus jamais rien vendre et seulement acheter ». Cela ne semble pas moralement mal. Pourtant, si personne ne vendait plus rien, personne ne pourrait rien acheter. Il n'est donc pas toujours mal de faire des choses qui exigent de la part d'autrui qu'il fasse autre chose.

LA VOLONTÉ DE DIEU

Certaines actions sont perçues comme bonnes ou mauvaises en soi, parce que Dieu le veut et nous a ordonné d'agir de telle manière. Puisque obéir aux commandements divins est au fondement des plus grandes religions, les philosophes ont tenté d'établir si c'était là une raison valable : mais elle rencontre une célèbre objection, développée à partir d'un argument de Platon dans son *Euthyphron*.

LE COMMANDEMENT DIVIN

La morale est-elle la volonté de Dieu, ou bien un ensemble de valeurs auxquelles Dieu souhaite nous voir adhérer parce qu'elles sont bonnes ? Si le bien ne dépend pas de Dieu, cela pose une limite morale à Dieu. En revanche, si le bien est la volonté de Dieu, Dieu étant bon, sa volonté, quelle qu'elle soit, est bonne par définition. Si le bien est ce que Dieu veut, Dieu a inventé la morale. Mais si Dieu n'a pas d'autre raison de vouloir ce qu'il veut, la morale n'a pas de structure rationnelle.

Les commandements divins sont-ils bons uniquement parce qu'ils viennent de Dieu ?

Cela la rendrait arbitraire. De plus, il serait moralement bien de massacrer des enfants si telle était la volonté de Dieu ; doit-on s'y soumettre uniquement si Dieu veut des choses bonnes ? Et comment le saurions-nous à moins de posséder une norme indépendante du bien ? Pour certains, la volonté de Dieu n'est pas arbitraire car Dieu est amour. Cela ne fait pas de l'amour la norme de la morale permettant de juger si la volonté de Dieu est bonne. L'important n'est pas de dire que la base de la morale est l'amour, mais que c'est l'amour *de Dieu*.

Si Dieu est amour et source de la morale, alors, comme le prêchait Mère Térésa, faire ce qui est amour aux yeux de Dieu, c'est faire le bien.

Éthique de la vertu

Une personne vertueuse est une personne aux traits de caractère moralement bons. Ainsi, une action est bonne si c'est une action qu'accomplirait une personne vertueuse. Une action bonne est donc l'expression de traits de caractère moralement bons, et c'est ce qui la rend bonne. Par exemple, dire la vérité est une expression de l'honnêteté.

Le caractère résulte des dispositions d'une personne, dans diverses circonstances, à ressentir, penser, réagir, choisir et agir. Ainsi, une personne est coléreuse si elle est disposée à ressentir souvent et facilement de la colère, ou bien immodérée si elle boit souvent et à l'excès. Un caractère vertueux est disposé à ressentir des émotions et des désirs « bons » plutôt que « mauvais ».

Notre but principal devrait donc être de développer des vertus, car nous saurions ainsi ce qu'il est bon de faire, et nous voudrions le faire. Aristote (*voir p. 248-249*) pense que les vertus sont des qualités qui aident à « vivre bien » : but défini de la nature humaine. Le terme qu'il emploie – *eudaimonia* – a été traduit par bonheur, mais l'idée est plus proche d'« épanouissement ». Quand il s'agit d'une plante ou d'une fleur, nous savons analyser ses besoins et juger du moment où elle est satisfaite. Selon la théorie de la vertu, la philosophie morale devrait s'attacher à définir les conditions de l'épanouissement des êtres humains. Vivre implique de choisir et d'agir, mais la nature de nos relations avec autrui et l'état de notre âme sont tout aussi essentiels.

VERTU ET RAISON

Pour vivre bien, et parce que les êtres humains sont raisonnables, ils doivent vivre « en accord avec la raison ». Si nous ressentons des émotions et des désirs, et faisons « bien » (vertueusement) nos choix, nous ressentons et décidons « au bon

Gandhi, Desmond Tutu, ou le Dalaï Lama, semblent illustrer l'opinion d'Aristote : la vertu est essentielle à une « vie bonne ».

LES VERTUS SONT-ELLES RELATIVES ?

Chaque culture a une vision particulière de la vertu. Les Victoriens pensaient la chasteté importante, mais elle n'a plus la même valeur aujourd'hui. L'éthique de la vertu est-elle relative – le bien et le mal sont-ils définis uniquement par la culture ? Nous vivons tous dans une culture donnée, et les caractéristiques dont nous avons besoin pour vivre bien varient d'une culture à l'autre. Cependant, de nombreuses vertus sont le reflet de la nature humaine universelle : tout le monde a besoin de courage, de loyauté, de tempérance, etc., car la vie nous envoie à tous les mêmes défis. Aussi, certaines vertus essentielles ne sont pas relatives.

En Europe, l'honneur des femmes résidait autrefois dans la chasteté. Certaines vertus évoluent avec les cultures – mais cela reste rare.

moment, quant aux bons objets, envers les bonnes personnes, avec le bon motif, et de la bonne façon ». L'éthique de situation, sorte de sagesse pratique, nous aide à savoir ce qui est « bien » dans chaque cas. Mais les circonstances étant toujours particulières, Aristote pense que la compréhension de l'éthique ne peut s'enseigner ; seul ce qui est général peut s'enseigner. Règles et principes s'appliquent rarement d'une manière claire dans une situation réelle. Le savoir moral s'acquiert donc plutôt par l'expérience.

Il y a des prodiges aux échecs, en maths, en musique, mais jamais en morale. Aristote pensait que le savoir moral vient de l'expérience.

LE JUSTE MILIEU

Aristote défend l'idée selon laquelle une action vertueuse est un milieu : s'il y a un bon moment pour ressentir de la colère (ou toute autre émotion), certaines personnes sont en colère trop souvent, pour trop de choses, envers trop de gens, etc. D'autres se mettent trop peu en colère, ou pour trop peu de choses. La vertu est l'État intermédiaire entre les vices du « trop » et du « trop peu ». Cette doctrine du « juste milieu » ne signifie pas que lorsque vous vous mettez en colère, vous devez rester modéré. Il faut être aussi en colère que la situation le requiert.

La doctrine du juste milieu n'est pas d'une grande aide pratique. D'abord, « trop » et « trop peu » ne sont pas quantifiables. Connaître le « bon moment, le bon objet, la bonne personne, le bon motif et la bonne façon » est très complexe. Enfin, elle n'indique pas à quelle fréquence nous devrions nous mettre en colère, ni à quel point.

Mais la théorie de la vertu ne vise pas à fournir une méthode de prise de décisions. La sagesse pratique est un ensemble de conseils plutôt que de règles. Elle suggère que nous réfléchissions aux situations en termes de vertus. Au lieu de demander « Tout le monde pourrait-il faire cela ? » comme le propose Kant, ou bien « Qu'est-ce qui aura les meilleures conséquences ? », comme le suggère l'utilitarisme, il faut nous interroger en ces termes : « Cette action serait-elle généreuse/courageuse/loyale… ? » Si nous pensons les actions en termes de vertus, cette approche s'avère très utile.

EXERCICE D'ÉTHIQUE PRATIQUE

La recherche sur les cellules souches la plus controversée implique le prélèvement d'une masse cellulaire interne sur un embryon de 5 à 7 jours, ce qui le détruit. Ces cellules sont plurivalentes : cerveau, cœur, foie, os. Les chercheurs croient que les cellules souches pourraient les aider à traiter de graves maladies. Mais est-il moralement acceptable de tuer des embryons dans ce but ?

LE DROIT À LA VIE

La déontologie (*voir p. 104*) s'interroge sur le droit à la vie des embryons. Si l'embryon a une âme – que l'on pense souvent acquise à la conception – il a le droit de vivre. Néanmoins, deux embryons sur trois sont spontanément et naturellement rejetés par l'utérus. Si chacun a une âme, nous touchons à la tragédie morale. Les autres raisons qui nous font croire que les êtres humains ont le droit de vivre – comme la raison, le langage, la profondeur de nos émotions, notre conscience et notre capacité à distinguer le bien du mal – n'existent pas chez l'embryon. Peut-être pas plus que chez des personnes aux graves déficiences mentales ou souffrant de démence sénile. Pourtant, nous ne considérons normalement pas qu'il soit acceptable de les tuer. En revanche, elles sont dotées de la conscience élémentaire de la perception, du plaisir et de la douleur. Les embryons, eux, n'ont pas cette capacité aux premiers stades de leur développement. Donc, si le droit de vivre dépend de cette faculté, alors les embryons d'une semaine n'ont pas droit à la vie.

UN FUTUR VOLÉ ?

On pourrait objecter qu'un embryon a le droit de vivre car il a le potentiel de devenir une personne qui aura droit à la vie. Mais on ne peut considérer le potentiel comme s'il s'agissait du concret. Quelqu'un qui a le potentiel de devenir millionnaire ne peut encore dépenser son argent. De plus, seul, l'embryon n'a pas le potentiel de devenir quelqu'un : il a besoin d'être implanté dans un utérus. A-t-il le droit de recevoir notre aide ? Un utilitariste (*voir p. 102*) arguerait que nous privons l'embryon d'un bonheur futur. Mais les embryons utilisés par la recherche des cellules souches sont des embryons en surplus créés lors de programmes de FIV (fécondation in vitro) et considérés comme déchets. Si cette objection est valable, alors elle l'est aussi pour les FIV, dont les traitements créent les embryons. Cependant, empêcher les FIV revient à refuser le bonheur à de nombreux couples, et à nier la vie ou le bonheur à tout

Nous mangeons de la viande, mais pensons que la vie humaine est sacrée. Sommes-nous si différents des animaux ? La recherche sur les cellules souches nous oblige à reconsidérer nos valeurs.

Les avancées en génie génétique sont allées de pair avec l'utilisation croissante d'ovules fertilisés à des fins thérapeutiques. Mais avons-nous le droit de « jouer » ainsi avec la vie ?

embryon supplémentaire. L'éthique de la vertu (*voir p. 108*) préciserait que la signification de la création et de l'utilisation d'une vie humaine – sous forme embryonnaire – n'a pas été correctement explorée. Les embryons partagent « notre chair et notre sang », et il serait insensible ou irrespectueux de créer une vie humaine dans le seul but de profiter à une autre vie. Mais ces embryons sont créés par FIV. Les bénéfices de la FIV justifient-ils la perte et la création d'embryons ? Si l'on considère que la FIV est acceptable, alors utiliser des embryons, qui mourraient autrement, dans le but de satisfaire d'autres êtres humains est un signe de compassion envers ceux qui en bénéficieront.

« L'INTELLECT […], CE PAR QUOI L'ÂME PENSE ET CONÇOIT, N'EST EN ACTE AUCUN DES ÊTRES AVANT DE PENSER. »

Aristote, *De l'âme III-4* (trad. E. Barbotin), Les Belles Lettres, Paris, 1966

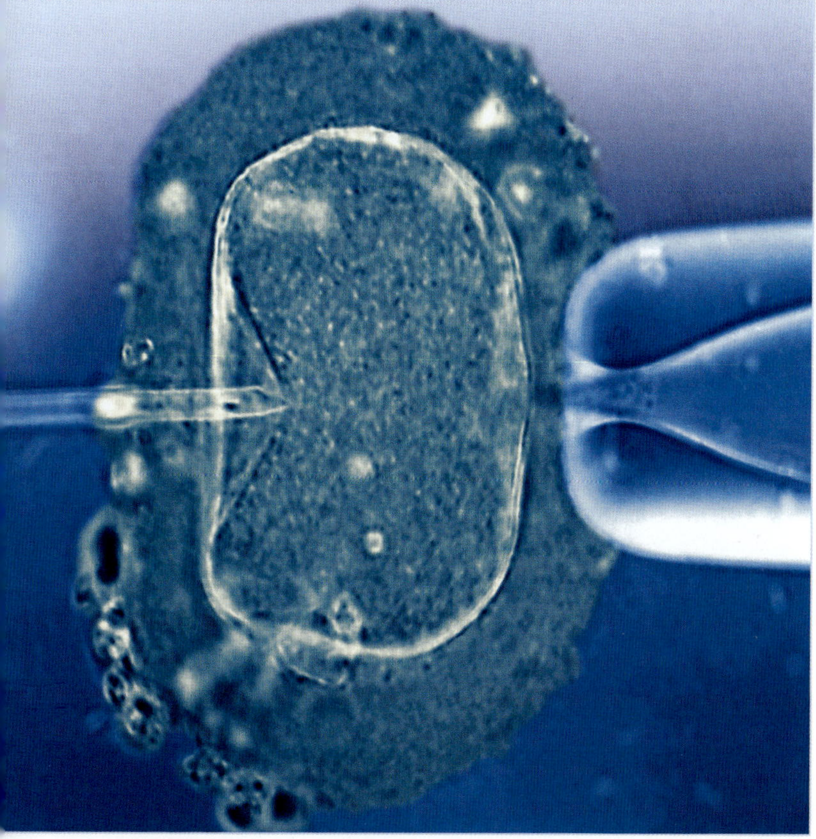

QU'EST-CE QUE LA MORALE ?

La métaéthique vise à étudier les concepts moraux – bien et mal – et les énoncés qui les utilisent. Les philosophes tentent d'établir s'il existe des vérités morales universelles, ou bien si la morale n'est qu'une expression d'émotions ou d'habitudes culturelles.

La réalité de la morale

Le « réalisme moral » affirme que le bien et le mal sont propres à des situations et des personnes, et que ce qui est conforme ou non à la morale est propre aux actions. De même qu'une personne peut avoir des qualités physiques, elle peut avoir des qualités morales. Quant aux actions, elles peuvent être conformes ou non à la morale. Ces propriétés morales sont une part réelle du monde. Les affirmations de type « Tuer est mal » sont l'expression de croyances, vraies ou fausses. Les propriétés d'une action, d'une personne ou d'une situation donnée déterminent la vérité de ces affirmations.

Le réalisme moral est, pour beaucoup, la position éthique « du sens commun ». On pense souvent que les choses sont en soi conformes ou non à la morale, indépendamment de notre opinion. Notre expérience nous conforte en ce sens. En effet, les enfants font des erreurs car ils doivent apprendre ce qui est bien ou mal. S'il n'y avait aucun fait moral, il serait impossible de faire des erreurs. Ainsi, la morale s'impose comme une exigence externe, une norme de comportements à laquelle nous devons nous plier. Enfin, beaucoup croient au progrès moral. Mais comment cela serait-il possible si certains points de vue n'étaient meilleurs que d'autres ? Il existe donc une réalité morale constituée de faits.

PLUS QU'UN SENTIMENT ?

D'autre part, nous sommes conscients des différences culturelles en matière de croyances morales (*voir p. 109*), ce qui peut mener certains à abandonner le réalisme moral pour le relativisme (*voir p. 120*). Mais la tolérance vis-à-vis des différences culturelles est assez mince. Par exemple, rares sont ceux qui pensent que puisque le meurtre de membres d'autres tribus ou l'excision sont moralement acceptés dans certaines sociétés, cela rend ces mœurs acceptables, même au sein de ces sociétés. La morale suscite de vives émotions et des débats difficiles à

Le fait que les enfants aient besoin d'apprendre la morale suggère qu'il existe des « vérités » morales que l'on peut apprendre de la même manière que d'autres faits.

Le Jugement de Salomon, de Nicolas Poussin, illustre la difficulté de la prise de décisions morales (ici, au sujet de la vie d'un enfant).

tempérer. Si nous sommes enclins à penser qu'il en est ainsi parce qu'il n'y a pas de faits moraux, nous nous rapprochons de l'émotivisme (*voir p. 115*).

FAITS ET VALEURS

S'il y a des faits moraux, de quelle sorte sont-ils ? Comment une valeur (un « fait » moral) peut-elle être un fait ? Les valeurs sont soumises à l'évaluation. Si personne n'estimait quoi que ce soit comme ayant de la valeur, cette notion existerait-elle ? Les faits font partie du monde. Le fait que des dinosaures existaient il y a des millions d'années reste vrai, indépendamment de nos découvertes. Mais il est plus difficile de croire que des valeurs « existent » indépendamment de nous et de notre discours sur les valeurs.

Certains faits dépendent de l'esprit sans pour autant être subjectifs. Nous reconnaissons à sa sonorité que ce morceau de Bach est de style baroque.

Cependant, de multiples faits – par exemple être amoureux, ou les faits qui touchent à la musique – « dépendent » de l'être humain et de ses activités (l'amour n'existerait pas si personne n'aimait rien). Mais ils restent des faits, car ils sont indépendants de nos jugements et rendus vrais par le monde – dans ce cas le monde humain. Nous pouvons nous tromper en pensant qu'une personne est amoureuse, ou bien au sujet d'un morceau de musique, en pensant qu'il est baroque ou classique.

La sagesse pratique rend compte de façon plausible du rapport entre faits moraux et faits naturels (*voir p. 108*). Elle affirme qu'un acte est bon à condition qu'il puisse être accompli par une personne vertueuse, c'est-à-dire une personne possédant les traits de caractère qui lui permettent de mener une vie bonne. La définition d'une vie bonne dépend de la nature humaine, qui relève du domaine des faits objectifs. Ainsi, les faits moraux, concernant une bonne vie et des actions bonnes, sont étroitement liés à la nature humaine, à nos désirs et besoins universels, et à notre faculté de raisonner.

L'intuition de la vérité

Comment connaissons-nous les faits moraux ? Si le bien n'est que le bonheur, alors il suffit pour savoir ce qui est bien de savoir ce qui rend les gens heureux. Mais alors, demander « est-ce bien de rendre les gens heureux ? » reviendrait à demander « cela rend-il heureux de rendre les gens heureux ? ». Même s'il est bien de rendre les gens heureux, le bien n'est pas identique au bonheur. Aussi, les intuitionnistes pensent que le bien est une propriété simple qui défie l'analyse.

Le bien n'étant pas une propriété naturelle, il n'est pas accessible par l'expérience sensible mais par l'intuition.

SE SERVIR DE SON INTUITION

Nous pourrions ne connaître la morale que par l'intuition. Mais qu'est-ce que l'intuition ? Certains pensent que juger du bien « va de soi ». Un jugement qui va de soi n'a besoin d'aucune autre preuve que sa propre plausibilité. Mais « aller de soi » n'est pas la même chose qu'être « évident » : notre capacité à formuler ces jugements doit d'abord se développer, et nous devons examiner la question très soigneusement. Récemment, des philosophes soutenaient que nos émotions peuvent (si elles sont vertueuses) nous apporter une connaissance morale intuitive (*voir p. 108-109*). Par exemple, si je fais preuve de compassion et de courage, alors je mesure l'importance de la douleur d'autrui, et je comprends que ma peur d'y répondre – car je pourrais perdre quelque chose de moi-même – ne m'empêche pas de l'aider.

PEUT-ON ÊTRE D'ACCORD ?

La difficulté de ces jugements est que l'on peut se trouver en désaccord quant à leur véracité. Imaginons par exemple que nous ayons des raisons de penser que le plaisir est une bonne chose car il participe à l'épanouissement des êtres humains. Va-t-il de soi que participer à l'épanouissement rend une chose bonne ? Soit l'on répond oui, soit nous devons donner d'autres raisons. Il est possible de ne pas s'appuyer sur des jugements qui vont de soi si l'on fournit les raisons qui nous poussent à avoir une croyance – mais il faut pour cela supposer d'autres croyances, et accepter l'ensemble des croyances comme un tout cohérent qui donne du sens à notre expérience.

Être orange est une propriété simple, mais personne ne peut l'expliquer à quelqu'un qui ne l'a pas vue. Il en va de même pour le bien.

EXPRIMEZ-VOUS

Pour le philosophe anglais A. J. Ayer (*voir p. 338*), une affirmation a du sens uniquement si elle remplit deux conditions : elle doit être soit analytique (*voir p. 67*), soit empiriquement vérifiable. Ce « principe de vérification » implique que les affirmations sur ce qui est bien ou mal sont dénuées de sens. Selon le principe d'Ayer, elles ne sont ni vraies ni fausses, car elles n'affirment rien.

Dire « tuer est mal » n'est ni analytique, ni démontrable empiriquement. Selon Ayer, les jugements moraux expriment des sentiments. Depuis, les philosophes ont rejeté ce principe de vérification, car l'énoncé « une affirmation n'a de sens que si elle est analytique ou peut être vérifiée empiriquement » n'est lui-même ni analytique, ni vérifiable empiriquement. Néanmoins, on peut considérer que le langage moral est employé pour exprimer nos sentiments d'approbation ou de désapprobation. Les jugements moraux n'établissent pas des faits mais nous servent à exprimer nos sentiments et influencer les sentiments et actions des autres.

Les manifestations publiques montrent que les désaccords moraux sont souvent délicats et poussent les gens à agir.

Or, si c'est là tout ce à quoi nous sert le langage moral, il semble que les débats moraux soient vides de discussion authentique ou de raisonnement – nous nous contenterions de nous manipuler les uns les autres. Les émotivistes répondent que la majorité des débats moraux portent sur les faits : si telle politique ou action aura telle conséquence. Si nous sommes d'accord sur tous les faits, ce qui est rare, il reste un désaccord en matière d'attitude. Les désaccords moraux peuvent donc porter sur les relations entre les différents sentiments que nous éprouvons et les politiques que nous adoptons.

Que se passe-t-il lorsque des personnes ne s'accordent pas sur un sujet de morale ? Expriment-ils simplement des sentiments différents, comme le suggère A. J. Ayer *(à gauche sur la photo)* ?

« DEUX CHOSES EMPLISSENT L'ESPRIT D'ADMIRATION ET DE VÉNÉRATION… LE CIEL ÉTOILÉ AU-DESSUS DE MOI ET LA LOI MORALE EN MOI. »

Emmanuel Kant, *Critique de la raison pratique* (trad F. Picavet), PUF, Paris, 1943, p. 273

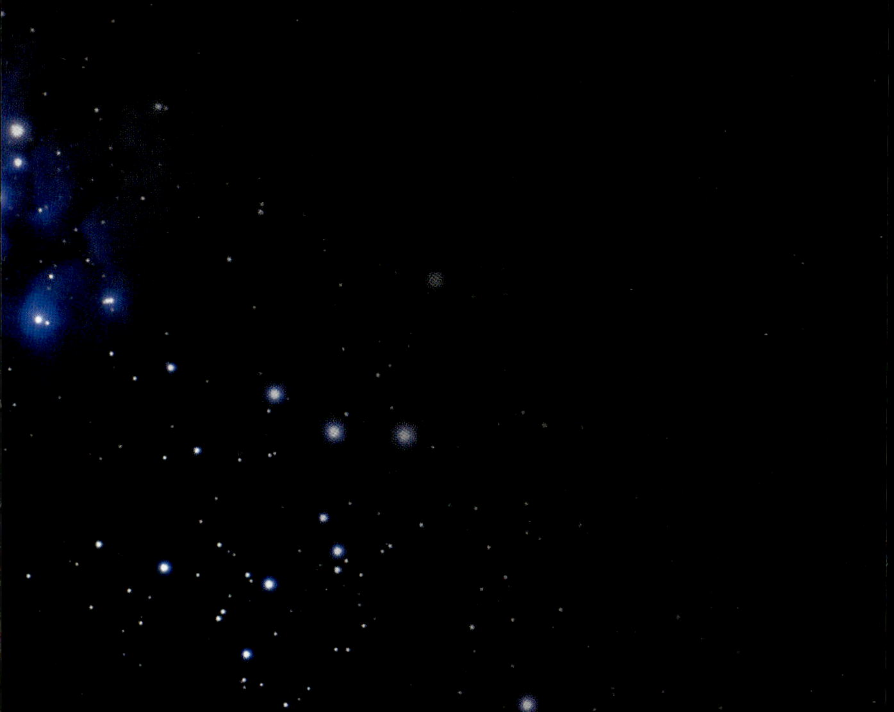

Les valeurs morales sont-elles des faits ?

Les débats moraux suggèrent que les valeurs diffèrent des faits établis. Voici trois objections au réalisme moral, inspirées par David Hume (*voir p. 290-291*)

Premièrement, lorsque deux personnes sont en désaccord à propos d'un fait pratique, nous savons prouver que l'un a raison et l'autre tort. Mais si deux personnes s'accordent sur tous les faits concernant l'avortement, par exemple, mais pas sur le fait qu'il soit conforme ou non à la morale, nous ne pouvons avoir recours à aucun « fait ».

Ensuite, Hume remarque qu'il semble toujours y avoir un décalage dans les raisonnements moraux. Après avoir décrit les faits d'une situation, nous ajoutons « il n'aurait donc pas dû faire cela ». Mais comment peut-on passer du cas lui-même à ce qu'il aurait dû être ? Il est impossible, à partir de ce qui *est*, d'établir ce qui *devrait* être. Un écart logique sépare les faits et les valeurs.

Enfin, les jugements moraux guident notre conduite. Si je pense que l'avortement est mal, je n'en subirai jamais un, je n'en pratiquerai pas et je n'inciterai pas les autres à en subir un. Or, si les réalistes moraux ont raison, un fait, en lui-même, n'engendre pas l'action. Il semble que je doive me préoccuper d'un fait, et que la motivation vienne de ma préoccupation. Mais les jugements moraux sont eux-mêmes motivants. Peut-être n'expriment-ils donc pas nos croyances, mais nos préoccupations.

La souffrance des autres est une raison de les aider. Pour les réalistes moraux, cette affirmation concerne un fait objectif, non une attitude.

« LES FINS DERNIÈRES DES ACTIONS HUMAINES NE SONT NULLEMENT EXPLICABLES PAR LA RAISON, MAIS ELLES SE RECOMMANDENT ENTIÈREMENT AUX SENTIMENTS ET AUX AFFECTIONS DES HOMMES. »

David Hume, *Enquête sur les principes de la morale* (trad M. Malherbe), Vrin, Paris, 2002, p. 147

LES FAITS MORAUX SONT DES RAISONS

Le réalisme moral affirme que nous évoquons les faits pour justifier un jugement moral. Par exemple : « manger de la viande est mal à cause de la souffrance imposée aux animaux ». Les faits sont ici des raisons qui viennent à l'appui de croyances morales. Il est soit vrai, soit faux, que manger de la viande est cause de souffrance pour les animaux. Selon le réaliste moral, le fait d'être « une raison de croire » que manger de la viande est mal peut aussi être vrai ou faux. Certains faits concernent les raisons que nous donnons pour étayer nos jugements moraux.

Comparons les raisonnements d'autres contextes. Si l'âge radiométrique de certains os de dinosaures est de 65 millions d'années, c'est une raison de croire que les dinosaures vivaient sur

Terre il y a 65 millions d'années. Et c'est une raison qui étaye cette croyance, même si vous pensez ou non que c'est une raison. Les faits sont ici objectifs, tout comme les faits naturels. En revanche, les faits moraux sont d'un autre genre, que les scientifiques ne peuvent ni découvrir ni réduire au statut de fait naturel. Ils déterminent la valeur des justifications et des raisonnements.

Nous pouvons dire à présent que lorsque deux personnes s'accordent sur tous les « faits » concernant l'avortement, mais pas sur le fait que ce soit mal, le débat ne peut être réglé en invoquant des faits naturels. Si les deux parties admettent qu'un fœtus peut devenir un être humain, l'une peut ne pas y voir une raison suffisante pour juger l'avortement immoral. Si nous résolvions le débat au niveau des raisons, alors nous résoudrions le débat moral. Au moins l'une des deux personnes fait une erreur car elle ne voit pas certains faits naturels en tant que raisons.

De la même façon, Hume remarque justement l'écart logique entre les faits naturels et les jugements moraux. Néanmoins, cet écart est surmonté grâce aux faits concernant les raisons, qui déterminent si un fait naturel est une raison de croire un certain jugement de valeur. Enfin, si les faits naturels n'entraînent pas logiquement de jugements de valeur, il est rare que des raisons entraînent les jugements qu'elles étayent.

MORALE ET MOTIVATION

Les jugements moraux poussent-ils à agir ? D'une part, puisque les jugements moraux affirment des faits, ils ne sont pas motivants. Les personnes qui ne se soucient pas de la morale n'y trouvent pas de raison d'agir. Les jugements moraux ne sont donc motivants que pour les personnes qui se soucient de la morale.

Admettons maintenant que les jugements moraux sont motivants. Cela n'a rien d'étrange, puisque ce ne sont pas des affirmations sur des faits naturels, mais des jugements sur ce que nous avons des raisons de faire. Et les jugements portant sur les raisons sont motivants en eux-mêmes, car nous sommes des êtres raisonnables.

Tout le monde ne se soucie pas de la morale. Affecter l'indifférence envers la morale conventionnelle fait partie de la contre-culture des jeunes en Occident.

La morale est-elle relative ?

La morale est propre à chaque culture. Comment cela se fait-il ? Peut-être que les différentes cultures, aux mœurs spécifiques, cherchent toutes une vérité éthique, de même que les scientifiques tentent de découvrir la vérité sur le monde. Ou bien peut-être que les pratiques éthiques sont simplement inhérentes à une culture. C'est ce que pensent les relativistes, pour lesquels deux cultures qui sont en désaccord sur une pratique morale avancent des affirmations qui sont « vraies pour chacune ».

Cela n'est généralement pas valable pour les affirmations scientifiques (par exemple, certaines cultures pensaient que les étoiles étaient de minuscules trous dans le tissu céleste, et elles avaient simplement tort), car nous avons une idée différente de la façon dont les désaccords scientifiques peuvent être réglés. Les théories scientifiques qui ont fait consensus représentent le monde tel qu'il est. En d'autres termes, le monde guide nos recherches, et nous confirmons ou réfutons nos hypothèses grâce aux expériences, jusqu'à aboutir à une certaine compréhension du monde. La science examine le monde physique. Si nous examinons l'histoire de la culture et des mœurs, il est difficile de voir comment différentes cultures pourraient découvrir « la vérité » sur la morale et la conduite

TOLÉRANCE RELATIVE

On associe souvent le relativisme à la tolérance, et le réalisme moral à l'impérialisme moral. Mais c'est une erreur. La tolérance est une valeur morale. « Il faut tolérer les valeurs des autres cultures car les valeurs morales sont relatives » n'est valable que si notre propre culture est tolérante. Imaginons qu'une culture soit intolérante. Le relativisme prônerait l'impossibilité de s'y opposer. Mais faut-il tolérer les intolérants ? Rares sont ceux qui placent la tolérance au-dessus de la défense d'un meurtre raciste ; pourtant, maintes cultures ont perpétré des meurtres en se justifiant par des concepts racistes. Donc si l'on considère que la tolérance est une valeur essentielle, peut-être ne faut-il pas être relativiste !

La vie à New York est très différente de la vie à Fidji *(voir page de droite)*. Est-il plausible que les différentes mœurs de différentes cultures soient toutes des tentatives pour trouver la « vérité » morale ?

Les cultures insulaires dans le Pacifique Sud ont d'autres valeurs que celles prônées dans les milieux urbains occidentaux. La vie y est différente, et les coutumes et interdits en sont le reflet.

morale pour un monde éthique unique. Pour les relativistes, les règles morales se sont développées afin d'aider les peuples à s'adapter à la vie sociale. Mais les sociétés et les cultures sont nombreuses à avoir développé des mœurs différentes.

Il n'existe donc pas un monde social unique qui puisse englober les diverses règles morales en un accord universel. Cela ne signifie pas que toutes les mœurs sont acceptables, ni qu'aucun individu ou aucune pratique ne peuvent être condamnés par la morale. Le relativisme n'ignore pas le mal. Mais il considère que pour condamner une action ou une pratique comme immorale, il faut utiliser les ressources de la culture concernée. On ne peut juger une pratique si l'on n'appartient pas à sa culture.

L'esclavage n'est plus accepté dans la plupart des cultures. Est-ce un simple changement, ou bien la preuve d'un réel progrès moral ?

LE RELATIVISME EN DOUTE

Les réalistes moraux offrent trois réponses au relativisme culturel. D'abord, différentes pratiques éthiques reflètent les diverses conditions environnementales des cultures, mais pas des principes moraux différents. Par exemple, nous essayons de prolonger la vie des personnes âgées aussi longtemps que possible, tandis que les Inuits les laissaient mourir sur la banquise. Mais cela ne signifie pas que tuer des personnes âgées est bien chez les Inuits et mal chez nous. Cela est simplement dû aux conditions dans lesquelles vivaient les Inuits. La difficulté de survivre dans un environnement dur signifiait que les individus qui ne pouvaient plus contribuer au bien de la communauté devaient être abandonnés. Nous n'y verrions aucune objection si nous vivions dans les mêmes conditions.

Ensuite, la plupart des cultures interdisent de tuer, de mentir et de voler et encouragent le soutien des faibles. Les réalistes soulignent donc le nombre important de principes éthiques généraux et de vertus partagés par différentes cultures.

Enfin, les réalistes insistent sur le progrès moral. Nous nous sommes humanisés par le passé, et nous nous accordons plus facilement sur les jugements moraux, car nous découvrons peu à peu les vérités morales.

PHILOSOPHIE DE L'ESPRIT

Qu'est-ce que l'esprit ? Cette question est au cœur même de la philosophie de l'esprit et, malgré les meilleurs efforts de certains des plus grands scientifiques et philosophes, elle reste bien mystérieuse. La philosophie de l'esprit, branche très prolifique, a connu certains des développements récents les plus intéressants.

Vouloir comprendre l'esprit a conduit les philosophes dans diverses directions de recherche, parmi lesquelles la nature de la conscience, et la relation entre conscience et monde sensible. L'intentionnalité en fait partie. Comment nos pensées peuvent-elles se tourner vers l'extérieur ? Comment se représente-t-on les choses ?

La philosophie de l'esprit s'intéresse aussi à la perception. Notre conscience du monde est-elle directe ou bien traduite via un processus mental ? Et dans quelle mesure l'esprit contribue-t-il à ce que nous vivons ?

Également étudiées, personnalité et identité font l'objet de questions à la simplicité trompeuse, telles que : qu'est-ce qu'une personne ? En feuilletant un album photos, nous voyons des photos de nous-mêmes à divers stades de notre vie. Qu'est-ce qui fait que ces différents individus sont la même personne ? En cela, la mémoire joue un grand rôle.

Les joueurs d'échecs parviennent à vaincre des ordinateurs modernes capables de calculer des millions de coups par seconde, démontrant par là les étonnantes capacités de l'esprit.

Mais qu'est-ce que la mémoire ? Et comment participe-t-elle de la constance de notre identité ?

Il est important de distinguer la philosophie de l'esprit de disciplines scientifiques comme la psychologie. Si les recherches scientifiques en matière de conscience, de perception et de mémoire peuvent être pertinentes pour la philosophie, l'approche philosophique implique un examen de ces phénomènes non pas empirique (fondé sur l'observation), mais logique et conceptuel. Les philosophes posent la question « Qu'est-ce que l'esprit ? » non pas pour découvrir des faits scientifiques, mais plutôt ce qu'implique le concept d'esprit. Leurs méthodes sont entre autres l'exploration des relations logiques et conceptuelles entre l'esprit, le comportement et nos diverses facultés mentales.

Les découvertes faites en philosophie de l'esprit ont parfois des répercussions dans d'autres branches. Par exemple, les réponses à la question « Qu'est-ce qu'une personne ? » auront d'importantes implications pour les problème de morale sur l'euthanasie.

LE MYSTÈRE DE LA CONSCIENC

Chacun de nous est conscient de sa propre vie mentale faite d'émotions, de pensées et de sensations. Mais comment ce riche domaine de la conscience est-il relié au monde physique ? Mon esprit conscient se trouve-t-il au-dessus des réalités sensibles ? Ou bien est-il physique lui aussi ?

Une expérience unique

Croquez dans une pomme, et vous vivrez plusieurs expériences conscientes – la couleur de sa peau, la texture cireuse de sa surface, son odeur âcre, le goût sucré de sa chair. Elles ne forment qu'une part infime du monde extraordinairement riche des expériences conscientes auxquelles nous avons accès.

Il semble que ce que l'on ressent à propos de la couleur, de la texture et des autres qualités d'une pomme n'appartienne qu'à soi.

L'une des caractéristiques intéressantes de ces expériences est leur aspect intime. Lorsque je regarde une pomme, je fais l'expérience de la couleur. Je sais ce que c'est pour moi que d'avoir cette expérience. Vous faites sans doute le même genre d'expérience. Mais je ne peux savoir ce que c'est pour vous. Nous n'avons pas accès aux esprits des autres pour vérifier quel genre d'expérience ils ont. Notre vie intérieure semble être privée au sens le plus fort de terme. Notre cerveau et notre système nerveux sont bien sûr également privés, mais restent observables. Mon cerveau est caché sous mon crâne. Mais il est possible, en principe, de voir ce qui s'y passe au moyen d'une sonde à fibre optique, ou bien à l'aide d'une scannographie pour explorer ses mécanismes internes. En revanche, il semble impossible pour quiconque d'accéder à mon esprit. Si vous faites une expérience consciente similaire à la mienne, vous n'éprouverez pas celle que je suis en train de vivre.

Peut-être vous demandez-vous : « Et si mon système nerveux était relié au vôtre, de sorte que mon cerveau reçoive exactement les

NAGEL ET LA PERCEPTION

Thomas Nagel suggère que le caractère subjectif de l'expérience d'un être nous échappe nécessairement. Pour illustrer cela, il prend l'exemple des chauves-souris. Celles-ci « voient » la nuit grâce à l'écholocation. En émettant un son inaudible pour l'homme et en écoutant son écho, elle est capable de percevoir son environnement en détail. Quelle sorte d'expérience une chauve-souris a-t-elle lorsqu'elle « voit » grâce aux sons ? Nagel souligne que même si nous connaissions tous les faits physiques concernant la chauve-souris qui utilise l'écholocation, nous ne saurions pas ce que cette expérience est pour l'animal.

Les chauves-souris chassent par nuit noire grâce à l'écholocation. À quoi ressemble une telle expérience du monde ? Il semble que nous ne le saurons jamais.

mêmes sortes de stimuli sensoriels que vous ? » Même alors, vous auriez seulement une expérience identique à la mienne. Vous ne vivriez pas ma propre expérience.

En 1974, le philosophe américain Thomas Nagel explora l'aspect intime de la conscience dans son article *What is it like to be a bat ?* Il y demande ce que c'est que de faire l'expérience du monde du point de vue d'un autre être vivant *(voir page de gauche)* et conclut que peu importe nos connaissances sur le cerveau et le corps d'une chauve-souris, nous ne pouvons savoir ce que c'est que d'*être* une chauve-souris.

DUALISME DU CORPS ET DE L'ESPRIT

Quel est le lien entre notre esprit conscient et notre corps physique ? Selon les dualistes, corps et esprit sont deux substances distinctes. Contrairement à une propriété, une substance est logiquement capable d'exister seule. Ce livre est une substance ; il peut exister indépendamment d'autres choses. Mais son poids ne l'est pas. Le poids est simplement une propriété des substances auxquelles il appartient.

Les dualistes affirment que l'esprit est une substance en lui-même. René Descartes (*voir p. 276-279*), probablement le plus célèbre des dualistes, croyait que l'esprit est une substance « pensante » capable d'exister indépendamment de tout corps physique. Certaines religions adhèrent aussi à une forme de dualisme, affirmant qu'après la mort, l'esprit quitte le corps pour errer dans un domaine immatériel.

Les matérialistes, au contraire, pensent qu'il n'y a qu'une seule sorte de substance – la matière. L'esprit serait donc un objet matériel : le cerveau. La scientifique Susan Greenfield, de l'université d'Oxford, a déclaré : « Vous êtes votre cerveau ». On peut aussi identifier les propriétés et les processus mentaux aux propriétés et processus physiques. Les scientifiques ont

Ces vaguelettes ne sont que les mouvements de molécules H_2O. Certains pensent que les expériences conscientes ne sont rien d'autre que des processus cérébraux.

découvert que l'étoile du soir et l'étoile du matin étaient en fait le même corps céleste, que l'eau est identique à H_2O et que la chaleur est identique au mouvement moléculaire. De la même façon, on a pensé que la science pourrait montrer que la douleur est identique à un certain état cérébral.

D'autres matérialistes, behavioristes logiques, pensent que l'esprit n'est pas du tout au-dessus d'un ensemble de dispositions physiques complexes appartenant à une substance matérielle : le corps. Posséder un esprit, c'est simplement être disposé à se comporter de diverses manières complexes. Souffrir, par exemple, c'est être disposé à se tordre de douleur, à pleurer, etc. Puisque même un objet physique peut posséder de telles dispositions, on peut envisager qu'il possède un esprit. Supposer, comme le font les dualistes, que mon esprit est « quelque chose » de supplémentaire qui existe au-dessus de ce corps matériel et de ses diverses dispositions comportementales, c'est, pour les behavioristes logiques, introduire un « fantôme dans la machine » entièrement mythique et superflu.

RENIER L'ESPRIT

Un matérialisme plus radical nie l'existence même de l'esprit. Si celle-ci nous semble évidente, ces matérialistes pensent que les progrès de la science prouveront que l'esprit n'est pas plus réel que sorcières ou démons qui, il y a quelques siècles de cela, étaient considérés par beaucoup comme une vérité évidente. Leur influence maléfique servait entre autres à expliquer pestes et tempêtes. Bien sûr, la véritable explication de ces phénomènes est naturelle, et sans lien aucun avec sorcières ou démons, qui n'existent simplement pas. Selon ces penseurs radicaux, il est probable que la véritable explication du comportement des organismes humains n'implique rien de ce qui a trait à un esprit ni à sa supposée activité (sentiments ou pensées). L'explication correcte de nos mouvements physiques se réfèrera aux phénomènes cérébraux et physiques. L'esprit, et son activité, relèveront peut-être du domaine de la fiction.

DOUBLE IDENTITÉ

L'une des positions les plus subtiles sur la relation entre l'esprit conscient et le

Le dualisme esprit-corps pense que l'esprit est indépendant de tout corps physique. La croyance religieuse en une âme immortelle et immatérielle est une version de cette théorie.

LA GLANDE PINÉALE

Descartes, cherchant à expliquer l'interaction de l'esprit immatériel et du corps physique, suggéra qu'elle avait lieu grâce à la glande pinéale, minuscule organe situé près du centre du cerveau. Descartes croyait que cette glande était emplie d'« esprits animaux » capables de contrôler mécaniquement le corps et de communiquer à l'âme les perceptions du corps. Selon Descartes, la glande pinéale était le centre de communication entre corps et esprit. Nous savons aujourd'hui qu'elle contrôle les niveaux de mélatonine, responsables de certaines fonctions métaboliques.

La glande pinéale a été surnommée « troisième œil », un organe souvent représenté dans l'art bouddhique.

monde matériel est le dualisme des propriétés. Ces monistes pensent, comme les matérialistes, qu'il n'y a qu'une seule substance – la substance physique. Mais ils supposent qu'elle peut être dotée de propriétés physiques et mentales, et que les propriétés mentales sont distinctes de, et ne peuvent être réduites aux propriétés physiques. Certains pensent ainsi que le cerveau humain possède deux sortes de propriétés : les propriétés purement physiques, comme le fait de peser 1,8 kg, d'avoir deux hémisphères, d'abriter des neurones ; et les propriétés mentales, comme le fait d'éprouver la douleur, de penser à du fromage, de se souvenir de Vienne. Ces dernières propriétés, selon les dualistes de la propriété, sont des propriétés supplémentaires qui existent en plus de toutes les propriétés physiques du cerveau. Remarquons que si ces dualistes sont d'accord avec les matérialistes sur l'existence d'une seule sorte de substance – la substance matérielle (ils sont donc matérialistes) – ils s'accordent aussi avec les esprit-corps pour lesquels les faits concernant notre esprit conscient sont des faits au-dessus de tous les faits physiques.

Les matérialistes radicaux pensent que la science prouvera un jour que l'esprit est pure fiction, comme la notion de sorcellerie fut autrefois démystifiée.

OBJECTIONS AU DUALISME

L'objection la plus souvent émise est le problème de l'interaction. Il semble évident que notre corps et notre esprit interagissent. Si je décide consciemment de lever le bras, je peux le lever. Et les analgésiques et les psychotropes montrent que ce qui se déroule dans notre corps peut affecter ce qui se passe dans notre esprit. L'une des difficultés auxquelles font face toutes les formes de dualisme consiste à rendre compte de la possibilité de cette interaction. En particulier, il est difficile de comprendre comment un esprit non physique peut affecter un corps physique. Les scientifiques disent que les phénomènes physiques sont explicables physiquement. Prenons le mouvement de mon bras tandis que j'écris. Il est dû aux mouvements de mes muscles, qui sont causés par une stimulation électrique transmise par mon cerveau via les nerfs. Cette activité cérébrale elle-même a une explication physique (même si on ne sait pas bien laquelle). Mais si le dualisme esprit-corps a raison, il est difficile de voir en quoi l'activité de mon esprit conscient peut affecter mon activité physique.

Mon esprit conscient pourrait totalement disparaître, mon corps n'en continuerait pas moins de fonctionner exactement comme avant, car le comportement de mon corps s'explique entièrement de façon physique. Il semble donc que mon esprit ne puisse affecter mon activité physique.

Certains dualistes admettent l'étonnante conclusion suivante : si l'esprit semble avoir un effet sur l'activité physique, il est en vérité causalement inerte. Il est semblable à l'ombre projetée par une machine. Quand la machine se déplace, l'ombre se déplace. Il n'y a là aucune interaction, la relation de cause à effet est à sens unique. Les mouvements de la machine causent ceux de l'ombre, et non l'inverse.

En revanche, peu de philosophes admettent que l'esprit est causalement inerte. Certains avancent que si le dualisme, sous toutes ses formes, a pour conséquence le fait que notre esprit ne peut affecter notre activité physique, alors le dualisme se trompe. Si les faits qui expliquent mon comportement sont des faits physiques, et si mon esprit doit avoir un effet de causalité sur mon corps, alors les faits de mon esprit doivent aussi être des faits physiques.

Pour certains philosophes, la conscience est comme une ombre : elle est causée par la machine corporelle, mais n'a sur elle aucun effet.

ARGUMENTS EN FAVEUR DU DUALISME

Mais certains arguments solides étayent le dualisme (au moins le dualisme esprit-corps ou des propriétés).

Au premier abord, il semble tentant de tirer un argument simple des apparences. Il est vrai que la souffrance ne semble pas être un état cérébral. Mais bien sûr, cela n'établit pas le fait que la douleur n'est pas un état cérébral. Après tout, un verre d'eau ne semble pas être un énorme rassemblement de molécules H_20, et pourtant, c'est exactement ce que c'est.

D'autres arguments se tournent vers ce qui est concevable. En voici un exemple. Nous sommes tous familiers avec la notion de pyrite : une matière qui ressemble à de l'or, mais n'en est pas. En fait, la forme courante de pyrite, le sulfure naturel de fer, ne ressemble qu'à peine à de l'or, mais suffit à berner les non-initiés. Nous sommes donc capables de concevoir une substance qui soit en apparence identique à l'or et n'en diffère que dans sa structure atomique. Si cette substance ne possédait pas le numéro atomique 79, qui est l'essence fondamentale de l'or, alors elle serait comme la pyrite, malgré ses ressemblances avec l'or. Mais le philosophe Saul Kripke souligne que si nous pouvons concevoir ce « faux or », nous ne pouvons imaginer de « fausse douleur ». S'il semble à une personne qu'elle souffre, alors elle souffre.

Si la douleur était identifiable à un état neurologique – appelons-le état cérébral B – alors nous serions capables de concevoir une fausse douleur, car nous pourrions imaginer, bien qu'une personne se croit à l'agonie, elle ne l'est pas réellement, car elle n'est pas réellement dans l'état cérébral B. Mais la fausse douleur n'étant pas concevable, elle ne peut être identique à un tel état neurologique.

LE MONDE DE MARY

Le philosophe Frank Jackson *(voir ci-contre)* propose un argument moins technique en faveur du dualisme. Imaginons que Mary soit née parmi des scientifiques qui l'élèvent dans un environnement où tout est absolument noir et blanc. Ses expériences sont soigneusement contrôlées de sorte qu'elle ne voit jamais que du noir, du blanc, et diverses nuances de gris.

Mary est intelligente et une fois adulte, elle devient une scientifique très douée. Elle découvre absolument tout ce qui se passe chez un être humain lorsque celui-ci se trouve en présence de la couleur rouge, jusqu'à la décharge du dernier neurone. En matière de faits physiques liés à la perception de la couleur, Mary n'ignore plus rien. Alors, l'un des scientifiques place une tomate rouge dans le monde en noir et blanc de Mary. Elle vit alors une expérience qu'elle n'a jamais vécue auparavant. Elle apprend quelque chose de nouveau : ce que c'est que de faire l'expérience de la couleur rouge. Elle apprend un fait nouveau : le fait que l'expérience est *comme cela*. Comme Mary connaissait déjà tous les faits physiques, celui qu'elle apprend n'en est pas un. Jackson en conclut qu'il y a d'autres faits que les simples faits physiques.

Nous nous trouvons donc devant un mystère. D'un côté, il semble que l'esprit doive être physique pour avoir un effet de causalité sur le monde sensible. De l'autre, l'argument de Jackson basé sur la pièce en noir et blanc, ainsi que d'autres arguments impressionnants, semblent montrer que les faits sur notre expérience consciente se placent au-dessus des faits physiques. C'est là un mystère avec lequel scientifiques et philosophes continuent de se débattre.

« IL SEMBLE… QUE MARY NE SAVAIT PAS TOUT CE QU'IL Y AVAIT À SAVOIR. »

Frank Jackson, « What Mary Didn't Know »

FRANK JACKSON

Professeur distingué à l'Australian National University, Frank Jackson mena ses travaux en logique philosophique, sciences cognitives, épistémologie, métaphysique, et métaéthique. Il est surtout connu pour son expérience de pensée impliquant Mary et une pièce en noir et blanc. Jackson élabora cette expérience afin de montrer que le physicalisme est faux (même si depuis, ses positions ont changé).

Frank Jackson, l'un des plus grands philosophes contemporains

« DAVE, MON ESPRIT S'EN VA… »

L'astronaute Dave Bowman éteint l'ordinateur fou HAL dans le film de Stanley Kubrick *2001 : l'Odyssée de l'espace* (1968). La rébellion et le nom acronymique de HAL, qui précède d'une lettre la multinationale de Bill Gates IBM, jouent sur la peur naissante de l'intelligence artificielle.

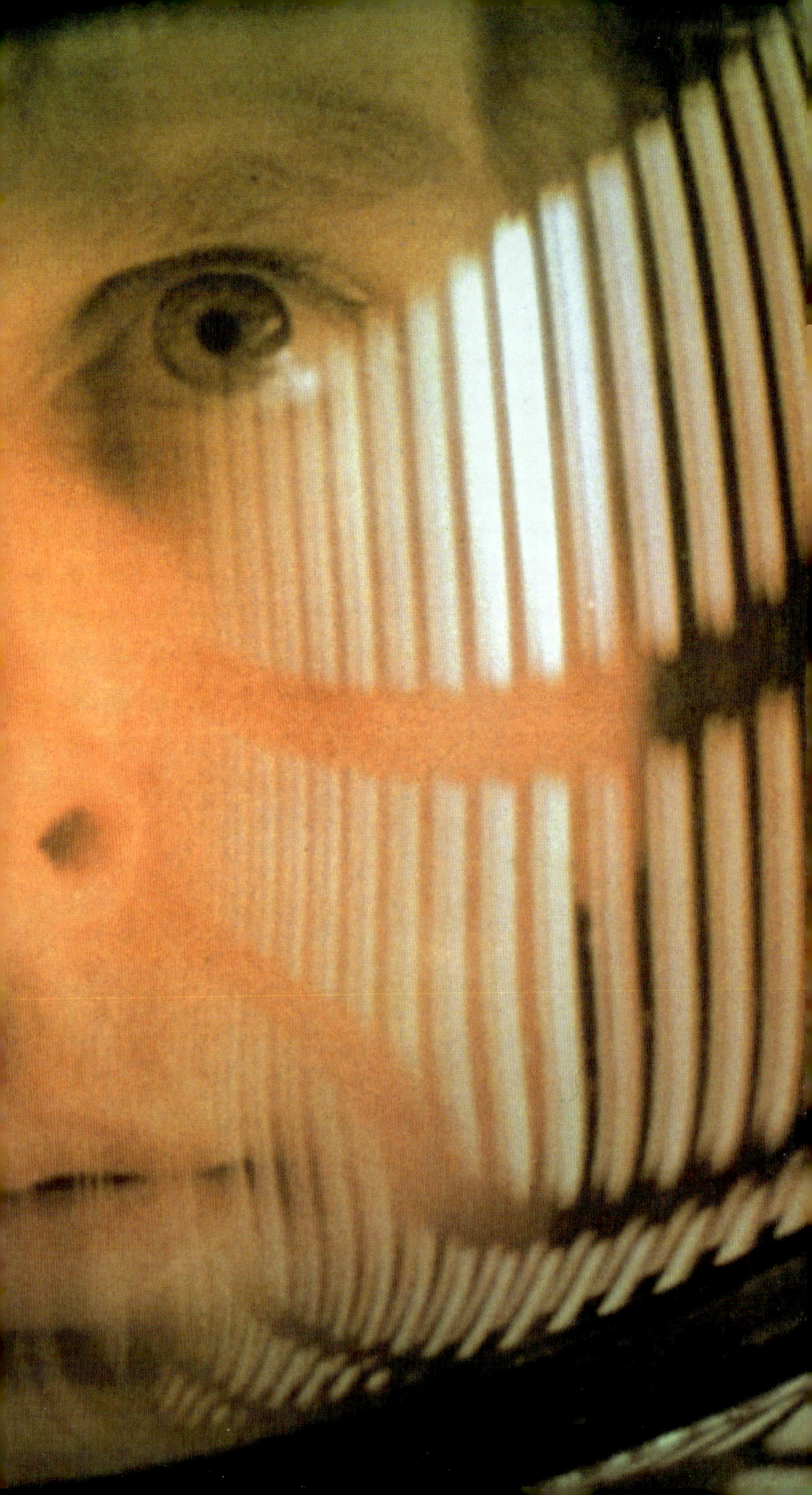

UNE MACHINE PEUT-ELLE PENSER ?

Les ordinateurs évoluent très vite. Ils sont aujourd'hui programmés pour accomplir (souvent mieux) nombre de tâches autrefois exécutées par les hommes. Mais cela signifie-t-il qu'ils pourraient un jour penser et comprendre comme nous le faisons ?

Une technologie en évolution

Une grande partie de notre vie est régie par l'informatique, depuis les GPS, les autopilotes, les systèmes ferroviaires et la gestion des banques, jusqu'aux courriels et traitements de texte. Des musiciens ont même programmé des ordinateurs capables de composer des musiques originales, subtiles et belles, que d'autres musiciens ont crues être de la main de l'homme. Les ordinateurs peuvent donc être « créatifs ». Et s'ils deviennent de plus en plus sophistiqués, peut-on s'attendre à les voir évoluer jusqu'à véritablement penser, comprendre et ressentir les choses ? Une telle machine relève aujourd'hui de l'impossibilité technique. Mais en tant que philosophes, nous pouvons nous interroger : une machine pensante est-elle possible dans le principe ? Ou bien y a-t-il des raisons de croire que, quel que soit leur degré de sophistication, les ordinateurs n'arriveront jamais à penser ?

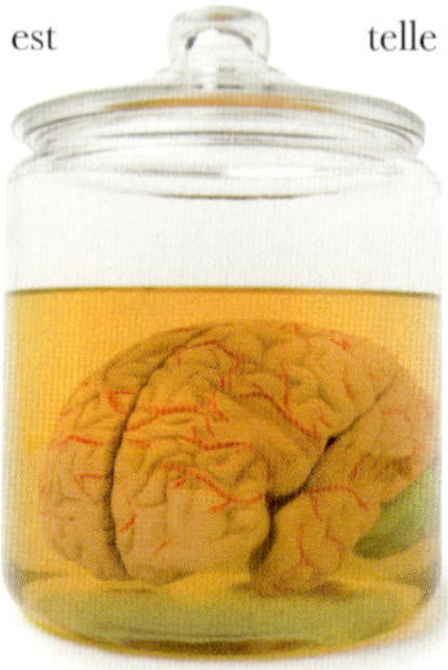

Peut-on qualifier les hommes de « machines pensantes » faites de cellules organiques ?

Si nous programmions un ordinateur pour qu'il simule la pensée, la compréhension et les sentiments d'un être humain, et si nous placions cet ordinateur dans un corps artificiel et recouvrions ce robot de matière semblable à la chair ? Suffisamment sophistiqué, ce robot pourrait convaincre les gens qu'il pense et ressent réellement des choses. Mais serait-il pour autant une

Dans le classique américain *Planète interdite* (1956), Robby le robot accomplit des tâches qui dépassent les capacités physiques et mentales des hommes, mais il est programmé pour exécuter les ordres de son maître.

« J'AFFIRME QUE L'ON PEUT CONSTRUIRE DES MACHINES CAPABLES DE SIMULER DE TRÈS PRÈS LE COMPORTEMENT DE L'ESPRIT HUMAIN. »

Alan Turing, en 1947

véritable machine pensante ou bien simulerait-il simplement la pensée ?

La plupart du temps, une simulation informatique n'équivaut pas à la réalité, quel que soit sa perfection. Prenons l'exemple d'un incendie de forêt simulé par ordinateur. L'imitation aura beau être parfaite, il ne s'agit que d'une simulation, et non d'un véritable incendie. Si vous posez la main sur l'ordinateur, vous ne vous brûlerez pas. Mais parfois, la simulation est tellement juste qu'elle devient réelle. C'est le cas du calcul mathématique. Un ordinateur programmé pour simuler le calcul ne se contente pas de simuler, il exécute réellement la tâche demandée.

DES MACHINES INTELLIGENTES

Ainsi, un ordinateur programmé pour simuler les pensées, la compréhension et les sentiments accomplirait-il réellement ces tâches ? Ou bien les simulerait-il seulement ? De nombreux philosophes et scientifiques pensent que si l'ordinateur était assez sophistiqué, alors il penserait et éprouverait réellement des choses.

Certes, il est difficile de voir comment des puces et des câbles pourraient exprimer des pensées et des sentiments. Mais nous n'en savons pas plus sur la façon dont notre cerveau produit pensées et sentiments. Nous sommes des machines biologiques. Et nous savons par expérience que les machines biologiques peuvent penser et éprouver des sentiments. Alors pourquoi des machines en silicone créées par l'homme n'en seraient-elles pas capables ? Un élément de réponse consiste à définir l'ordinateur comme un appareil programmé pour répondre aux séquences de symboles qu'on lui a inculquées. Un ordinateur qui fait voler un avion comprend-il ce qu'il fait ? En est-il même conscient ?

Non, évidemment. C'est une simple boîte dans laquelle on a rentré de complexes séquences de 0 et de 1 et qui reçoit des détecteurs placés dans l'avion d'autres séquences de 0 et de 1 pour contrôler les ailerons, le gouvernail, les moteurs, etc. L'ordinateur ne comprend la signification d'aucune de ces séquences de symboles. Il ne sait même pas que ce sont des symboles. Il se contente de les modifier mécaniquement selon son programme. Et puisque tout ce que fait un ordinateur est de modifier des symboles mécaniquement, alors nous pouvons affirmer qu'aucun ordinateur numérique conventionnel ne pourra jamais comprendre.

ALAN TURING

Considéré par beaucoup comme le père de l'informatique, Alan Turing a conçu un célèbre test d'intelligence artificielle. Dans un article de 1950 *(Computing Machinery and Intelligence)*, Turing décrit un « jeu de l'imitation » dans lequel une personne et un ordinateur programmé pour imiter les réactions humaines, sont interrogés séparément par des messages. L'interrogateur doit décider à qui reviennent les réponses. Turing déclara : « Je crois que d'ici 50 ans, il sera possible de programmer des ordinateurs… qui joueront si bien le jeu de l'imitation qu'un interrogateur moyen n'aura pas plus de 70 pour cent de chances d'identifier les réponses après cinq minutes d'interrogation. »

Brillant logicien, Alan Turing contribua au déchiffrage des codes durant la Seconde Guerre mondiale.

LA CHAMBRE CHINOISE

En 1980, dans son article intitulé *Minds, Brains and Programs* (Esprits, cerveaux et programmes), le philosophe John Searle présente l'une des expériences cognitives les plus connues dans le domaine. Une expérience de pensée est un scénario imaginaire conçu pour étayer ou tester une thèse philosophique. Élégante et simple, la chambre chinoise de Searle vise à établir qu'aucun ordinateur ne pourra jamais parvenir à la compréhension linguistique.

IMITER L'ESPRIT

À la fin des années 1970, John Searle étudia certaines des affirmations les plus inquiétantes faites par des chercheurs travaillant dans le domaine de l'intelligence artificielle. L'une d'elles frappa Searle comme étant injustifiée. Un chercheur dénommé Roger Shank avait mis au point un programme informatique censé reproduire les réactions de quelqu'un qui comprend une histoire. On rentrait une histoire sur un restaurant, suivie d'une série de questions, et le programme informatique permettait à l'ordinateur de donner des réponses appropriées. Certains chercheurs prétendaient que l'ordinateur de Shank ne se contentait pas de reproduire la compréhension de l'histoire, il la comprenait réellement. Ils affirmaient aussi que ce que faisaient la machine et son programme rend compte de la faculté d'un être humain à comprendre l'histoire et à répondre aux questions qui la concernent. L'expérience de Searle visait à réfuter ces deux affirmations.

Searle imagina qu'il était enfermé dans une pièce avec une liste d'instructions écrites en anglais correspondant à des cartes marquées de

Dans l'expérience de Searle, on tente de répondre à des questions simples mais en chinois. Celle-ci demande « Où le soleil se lève-t-il ? ».

La Chambre chinoise de Searle illustre comment le comportement apparemment intelligent des ordinateurs ne relève pas du domaine de la pensée et de la compréhension.

La réponse (le soleil se lève à l'est) est identifiée grâce à un ensemble d'instructions simples.

symboles chinois. En dehors de la pièce se trouvent des Chinois, qui font passer à Searle une séquence de symboles chinois, suivie d'une deuxième. Les instructions de Searle lui indiquent comment suivre l'ordre et l'apparence des deux séquences afin d'en choisir une autre qui fasse office de réponse. La première suite de caractères chinois raconte une histoire. La seconde est une série de questions portant sur cette histoire. Les instructions en anglais permettent à Searle de fournir les réponses appropriées. Les personnes parlant chinois à l'extérieur de la pièce seraient sans doute étonnées par la prouesse de la personne dans la pièce et concluraient certainement qu'elle comprend le chinois. Comment, sinon, serait-elle capable de répondre correctement aux questions ? Bien sûr, Searle ne comprend pas le chinois. Pas plus qu'il n'a compris l'histoire. En fait, il n'a même pas besoin de comprendre que les symboles des cartes sont des caractères chinois. Tout ce que fait Searle, c'est agencer l'ordre des cartes à sa disposition afin de suivre les instructions. Un ordinateur, quel que soit son degré de sophistication, est lui aussi un système de réorganisation de symboles. L'ordinateur de Shank se comportait sûrement comme s'il comprenait l'histoire et les réponses. Mais cela ne prouve pas que l'ordinateur ait compris quoi que ce soit. Car lui aussi se contente de réorganiser des symboles, et il ne comprend pas plus l'histoire ou les questions que Searle qui, dans sa « Chambre chinoise », suivait les instructions pour donner de bonnes réponses. L'ordinateur suivait son programme tout aussi mécaniquement. Ce programme permet uniquement à l'ordinateur de simuler la compréhension.

LES CONCLUSIONS DE SEARLE

Searle ne nie pas le fait qu'une machine puisse penser. Après tout, nous sommes aussi des machines complexes, bien que biologiques. Mais Searle pense que pour réellement penser et comprendre, il faut être constitué « du bon matériau », et que les ordinateurs sont incapables de penser car ils ne sont pas faits d'une substance organique semblable à celle du cerveau.

Peut-être que ceux qui pensent que les ordinateurs ne seront jamais capables de penser et de ressentir des choses ont omis un point. La machine à l'intérieur de la tête du robot a-t-elle besoin d'être un ordinateur programmé ? Sans doute pas. Et si nous y placions plutôt une réplique du cerveau ?

Notre cerveau se compose de milliards de neurones, et autres cellules, connectés en un réseau complexe. Les neurones échangent d'infimes charges électriques. Ce centre d'activité électrique est relié aux organes sensoriels, qui émettent à leur tour de complexes schémas de stimulations électriques grâce auxquelles nous percevons le monde sensible. Il est également relié aux muscles, auxquels il fournit une stimulation électrique qui nous permet de nous mouvoir. Le cerveau fonctionne un peu à la manière d'une salle de contrôle qui reçoit et transmet de complexes séquences d'énergie électrique. Imaginons maintenant qu'au lieu de relier des neurones pour créer un cerveau organique, nous relions de minuscules appareils électriques non organiques et créés par l'homme. Si ces minuscules neurones-robots fonctionnaient exactement comme de vrais neurones, interagissant avec leurs voisins comme de vrais neurones, nous pourrions les utiliser à la place de ces derniers. Il en résulterait un « cerveau-robot » doté de la même architecture causale que notre cerveau, qui répondrait aux stimulations électriques émises par nos sens et contrôlerait muscles et corps exactement de la même manière que notre cerveau.

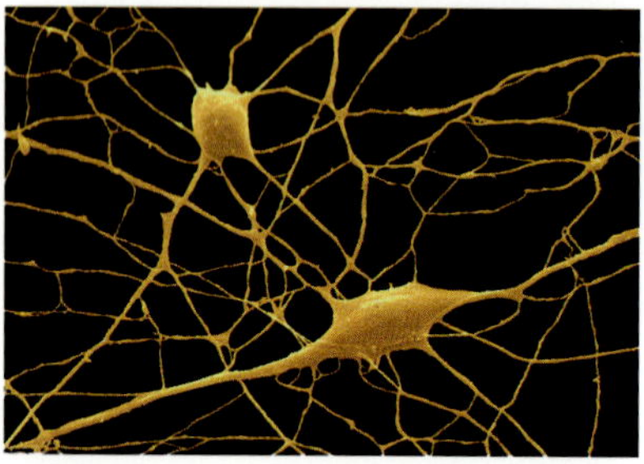

On estime qu'un cerveau humain adulte compte une centaine de milliards de neurones connectés. Certains mesurent plusieurs dizaines de centimètres.

Un tel « cerveau-robot » n'est pas plus un ordinateur programmé que ne l'est notre cerveau. Il ne réorganise pas des symboles. Donc, même si l'expérience de la Chambre chinoise de Searle (*voir p. 134-135*) montre bien qu'un ordinateur programmé pour réorganiser des symboles ne pourra jamais comprendre, elle ne montre pas qu'il en irait de même pour un robot équipé d'une réplique synthétique de notre cerveau. Il semble pourtant que Searle se doive de nier cette possibilité. Car le cerveau de ce robot serait fait du « mauvais » matériau.

Reste bien sûr la tentation de dire que, bien que cette merveille mécanique soit capable de simuler la pensée, la compréhension et les sentiments, ce n'est « qu'une » machine. Mais remarquons que cette machine niera cela, car si l'architecture de son cerveau est exactement la même que la nôtre, alors son rendement sera lui aussi identique, avec pour résultat un comportement identique au nôtre. Comme nous, elle sera convaincue d'avoir des pensées et des sentiments. Elle sera capable de tout nous dire des sensations ou de l'amour qu'elle éprouve, de la haine, de l'indifférence ou d'un manque profond (tout aussi bien que nous).

Si vous êtes toujours convaincu qu'il reste une qualité essentielle dans le fait de posséder un esprit dont ce robot est nécessairement dépourvu, considérons donc ce dernier scénario. Imaginons que, sur une année, nous remplacions peu à peu tous vos neurones par des neurones-robots. Si ces derniers remplissent

« VOUS ÊTES VOTRE CERVEAU. »

Professeur Susan Greenfield, dans le documentaire pour la BBC : *Brain Story*

Les ordinateurs peuvent accomplir des tâches complexes et être programmés pour « apprendre » de nouvelles approches d'un problème.

exactement les mêmes tâches physiques que vos anciens neurones (stipulons que ce soit le cas), alors ce remplacement progressif n'affectera pas l'activité de votre cerveau ni son interaction avec votre corps. Votre comportement extérieur restera exactement le même qu'auparavant.

Si Searle a raison, et si posséder un esprit dépend du matériau dont est composé le cerveau, alors remplacer peu à peu vos neurones par des neurones artificiels aura pour effet de vous ôter peu à peu votre esprit. Mais dans quelle mesure cela est-il plausible ? Votre esprit, sans doute, est une chose dont vous avez conscience. Vous seriez donc conscient du fait que vous le perdez peu à peu. Et l'ayant remarqué, vous en feriez mention. Pourtant, il n'y aurait absolument aucun changement dans votre comportement. Vous ne rendriez compte d'aucune « perte ». Comment le pourriez-vous, puisque votre comportement resterait le même ?

Se pourrait-il que ce « quelque chose » essentiel, que tant d'entre nous sont sûrs de savoir être là, et qui, supposons-nous, manque nécessairement aux robots, ne soit finalement qu'une illusion ?

L'AVENIR DE L'INFORMATIQUE

En 1965, Gordon Moore, fondateur d'Intel, prédit que la puissance informatique dont on peut doter un espace donné doublerait tous les deux ans. La « loi de Moore » s'est avérée assez juste, même si l'on pense que les ordinateurs à base de silicone atteindront leur limite d'ici 2015 en raison de la surchauffe causée par la concentration de circuits sur des pièces de silicone toujours plus petites. Pour franchir cet obstacle, on développe de nouvelles approches, dont des processeurs de la taille d'un atome qui fonctionnent de manière totalement différente des puces en silicone et promettent une puissance bien plus grande.

Les incroyables progrès informatiques ont permis de créer de petits ordinateurs qui surpassent les machines des années 1960, qui remplissaient une salle entière.

PHILOSOPHIE DE LA RELIGION

La quête de la philosophie de la religion tient dans cette question « Dire que “Dieu existe”, qu'est-ce que cela signifie ? ». Elle pense Dieu, les croyances et le langage religieux en termes de connaissance et de raison. Nous examinerons ici la question de l'existence de Dieu et la place de la raison dans l'élaboration des croyances religieuses.

La question de l'existence de Dieu est centrale dans les débats de philosophie de la religion. Ces débats portent généralement sur une notion particulière de Dieu issue de la tradition philosophique occidentale. Le « Dieu des philosophes » est défini par deux concepts fondamentaux étroitement liés. D'abord, Dieu est la réalité ultime, la toile de fond sur laquelle se dessine tout le reste. Ensuite, Dieu est perfection. Saint Augustin (*voir p. 256-257*) écrivit que penser à Dieu, c'est « tenter de concevoir la chose la plus excellente et sublime qui existe » ou pourrait exister, ajoutent d'autres philosophes.

Les concepts de Dieu en tant que perfection et réalité ultime dérivent de l'idée, formulée par Platon (*voir p. 244-247*), que perfection et réalité sont étroitement liées, car ce qui est parfait est plus réel que ce qui ne l'est pas. On pense souvent que la perfection implique une complète autosuffisance, une absence de manque ou de dépendance, ce qui conforte l'idée de Dieu comme réalité ultime : ce qui n'est pas la réalité ultime dépend de ce qui l'est, et donc ne peut être parfait.

Le prophète Zarathoustra fonda le zoroastrisme, ancienne religion. La théologie zoroastrienne concernant Dieu, le mal, l'âme et d'autres concepts essentiels a beaucoup influencé les religions qui lui succédèrent.

LA NATURE DE DIEU

Dans la tradition philosophique occidentale, perfection et réalité ultime définissent donc la nature de Dieu. Ainsi, un être imparfait, qui n'est pas la réalité ultime, n'est pas Dieu. Ces deux concepts étayent la vue selon laquelle Dieu est le créateur bon, omnipotent et omniscient de l'univers, d'esprit pur (sans corps matériel) et qui transcende l'espace et (normalement) le temps.

On a beaucoup écrit sur cette notion de Dieu – sur sa cohérence, sur sa correspondance avec l'idée de Dieu que l'on retrouve dans la foi religieuse, et même sur le fait qu'elle soit la projection d'un fantasme particulièrement masculin d'omnipotence et d'autosuffisance. Nous éviterons ces questions pour nous demander si un tel Dieu – ou au moins un Dieu sensiblement similaire – existe.

DIEU EXISTE-T-IL ?

Tenter de prouver qu'il est rationnel de croire en Dieu est ancestral. Les quatre arguments présentés ici tentent d'inférer l'existence de Dieu à partir de l'idée de Dieu, de l'existence de l'univers, des preuves selon lesquelles l'univers a été conçu, et de l'expérience religieuse.

Dieu doit exister

Saint Anselme *(voir p. 261)* soutenait que l'on peut déduire l'existence de Dieu à partir de la simple idée de Dieu. En réfléchissant simplement à ce qu'est Dieu, nous pouvons conclure qu'il doit exister, comme ici :

Par définition, Dieu est cet être tel que rien de plus grand ne peut être imaginé.
On peut penser que Dieu n'est qu'une idée, ou bien qu'il existe réellement.
Il est plus grand d'exister que de ne pas exister.
Donc, Dieu doit exister.

Au XIe siècle, le moine Gaunilon fit valoir que l'on pouvait prouver la perfection grâce à cet argument ontologique. Par exemple, je peux imaginer l'île parfaite, telle « qu'aucune île plus grande ne peut être imaginée » ; elle doit donc exister, car elle serait moins grande si elle n'existait pas. Or, une telle île n'existe évidemment pas. On ne peut déduire l'existence d'une chose à partir de l'idée de sa perfection. Conscient de ce problème, saint Anselme reconsidéra l'argument ontologique comme ne s'appliquant qu'à Dieu, car le lien entre Dieu et la grandeur ou la perfection est unique.

Le Père Noël n'existe pas, mais l'inverse ne serait-il pas mieux ? Les cadeaux qui n'existent pas valent moins que les vrais !

DIEU EST LE PLUS GRAND

Les îles ne sont pas parfaites par définition. Une île imparfaite reste une île, car la perfection est une propriété « accidentelle » mais non essentielle d'une île. Une propriété essentielle est une propriété nécessaire à la définition d'un objet. A contrario, Dieu doit être le plus grand être qu'il soit possible d'imaginer. Par définition, Dieu ne serait pas Dieu s'il existait un être plus grand que lui. Être le plus grand être imaginable est une propriété essentielle de Dieu.

Nous pouvons imaginer une île parfaite, mais cela ne veut pas dire qu'elle existe. Gaunilon refusait qu'il en aille de même à propos des réflexions sur Dieu.

Mais pour être considéré comme l'être le plus grand qu'il soit possible d'imaginer, Dieu doit exister.

EXISTENCE ET PERFECTION

Saint Thomas d'Aquin (*voir p. 264-267*) n'était guère convaincu par la réponse d'Anselme. L'existence, disait-il, n'est pas une perfection, quelque chose qui grandirait un être. Aussi, l'argument ne prouve pas l'existence de Dieu. Selon saint Thomas d'Aquin, il peut, au mieux, révéler un lien entre le concept de Dieu et le concept d'existence, en ce que l'un nécessite d'exister et l'autre non.

Le dieu nordique Thor était réputé avoir un caractère terrible. Mais Dieu n'est que s'il est parfait – ce qui met Thor hors jeu.

Mais l'argument ontologique est autrement problématique. Imaginons que je définisse un « truc » comme quelque chose de rond, de rouge et qui pèse cinq tonnes. Ensuite, je définis un « trec » comme quelque chose de rond, de rouge, qui pèse cinq tonnes *et qui existe*. La seule différence entre les deux, c'est que l'un existe et l'autre pas. Je peux concevoir un truc, mais qu'en est-il du trec ? Même s'il n'y a pas de truc, quand j'essaie de concevoir un trec, je n'arrive à imaginer qu'un truc. Parce que la chose à laquelle je pense n'existe pas vraiment, elle ne peut évidemment pas être un trec. Le même problème s'applique à l'argument d'Anselme. La première phrase affirme que je peux concevoir un « être tel que rien de plus grand ne peut être imaginé » c'est-à-dire Dieu. Mais l'être que j'imagine est-il Dieu ? Pas si Dieu n'existe pas ! L'argument semble donc présupposer l'existence de Dieu.

L'OBJECTION DE KANT

Emmanuel Kant (*voir p. 294-297*) est considéré comme ayant récusé une fois pour toutes l'argument ontologique, au moins dans sa forme. Selon Kant, l'argument suppose à tort que l'existence est une propriété. Mais les choses ne « possèdent » pas l'existence comme elles « possèdent » d'autres propriétés. Voyons si l'affirmation « Dieu existe » est analytique ou synthétique (*voir p. 67*). Selon saint Anselme, elle doit être analytique – le concept de « Dieu » contient l'idée d'existence, donc « Dieu n'existe pas » est une contradiction terminologique. Mais selon Kant, l'existence n'ajoute rien à, ni ne définit, un concept. Dire que quelque chose existe signifie simplement que tel objet correspond à tel concept.

L'existence, conclut Kant, ne fait pas partie d'un concept, même celui de Dieu. Donc, il n'est pas vrai que l'énoncé « Dieu existe » doit être vrai.

Le commencement de tout

La question au cœur de l'argument cosmologique visant à prouver l'existence de Dieu est la suivante : « Pourquoi y a-t-il *quelque chose* plutôt que *rien* ? » L'argument établit que si Dieu n'existe pas, il est impossible d'y répondre.

Célèbre version de cet argument, le Kalam s'interroge sur les causes. On peut en effet se demander quelle est la cause de tout ce qui existe et a eu un commencement. Pour chacun de nous, les parents sont la cause immédiate. Et remontant ainsi le temps, nous arrivons aux débuts de l'univers, il y a environ 13 milliards d'années (selon les scientifiques). Mais qu'est-ce qui est à l'origine de l'univers ? Le néant ne peut produire quelque chose. Nous avons donc besoin d'une cause qui n'en nécessite aucune : seul Dieu répond à ce critère.

COMMENCEMENTS ET CAUSES

Pour le Kalam, tout commencement a une cause, et que le néant ne peut produire quoi que ce soit. David Hume (*voir p. 290-291*) soutenait que nous ne pouvons connaître la vérité d'aucune de ces affirmations : nous ne pouvons l'établir qu'empiriquement. Et même si notre expérience nous indique que tout ce que nous connaissons a une cause, ce principe s'applique-t-il à l'univers ? Nous ne pouvons répondre à cette question avec certitude, car nous ne possédons pas assez d'expérience dans ce domaine !

De plus, le commencement de l'univers n'est pas un phénomène semblable aux phénomènes actuels. Il ne s'est pas produit dans l'espace ni le temps, puisque tous deux sont nés avec l'univers. Donc nous ne pouvons peut-être pas appliquer ici ce que nous savons des commencements. Comme le formula Bertrand Russell (*voir p. 322-323*) : « l'univers est simplement là, c'est tout ».

Cet univers aurait-il pu être causé par un univers précédent (ou un autre), et ainsi de suite, à l'infini ? En d'autres termes, plutôt que d'envisager le commencement de l'univers comme un acte créatif de Dieu, nous pourrions simplement conclure à une régression à l'infini *(voir p. 213)* de causes. Quelque chose a toujours existé.

Le concept de la régression à l'infini implique l'impossibilité de remonter jusqu'à un point de départ – il n'y a jamais eu de commencement. Parce que l'univers existe, selon ce concept, il existe aussi une chose qui est en fait infinie (une série de causes).

Si l'idée d'infini fait sens, est-il sensé de penser que quelque chose d'infini existe ? Il se peut qu'il y ait une infinité de causes (un univers en précédant un autre), mais cela ne rend pas compte d'un nombre spécifique (très grand) d'univers précédents, car l'infini lui-même n'est pas un nombre. Donc, chaque nouvelle cause (univers) n'ajoute pas un chiffre de plus à la série, car $\infty + 1 = \infty$. En ce cas, comment cet univers peut-il être un univers de plus qui vienne à exister, si une infinité d'univers l'a précédé ?

Les énigmes sont multiples quant à la notion d'univers « précédents ». Puisque le début de cet univers est également le commencement du temps tel que nous le connaissons, il est inexact de dire qu'un autre univers a existé *avant* celui-ci. Cela peut sembler paradoxal, mais si la science a raison, aucune époque ne correspond à – 20 milliards d'années, puisque le temps a commencé avec l'univers.

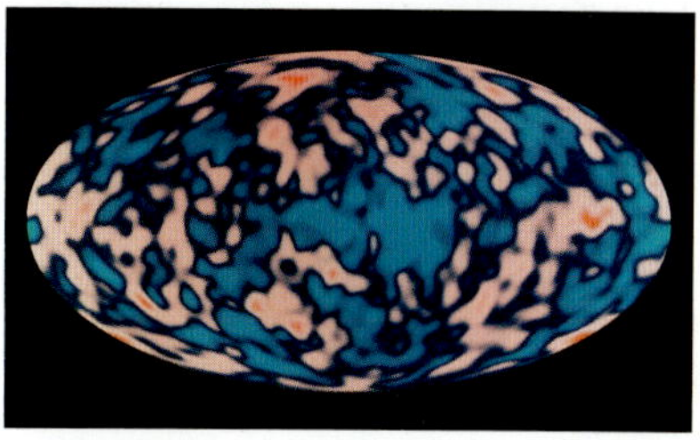

Les radiations du Big Bang détectées par le satellite Cosmic Background Explorer semblent dater d'environ 13 milliards d'années. Pour trouver la cause de l'univers, il faut chercher ailleurs qu'en lui. Mais avant le commencement du temps lui-même, rien ne pouvait exister.

Nous avons noté que la question centrale de l'argument cosmologique est : « Pourquoi y a-t-il quelque chose plutôt que rien ? ». Dire que quelque chose existe parce qu'il a toujours existé quelque chose, ce n'est pas répondre à la question du *pourquoi* il existe quelque chose plutôt que rien. Si tout phénomène s'explique par sa cause, on peut néanmoins s'interroger sur ce qui explique pourquoi il existe toute une série de causes – finie ou infinie.

Le peuple San, au Kalahari, croit que l'univers est né de rien. Si ce n'est pas une explication scientifique, c'est néanmoins une solution valable à l'argument cosmologique. Qu'est-ce qui pourrait précéder le début d'une chose, à part le néant ?

Les croyances monothéistes considèrent Dieu comme un être unique et parfait, mais les fois polythéistes admettent les défauts des hommes : le dieu Jaïn Bahubali, devant la statue duquel se recueille cette religieuse, dut oublier son orgueil pour atteindre l'illumination.

UNE AUTRE APPROCHE

Le philosophe Richard Swinburne (né en 1934) admet que les objections à l'argument cosmologique (*voir p. 142*) montrent que l'existence de Dieu n'est pas prouvée logiquement. L'argument, dit-il, devrait être compris comme une déduction que Dieu est la meilleure explication de l'existence de l'univers, de même que la meilleure explication de l'existence d'un tableau est la main d'un artiste.

CRÉATION PERSONNALISÉE

Seule, l'affirmation « Dieu existe » est très improbable. Mais à la lumière de l'argument cosmologique, selon Swinburne, elle devient plus probable. Et si l'on considère les arguments sur la finalité (*voir p. 147-149*) et l'expérience religieuse (*voir p. 150*), l'existence de Dieu devient plus logique que le contraire.

L'existence de Dieu est-elle la *meilleure* explication de l'existence de l'univers ? La science doit supposer des lois et l'existence de quelque chose afin de fournir des explications. Mais elle ne peut complètement expliquer les lois scientifiques fondamentales – *d'où* elles viennent ou *pourquoi* elles sont ce qu'elles sont – parce que toutes les explications scientifiques présupposent l'existence de lois. Et si nous expliquons cet univers en invoquant un autre univers, il faut alors expliquer l'existence de cet autre univers. Swinburne affirme que nous avons besoin d'une explication d'un genre différent.

Il fait ici allusion à une explication « personnelle » semblable à celles de nos croyances, désirs et buts. Nous rendons compte des créations humaines, comme la littérature ou les œuvres d'art, via les intentions de la personne qui les a créées. L'hypothèse selon laquelle Dieu existe et avait l'intention de créer l'univers (ses lois y comprises) est une explication personnelle de l'existence de l'univers.

Selon Swinburne, un Dieu créateur est la meilleure, et la plus simple explication de l'univers.

Expliquer la finalité et l'ordre

Comment expliquer la finalité et l'ordre apparents de l'univers ? Selon l'« argument téléologique », seul un esprit créateur, un concepteur le peut.

David Hume (*voir p. 290-291*) reformula et critiqua cet argument en s'appuyant sur l'analogie suivante. Dans la nature, et notamment chez les êtres vivants, les moyens semblent très bien adaptés aux fins. Toutes les parties d'un œil, par exemple, sont agencées de façon à fonctionner ensemble et permettre la vision, de même qu'un horloger agence les pièces d'une montre pour qu'elle indique l'heure. Mais la nature est bien plus complexe qu'une montre ; aussi le concepteur doit lui aussi excéder de loin notre propre puissance et intelligence. Et comme toutes les parties de la nature sont si bien adaptées à leur but, nous supposons qu'elles ont toutes le même concepteur.

L'ÉVOLUTION COMME CONCEPTEUR ?

Cette analogie, souligne Hume, est très faible. Les fabrications des hommes ne sont guère semblables aux choses naturelles : elles ne sont ni vivantes, ni capables de se reproduire. En 1859, l'évolution par la sélection naturelle proposée par le naturaliste anglais Charles Darwin (1809-1882) montre comment la finalité n'est qu'apparente. Des millions de mutations se produisent au hasard dans les organismes. Certaines d'entre elles, par coïncidence, aident un organisme à survivre et à se reproduire, puis sont transmises aux générations suivantes et deviennent une part essentielle de l'organisme. Ainsi, les organismes ne sont que le produit d'une coïncidence.

Mais qu'est-ce qui explique l'évolution ? Peut-être Dieu a-t-il créé la nature de sorte que la vie évolue à travers la sélection naturelle. Charles Darwin lui-même était de cet avis.

UN TRAVAIL BÂCLÉ ?

Selon Hume, inférer que l'univers a été conçu, ne signifie pas que le concepteur était Dieu. En effet, les exemples de défauts de facture, comme les catastrophes naturelles (*voir p. 153*), suggèrent que l'univers est l'œuvre d'un apprenti. Si l'on pense que le mal est délibéré, plutôt que la preuve d'un travail bâclé, nous ne devrions pas penser le concepteur comme un être bon. Ni déduire que Dieu est infini, puisque l'univers ne l'est pas. Enfin, nous ne pouvons pas dire que le concepteur de l'univers l'a également créé. À tout cela, Swinburne (*voir p. 146*) répondrait qu'assimiler le concepteur à l'idée traditionnelle que l'on a de Dieu est la solution la plus simple.

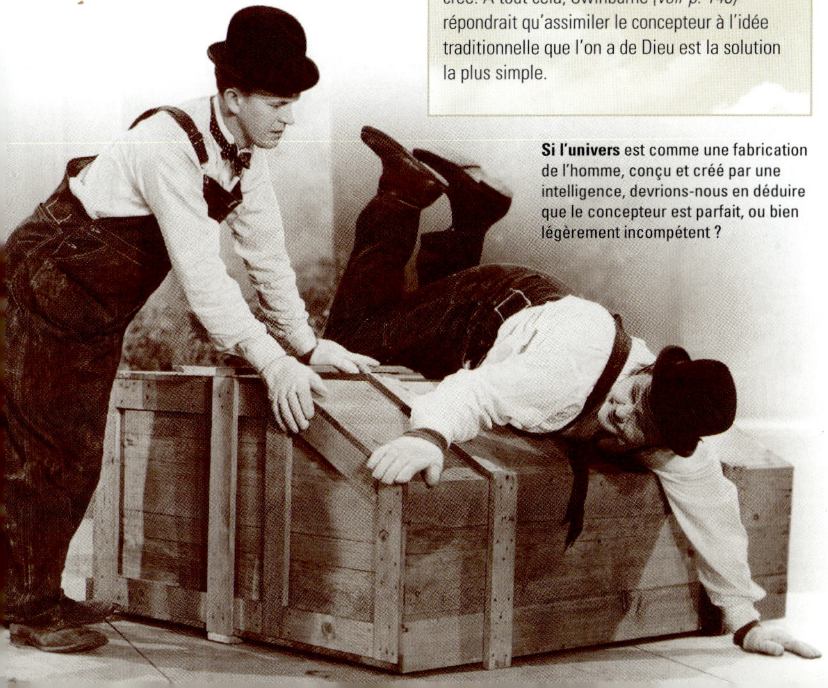

Si l'univers est comme une fabrication de l'homme, conçu et créé par une intelligence, devrions-nous en déduire que le concepteur est parfait, ou bien légèrement incompétent ?

AJUSTEMENTS ET CONCEPTION INTELLIGENTE

Si les idées de Darwin diminuèrent la force des arguments fondés sur l'analogie entre les êtres vivants et les fabrications des hommes, la cosmologie a récemment prouvé l'improbabilité d'un univers habité de vie. Selon les cosmologistes, la matière-énergie devait être au moment du Big Bang, d'une quantité, densité et vélocité initiales très précises pour créer les conditions nécessaires à la vie.

UN UNIVERS INÉVITABLE ?

Selon Richard Swinburne (*voir p. 146*), la science ne peut expliquer une si fine adaptation. Tandis que si Dieu avait créé l'univers, alors nous nous attendrions exactement aux lois qui existent.

Avons-nous réellement besoin d'expliquer pourquoi l'univers semble avoir été conçu ? Certaines choses qui semblent être le fruit d'une coïncidence sont en fait inévitables (*voir p. 200 ; l'erreur du joueur*). Supposons qu'il y a ou qu'il y a eu des millions d'univers, chacun avec ses propres lois, mais très peu avec de la vie. Après suffisamment d'univers, un univers tel que le nôtre est forcé d'exister. Il n'a pas besoin d'une explication particulière : il doit simplement se produire. En revanche, il nous faut supposer l'existence d'un immense nombre d'autres univers, qui nous sont inaccessibles et pour lesquels nous n'avons pas de preuves. Swinburne affirme que l'existence d'un seul univers, conçu par Dieu, est une explication bien meilleure.

UNE CONCEPTION INTELLIGENTE

Le biochimiste américain Michael Behe (né en 1952) récuse l'idée selon laquelle l'évolution peut expliquer l'« irréductible complexité » des organismes vivants. Behe la définit comme « un seul système composé de plusieurs parties interactives qui contribuent à la fonction de base, et dans lequel ôter l'une des parties provoque l'interruption du fonctionnement efficace du système ». Comment cela se peut-il, puisque les systèmes n'évoluent pas dans leur

Pour que les étoiles se forment, la force du Big Bang ne pouvait varier de plus de 1 à 1060, ce qui est aussi précis que de toucher une cible de 2,5 cm située de l'autre côté de l'univers observable !

totalité, mais par parties ? Pourtant, sans le système dans son entier, chacune des parties serait inutile, et donc n'évoluerait pas.

Nombre des choses que nous concevons sont irréductiblement complexes. Prenons une tapette à souris : sans toutes les pièces assemblées dans le bon ordre, vous n'attraperez jamais de souris. La complexité irréductible, selon Behe, est la preuve d'une conception. Le mécanisme locomoteur des bactéries comprend plus de 40 parties. Sans l'une d'elles, le système serait inutile, et les bactéries incapables de se déplacer.

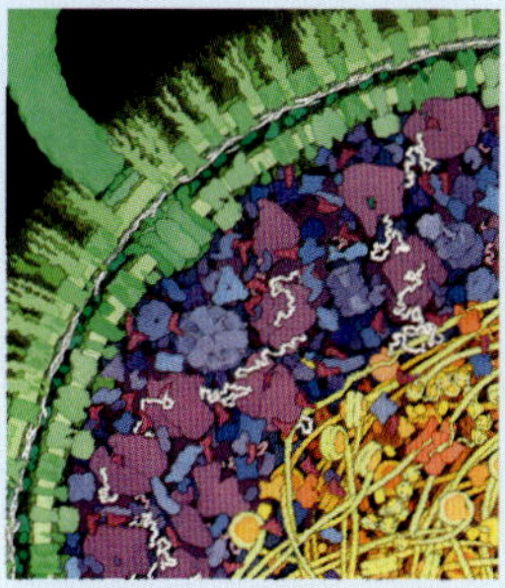
Le flagelle de ce microbe comporte de nombreux éléments. Behe y voit la preuve d'une conception intelligente.

L'argument de Behe comprend chacune des parties d'un système seulement en tant qu'élément de ce système. Mais il arrive souvent que l'évolution d'une fonction soit « cooptée » pour accomplir d'autres tâches. Certaines parties du système locomoteur des bactéries, par exemple, sont une sorte de pompe cellulaire en l'absence du reste du système. Elles n'avaient peut-être rien à voir avec le mouvement la première fois qu'elles sont apparues.

De plus, les adaptations qui sont d'abord des améliorations mineures s'avèrent parfois des composants essentiels à mesure qu'évolue l'organisme. Les poches d'air qui servaient de poumons aux poissons faisant de brèves incursions terrestres leur étaient avantageuses, mais pas essentielles. Mais quand ils ont évolué en créatures terrestres, les poumons leurs sont devenus vitaux. Toutefois, cela ne signifie pas que les poumons ne trouvent pas leur explication dans la sélection naturelle.

« LES CELLULES SONT TOUT SIMPLEMENT TROP COMPLEXES POUR AVOIR PU ÉVOLUER AU HASARD ; IL FALLAIT UNE INTELLIGENCE POUR LES CRÉER. »

Michael Behe, « Molecular Machines » (Machines moléculaires), 1998

Connaître Dieu via l'expérience religieuse

Les discussions philosophiques portent sur les expériences dans lesquelles les individus sont directement conscients de Dieu. Pour défendre l'authenticité de ces rencontres avec Dieu, certains philosophes comparent ces expériences à la perception sensible – c'est-à-dire une conscience immédiate, via nos sens, d'autre chose que soi. À moins d'avoir de bonnes raisons de douter d'elle, nous traitons l'expérience sensible comme authentique, c'est-à-dire vraie et basée sur la réalité. De plus, comme d'autres personnes ont des expériences sensibles similaires, nous pensons qu'elles permettent une représentation fiable du monde.

Les expériences religieuses montrent elles aussi des similarités frappantes, malgré le fait qu'elles soient vécues par des gens très différents, en des circonstances très différentes. La meilleure explication de ces expériences, et de leur nature commune, est qu'elles sont véridiques : en d'autres termes, ce sont les expériences authentiques de quelque chose de divin. Il est donc raisonnable de supposer que Dieu existe.

William James (*voir p. 315*) étudia les similitudes entre les expériences religieuses et remarqua que, comme la perception, elles résultent de l'expérience – il ne s'agit pas de *penser* à Dieu – mais ne sont pas liées à un organe sensoriel spécifique. S'il y a bien des visions ou des voix « entendues », elles font partie d'une conscience sans réelle teneur sensorielle. Le sujet ressent une conscience immédiate de Dieu. Cette conscience tend à faire obstruction, temporairement, de tout le reste, parfois au point que le sujet ne fait plus la distinction entre ce qu'il est et ce dont il est conscient (« union mystique »). Le cœur de l'expérience religieuse, selon James, est une sensation immédiate de la réalité de

« MON ÂME N'EST PLUS SATISFAITE QUE PAR RIEN DE MOINDRE QUE DIEU. »

Sainte Thérèse d'Avila (1515-1582)

Au cours d'expériences religieuses intenses, les mystiques tels que sainte Thérèse d'Avila se sentent proches de Dieu au point de perdre la notion de leur propre individualité.

l'« invisible ». Cette conscience peut très bien être inexprimable et dépasser les facultés de penser en termes habituels. La conceptualisation – être capable d'exprimer ce qui a été ressenti – vient plus tard.

L'analogie avec la perception est-elle assez forte pour que nous en déduisions que les expériences religieuses sont véridiques ? L'expérience sensible est universelle et fait partie de tous les moments de veille. Elle nous fournit un grand nombre d'informations et de détails. En revanche, rares sont les personnes qui ont des expériences religieuses.

Or, si quelques personnes seulement sont capables d'identifier un tableau futuriste, cela ne signifie pas qu'elles ont tort ou sont indignes de confiance. On ne peut déduire la vérité d'une chose de sa fréquence.

DIVERSITÉ CULTURELLE

Des cultures différentes comprennent le monde via des moyens similaires en termes d'objets, de couleurs, de tailles, de solidité, etc. Mais les expériences religieuses produisent dans chaque culture une idée particulière de la divinité, depuis l'idée chrétienne de Dieu aux idées bouddhiques de « néant ». Une telle diversité discrédite leur authenticité. Peut-être l'expérience religieuse ne pourra jamais proposer un système théologique, mais sera plutôt une indication de l'existence et de la nature d'une réalité spirituelle. Comme les témoins d'un tribunal, les gens vivent peut-être la même chose, mais ne sont pas d'accord sur sa nature.

Chaque culture rend compte à sa manière du divin : voici le dieu hindou Vishnou.

RARE ET FAUX

Nous faisons confiance à la perception parce qu'elle est largement répandue, commune et informative. Nous pouvons en outre vérifier la justesse d'un sens grâce à un autre : je vois un livre sur la table, et je peux aussi le toucher. Les expériences religieuses, en revanche, ne sont pas confirmées par nos sens et leur rareté nous fait douter de leur authenticité.

Il faut noter que de nombreuses expériences religieuses comportent des visions (un ange, ou un buisson ardent) ou autres expériences apparemment « sensibles ». Il est intéressant de noter que ces expériences varient d'un système de croyances à un autre. Les catholiques ont tendance à voir la Vierge Marie, tandis que dans l'Antiquité les Romains voyaient Zeus et les Nordiques, Odin. Ces différences montrent qu'une grande partie de ce qui est vécu est conditionné par les attentes du sujet. Et accepter que ces expériences sont en partie de notre fait soulève assurément la probabilité qu'elles sont entièrement notre création.

Les véritables expériences religieuses peuvent sembler absolument incontestables. Mais les grandes variations entre ce qui est vécu par les sujets, ainsi que le fait que ce qui est vécu est clairement influencé par leurs attentes, ne devraient-ils pas nous inciter à la prudence ?

Peu de gens peuvent identifier ce fauteuil de style Louis XV, mais cela ne veut pas dire qu'il faille douter des connaissances de ceux qui le peuvent.

FREUD ET L'EXPÉRIENCE RELIGIEUSE

Selon Sigmund Freud (1856-1939), le fondateur autrichien de la psychanalyse, les expériences religieuses seraient des hallucinations oniriques déclenchées par des angoisses ou des désirs réprimés. Notre impuissance face aux forces incontrôlables de la nature nous rend vulnérables et frustrés. Comme des enfants inquiets, nous avons besoin de protection et de réconfort, ce que nous apporte la croyance religieuse.

RÊVES OU RÉALITÉ ?

Freud pensait que les rêves sont le produit de puissants désirs inconscients, et que les expériences religieuses sont des hallucinations durant notre état de veille qui viennent d'un profond désir de sécurité et de sens. C'est ce qui expliquerait leurs caractéristiques. En tant qu'hallucinations, il est logique qu'elles consistent en expériences plutôt qu'en pensées. Étant donné la force du désir sous-jacent, elles suscitent des émotions intenses. Et parce que le désir est abstrait, elles n'impliquent aucun mode de perception particulier. Elles donnent l'impression au sujet qu'il existe quelque chose « qui le dépasse », qui peut lui offrir réconfort et l'aider à donner un sens à sa vie.

Certains répondent que même si c'est le cas, et si nous sommes l'œuvre de Dieu, alors une relation avec Lui devrait être notre désir le plus profond. Ce souhait qui, selon Freud, nous porte à croire, est peut-être motivé par quelque chose de plus que la peur.

« LES IDÉES RELIGIEUSES RÉALISENT LES SOUHAITS LES PLUS ANCIENS, LES PLUS FORTS ET LES PLUS PRESSANTS DE L'HUMANITÉ. »

Sigmund Freud,
L'Avenir d'une illusion

Notre vulnérabilité face à la violence de la nature, illustrée par Géricault dans son *Radeau de la méduse*, nous fait aspirer à la sécurité.

LE PROBLÈME DU MAL

Dieu est représenté comme un être bon, tout-puissant et omniscient. Si cela est vrai, il est logique de supposer que Dieu veut éliminer le mal, qu'il le peut, et sait comment le faire. Se pose alors la question : pourquoi le mal existe-t-il donc ? Parce que Dieu n'existe pas ?

Comprendre l'argument

À quoi le mot « mal » renvoie-t-il ici ? On utilise couramment ce terme pour parler de mauvaises actions ou motifs, qui relèvent du « mal moral ». Mais ici, ce terme englobe aussi les souffrances qui résultent de phénomènes non moraux, comme les séismes, les maladies, la prédation des animaux, etc. Nous emploierons pour décrire cela l'expression de « mal naturel ». C'est un concept très important dans les réponses philosophiques au problème du mal.

La version logique du problème du mal souligne que la simple existence du mal dans le monde est logiquement incompatible avec l'existence d'un Dieu bon, tout-puissant et omniscient. Cette approche est *déductive* (*voir p. 195*).

Pour que l'existence du mal soit logiquement incompatible avec l'existence de Dieu, il faut supposer qu'étant bon, Dieu désire éliminer toute forme de mal. Mais cette supposition n'est pas valable si certains maux sont nécessaires à un plus grand bien. Par exemple, si nous ne ressentions pas la douleur, nous ne pourrions jamais apprendre l'endurance ; et peut-être que perdre ce que nous aimons est le prix à payer pour l'amour lui-même. Comme le

L'existence d'un Dieu aimant et tout-puissant est fragilisée par les catastrophes naturelles et les terribles souffrances qu'endurent les hommes et les animaux.

dit Tennyson, « Mieux vaut avoir aimé et perdu que de n'avoir jamais aimé. »

Les opposants du problème logique du mal affirment qu'un certain mal est nécessaire pour faire de ce monde ce qu'il a de bon. De plus, pourraient-ils ajouter, nous ne pourrions apprécier ce qui est bon, et donc ne pas le désirer comme nous le faisons, si nous ne pouvions opposer le bien au mal. Par conséquent, Dieu ne désire pas l'élimination de tout mal. Néanmoins, même si l'on acceptait cela, il semble incontestable que Dieu désirerait alors éliminer tout mal non nécessaire, ce qui nous conduit à la deuxième version de notre argument.

On voit souvent l'« œuvre de Dieu » dans les catastrophes naturelles comme les séismes, les inondations et les sécheresses. Mais en quoi servent-elles un bien commun ?

UN MAL INFONDÉ ?

Le problème des preuves du mal fait appel à une intuition : aucune raison ne peut justifier la quantité et la répartition du mal en ce monde. Les croyants répondront que nous ne pouvons en être sûrs. Il se peut que tout mal serve un but plus élevé, mais nous ne pouvons pas savoir ce qu'est ce but, ni en quoi il est servi par le mal. Mais quelles sont nos raisons de croire cela ? Se peut-il qu'un tel but existe ? S'il n'y a aucun but, alors nous nous tournons vers le scepticisme *(voir p. 50)*, s'appuyant sur notre incertitude. Ce recours à l'ignorance a besoin d'une bonne raison pour l'étayer. Mais recourir à une révélation divine selon laquelle tout est pour le mieux n'est pas acceptable. S'il est improbable que Dieu existe, il est improbable que la révélation soit authentique. Et nous ne saurons pas s'il est probable que Dieu existe ou non tant que nous n'aurons pas résolu le problème du mal.

VOIR L'ÉVIDENCE

Le problème des preuves du mal montre que l'importance et la répartition du mal sont incompatibles avec l'existence d'un Dieu bon, tout-puissant et omniscient. Ce raisonnement *inductif* (*voir p. 196-197*) stipule que la présence du mal dans le monde suffit à prouver que Dieu n'existe pas.

Il est évident que le mal n'est pas réparti également entre les hommes et les animaux. Par exemple, les enfants peuvent succomber à de terribles maladies, et les animaux souffrir de la sècheresse ou des inondations. Cela semble exactement être ce qu'un Dieu bon, tout-puissant et omnipotent devrait vouloir éradiquer. Donc, même s'il existe un mal nécessaire pour le bien commun, est-ce que *tant* de mal est nécessaire ?

Une théodicée est une justification du mal qui le rend compatible avec l'existence d'un Dieu bon, tout-puissant et omniscient. La vision d'un mal nécessaire est une théodicée, de même que la proposition selon laquelle le mal est le résultat de notre libre arbitre (*voir p. 155*), ou l'idée qui veut que le mal est essentiel à notre élévation morale et spirituelle (*voir p. 156*). Les théodicées montrent que c'est là, en un sens, le meilleur des mondes possibles : que moins de mal engendrerait la perte de biens.

LE LIBRE ARBITRE EST-IL RESPONSABLE DU MAL ?

Une théodicée (justification du mal) soutient que le mal est causé par la façon dont nous employons notre libre arbitre. Dieu nous a donné le libre arbitre comme une chose bonne. Mais étant moralement imparfaits, nous ne mettons pas toujours notre libre arbitre au service du bien, et causons parfois le mal. Mais il vaut tout de même mieux disposer du libre arbitre et causer le mal par son mauvais usage que de ne pas en disposer du tout.

LE MAL ET « LA CHUTE »

La théodicée énoncée ci-dessus ne justifie apparemment que le mal moral. Mais selon le philosophe chrétien saint Augustin *(voir p. 256-257)*, le mal naturel, résulte aussi du mal moral. En effet, le choix d'Adam et d'Ève de désobéir à Dieu engendra leur « Chute », un bouleversement métaphysique qui altéra à jamais la nature et les êtres humains, engendrant l'inimitié entre hommes et animaux, les souffrances de l'accouchement, et la difficulté à survivre (voir Genèse 3 :15 – 19). Tous les maux furent donc causés par le libre arbitre de l'homme. Peu de gens croient aujourd'hui que la Chute fut un événement historique.

Selon saint Augustin, le premier abus de libre arbitre d'Adam et d'Ève leur a aliéné la nature.

Grâce à la science, nous savons que les animaux souffraient bien avant l'arrivée des hommes. Aussi, notre libre arbitre ne peut être la cause du mal naturel sans démontrer une profonde injustice. Pourquoi les animaux et les enfants souffriraient-ils en résultat d'un choix fait par deux personnes il y a si longtemps ? Le libre arbitre est peut-être un grand bien, mais cela ne signifie pas qu'il justifie toute chose. Nous n'en appelons pas au libre arbitre d'un meurtrier pour justifier le fait de ne rien faire pour l'arrêter. Alors pourquoi Dieu devrait-il le faire ? Certains répondent que Dieu devrait interférer si souvent pour empêcher tout le mal que nous causons que cela diminuerait l'essence même de notre libre arbitre.

À cause de la Chute, nous devons lutter pour survivre sur Terre, où nous reviendrons un jour.

Le vrai courage

Certains pensent que le mal est nécessaire à notre élévation morale et spirituelle, et qu'un monde où croissent morale et spiritualité vaut mieux qu'un monde qui en est dépourvu. La vertu n'existerait pas s'il ne fallait lutter contre le mal. Nous ne pouvons faire preuve de courage s'il n'y a pas de réel danger à affronter, ni de bonté si personne n'a besoin d'aide. C'est ce qui dit John Keats (1795-1821) dans *Le Val des âmes fortes :* « Ne vois-tu pas, demandait-il, comme un monde de douleurs et de peines est nécessaire à l'élévation de l'intelligence pour en faire une âme. »

Le besoin de devenir bon justifie-t-il vraiment le mal ? Dieu ne pourrait-il nous créer vertueux ? Pour le philosophe américain John Hick (né en 1922), une personne qui est devenue bonne en se confrontant au mal « est bonne dans un sens plus riche et plus valable » qu'une personne qui a été créée bonne.

Beaucoup s'accordent pour dire que devant un réel danger, les actes de courage des militaires et des services d'urgence sont motivés par autre chose que l'obéissance.

Cette théodicée n'est valable que si tous les maux mènent à l'élévation spirituelle, ce qui n'est pas le cas. Nombreux sont ceux qui souffrent au point d'être brisés, comme un enfant qui ne se remet jamais d'avoir été maltraité. D'autres souffrent à la fin de leur vie, alors qu'ils n'ont plus guère le temps de se développer spirituellement, et certains individus s'élèvent spirituellement sans avoir jamais souffert. Et que dire de ceux qui meurent jeunes, sans avoir eu l'opportunité de faire un quelconque travail spirituel ?

On peut penser que leur souffrance aide autrui. Richard Swinburne (*voir p. 146*) soutient que si le mal était prévisible, s'il correspondait aux exigences de l'élévation spirituelle, alors la foi et l'espoir ne pourraient jamais se développer. Ces vertus requièrent toutes deux un haut degré d'imprévisibilité, car si les formes du mal semblaient rationnelles, elles seraient vaines.

On peut néanmoins se demander pourquoi le bien ne pourrait croître en regard de moindres maux ; et quel but des millions d'années de souffrance des animaux (en supposant que les animaux ne s'élèvent pas spirituellement), peuvent-elles servir ?

FOI ET RAISON

On pense souvent que foi et raison s'opposent fondamentalement. Cependant, le fidéisme – doctrine selon laquelle la foi prédomine la raison dans les questions de croyance religieuse – n'a pas toujours adopté cette forme. La foi implique confiance et engagement, mais pas l'irrationalité.

De véritables choix

William Clifford (1845-1879), mathématicien et philosophe anglais, pensait qu'il est « mal, toujours, partout et pour tous, de croire quoi que ce soit sans preuves suffisantes ». La croyance doit être bâtie sur de patientes recherches et non sur des doutes étouffants. Bâtir des croyances sur des preuves insuffisantes nous rend crédules et affaiblit nos capacités cognitives.

Selon William James (*voir p. 150*), il est parfois bon et même raisonnable de croire en une chose sans preuves de sa vérité. Ce serait le cas devant un « choix authentique » qui ne peut être fondé sur des preuves, et où nous pourrions croire en l'une comme en l'autre possibilité exclusive – comme dans « Dieu existe » ou « Dieu n'existe pas ». Dans pareils cas, si notre intellect ne peut décider, alors nos émotions et notre volonté le doivent. Croire implique deux buts : éviter l'erreur, et découvrir la vérité. Nous avons souvent besoin de former des croyances en acceptant le risque de nous tromper. Par exemple, nous accordons notre confiance à une personne lorsque nous entamons une relation d'amitié. Cela exige de notre part d'avoir « foi » dans le fait qu'elle est digne de confiance avant d'en avoir la preuve. Notre volonté influence donc parfois nos croyances.

Mais le choix entre croyance et incroyance n'est pas simple : par exemple, quelle religion, et quel Dieu cela concerne-t-il ? Ce choix entraîne-t-il vraiment de graves conséquences : pouvons-nous être sûrs que Dieu n'accorde la vie éternelle qu'aux croyants ? La question de la foi religieuse n'est donc peut-être pas un choix authentique.

FIDES ET RATIO

Certains fidéistes chrétiens soulignent l'infériorité de la raison par rapport à la foi, soutenant que le péché entrave notre faculté de raisonner. Ce que nous pensons être « rationnel » ou « raisonnable » de croire pourrait être un reflet de notre orgueil ou de notre égocentrisme. La raison ne nous permettra jamais de connaître la vérité sur Dieu et sur nous-mêmes. La foi est l'unique nécessité de toute croyance religieuse. L'Église catholique rejette cette position.

En 1998, le Pape Jean-Paul II disait dans son encyclique *Fides et Ratio* que connaissance rationnelle et discours philosophique soutiennent « la possibilité même de croire en Dieu ».

> « NOUS NE POUVONS NOUS SOUSTRAIRE AU PROBLÈME EN RESTANT SCEPTIQUE ET EN ATTENDANT D'ÊTRE ÉCLAIRÉS. »
>
> **William James,** ***La Volonté de croire***

Un saut dans le vide

Pour Kierkegaard (*voir p. 310*), la religion n'est pas un système philosophique. Nous ne devrions donc pas sonder la foi religieuse par la raison. La vraie foi se caractérise par un engagement passionné, contrairement à la croyance formée « objectivement ». La foi n'est pas uniquement affaire de ce *en quoi* nous croyons, mais aussi de *comment* nous croyons. L'engagement qui caractérise la foi requiert une décision – celle de faire un « saut » dans le vide – qui n'est pas explicable intellectuellement. Ce saut exige en fait une incertitude objective. Si Kierkegaard qualifiait la foi d'« incompréhensible », il affirmait aussi que la raison – si elle reconnaît ses limites – peut nous aider à comprendre notre engagement dans la foi. Il remarqua que nous « ne pouvons pas croire en l'absurde plutôt qu'à l'entendement, parce que l'entendement percevra avec perspicacité que c'est une absurdité et [nous] empêchera d'y croire ».

Ainsi, la foi religieuse est incompréhensible en ce qu'elle se trouve au-delà des limites de la raison. Mais la raison est capable de voir ses limites, par-delà lesquelles la foi peut résider. Atteindre la foi exige de s'abandonner. Si la foi était entièrement affaire de raison, selon Kierkegaard, notre capacité à nous abandonner en serait inhibée. Or, ce n'est pas le cas. Et s'il y a un risque à faire ce saut, il n'est pas complètement irrationnel de le prendre.

« SI JE PEUX APPRÉHENDER DIEU OBJECTIVEMENT, JE N'AI PAS LA FOI ; MAIS PARCE QUE J'EN SUIS INCAPABLE, JE DOIS AVOIR LA FOI. »

Søren Kierkegaard, extrait des *Miettes philosophiques*

Croire en Dieu n'est pas comme de se jeter dans le vide ; l'acte est d'une nature plus profonde. Kierkegaard pensait que si nous pouvions croire en Dieu grâce à la raison, cela n'impliquerait pas le bon engagement.

Le contrepoids des preuves

Kierkegaard et William James (*voir p. 313*) maintiennent que la raison a ses limites et qu'elle ne peut répondre à certaines questions. La raison peut admettre ses propres limites, ainsi que le fait que la foi puisse entrer en scène là où la raison ne le peut plus. Aucun des deux philosophes ne rejette la raison, mais ils contestent tous deux le fait qu'elle soit capable de décider de la vérité en toute chose, et l'idée que toute croyance devrait être fondée sur des preuves.

SAUTER OU NE PAS SAUTER ?

Mais est-il vrai que raison et preuves sont inaptes à prouver l'existence de Dieu ? De nombreux philosophes croient que le problème du mal (*voir p. 153-155*) offre une preuve rationnelle écrasante contre l'existence de Dieu (tout en admettant, bien sûr, que la raison a ses limites). Ils ne pensent pas seulement que les preuves infirmant l'existence de Dieu sont fortes, mais aussi que la possibilité d'un Dieu tout-puissant est très mince.

Kierkegaard et James croient que, puisque la foi n'est pas *déraisonnable*, comme de croire aux fées et aux lutins, on peut très bien s'y abandonner. Mais peut-être se trompent-ils. Peut-être que la foi est au contraire *très* déraisonnable. Devant les objections qui semblent prouver que croire en Dieu est complètement irrationnel, il incombe à ceux qui pensent le contraire de fournir des arguments pour étayer cette position. Répéter que croire requiert un acte de foi ne résout pas le problème.

LES LIMITES DE LA RAISON

Est-il si simple de fonder la croyance sur la raison et les preuves ? Examinons ces possibilités :

1. Croire en Dieu est précisément aussi raisonnable que de ne pas y croire (les preuves sont également équilibrées).

2. Nous ne pouvons savoir quel est le poids des preuves.

3. Le fait est que notre croyance doit être plus ferme que ne le permettent les preuves (dans un sens comme dans l'autre). Il nous faut donc prendre autre chose en considération.

Les fidéistes (*voir p. 157*) ne soutiennent pas la première position, mais certains de leurs arguments sont en faveur des deux autres. Selon eux, si la raison est incapable de dire si nous devrions croire en Dieu, cela ne signifie pas que nous n'avons aucune raison d'y croire.

من به خدا(ج) و مردم خود
جوابگوهستم.
انتخابات لویه جرگه
قانون اساسی

PHILOSOPHIE POLITIQUE

La philosophie politique s'intéresse à l'organisation de nos sociétés – telles qu'elles existent, ou telles qu'elles devraient être. Les concepts clés de la politique nous sont à tous familiers : liberté, égalité, justice, droits, etc. Le défi de la philosophie politique est de découvrir la vraie signification de ces termes, et la meilleure façon de les accorder.

Les philosophes s'intéressent à la politique au moins depuis l'Antiquité. *La République* de Platon, qui expose la vision du grand penseur sur le fonctionnement que devrait adopter une communauté politique idéale, ouvrit de façon très influente et controversée un débat qui se poursuit aujourd'hui. De Platon et Aristote à John Rawls et Charles Taylor, au XXᵉ siècle, les philosophes ont tenté de répondre à la question fondamentale qui sous-tend toute la pensée politique : comment vivre ensemble ?

La question est inéluctable, car les humains sont des êtres sociaux et grégaires par nature. Notre vie est inextricablement liée à celle d'innombrables personnes. Parmi elles, nous en connaissons bien certaines, et d'autres seulement vaguement, mais nous ne connaîtrons jamais la grande majorité d'entre elles. Nous devons donc faire attention à notre façon de vivre avec autrui, et c'est là l'essence de la politique.

Cette affiche qui mise sur le choc visuel milite pour le droit de vote. La politique concerne notre façon de vivre ensemble et la lutte pour y parvenir nous touche tous dans nos vies quotidiennes.

Devoir se préoccuper de politique semble évident. Il nous importe à tous, par exemple, que les lois soient justes ; qu'une classe ne soit pas opprimante ; que les gouvernements soient élus démocratiquement (et soient donc responsables) ; et que nous sachions quels sont nos droits, mais aussi nos devoirs les uns envers les autres. Depuis les régimes tyranniques jusqu'aux persécutions et aux génocides, l'histoire abonde des terribles conséquences du mauvais usage de la politique – de l'impossibilité de trouver une façon de vivre ensemble.

COMPRENDRE LA LIBERTÉ

Se plonger dans la philosophie politique, c'est s'interroger sur les idées essentielles qui structurent et modèlent notre vie politique – des concepts tels que la justice, l'égalité et la liberté. Cette dernière est primordiale dans la philosophie politique moderne. Comprendre le rôle de ce terme est important en soi, mais permet aussi d'éclairer la scène politique. Cela nous conduit au cœur d'un débat majeur : pourquoi obéir à l'État ?

L'IDÉAL LIBÉRAL

La liberté individuelle est la valeur suprême du libéralisme, qui défend le droit des citoyens d'agir et de s'exprimer à leur gré. Dans l'idéal libéral, le citoyen est libre d'appliquer ses notions de ce qu'est une vie bonne sans interférence de la part de l'État.

Liberté négative

Chacun pense à raison que la liberté est une bonne chose. La liberté, c'est être capable de faire ses propres choix, de mener sa vie, d'être autonome. Dans le monde moderne, cette liberté est très estimée.

La liberté la plus simple dont nous profitions est la liberté de mouvement, dont les criminels emprisonnés sont privés. Par ailleurs, il existe un consensus sur le fait que nous devrions tous être libres d'exprimer nos opinions, de pratiquer ou non une religion, de nous marier ou de rester célibataire. Le déni de l'une de ces libertés ferait scandale.

Mais la liberté a-t-elle des limites ? Nul besoin d'interroger un philosophe pour répondre à cette question. La plupart des gens répondront que la limite de la liberté s'impose lorsque certaines personnes en blessent d'autres. Nous sommes libre de conduire – mais pas n'importe où. J'ai peut-être le droit de posséder un fusil pour aller à la chasse – mais pas pour tirer en plein centre ville simplement parce que j'aime cela. Nous pouvons formuler ainsi cette notion de la liberté : la liberté des uns s'arrête là où commence celle des autres. En d'autres termes, l'essence de la liberté est l'absence de contrainte. Le rôle

Le libéralisme tend vers un monde où diversité et différences sont tolérées, voire encouragées, et où le pouvoir de l'État sert à défendre la liberté individuelle plutôt qu'à l'entraver.

de l'État consiste donc à garantir le bon fonctionnement d'une société d'individus libres, et les lois que l'État met en application devraient toutes tendre à cela.

Cette vision de la liberté a été qualifiée de « liberté négative » et implique que l'État s'efface pour laisser les gens décider eux-mêmes comment mener leur vie. L'État est effectivement neutre : il n'insiste pas sur le fait que le citoyen doive faire un ensemble de choix spécifiques. Tout ce que l'État demande, c'est que le citoyen poursuive ses choix sans faire de mal aux autres individus.

La formulation la plus influente et la plus éloquente de ce concept de liberté négative se trouve probablement chez John Stuart Mill, dans *La Liberté* (*voir p. 308-309*). Cette œuvre parue en 1859 est aussi l'un des bréviaires du libéralisme – doctrine qui adhère à cette vision de la liberté, de l'individu et de l'État.

LIBÉRALISME ET INÉGALITÉ

Les deux principes clés du libéralisme sont la protection de la liberté individuelle et la neutralité de l'État. Pour les libéraux, le libre arbitre d'un individu importe plus que la nature de ses choix. Donc même si un choix semble être mauvais ou stupide,

Le but ultime des libéraux est de créer une société dans laquelle l'individu souverain est libre, comme le héros romantique, de vivre selon sa propre vision des choses.

l'individu, et non l'État, doit juger de ce qui est le mieux.

En conséquence, les gens feront des choix différents, adopteront des valeurs différentes et poursuivront des buts différents. Accepter cela, c'est adopter le pluralisme. Dans une société pluraliste, l'État agit comme un arbitre neutre entre divers modes de vie et systèmes de valeurs, sans jamais en préférer aucun. Par conséquent, *public* et *privé* sont clairement démarqués, le premier comprenant l'État et le second, la société (les individus et leurs associations, l'emploi, etc.).

Il s'ensuit que dans un État libéral et pluraliste, l'économie sera celle du marché libre : le capitalisme. Ce qui nous amène à la troisième notion qu'accepte le libéralisme : l'inégalité. Quand les individus sont en compétition sur le marché, il en ressort toujours des gagnants et des perdants. Si les individus sont libres de faire leurs propres choix, tous ne seront pas sages ni fructueux. L'inégale répartition des biens en découle inévitablement.

LE LIBERTARISME

Cette attitude envers l'inégalité différencie le mieux les deux principaux courants du libéralisme : le libertarisme et la démocratie sociale (*voir p. 170-171*). La première est la plus souple envers l'inégalité, en ce qu'elle cherche à inclure la liberté sans contrainte de l'individu dans le monde « privé » de l'économie de marché. Les adeptes de cette doctrine souhaitent que l'État soit limité à ses fonctions essentielles, c'est-à-dire assurer la sécurité : protéger les citoyens à l'intérieur (application des lois) et à l'extérieur (forces armées). Cette doctrine offre l'avantage supplémentaire de maintenir les taxes aussi peu élevées que possible, laissant aux gens le maximum de liberté pour dépenser leur argent comme ils l'entendent.

L'État doit se contenter de dissuader, repérer et appréhender ceux qui pourraient faire du mal. Le « mal » est ici interprété comme le fait de blesser autrui, de voler et d'endommager la propriété – guère plus. Si un citoyen tombe malade, perd son emploi, ou a besoin d'aide pour pourvoir à l'éducation de ses enfants, l'État n'est pas obligé de l'assister. S'il est incapable de payer les produits et les services dont il a besoin, il doit s'en remettre à la charité des autres, qui feront peut-être le choix de l'aider.

Dans cette vision de la société, le marché est tout-puissant. Si personne ne veut acheter ce que vous vendez – même votre travail – alors il vous sera difficile, voire impossible, d'obtenir ce que vous voulez ou ce dont vous avez besoin. Si le marché est l'outil le plus puissant pour exprimer ses choix et répartir des ressources, il en résultera probablement de grandes disparités entre riches et pauvres – un « libéralisme pour les riches ». L'idée d'individus libres en compétition sur le marché tient du mythe. En réalité, ce sont de grosses entreprises qui exercent un pouvoir massif. Et les plus libres sont les plus gros joueurs.

Avant de nous tourner vers l'autre courant du libéralisme, la démocratie sociale, intéressons-nous à deux autres aspects de la vision libérale – le contrat social, et les droits. Tous deux ont intéressé des penseurs non libéraux, mais c'est le libéralisme qui a le plus souligné leur importance.

LE PRINCIPE DE NON-NUISANCE EN ACTION

Selon le principe de non nuisance, le but des lois est d'empêcher quiconque de blesser autrui. Autrement, la loi n'a pas lieu d'intervenir. Donc, si moi, un adulte, je veux fumer, sachant que je peux nuire à ma santé, personne n'a le droit de m'arrêter. Si, en revanche, il est prouvé que la fumée de mes cigarettes nuit à la santé d'autrui, alors mon droit de fumer près d'autrui pourra légitimement être restreint. C'est ce qui est à la base de lois récentes concernant l'interdiction de fumer dans les endroits publics fermés.

Le libertarisme admet que l'inégalité résulte inévitablement de la liberté, mais le marché libre octroie-t-il trop de liberté aux gagnants ?

Le contrat social

Pourquoi obéir à l'État ? Après tout, ses lois, ses taxes et sa police limitent la liberté individuelle. Or, sans loi ni État, nous pourrions faire ce que nous voulons. Bien sûr, les autres pourraient aussi nous faire ce qu'ils veulent. C'est l'« état de nature » décrit par Thomas Hobbes (*voir p. 275*) qui, traversant les guerres civiles britanniques (1640-1660), était aux premières loges pour se rendre compte des terribles implications de ce scénario. Sans autorité souveraine, il ne peut y avoir ni sécurité ni paix.

L'idée d'un contrat social oblige les dirigeants à gouverner pour le bien des citoyens. Sans quoi ils risquent, comme le fut Charles I d'Angleterre, d'être renversés.

Ainsi est née la volonté d'instaurer un État, où tout le monde s'accorderait pour vivre sous la loi en raison des bénéfices à long terme que cela procure. Le peuple remet les pouvoirs à l'État et perd un peu de ses libertés pour y gagner en sécurité. Voici le contrat : l'État peut commander les citoyens tant qu'il les protège par la loi. John Locke (*voir p. 282-283*) considérait que l'État rompt son contrat social avec le peuple lorsqu'il adopte une attitude tyrannique. Un État qui fait sa proie de ses citoyens est comme une bête sauvage dans l'« état de nature » et n'a pas le droit de gouverner. Les citoyens peuvent alors considérer de leur devoir de renverser l'État.

Selon Rousseau (*voir p. 292-293*), si le contrat social est authentique et qu'il n'est pas fondé sur le mensonge et l'oppression, ce n'est pas simplement un protecteur externe de la liberté négative, mais l'expression de la volonté rationnelle de la communauté entière – la « volonté générale ».

LES CRITIQUES

Il est peu probable, disent les sceptiques, que les gens soient sortis des bois avec en tête l'idée d'un contrat social. Les contrats supposent l'existence d'un marché, pas d'un état sauvage. La théorie du contrat social a été critiquée en tant que fiction libérale qui préserve le mythe de l'individu souverain consentant librement à l'autorité de l'État. Car pour cela, il faudrait être le produit d'un État instauré, pas son fondateur. Les contrats et leurs rédacteurs sont des créations élaborées. Comme le soutenait Hegel (*voir p. 302-303*), l'État forme l'individu, non le contraire.

Aussi vaudrait-il mieux ne pas penser au contrat social en tant qu'événement historique ni comme à quelque chose auquel nous, en tant qu'individus, sommes supposés avoir souscrit. Nous devrions plutôt le voir, ainsi que l'ont déclaré certains philosophes libéraux tels que John Rawls (*voir p. 340*), comme une sorte d'expérience de pensée – un outil pour nous aider à réfléchir à l'utilité de l'État, à ce qu'il doit à ses citoyens et à ce que eux lui doivent. En d'autres termes, comme le genre de contrat que nous ébaucherions nous-mêmes si l'on nous demandait de préserver notre liberté (négative) dans une société juste.

« LA VIE D'UN HOMME DANS UN ÉTAT DE NATURE… MÉCHANTE, BRUTALE ET COURTE. »

Thomas Hobbes, *Léviathan*

Les suffragettes perturbent une élection, renversant les urnes sous le buste de Marianne : durant la Révolution, les républicaines plaidèrent pour obtenir le droit de vote, qui leur fut refusé par le nouveau droit civil du Code Napoléon.

R F

Les droits

Le droit est un élément clé de la vision libérale de la politique. Décrit simplement, un droit est une revendication non négociable. Si vous avez un droit, alors on ne doit pas vous empêcher d'en jouir ; de plus, d'autres personnes ont le devoir de vous permettre de l'exercer. Les droits sont aussi une manière de défendre certaines libertés contre le pouvoir de l'État, ou contre d'autres citoyens souhaitant nous en priver.

Les révolutionnaires américains et français du XVIIIe siècle employèrent le langage des droits – ici dans la Constitution des États-Unis – pour contrebalancer le pouvoir de l'État.

Les droits sont pensés comme inviolables et en quelque sorte, « prépolitiques ». Dans le jeu politique des revendications entre citoyens, et entre État et citoyens, un droit est comme une carte d'atout – une exigence absolue qui reconnaît une revendication comme valable, même si l'exercice de ce droit va à l'encontre du bien de la majorité.

Bien sûr, revendiquer quelque chose comme un droit ne signifie pas que les autres le reconnaissent. En pratique, la plupart des droits ne sont établis qu'après des luttes acharnées par ceux qui les demandaient. Par exemple, en Occident, le droit de vote n'a été obtenu par certaines minorités exclues du processus démocratique (les femmes, les « classes ouvrières » et les noirs) qu'après un dur combat.

LA BASE DES DROITS

La notion de droits contrebalance celle de contrat social (*voir p. 167*), qui justifie les pouvoirs de l'État sur le citoyen. Les droits imposent une limite à l'action de l'État sur le citoyen, et spécifient en outre quelles libertés l'État a le devoir de défendre. Mais sur quoi sont-ils fondés ?

Certains pensent qu'avoir des droits est fondé dans notre nature, octroyés par Dieu ou par la nature. Cette approche considère les droits comme l'essence même de notre humanité, ce qui les place hors d'atteinte des politiciens et de la majorité dominante.

En revanche, cette notion de « droits naturels » ne clarifie pas comment nous *savons* que nous avons ces droits (par intuition ?), ni même combien de droits nous avons exactement (en reste-t-il à découvrir ?). De la même façon, elle n'explique pas les désaccords sur ce qui constitue un droit. On peut aussi considérer les droits comme le fruit de notre création, résultat de décisions politiques, de coutumes ou de conventions. Mais cette approche est également problématique, car des droits inventés n'ont pas la puissance « prépolitique » des droits naturels. Après tout, si nous avons inventé les droits, alors nous pouvons certainement les changer, voire les abolir.

DÉFINIR LES DROITS

Un autre débat porte sur ce qui peut ou ne peut pas être revendiqué comme un droit. La vie, la liberté de mouvement, la liberté d'expression et la liberté du culte semblent toutes des candidates évidentes. Même si ces droits ne seront peut-être pas respectés partout ni tout le temps, ils ont au moins le mérite de revendiquer des libertés qui valent la peine d'être défendues. Naturellement, cette liste ne couvre pas toutes les choses auxquelles les peuples ont réclamé avoir le droit – cette très longue liste inclurait le droit de vote, de propriété, le droit à l'emploi et à l'aide économique.

La difficulté, c'est que plus de choses comptent comme des droits, moins il reste de place aux mouvements politiques, puisque les droits sont censés être des revendications absolues devant lesquelles les autres considérations, quelle que soit leur importance, doit céder la place. Ainsi, le droit de s'exprimer librement, par exemple, devrait-il ne pas tenir compte des objections formulées sur la base de la décence, du respect de la religion, de la race ou de l'intérêt public ? Et qu'arrive-t-il lorsque deux droits semblent être en contradiction ? Dans certains pays, le débat sur l'avortement voit s'opposer le droit à la vie et le droit d'une femme à disposer de son corps.

Mais malgré ces questions délicates, les droits sont acquis. Les révolutionnaires ont souvent employé le langage des droits pour exprimer leurs aspirations à une société plus juste. Car les droits confèrent une dimension morale à la politique : l'exigence de la reconnaissance et du respect de tous. Cette exigence, qui se répand de plus par-delà les frontières, imprègne nombre de documents, dont la Déclaration des droits de l'homme des Nations unies.

MARY WOLLSTONECRAFT (1759-1797)

Écrivain et féministe, elle milita inlassablement pour un monde fondé sur la raison, libéré de l'oppression et de l'intolérance nées des préjudices et de la superstition. Parmi ses œuvres, *A Vindication of the Rights of Men* (1790) défendait la Révolution française en réponse aux attaques lancées par le philosophe anglo-irlandais conservatiste Edmund Burke *(voir p. 299)*. Dans son œuvre la plus remarquée, *A Vindication of the Rights of Women* (1792), elle avançait que la soi-disante infériorité des femmes venait non pas de la nature, mais de ce que les hommes empêchaient les femmes de recevoir une véritable éducation. Mary Wollstonecraft est la mère de Mary Shelley, l'auteur de Frankenstein (1818).

En 1957, des étudiants noirs américains à Little Rock, dans l'Arkansas, sont reconduits par des soldats alors qu'ils revendiquent leur droit à l'égalité de l'éducation avec les étudiants blancs.

La démocratie sociale

Les concepts de contrat social et de droit participent à la création d'un cadre pour une société juste – concept cher au cœur des démocrates sociaux.

Si la démocratie tient la liberté en très haute estime, elle se distingue de la doctrine libertaire sur le rôle de l'État. En privilégiant à l'extrême la liberté de l'individu dans le marché libre et en réduisant l'État au strict minimum, le libertarisme risque d'exacerber les inégalités et de restreindre la liberté des plus pauvres. Car si vous avez peu d'argent, la maladie, le chômage ou le manque d'éducation vous laisseront moins de liberté qu'à votre voisin plus riche. Pour être libre, il faut être en mesure d'exercer son libre arbitre, mais parce que celui-ci dépend de ses ressources, cette opportunité est souvent refusée aux pauvres. La pauvreté n'étant généralement pas un choix, pourquoi ceux qui en souffrent devraient-ils porter seuls la responsabilité d'en sortir ?

Dans la course de la vie, les démocrates sociaux visent à assurer l'égalité des chances, pas des résultats. Le but est d'éliminer l'injustice, pas l'inégalité.

UNE SOCIÉTÉ JUSTE

La démocratie sociale prend ce problème au sérieux. Elle rejette la doctrine libertaire et prône l'égalité et la liberté pour tous. L'État doit donc intervenir pour garantir l'égalité des chances ainsi que pour aplanir certaines des plus flagrantes inégalités du marché libre. Ces interventions visent généralement à ce que l'éducation, la santé et les aides sociales soient gratuites ou du moins abordables afin d'obtenir l'égalité des chances.

C'est une autre variation du libéralisme, car les démocrates sociaux acceptent le fait qu'il reste des inégalités. L'État tente de garantir l'égalité des chances, pas des résultats. Un peu comme dans une course au départ de laquelle les athlètes se positionnent toujours un peu plus en avant à mesure que leur couloir s'éloigne du centre, de sorte que tous partent avec les mêmes chances – mais tous ne gagnent pas.

L'État démocratique social coûte plus cher que l'État minimaliste de la doctrine libertaire. Cet excédent est récupéré sur les taxes prélevées lourdement sur les mieux lotis. Même s'il est équitable, on peut critiquer ce modèle d'« égalité des chances ». Les démocrates sociaux semblent être en faveur de la liberté négative, avec les différences de résultats qui l'accompagnent, tout en essayant d'en minimiser ses effets les plus néfastes.

Le Quatrième État, de Giuseppe da Volpedo, figure emblématique du mouvement ouvrier en Italie, est un portrait criant de l'humanité unie et réclamant justice à la société.

L'ACTION POSITIVE

Mais les démocrates sociaux doivent faire plus pour s'assurer que tous partent avec les mêmes chances. Ils doivent intervenir sans cesse pour corriger un système qui, laissé à lui-même, tend vers la division des classes.

Prenons deux familles : dans l'une, les parents sont des avocats très bien payés, tandis que dans l'autre, ils ont des revenus modestes. Même si l'État pourvoira à l'éducation des enfants de la famille la plus démunie, les ressources plus importantes des avocats constituent un avantage incontestable concernant les chances de leurs enfants – un avantage que ces enfants transmettront aux leurs.

L'État se doit d'intervenir pour promouvoir l'égalité des chances et se poser en retrait au nom de la liberté individuelle. En résultat, il se peut qu'une certaine mobilité vers le haut soit encouragée, mais une classe restera à part – celle où avantages et relations se transmettent filialement.

DÉFINIR LA JUSTICE

En théorie, la justice fait l'objet d'un consensus, mais il en va différemment dans la pratique. La justice s'intéresse principalement à l'équité, à la distribution moralement correcte des choses entre les individus. Une formule veut que : « Tous doivent être traités avec égalité, à moins qu'il y ait une différence pertinente entre eux. » En d'autres termes, s'il y a un gâteau et deux personnes identiques, il serait juste et équitable d'en donner une part égale à chacune. Mais en réalité, deux personnes ne sont jamais identiques. Comment définir cette différence pertinente ? On peut décider de donner une grosse part à un individu mal nourri (critère : besoin), ou à la personne qui vous a aidé à faire le gâteau (critère : mérite). Ce ne sont là que deux des nombreuses différences dont vous pourriez faire votre critère de répartition. Les décisions de justice, et les différences pertinentes, sont rarement faciles, et souvent violemment contestées.

LE BIEN COMMUN

Le libéralisme accentue l'importance du choix individuel, voyant l'État comme un garant du droit de choisir qui reste neutre sur ce qui constitue un bon choix. Cette vision est contestée par les philosophes appelés communautaristes.

Des droits aux responsabilités

La « communauté » est un terme un peu vague en philosophie politique, mais souligne l'importance du citoyen plutôt que celle de l'individu. Les communautaristes privilégient le bien commun aux droits et libertés individuelles. Selon eux, promouvoir le choix individuel nuit souvent à l'intérêt public. Prenons le trafic urbain, par exemple. Les gens exercent leur liberté de conduire en centre ville pour aller travailler, faire des courses, ou pour le plaisir. Il en résulte des bouchons, des accidents et de la pollution. Les communautaristes voudraient limiter, voire interdire les voitures en ville au profit d'autres moyens de transport. L'approche communautariste trouve justifié de limiter la liberté individuelle pour le bénéfice de l'ensemble de la communauté. Les communautaristes accusent les libéraux d'encourager des préoccupations égoïstes aux dépens du bien commun. L'individualiste peut en effet négliger les devoirs et les engagements essentiels à l'épanouissement de la communauté. Or si l'on veut des procès équitables, il faut accepter d'être juré ; si l'on veut être parent, il faut assumer ses responsabilités ; si l'on veut des rues sûres, il faut agir pour sa communauté.

En 1980, en Pologne, le syndicat Solidarité s'opposa au gouvernement communiste et aida à établir des élections démocratiques.

ANIMAUX SOCIAUX

Les idées communautaristes se retrouvent chez Aristote (*voir p. 248-249*), qui déclara que l'homme est un « animal politique » – un animal qui, contrairement au dieu ou à la bête, vit en société. L'animal politique est modelé par la société. Ne se préoccuper que des libertés individuelles, c'est ignorer ce qui fait de nous ce que nous sommes – et qui résulte rarement de choix

LA SOLIDARITÉ

Les communautaristes pensent qu'une bonne société a besoin d'autre chose que de libertés et de droits individuels. Elle a besoin d'être liée à ses citoyens. La solidarité renforce les liens des groupes et des communautés. Un syndicat ou la sécurité sociale sont des expressions institutionnelles de la solidarité. Un syndicat promeut la solidarité entre travailleurs afin qu'ensemble, ils puissent améliorer leurs conditions de travail, tandis que la sécurité sociale symbolise l'idée que tous les citoyens font partie d'une communauté et partagent une responsabilité les uns envers les autres.

Pour les communautaristes, les citoyens devraient participer activement aux prises de décision de leur communauté, et ne pas laisser ce privilège à d'autres.

Pour les communautaristes, les citoyens devraient participer activement aux prises de décision de leur communauté, et ne pas laisser ce privilège à d'autres.

conscients. Nous naissons au sein d'une famille, apprenons une langue, et nous nous socialisons grâce à des valeurs, des mœurs et des conventions. Plongés dans un tout social, nous sommes reliés par un vaste réseau fait d'affection, de dépendance, de devoirs, etc.

Les libéraux privilégient soit l'individu lui-même et ses droits, soit des concepts abstraits tels que l'« humanité » universelle. Mais cette perspective ne prend pas en considération les communautés spécifiques qui façonnent réellement les gens. Le mot « femme » en général est une abstraction, mais cette femme iraquienne, dans ce village, avec sa famille, son histoire, sa langue, sa religion, ses problèmes et ses aspirations est une personne bien vivante.

Les communautaristes étendent la notion du politique au-delà des règles de l'État à quelque chose qui doit tous nous concerner pour accomplir notre humanité. Ils voient le contrat social (*voir p. 165*), dans lequel les individus choisissent librement d'adhérer à l'État politique, comme un mythe, car pour eux, le peuple est capable d'action politique uniquement parce qu'il est modelé par un complexe monde social. Pour pouvoir faire des choix rationnels, j'ai besoin d'avoir acquis les attitudes, les capacités et les buts qui rendent ces choix à la fois possibles et significatifs. Séparer le bien individuel du bien commun n'a donc aucun sens, et je dois accepter mes responsabilités au même titre que mes libertés si je veux que s'épanouissent tout ce qui fait de moi un citoyen libre. Je dois œuvrer pour le bien de quelque chose de plus grand que moi.

DIVERGENCES D'OPINION

On peut accepter les idées communautaristes tout en gardant de sérieuses réserves. Quel sera le destin du dissident ou d'une minorité impopulaire dans un État dirigé selon les lignes communautaristes ? Que se produira-t-il si « notre » Iraquienne décide de rejeter certains aspects de sa culture et de la communauté à laquelle elle appartient ? Le communautarisme peut avoir des conséquences pratiques fâcheusement conservatrices ou répressives. Les communautés ont parfois traité durement ceux qui s'écartaient de la majorité, imposant une vue unique sur le mode de vie, les croyances, et faisant taire les voix dissidentes de l'opposition.

Les communautaristes répondent qu'ils ne sont pas *contre* les droits et le dissentiment. Le bien commun, disent-ils, est servi par des citoyens actifs, capables de débats, mais qui partagent néanmoins le même intérêt pour la communauté plutôt que les politiques étroites du choix individuel.

La liberté positive

Il se peut que le conflit entre bien commun et liberté individuelle soit plus apparent que réel. Certains critiques pensent que les libéraux ont une idée trop limitée de la liberté. Celle-ci implique plus que le fait d'avoir la chance de réaliser ses désirs. Comprendre la nature de ces désirs est tout aussi important. Certains désirs sont importuns, comme une envie compulsive de faire du shopping, ou une dépendance au jeu. Céder à de tels désirs, selon les critiques, c'est se priver de sa liberté. Il faut réfléchir à nos désirs avec du recul, afin de discerner ceux auxquels nous nous *identifions* vraiment. Si nous ne nous identifions pas avec un désir, alors nous en sommes l'esclave et n'agissons pas librement, quelle que soit notre liberté par rapport à autrui.

Les défenseurs de la liberté positive veulent que la société exprime une sorte de liberté publique – harmonie classique entre citoyens et institutions.

Le moi de chacun d'entre nous, avec tous ses désirs, est en partie le produit de forces sociales que nous n'avons pas choisies. Ainsi, agir simplement selon les désirs qui nous animent n'a rien de commun avec la liberté. Suivant ce raisonnement, la vraie liberté implique d'évaluer ce qu'il vaudrait le mieux choisir ou devenir. C'est là la voie vers une liberté « positive ».

Précisons deux choses ici. D'abord, les désirs sont très influencés par la société. Le contexte de nos désirs est politique autant que psychologique. La culture consumériste,

« DANS LE DEVOIR, L'INDIVIDU SE LIBÈRE ET ATTEINT LA LIBERTÉ SUBSTANTIELLE. »

Georg Hegel, *Principes de la philosophie du droit* (trad. A . Kaan), Gallimard, Paris, 1940

par exemple, est manipulée par une industrie qui vise à nous faire acheter des choses dont nous n'avons pas nécessairement envie ou besoin, voire les moyens.

Ensuite, la raison a une dimension sociale et n'est pas neutre sur ce qui est bon. L'évaluation plus « élevée » de nos désirs est ainsi ouverte à l'appréciation d'autrui. Nous ne savons pas toujours ce qui est pour le mieux et discutons souvent pour prendre conseil. De plus, notre façon de raisonner est toujours normative – elle implique nécessairement des termes « chargés » de jugement. Eux aussi viennent de la société dans laquelle nous vivons.

LA LIBERTÉ SOCIALE

Si la liberté négative met l'accent sur le nombre de possibilités d'un individu, les défenseurs de la liberté positive veulent changer les phénomènes sociaux qui empêchent les gens d'*exercer* leur liberté. Ces phénomènes sont entre autres la pauvreté, l'ignorance, le consumérisme et les inégalités créées par le marché libre.

Les opposants de la liberté positive pensent qu'il n'existe vraiment qu'une seule forme de liberté – le choix individuel – et qu'il y a quelque chose de gênant à penser ce qu'une personne raisonnant correctement *devrait* vouloir. Cela conduirait-il à la coercition de l'individu au nom d'une « liberté » collective et oppressive ? Ces critiques butent contre la vision de l'individu comme n'étant pas nécessairement le meilleur juge de ce qui est bon pour lui et que certains intermédiaires – l'État, la communauté, le parti ou le dirigeant – puissent déclarer savoir mieux et décider pour lui. Si c'est là que nous mène la liberté positive, il semble que ce soit une impasse.

Les partisans de la liberté positive, tels que Charles Taylor *(voir ci-dessus)*, pensent que ces craintes sont infondées. Pour eux, la vraie liberté implique de remplir ses devoirs, parmi lesquels le devoir de transformer sa communauté si elle renie toute forme de liberté. Une société véritablement libre est donc une société dans laquelle les citoyens saisissent la responsabilité de préserver tout ce qui promeut la liberté sociale. Cette position compte d'éminents défenseurs, tels que Rousseau, Hegel et Karl Marx.

En dépit d'un tel soutien, les objecteurs libéraux maintiennent que la liberté positive est une dangereuse mystification, et que la seule liberté qui importe se trouve chez l'individu et dans ses choix – quels qu'ils soient.

CHARLES TAYLOR (né en 1931)

Le Canadien Charles Taylor est une voix essentielle dans le débat libéral/communautariste. Bien qu'il n'aime guère le terme de « communautariste », Taylor critique la conception libérale du moi comme étant trop creuse et abstraite. Selon lui, nous devrions comprendre le moi en termes d'« horizons de sens », c'est-à-dire le réseau de relations à autrui qui offre à l'individu un contexte stable pour faire sens dans le monde. Sans horizons de sens, les choix deviennent arbitraires et dépourvus de sens. Il a notamment écrit *Hegel* (1975), *Les Sources du moi* (1989) et *The Ethics of Authenticity* (1992).

Les critiques de la liberté positive allèguent que la notion d'une liberté plus « élevée » que celle de l'individu peut, en pratique, aboutir à la tyrannie de l'État.

L’avenir de la liberté

Il se peut que l’idée d’une « liberté en tant que choix » soit incomplète, voire trompeuse. Nos choix et nos réflexions sont ancrés dans un contexte social et historique, comme le sont les buts et les aspirations qui nous poussent à amorcer les changements. Pourtant, toute société qui souhaite voir ses citoyens être libres de faire leurs propres choix doit adopter une position plus ou moins libérale quant à l’opinion, au mode de vie et à la religion. Le libéralisme fait écho au désir croissant de vivre comme on l’entend, sans égard pour l’opinion d’autrui. Une société libre est une société dans laquelle il n’est pas dangereux d’être impopulaire. Cependant, un libéralisme qui donne au marché libre le rôle central dans la formation du monde social ne sert pas nécessairement la cause de la liberté. C’est pourquoi les démocrates sociaux cherchent à limiter le pouvoir du marché. Il reste encore à prouver que l’on peut équilibrer l’encouragement d’une économie efficace (génératrice de richesses) et la redistribution de certaines de ces richesses aux plus démunis (pour limiter les inégalités) face aux puissantes forces transnationales générées par la globalisation. À mesure que la compétition s’accélère, les politiques risquent de succomber à la pression grandissante pour plus de libertarisme.

Le libéralisme est très critiqué, mais il souligne les résultats souvent tragiques des révolutions ou des États dévoués aux libertés « plus élevées » que celles de la démocratie libérale. Si les défenseurs

La liberté politique n’est jamais autant appréciée que par ceux qui n’ont pu en profiter. Nelson Mandela *(ci-dessous)* resta 27 ans prisonnier du régime sud-africain de l’apartheid.

HANNAH ARENDT (1906-1975)

La philosophe allemande Hannah Arendt soutenait que la politique a besoin d'un espace public où les gens puissent agir librement et se révéler à travers leurs actes et leurs paroles. Elle-même vit cet espace menacé par la montée du nazisme et du totalitarisme stalinien, mais aussi, croyait-elle, par les processus à l'œuvre dans les démocraties libérales modernes. Elle a notamment écrit *Les Origines du totalitarisme, La Condition de l'homme moderne et Eichmann à Jérusalem : Rapport sur la banalité du mal* (1963).

d'une conception plus positive de la liberté, comme Rousseau (*voir p. 292-293*) et Marx (*voir p. 311-312*), ne sont pas personnellement responsables des excès de l'Union soviétique de Staline ou du Cambodge de Pol Pot, il reste à savoir si leurs approches peuvent nous mener ailleurs.

LA POLITIQUE EN PÉRIL ?

Certains philosophes modernes ont nourri des craintes sur l'avenir de la politique, et donc de la liberté. Hannah Arendt croyait que le plus grand danger viendrait d'une société entièrement gérée, dans laquelle il ne reste plus aucun espace public où débattre et décider entre citoyens de ce que requiert le bien public. Mais, comme le fit remarquer Charles Taylor (*voir p. 175*), on se partage souvent trop vite entre « détracteurs » et « supporters » de la modernité. L'avenir, selon lui, sera probablement plus nuancé et intéressant que ne le suggèrent ces positions.

Il est essentiel que les philosophes politiques trouvent un moyen de penser par-delà l'État nation, car les véritables défis du XXIe siècle seront mondiaux. Il reste des raisons d'être optimiste, et Arendt les avaient identifiées : l'animal politique est libre de renouveler, de donner naissance à un avenir qui ne répète pas le passé. L'avenir de la politique, c'est l'avenir de la liberté.

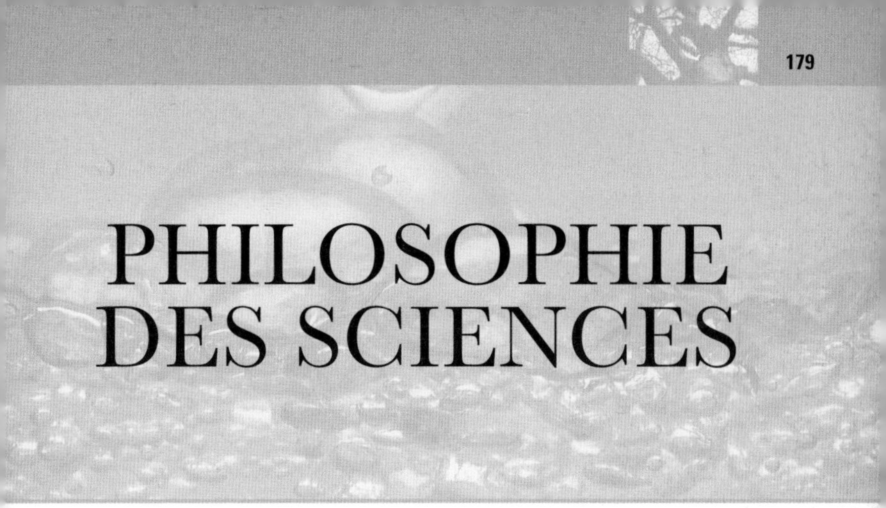

PHILOSOPHIE DES SCIENCES

La philosophie des sciences, qui remonte au moins jusqu'à Aristote, est l'une des plus anciennes branches de la philosophie. Elle se développe aujourd'hui rapidement, car les immenses avancées scientifiques du siècle dernier ont poussé les philosophes à repenser ce qu'est la science. Ils pourraient même participer à la structuration de son avenir.

La philosophie des sciences implique une réflexion philosophique sur la science. Les philosophes ne se posent pas des questions scientifiques mais s'intéressent aux questions *sur* la science. Qu'est-ce que la science ? Qu'est-ce qui distingue la discipline scientifique ? Quel rôle tient l'observation ? Comment la science progresse-t-elle ? D'autres questions se concentrent sur les concepts qu'applique la science. Comme par exemple, qu'est-ce qu'une loi de la nature ? Autre préoccupation philosophique : dans quelle mesure avons-nous raison de supposer que les entités non observées sont réelles ? Doit-on supposer que les électrons existent vraiment, ou bien ne sont-ils que d'« utiles fictions » ?

LES PREUVES EN QUESTION

Certaines des questions les plus centrales posées par les philosophes de la science concernent la confirmation. Les scientifiques construisent des théories qu'ils pensent confirmées par leurs observations. Mais cette confirmation est progressive. Une théorie peut être légèrement ou fortement confirmée par une preuve. Nous supposons que plus une théorie est confirmée par les preuves disponibles, plus il est raisonnable de la croire. Mais on peut s'interroger : qu'est-ce qui fait qu'une théorie est plus fortement confirmée qu'une autre ? Ou plus fondamentalement : nos théories scientifiques sont-elles jamais confirmées ? Au XVIIIe siècle, David Hume soutenait que tandis que nous supposons nos observations peuvent confirmer nos théories scientifiques, elles ne fournissent en réalité aucune confirmation (*voir p. 90-93*). Si Hume a raison, toutes les théories, depuis la théorie de la révolution de la Terre autour du Soleil jusqu'à la théorie selon laquelle le noyau de la Terre est constitué de fromage, sont toutes rationnelles. Le problème soulevé par Hume est appelé « problème de l'induction », et des penseurs majeurs ont tenté de le résoudre grâce à la philosophie.

L'ADN, découverte capitale que l'on doit à Watson, Wilkins *(ci-contre)* et Crick, est une « révolution conceptuelle » dans la pensée scientifique. Les philosophes s'intéressent aux implications des nouvelles façons de penser.

LE PROBLÈME DE L'INDUCTION

Nous dépendons tous du raisonnement inductif. Nous supposons que parce que le soleil s'est toujours levé, nous avons de bonnes raisons de supposer qu'il se lèvera demain. Mais si le philosophe David Hume *(voir p. 290-291)* a raison, le passé ne fournit aucun indice quand à ce qui va se produire.

De grandes attentes

La forme de raisonnement la plus fiable est la déduction. Dans un raisonnement déductif valable (voir p. 195), les prémisses entraînent logiquement la conclusion. Prenons un exemple simple :

Socrate est un homme.
Tous les hommes sont mortels.
Donc, Socrate est mortel.

Si l'on devait affirmer que les prémisses sont vraies et la conclusion fausse, nous serions face à une contradiction logique.

Le fait que tous les cygnes que nous ayons vus jusqu'à présent étaient blancs ne garantit pas que tous les cygnes sont blancs.

Dans un raisonnement inductif *(voir p. 196-197)*, les prémisses ne sont pas supposées fournir une garantie logique que la conclusion est vraie. Elles sont seulement supposées fournir les preuves que la conclusion est vraie. Voici un exemple :

Cygne 1 est blanc.
Cygne 2 est blanc.
Cygne 3 est blanc…
Cygne 1 000 est blanc.
Donc, tous les cygnes sont blancs.

Si nous observons 1 000 cygnes, et qu'ils sont tous blancs, nous en concluons que tous les cygnes sont blancs. Les prémisses nous permettent de tirer cette conclusion. Mais il n'y a pas de contradiction logique à supposer que même si les mille premiers cygnes observés étaient blancs, le prochain ne le sera pas.

Notre expérience passée nous permet d'être certain de l'avenir. Qui pourrait douter du fait que le soleil se lèvera demain ?

Nous nous appuyons constamment sur le raisonnement inductif. Chaque fois que nous faisons une prédiction sur l'avenir, le présent, ou même le passé, nous nous appuyons sur le raisonnement inductif pour justifier nos affirmations.

Par exemple, je suppose que la chaise sur laquelle je suis sur le point de m'asseoir va supporter mon poids. Quelle justification me permet de le croire ? La chaise a toujours supporté mon poids par le passé. J'en conclus qu'elle va continuer. Bien sûr, le fait que la chaise ait toujours supporté mon poids par le passé n'offre aucune garantie logique quant au fait qu'elle continuera de le faire. Il est possible qu'elle s'effondre. Pourtant, nous supposons y trouver une raison suffisante de supposer qu'elle continuera ainsi.

Les scientifiques s'appuient aussi beaucoup sur le raisonnement inductif. Ils construisent des théories supposées être valables en tout lieu et à tout moment, y compris dans le futur. Ils justifient leurs théories en mettant en avant leurs observations. Mais les affirmations portant sur ce qui a été observé jusqu'à présent n'entraînent pas logiquement d'affirmations quant à l'avenir. Donc, si les scientifiques veulent justifier leurs théories, ils ne peuvent le faire en se servant du raisonnement déductif. Ils doivent s'en remettre au raisonnement inductif.

LA NATURE EST-ELLE UNIFORME ?

Le philosophe David Hume se demande si nous sommes jamais justifiés dans le fait de tirer de telles conclusions sur ce qui n'est pas observé. Hume pense que chaque fois que nous raisonnons de façon inductive, nous faisons une supposition. Nous supposons que la nature est uniforme. Nous supposons

« CE N'EST DONC PAS LA RAISON LE GUIDE DE LA VIE, MAIS L'HABITUDE SEULE QUI DÉTERMINE L'ESPRIT, EN TOUTES CIRCONSTANCES, ET PERMET DE SUPPOSER QUE LE FUTUR SERA CONFORME AU PASSÉ. »

David Hume, *Traité de la nature humaine*

que les mêmes schémas généraux existent dans toute la nature. Mais sans cette supposition, nous ne tirerions pas les mêmes conclusions. Je ne conclurais pas que parce que la chaise n'a jamais cédé, elle ne le fera pas. C'est uniquement parce que je crois que les mêmes régularités générales s'étendent à toute la nature, y compris à l'avenir, que je suppose que la chaise supportera encore mon poids. C'est là que Hume décèle un problème. Chaque fois que nous raisonnons de façon inductive, nous supposons que la nature est uniforme. Mais pour justifier notre croyance selon laquelle l'induction est une méthode fiable pour acquérir de vraies croyances, il faut justifier cette supposition.

JUSTIFIER NOS CROYANCES

Hume énonce deux possibilités. Nous pouvons tenter de justifier l'affirmation selon laquelle la nature est uniforme grâce à l'expérience. Ou bien nous pouvons essayer de montrer que cette affirmation est une sorte de vérité logique. Malheureusement, l'affirmation selon laquelle la nature est uniforme n'est évidemment pas une vérité logique. Il n'y a pas de contradiction logique dans le fait de supposer que, même si la nature a été uniforme jusqu'à présent, elle ne puisse soudain devenir chaotique, une pagaille où les événements se produisent de façon aléatoire et imprévisible.

Ce qui ne nous laisse que la possibilité de justifier empiriquement notre supposition d'uniformité de la nature. Une façon d'y parvenir serait de pouvoir observer toute la nature directement. Alors nous verrions si elle est uniforme. C'est bien sûr impossible. Seule une infime partie de l'univers est directement

Comment savoir que les lois de la physique observables en un lieu s'appliquent à tout l'univers ? Il pourrait ressembler à un patchwork.

observable. Et l'avenir ne l'est certainement pas.

Dans ce cas, notre justification devra se faire au moyen de déductions basées sur ce que nous pouvons observer directement. Alors pourquoi ne pas conclure que la nature est probablement uniforme partout puisqu'elle l'est ici et maintenant ?

Parce que ce raisonnement est lui-même inductif. Nous nous appuierions sur un raisonnement inductif pour démontrer que le raisonnement inductif est fiable. Cette circularité ne peut justifier quoi que ce soit. Cela reviendrait à faire confiance à une voyante car elle-même se dit fiable.

Selon Hume, l'induction ne peut justifier l'induction. Cela reviendrait à faire confiance à une voyante parce qu'elle-même se dit digne de confiance.

Hume conclut que bien que nous raisonnions de façon inductive, nous n'avons aucune justification de supposer que le raisonnement inductif peut nous mener à de vraies conclusions. Nous ne possédons aucune raison de supposer que les choses continueront de se produire de la même façon qu'elles l'ont toujours fait. Certes, je suppose que cette chaise supportera mon poids la prochaine fois que je m'assiérai dessus, que ce stylo tombera lorsque je le lâcherai, et que le soleil se lèvera demain comme il l'a toujours fait. Mais en vérité, j'aurais tout autant de raisons de supposer que la chaise s'effondrera, que le stylo lévitera, et que demain, un panda gonflable et lumineux, large d'un million de kilomètres, se lèvera à l'horizon.

Bien sûr, les conclusions de Hume semblent insensées. Nous trouverions normalement que quelqu'un qui croit qu'un panda géant remplacera le soleil est fou. Mais si Hume a raison, cette « folle » croyance n'est pas moins raisonnable que la nôtre. Les prédictions des fous ne sont ni plus ni moins raisonnables que celles de nos grands scientifiques.

« MAIS ÇA MARCHE »

Il est tentant de répondre à Hume (et à son problème de l'induction) que le raisonnement inductif a largement fait ses preuves. En s'appuyant sur le raisonnement inductif, les scientifiques ont accompli des choses extraordinaires, depuis les ampoules électriques et les ordinateurs jusqu'aux voyages dans l'espace et la modification génétique.

« SUPPOSER QUE LE FUTUR RESSEMBLE AU PASSÉ N'EST FONDÉ SUR AUCUN ARGUMENT MAIS DÉCOULE ENTIÈREMENT DE L'HABITUDE. »

David Hume, *Traité de la nature humaine*

Ces exploits dans les domaines des sciences et de l'ingénierie dépendent tous du raisonnement inductif. N'est-ce pas une excellente raison de supposer que le raisonnement inductif est une méthode fiable pour acquérir de vraies croyances ?

Là encore, nous venons de développer un raisonnement inductif qui souligne que l'induction a eu énormément de réussite jusqu'à présent, et conclut qu'elle continuera probablement à avoir autant de réussite à l'avenir. Mais nous retombons dans le problème de la circularité : utiliser l'induction pour justifier l'induction revient à faire confiance au message d'une publicité, uniquement parce qu'elle affirme être digne de confiance.

Si Hume a raison, il est aussi rationnel de s'attendre à voir un cheval à torse d'homme que le contraire.

RECOURS À LA RATIONALITÉ

Alors que nous croyions être justifiés en tirant des conclusions sur l'avenir et que les prédictions de nos plus grands scientifiques sont plus vraies que celles d'un fou, Hume semble avoir montré que ces croyances sont irrationnelles. Les philosophes continuent de se débattre avec cet épineux problème. Il a été suggéré que le sens du mot « rationnel » est de raisonner de façon déductive ou

Le raisonnement inductif a permis des exploits scientifiques. L'homme a marché sur la lune. Cela ne prouve-t-il pas que l'induction est fiable ?

inductive. Nous n'avons donc pas besoin de justifier l'affirmation selon laquelle « l'induction est rationnelle », pas plus que nous n'avons besoin de justifier que les célibataires ne sont pas mariés, ou que les mères sont des femmes. Ces affirmations sont analytiques (*voir p. 66-67*) ou « vraies par définition ».

Cependant, même si nous admettons que l'affirmation selon laquelle « l'induction est rationnelle » est « vraie par définition », nous n'avons fait que déplacer le problème. Hume se demande comment savoir que l'induction nous conduira de façon fiable à des vérités vraies portant sur l'avenir. Dire que « l'induction est rationnelle » est « vrai par définition » soulève simplement la question : quelle raison avons-nous de supposer que le fait d'« être rationnel » constitue un guide plus fiable que les prédictions d'un fou ?

Le problème de l'induction a poussé certains penseurs à chercher d'autres moyens d'établir des vérités scientifiques *(voir p. 185-186)*.

À QUEL POINT LA THÉORIE DE HUME EST-ELLE RADICALE ?

On peut facilement, si l'on est novice en philosophie, se méprendre sur la radicalité de la position de Hume sur le sujet de l'induction. Sa conclusion n'est pas que nous ne pouvons être absolument sûrs de l'avenir. Nous sommes tous d'accord pour convenir qu'il y a une certaine marge d'erreur quand il s'agit de prédire l'avenir. Mais Hume affirme que nous n'avons aucune raison de supposer que les choses vont continuer d'être telles qu'elles l'ont toujours été. Si Hume a raison, la science est une activité complètement irrationnelle, et les prédictions des scientifiques ne sont pas plus rationnelles que celles des fous.

Les « savants fous » relèvent de la fiction. Mais selon Hume, le raisonnement inductif utilisé par tous les scientifiques est « fou » en ce qu'il n'a aucune base rationnelle.

LA RÉFUTATION

Le philosophe Karl Popper *(voir p. 332)* offre une solution radicale au « problème de l'induction » *(voir p. 180-185)* et au doute qu'il jette sur les théories scientifiques. Selon Popper, la science ne s'appuie pas sur l'induction mais progresse grâce à la « réfutation » des théories.

Éliminer l'erreur

Imaginons que je croie que tous les cygnes sont blancs. Puis, lors d'un voyage en Nouvelle-Zélande, je vois un cygne noir. Cette observation (il existe un cygne noir) réfute ma théorie originale selon laquelle tous les cygnes sont blancs. Remarquons que le raisonnement utilisé ici est *déductif*, et non *inductif (voir aussi p. 194-197)* :

J'observe la vérité suivante : il existe des cygnes qui ne sont pas blancs.
La vérité de cette affirmation entraîne que ma théorie « tous les cygnes sont blancs » est fausse.

La position de Karl Popper est la suivante : plutôt que de progresser grâce à des théories confirmées par l'induction, la science progresse en fait grâce à des théories qui ont été réfutées via des raisonnements déductifs. Les scientifiques construisent des théories à partir desquelles ils peuvent déduire certaines conséquences qu'ils soumettent à des épreuves falsificatrices. Celles qui sont ainsi réfutées sont éliminées, et de nouvelles théories qui expliquent cette réfutation sont ensuite construites, puis testées à leur tour. Remarquons que, comme la réfutation n'implique pas le raisonnement inductif, le problème de l'induction de Hume est évité.

TROUVER DE BONNES THÉORIES

Le propos de Popper n'est pas que les théories qui n'ont pas encore été réfutées sont toutes bonnes. Certaines théories restent meilleures que d'autres. Ce qui rend une théorie non réfutée préférable à une autre est le fait qu'elle pourrait être plus facilement réfutée. Pour qu'une théorie soit plus facilement réfutable qu'une autre, il faut entre autres que son domaine soit le plus étendu possible. Considérons ces deux théories sur la gravité :

Tous les objets tombent vers le centre de la Terre.
Tous les objets à Londres tombent vers le centre de la Terre.

La première théorie est plus vaste. Elle prédit tout ce que prédit la seconde, mais aussi beaucoup plus. Il est donc plus facile de la réfuter.

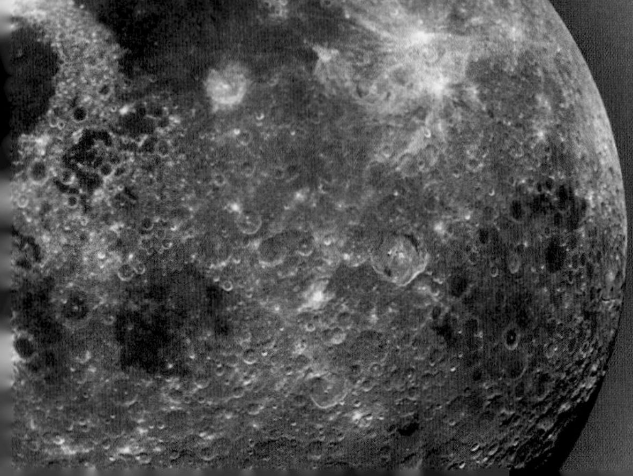

En observant les cratères de la lune au télescope, Galilée réfuta la théorie d'Aristote sur les corps célestes en tant que sphères parfaites.

KARL POPPER ET LA SCIENCE VÉRITABLE

Selon Popper, toute théorie véritablement scientifique est réfutable. C'est-à-dire qu'il existe une observation capable de la réfuter. Ainsi, une affirmation vraiment scientifique est une affirmation positive sur la façon dont pourrait être le monde. Elle court le risque d'être fausse – le monde pourrait s'avérer ne pas correspondre à la théorie. Les affirmations qu'il est impossible de réfuter ne parviennent pas à cela. Elles sont consistantes avec la façon dont le monde pourrait être, mais manquent de véritable contenu empirique.

Disons par exemple que « Les émeraudes sont vertes, ou les émeraudes ne sont pas vertes » est une affirmation impossible à réfuter – quelle que soit notre observation, elle correspondra à la vérité. Aussi n'est-elle pas véritablement scientifique. Popper suggère que c'est un moyen de distinguer les théories véritablement scientifiques de celles des pseudo-sciences. Les théories scientifiques sont falsifiables. Les théories qui se disent scientifiques mais sont infalsifiables ne sont pas scientifiques. Selon Popper, la théorie de l'histoire de Marx et la théorie de l'inconscient de Freud ne passent pas cette épreuve de falsifiabilité. Car quelle que soit la contre-preuve que l'on tente d'opposer aux théories de Marx ou de Freud, elles parviendront toujours à se l'approprier. Cela n'en fait pas de « mauvaises » théories scientifiques. Popper pense simplement que ce ne sont pas des théories scientifiques du tout.

Le divan de Sigmund Freud est le symbole de la psychologie moderne. Mais selon Popper, la théorie de Freud n'a rien de scientifique.

Autre raison pour laquelle une théorie peut être plus facilement réfutable qu'une autre : ses prévisions sont plus précises.

Considérons cette affirmation :

Tous les gens heureux portent des couleurs vives.

C'est une assertion assez vague. Qu'est-ce exactement que le bonheur, et comment le mesurer ? Où se situe exactement la limite entre être heureux et ne pas être heureux ? Qu'est-ce que l'on considère comme vif ? Ces questions, et d'autres, jaillissent dès que l'on pense soumettre la théorie à des épreuves falsificatrices. Naturellement, l'affirmation étant vague, il est toujours possible, si l'on veut la défendre à tout prix, de contrer une réfutation en disant « Mais ce n'est pas ce que je voulais dire par "vives" », ou « Mais cette personne n'est pas ce que j'appellerais "heureuse". » Cela rend l'affirmation bien plus dure à réfuter.

Une théorie qui fait des prévisions précises et non ambiguës sur des phénomènes quantifiables et mesurables est beaucoup plus facile à réfuter. Par exemple, la théorie selon laquelle toutes les pierres pèsent exactement 500 grammes peut être très facilement réfutée à l'aide de simples balances. Les instruments de mesure offrent aux scientifiques un outil efficace pour tester leurs théories.

ÉVITER LE « AD HOC »

Imaginons que je croie que « tous les bois brûlent ». Mais je reçois une livraison de bûches dont aucune ne brûle. Cette observation réfute ma théorie selon laquelle tous les bois brûlent. Comment répondre ? L'une des possibilités serait d'amender ma théorie originale comme ceci :

Tous les bois brûlent, sauf celui livré dimanche dernier.

Contrairement à ma théorie originale, cette nouvelle théorie évite d'être réfutée par le lot livré dimanche. Mais les falsificationnistes ne considèrent pas cette

Plus une théorie est réfutable, plus elle est scientifique. Une théorie qui offre des prévisions précises et mesurables est facile à réfuter, notamment grâce aux instruments de calibrage.

sorte de réfutation comme désirable. La raison est que cette modification est entièrement *ad hoc* (locution latine signifiant « à cet effet »). Elle est inacceptable en ce qu'elle n'ajoute à la théorie originale aucune conséquence que l'on puisse soumettre à l'épreuve – je ne peux me faire livrer un autre lot de bûches dimanche dernier.
Mais toutes les modifications ne sont pas nécessairement *ad hoc*. Imaginons que je remarque que le bois qui n'a pas brûlé était mouillé. Je pourrai alors modifier ainsi ma théorie :

Tous les bois brûlent, sauf ceux qui sont mouillés.

Cette modification n'est pas *ad hoc* car elle permet de nouveaux tests sur des échantillons de bois sec ou mouillé pour corroborer ou non ma nouvelle hypothèse.

Ainsi fut réfutée la théorie d'Aristote selon laquelle tous les corps célestes sont des sphères parfaites. Galilée mit au point un télescope qui révéla les montagnes et les vallées à la surface de la lune. Cette observation sembla réfuter la théorie d'Aristote en ce qu'elle semblait prouver que la lune n'est pas une sphère parfaite. Mais certains tentèrent de défendre la théorie d'Aristote en la modifiant légèrement. Selon eux, il devait y avoir une substance invisible qui remplissait les vallées de la lune jusqu'au sommet de ses montagnes, rendant le satellite parfaitement sphérique. Ce développement de la théorie d'Aristote est *ad hoc* car il ne lui ajoute rien en termes de conséquences testables. À l'époque, on ne pouvait rien faire pour valider la présence de cette substance invisible. De façon quelque peu sarcastique, Galilée appuya à son tour l'existence de cette substance, ajoutant qu'elle s'accumulait sur les montagnes, rendant la surface de la lune plus inégale qu'elle n'apparaît.

UN OUTIL UTILE

Que le falsificationnisme offre ou non une explication précise de la façon dont la science procède et devrait procéder, l'épreuve falsificatrice reste importante. De nombreuses théories qui se disent « scientifiques » sont difficiles à réfuter car elles n'offrent pas de prévisions claires. En conséquence, leurs défenseurs se reposent sur le fait qu'elles n'ont pas été réfutées. Les astrologues, par exemple, soutiennent que leurs prédictions se sont « réalisées »

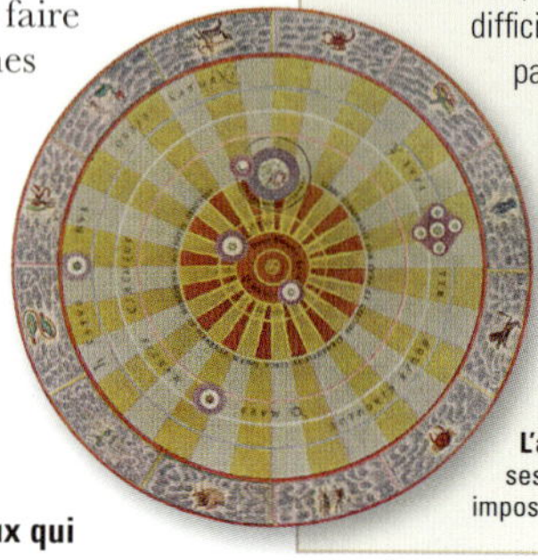

L'astrologie n'est pas une science car ses affirmations sont imprécises et impossibles à réfuter.

Copernic avait prédit le phénomène de parallaxe sans pouvoir le vérifier. Les instruments astronomiques modernes ont confirmé que les étoiles sont si éloignées que la parallaxe est effectivement difficile à observer.

LÀ OÙ LE BÂT BLESSE

L'un des problèmes les plus évidents concernant le falsificationnisme, est son acceptation du fait que nous ne possédons pas la moindre raison de supposer que les théories scientifiques sont vraies. Cette affirmation est pour le moins paradoxale. Ne serait-il pas préférable de trouver une autre solution au problème de l'induction, une solution qui nous permette d'éviter cette étrange conclusion ? Bien sûr, les falsificationnistes répondent qu'il n'en existe pas de meilleure.

Autre problème : le falsificationnisme n'explique pas comment la science progresse, ou devrait progresser. Prenons par exemple la théorie de Copernic selon laquelle la Terre tourne autour du soleil.

« TANT QU'UNE AFFIRMATION SCIENTIFIQUE CONCERNE LA RÉALITÉ, ELLE DOIT ÊTRE RÉFUTABLE : ET TANT QU'ELLE N'EST PAS RÉFUTABLE, ELLE NE CONCERNE PAS LA RÉALITÉ. »

Karl Popper, *La logique de la découverte scientifique* (trad. Thyssen-Rutten et P. Devaux), Payot, Paris, 1973

Dès sa formulation, ses détracteurs émirent deux remarques qui semblèrent réfuter la théorie copernicienne. D'abord, si la Terre tourne, alors un objet qui tombe du haut d'une tour devrait tomber à un certain angle, et non tout droit. Car si la Terre bouge durant la chute de l'objet, celui-ci devrait atterrir à une certaine distance de l'endroit d'où il est tombé. Mais bien sûr, quand les objets tombent, leur chute est verticale. Cette observation semble invalider immédiatement la théorie de Copernic.

Ensuite, si la Terre se déplace autour du soleil, alors les étoiles devraient nous sembler bouger d'avant en arrière dans notre champ de vision au fil d'une année (de la même façon que, si vous regardiez au nord tout en marchant autour d'un lampadaire, les maisons de la rue sembleraient se déplacer d'avant en arrière dans votre champ de vision). Mais ce mouvement, ou parallaxe, n'a jamais été observé.

Cette absence de parallaxe semblait elle aussi réfuter la théorie de Copernic. Certains tentèrent de la défendre en avançant que les étoiles étaient trop éloignées pour pouvoir observer un parallaxe grâce aux instruments de l'époque (ce qui s'avère être vrai). Mais bien sûr, c'était là un argument *ad hoc*. Il n'y avait, à cette époque, aucun moyen grâce auquel cette nouvelle affirmation aurait pu être réfutée.

Mais en dépit de ces observations, la théorie copernicienne ne fut pas rejetée. Les scientifiques confirmèrent plus tard que Copernic avait raison et en quoi les deux objections formulées ci-dessus étaient erronées. Puisque le falsificationnisme dit que sa théorie aurait due être rejetée, il semble que le falsificationnisme soit lui-même une erreur, car il ne parvient pas à décrire précisément comment la science procède, et devrait procéder.

Lorsque Copernic affirma que la Terre tournait autour du soleil, ses détracteurs répondirent que la chute verticale des objets démontrait qu'il avait tort. Mais les progrès de la science donnèrent raison à Copernic.

LA BOÎTE À OUTILS DU PHILOSOPHE

LES PHILOSOPHES ÉLABORENT DES THÉORIES ÉTRANGES, ENTHOUSIASMANTES, ET PARFOIS PERTURBANTES. BIEN SÛR, CE N'EST PAS L'OBJET PRINCIPAL DE LEUR TRAVAIL. CE QU'ILS CHERCHENT À CONNAÎTRE, PAR-DESSUS TOUT, C'EST LA VÉRITÉ. LA RAISON EST LEUR INSTRUMENT DE TRAVAIL POUR Y PARVENIR.

Les philosophes souhaitent que leurs théories et leurs solutions aient au moins une assez bonne chance d'être correctes. Pour cela, ils les soumettent à un examen très critique et tentent d'étayer au mieux leur propos.

Il est tentant de voir le « pouvoir de la raison » comme notre capacité à tisser logiquement de rigoureux enchaînements rationnels, et à repérer quels en sont les maillons défectueux, un peu comme l'on programmerait un ordinateur à exécuter cette tâche. Il ne fait aucun doute que savoir construire et repérer les erreurs de complexes chaînes rationnelles est essentiel à tout philosophe. Mais l'expression « pouvoir de la raison » renvoie à un ensemble plus large et varié de facultés mentales. Devenir philosophe, c'est aussi développer toute une panoplie de moyens de penser dont, par exemple, la capacité à énoncer ses idées clairement, de façon précise et pertinente.

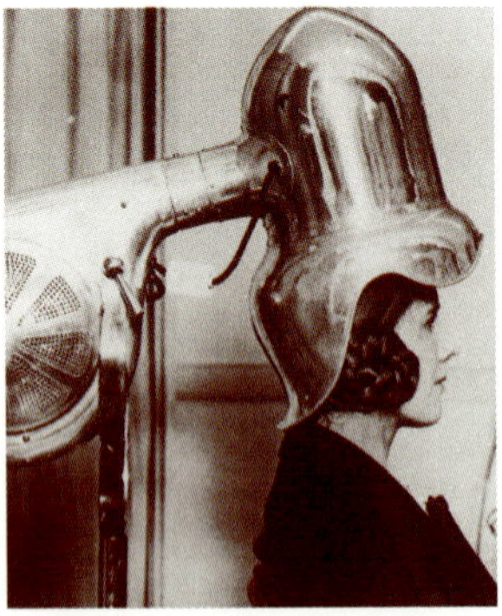

Une mise en plis est facile à réaliser, mais qu'en est-il de ce qui se passe dans notre tête ? Aucun appareil ne nous épargnera le travail intellectuel nécessaire à une meilleure réflexion. Il faut s'entraîner.

Les philosophes doivent aussi être capables de s'atteler à un problème avec patience et détermination, savoir prendre du recul et penser de façon créative et imaginative pour percevoir par exemple lorsqu'une solution qui s'applique à un domaine donné pourrait s'appliquer à d'autres. Parmi les autres facultés indispensables au philosophe se trouve celle de peser sérieusement les probabilités et les preuves, de reconnaître (et de combattre) ses propres préjugés, et de repérer le caractère fallacieux de son propre raisonnement et de celui des autres.

En vous familiarisant avec certains de ces moyens de penser, que tout bon philosophe se doit de maîtriser et qui remplissent sa « boîte à outils » intellectuelle, vous serez en mesure de traiter de toutes sortes de sujets et d'argumenter avec efficacité.

Les joutes philosophiques exigent une certaine agilité intellectuelle. Un peu d'entraînement pour acquérir les compétences essentielles vous permettra de contrer les arguments fallacieux et d'aiguiser vos réflexions.

RAISONNER

En philosophie, on cherche souvent à établir le bien-fondé d'une croyance, ou bien à repérer un virage qui n'est pas raisonnable. L'un des moyens de justifier une conclusion est d'utiliser le raisonnement déductif ou inductif.

La raison est d'abord un excellent filtre. On pourrait décrire l'esprit comme un panier dans lequel tombent toutes sortes de croyances – depuis les croyances sensées, comme celle que la Terre est ronde, aux croyances les plus ridicules, telles que : le noyau de la Terre est fait de fromage. En soumettant ces croyances à l'examen critique de la raison, vous pourrez ne retenir que celles qui ont une assez bonne chance d'être vraies. Quelle devrait être l'exigence de ce filtre ? Descartes avait décidé de soumettre absolument toutes ses croyances à un examen critique pour ne garder que celles dont il ne pouvait douter. Condition moins contraignante mais néanmoins très solide : ne conserver que les croyances ayant de fortes chances d'être vraies.

Le raisonnement déductif

Le moyen le plus évident de montrer qu'une proposition est raisonnable est peut-être d'élaborer un raisonnement solide *(voir encart ci-dessous)* pour l'étayer. Raisonner, c'est *inférer* une *conclusion* à partir d'une ou plusieurs *prémisses* censées l'appuyer rationnellement.

UN RAISONNEMENT SIMPLE

Voici un exemple simple de raisonnement déductif :

Prémisse 1 : Tom est un être humain.
Prémisse 2 : Tous les êtres humains ont un cerveau.
Conclusion: Tom a un cerveau.

Dans tout raisonnement déductif, si les prémisses entraînent logiquement la conclusion, alors le raisonnement est valide. Le raisonnement ci-dessus, par exemple, est valide. Si les prémisses du raisonnement sont vraies, alors la conclusion doit elle aussi être vraie.

« WATSON, VOUS VOYEZ TOUT. MAIS VOUS N'ARRIVEZ PAS À RAISONNER À PARTIR DE CE QUE VOUS VOYEZ. »

Sherlock Holmes, dans *L'Escarboucle bleue*

Quiconque admet les prémisses mais conteste la conclusion se trouve en contradiction logique. Nous supposons que la raison est un véritable détecteur de mensonges. Pourtant, il est possible de produire un raisonnement déductif valide – logiquement correct – mais dont la conclusion est fausse, car l'une ou plusieurs de ses prémisses n'est pas vraie. Par exemple :

Prémisse 1 : Elvis Presley est vivant.
Prémisse 2 : Tous les êtres vivants sont au Brésil.
Conclusion : Elvis Presley est au Brésil.

Comme le premier, ce raisonnement est valide. Les deux prémisses données entraînent logiquement la conclusion. Mais celle-ci est fausse, car les prémisses sont fausses. Donc, pour être sûr que la conclusion est vraie, il faut s'assurer de deux choses : le raisonnement est valide, et les prémisses sont vraies.

QU'EST-CE QU'UN ARGUMENT ?

Quand les philosophes parlent de raisonnement, ils font référence à l'association d'une ou de plusieurs prémisses et d'une conclusion. Les prémisses doivent étayer rationnellement la conclusion. Les raisonnements peuvent être simples ou extrêmement complexes. Souvent, un livre ou un traité philosophique consiste en un long raisonnement constitué de plusieurs petits raisonnements. Chacun doit être vérifié pour être sûr que la conclusion est vraie.

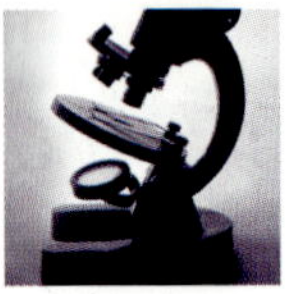

Le raisonnement inductif

Le raisonnement déductif *(voir p. 195)* n'est pas la seule forme valable d'inférence. Dans un raisonnement inductif, on tire également les conclusions de certaines prémisses. Mais celles-ci ne sont pas censées entraîner logiquement la conclusion ; elles doivent simplement étayer rationnellement la conclusion.

LA GÉNÉRALISATION

Imaginons que je veuille confirmer que toutes les pêches ont un noyau. Comment y parvenir, puisque je ne peux vérifier toutes les pêches du monde ? Je pourrais ouvrir 1 000 pêches, puis j'élaborerais mon raisonnement de la façon suivante *(voir ci-contre)* :

La pêche numéro 1 a un noyau.
La pêche numéro 2 a un noyau.
La pêche numéro 3 a un noyau…
et ainsi de suite…
La pêche numéro 1000 a un noyau.
Conclusion : Toutes les pêches ont un noyau.

Plus je coupe de pêches et mets au jour un noyau, plus il est raisonnable de conclure que la prochaine aura elle aussi un noyau.

Ce raisonnement contient 1 000 prémisses et une conclusion, mais celle-ci n'est pas logiquement nécessaire – il reste possible que la 1 001e pêche ne contienne pas de noyau. Pourtant, même s'il n'est pas déductivement valide, nous supposons qu'un tel raisonnement inductif offre de bonnes raisons de supposer que sa conclusion est vraie. Plus j'observe de pêches contenant un noyau, plus il sera raisonnable pour moi de penser qu'elles en ont toutes un. On peut parler ici d'induction énumérative : nous observons un nombre de cas de X étant Y, puis nous généralisons en concluant que tous les X sont Y (ou que le prochain X sera Y).

INDUCTION ET SCIENCE EMPIRIQUE

Les scientifiques élaborent des théories censées être valables en tout lieu et tout instant, y compris le passé ou le futur lointains. Mais ils ne peuvent observer directement tous les lieux, en tout instant. Ils doivent donc s'appuyer sur ce qu'ils peuvent observer afin de justifier leurs postulats. Le raisonnement inductif leur permet de le faire. Par exemple, si les scientifiques remarquent que toutes les actions qu'ils ont observées ont été accompagnées d'une réaction équivalente et contraire, ils peuvent appliquer l'induction énumérative pour conclure que toutes les actions sont accompagnées de réactions équivalentes et contraires. Ou bien ils peuvent observer certains résultats d'expériences, noter que l'existence d'une entité théorique telle qu'un trou noir offre la meilleure explication de ces résultats, et conclure à l'existence de ce trou noir. Ceci est une application scientifique de l'inférence de la meilleure explication.

RÉSOUDRE DES ÉNIGMES

Nous disposons d'autres formes d'induction, dont l'« inférence de la meilleure explication ». Ici, l'existence d'une chose est mise en avant comme étant la meilleure explication d'une autre chose :

On observe X.
L'existence de Y est la meilleure explication disponible de X.
Conclusion : Y existe.

Supposons que j'enquête sur la scène d'un crime qui vient d'être commis. Je remarque une paire de chaussures qui pointent sous un rideau qui frémit. Rien ne garantit logiquement qu'il y a quelqu'un derrière – les chaussures sont peut-être vides et le rideau agité par le vent. Néanmoins, la présence de quelqu'un derrière le rideau serait la meilleure explication de ce que j'observe. Dans ce cas, il est raisonnable de conclure que quelqu'un se cache derrière le rideau. C'est l'« inférence de la meilleure explication » mise en application.

Les particules théoriques telles que les électrons ne peuvent être observées, mais les scientifiques concluent à leur existence car elle constitue la meilleure explication possible de leurs observations.

Naufragé sur une île déserte, je vois des empreintes de pas qui ne sont pas les miennes. J'en conclus qu'il y a quelqu'un d'autre sur l'île, car c'est la meilleure explication de ces empreintes.

« JE RESTAI COMME FOUDROYÉ. »

Robinson Crusoé en proie à une fièvre de spéculations devant une empreinte de pas dans le sable.

FAUX RAISONNEMENTS

Un faux raisonnement implique qu'une erreur s'est glissée dans le processus rationnel. Souvent, celle-ci n'est pas évidente, et le raisonnement est trompeur. Certains des raisonnements philosophiques les plus connus impliquent des erreurs classiques. Apprendre à les repérer est essentiel.

Les raisonnements inductifs et déductifs convaincants *(voir p. 195-197)* préservent la vérité. Si l'on prend des prémisses vraies pour bases d'un raisonnement déductif valide, on est assuré d'aboutir à une conclusion vraie. Si l'on prend des prémisses vraies pour bases d'un solide raisonnement inductif, il est fort probable d'aboutir à une conclusion vraie. Mais dans un raisonnement faux, les prémisses n'étayent pas rationnellement la conclusion. Ce genre de raisonnement ne préserve pas la vérité, bien qu'il semble le faire. Il faut user de prudence si l'on ne veut pas se laisser berner et croire à quelque chose de faux.

L'erreur du relativiste

« Moi j'y crois » est un commentaire souvent formulé par ceux qui sont en train de perdre dans un débat. C'est une sorte d'ultime carte à jouer. Bien sûr, les croyances varient d'une personne à l'autre. Mais la vérité peut-elle varier elle aussi ?

CROYEZ-VOUS AUX CONTES DE FÉES ?

Qu'est-ce que « Moi j'y crois » signifie exactement ? Imaginons que vous essayiez de convaincre votre ami obsédé par le fantastique qu'il est très peu probable que des lutins habitent dans sa boîte à biscuits. « Eh bien moi, je crois qu'il y a des lutins là-dedans. » Peut-être votre ami suggère-t-il que la vérité de l'existence des lutins est relative ? Qu'il n'y a pas de vérité indépendante et objective les concernant – celle-ci relève simplement des croyances de chacun. Pourquoi penserait-il cela ?

« PEUT-ÊTRE QUE TU N'Y CROIS PAS – MAIS MOI OUI. »

***Julie :* Croire aux fées est clairement une erreur. Aucune preuve ne suggère que les fées existent, et maintes preuves montrent le contraire. Il est ridicule de croire aux fées.**
***Jean :* Eh bien, tu peux penser que les fées n'existent pas, mais moi j'y crois !**

On confond souvent ce qui est vrai à propos de la croyance d'une personne et la vérité de cette croyance. Il est peut-être vrai que je croie que Paris est la capitale de l'Allemagne. Il ne s'ensuit pas que « Paris est la capitale de l'Allemagne » soit vrai. Si c'était le cas, toutes les affirmations seraient vraies du fait d'être crues, comme « Je sais voler », par exemple.

Il semble que certaines vérités soient relatives. Que les larves peuvent être un délicieux repas est vrai pour certains Australiens, mais c'est faux pour les gens de nombreuses autres cultures.

VÉRITÉ RELATIVE

On commet cette erreur lorsque l'on n'offre pas suffisamment de raisons de supposer que la « vérité » en question est en effet relative. Lorsqu'une personne essaie cette tactique sur vous, demandez-lui d'abord si elle entend que la vérité est toujours telle qu'elle croit l'être. Si elle répond « oui », vous pourrez lui expliquer en quoi elle a tort. Si elle répond « non », alors elle est certainement en train de marquer son désaccord, qui est de toute évidence vrai et ne diminue en rien vos arguments.

L'erreur du joueur

Si vous restez quelques minutes près de joueurs de loto, vous entendrez bientôt l'un d'eux dire qu'il ne fera pas l'erreur de choisir les numéros de la semaine précédente, car ils ont moins de chance de sortir à nouveau. C'est là un exemple de faux raisonnement appelé « erreur du joueur ».

ÉVALUER LES CHANCES

Dans la version classique de cette erreur *(voir ci-contre)*, une personne considère d'abord la probabilité qu'a l'événement A de se produire dans une période donnée. Elle remarque que, durant la première partie de cette période, la fréquence réelle de A est beaucoup moins haute que sa probabilité, et conclut qu'il est donc beaucoup plus probable que A se produise durant la période restante. Elle prédit un pic de probabilité de A qui « égaliserait les choses » sur le long terme. L'erreur marche aussi en sens inverse – les gens évitent souvent de choisir au loto les numéros de la semaine précédente. Bien sûr, le fait qu'un certain numéro revienne souvent, ou très rarement, dans le tirage laisse penser que sa fréquence n'est pas due au hasard. Peut-être que quelque chose fait que le dé tombe toujours sur le six – peut-être est-il pipé. Mais ce qu'il ne faut pas penser, c'est que puisque vous avez eu un six les cinq premières fois, vous avez moins de chances d'en avoir un la sixième.

***Julie :* Tu continues d'acheter ces jeux à gratter ?**
***Jean :* Oui. Je joue régulièrement depuis trois ans et je n'ai jamais rien gagné.**
***Julie :* Alors pourquoi tu continues ?**
***Jean :* Puisque je n'ai encore rien gagné, ça ne va plus tarder !**

« MA MAISON A ÉTÉ FRAPPÉE PAR LE TONNERRE, ALORS IL Y A MOINS DE CHANCES QUE CELA SE REPRODUISE. »

UN JEU À LA FOIS

Si l'on comprend comment fonctionne la probabilité, on ne tombe plus dans l'erreur du joueur. Le résultat d'un jeu de hasard ne peut pas être affecté par celui des jeux précédents. Si vous gagnez au loto, cela ne veut pas dire que vous avez moins de chance de gagner à nouveau la semaine suivante, même avec les mêmes numéros.

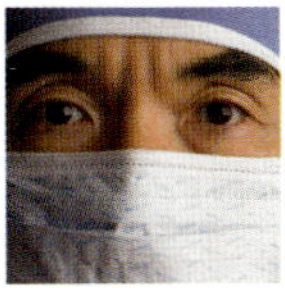

Le recours à l'autorité

Nous nous trouvons souvent justifiés dans le fait de croire à une chose parce qu'une autorité en la matière nous affirme qu'elle est vraie. Si un garagiste me conseille de mettre de l'eau et non de l'huile dans le radiateur de ma voiture, je suivrai son conseil. Mais parfois, ces « autorités » sont suspectes.

TOUTE « AUTORITÉ » EST-ELLE FIABLE ?

Une personne qui croit qu'elle va trouver l'âme sœur parce qu'elle l'a lu dans un fortune cookie pense que ce gâteau est une source fiable d'information. Vous trouvez peut-être l'exemple ridicule. Mais considérez à quel point les publicitaires se basent sur notre confiance dans les célébrités (et sur notre identification à elles). Pourquoi une personnalité de la télévision en saurait-elle plus que vous ou moi sur les assurances auto ou les masques de beauté ? Même un diplôme professionnel ne garantit pas toutes les compétences – on considère souvent une personne qui a de l'expérience dans un domaine comme une autorité pour toutes sortes de sujets sur lesquels elle n'est pas experte.

La publicité a souvent recours à une forme d'autorité. Sur cette affiche, la présence du policier donne du poids au slogan : « Priorité à Sunlight ! »

« Je pense que l'homéopathie est efficace. Pourquoi ?
Parce que le docteur Smedley me l'a dit.
C'est un expert médical ?
Non, il est professeur de mathématiques.

Dans l'exemple ci-contre, le domaine d'expertise du Dr Smedley n'est pas la médecine. Il n'y a pas de raison de supposer que son opinion sur l'homéopathie est mieux documentée que la vôtre. Imaginons que les scientifiques du laboratoire Ultrablanc nous disent que leur dentifrice nettoie mieux que n'importe quel autre dentifrice. Dans quelle mesure des scientifiques travaillant pour une société ont-ils un avis impartial lorsqu'ils vantent leurs produits ? Ou bien, lorsque des « experts du gouvernement » nous disent que le gouvernement actuel réussit mieux que les précédents, peut-on vraiment leur faire confiance ?

En 1938, suite à l'émission de radio d'Orson Welles, *La Guerre des Mondes,* certains auditeurs pensaient que des extra-terrestres envahissaient la planète. Nous accordons souvent une grande confiance aux médias.

DEMANDEZ-VOUS POURQUOI

Devant un recours à l'autorité, interrogez-vous toujours : cette personne est-elle vraiment un expert ? Un expert sur le sujet concerné ? Puis-je être sûr de son impartialité ? Son opinion est-elle cohérente avec celle de la majorité des experts compétents dans ce domaine ?

Si la réponse à l'une de ces questions est « non », il serait sage ne pas accorder votre confiance à cette personne.

Le sophisme post hoc

Post hoc, en latin, signifie « après cela », de l'expression « *post hoc ergo propter hoc* » (après cela, donc à cause de cela). Dans le sophisme *post hoc*, on conclut à tort que, simplement parce qu'un événement s'est produit après un autre, le premier est probablement la cause du second. Les gens superstitieux sont particulièrement enclins à faire cette erreur.

AUCUNE RAISON DE CROIRE

Naturellement, le simple fait qu'une chose se produise après une autre ne nous donne normalement pas de raison de supposer qu'il existe entre elles une relation de cause à effet. Imaginons que j'allume mon grille-pain. Peu après, un volcan entre en éruption sur Mars. Mon acte a-t-il causé l'éruption martienne ? Bien sûr que non. Il n'y a aucune raison de croire que ces deux événements sont liés par la causalité.

Je m'inquiétais parce que j'allais passer mon permis. Alors Jean m'a donné une patte de lapin comme porte-bonheur. Je l'ai emmenée, et j'ai décroché mon permis haut la main. Ça a marché ! J'emmènerai ma patte de lapin à tous mes autres examens pour m'aider à les obtenir.

ATTENTION AUX COÏNCIDENCES

Voici un autre exemple : « Le médium de Jean lui a donné une brindille à mâcher. Et il a guéri ! Alors tu vois, suivre le conseil du médium lui a permis d'aller mieux. » Là encore, le fait qu'une chose se soit passée après l'autre est pris comme preuve de causalité. Bien sûr, cela se peut. Peut-être que mâcher la brindille a été efficace. Mais une seule observation de ce fait ne suffit pas à justifier l'affirmation.

Tiger Woods porte un polo rouge à la fin de chaque tournoi de golf. Les rituels « porte-bonheur » dopent peut-être la confiance en soi, mais recèlent-ils vraiment des pouvoirs magiques ?

LIENS DÉFECTUEUX

Pour ne pas tomber dans l'erreur post hoc, il ne faut pas tirer de conclusions hâtives. Noter qu'un événement se produit juste après un autre peut nous inciter à chercher une éventuelle relation de causalité. Mais cela ne rend pas rationnel le fait de croire qu'une telle relation existe.

Le faux dilemme

On raisonne souvent ainsi : c'est soit A, soit B. Ce n'est pas A, alors c'est B. Mais parfois, on nous présente des arguments qui insistent sur le fait que les choix sont mutuellement exclusifs – A ou B – alors qu'en fait, les options sont bien plus nombreuses. On parle alors de faux dilemme.

PLUS QU'UNE ALTERNATIVE

Voici un raisonnement acceptable. Soit l'on détient un brevet de pilote, soit on n'a pas le droit de piloter un avion. Jean n'a pas de brevet de pilote. Donc Jean ne peut pas piloter un avion. En revanche, le raisonnement suivant n'est pas acceptable. Les gens sont soit blonds, soit bruns. Je ne suis pas brun. Donc je suis blond. L'erreur est ici évidente : la première prémisse est fausse, car il n'existe pas seulement deux couleurs de cheveux. Ou bien encore, considérons l'affirmation suivante : « Soit nous faisons une offre à une organisation caritative, soit nous partons en vacances ». C'est un faux dilemme si les deux options ne sont pas mutuellement exclusives – c'est-à-dire, si l'on peut faire les deux.

Les vendeurs disent souvent aux clients : « Vous avez le choix entre acheter A, ou un produit bien inférieur, B. » Mais vous n'avez aucune obligation d'achat.

Les politiciens usent parfois de faux dilemmes pour essayer de nous forcer à prendre des décisions que nous n'avons pas à prendre. Dans l'exemple ci-dessous, il n'est peut-être pas vrai que Zenda projette d'envahir le monde. Aussi, le choix que l'on nous offre est faussé. Remarquons toutefois que même si Zenda souhaitait effectivement être le maître du monde, aucune solution diplomatique convenable n'est citée ci-dessous.

Soit nous envahissons Zenda, soit nous le laissons s'emparer du monde. Nous ne voulons pas que Zenda soit le maître du monde, n'est-ce pas ? Donc nous devrions l'envahir.

L'argument en faveur de la force de dissuasion nucléaire implique une forme de faux dilemme : soit nous détenons l'arme nucléaire, soit nous prenons le risque d'être attaqués.

LE CHOIX EST SIMPLE

Quand vous semblez obligé de choisir entre deux options, vérifiez bien qu'elles sont effectivement les seules que vous ayez. Vous force-t-on la main par un faux dilemme ? L'une des phrases dont nous devrions toujours nous méfier est : « le choix est simple ». Par exemple : soit nous envoyons nos enfants dans des cours après l'école où ils apprendront valeurs et compétences, soit nous les laissons regarder des dessins animés et jouer à des jeux vidéos violents.

Être sûr d'un résultat

Cette séduisante erreur est commise chaque fois que l'on raisonne ainsi : si A est vrai, alors il s'ensuivra que B. B est vrai, donc A aussi. Ce faux raisonnement est incroyablement commun. Une étude récente indique que plus des deux tiers des gens qui n'ont pas reçu d'éducation en matière de logique informelle commettent cette erreur.

DE DANGEREUSES SUPPOSITIONS

Paul refait l'installation électrique de sa maison. Il s'apprête à toucher un fil quand il doute soudain d'avoir coupé le courant. Levant les yeux, il voit que, bien que l'interrupteur soit sur la position « allumé », l'ampoule est éteinte. Aussi, Paul en conclut que le courant est coupé *(voir ci-dessus)*. Sûr d'être en sécurité, Paul touche le fil et reçoit une décharge électrique. Pourquoi ? Parce que si l'ampoule était éteinte, c'est qu'elle était cassée. Et le courant n'était pas coupé. Paul a été électrocuté parce qu'il pensait que si A, alors B. B, donc A – n'était pas valide. Si vous pensez : si A, alors B ; A, donc B, votre raisonnement est valide. Les philosophes appellent ce syllogisme *modus ponens*. A y tient le rôle d'antécédent et B celui de conséquent. Cela ne marche pas si vous affirmez d'abord B (le conséquent) pour ensuite conclure que A.

Si le courant est coupé, alors la lumière restera éteinte.
La lumière reste éteinte.
Donc le courant est coupé.

Si Vincent ne veut pas me revoir, il dira qu'il est occupé ce soir, pense Cathy. Vincent lui envoie un SMS disant qu'il doit travailler tard, et Cathy en conclut immédiatement, sans autre raison, qu'il ne s'intéresse pas à elle.

ALLER DANS LE BON SENS

Il arrive souvent que l'on fasse le même genre d'erreur que Paul. Pour les éviter, il faut se méfier des phrases « Si... alors... » et s'assurer que la logique du raisonnement va dans le bon sens. Ainsi, vous ne prendrez pas les mêmes risques que Paul.

Le faux raisonnement génétique

Dans ce raisonnement, on suppose que si une chose, B, est issue d'une autre, A, les propriétés de A sont probablement celles de B. Dans l'exemple du gland et du chêne ci-dessous, nous voyons clairement que ce n'est pas le cas. Mais pourquoi cette erreur pose-t-elle tant problème dans les domaines de la religion ou de la politique ?

Les chênes viennent des glands. Les glands sont petits et luisants. **Donc les chênes sont petits et luisants.**

Les œufs ont des coquilles dures. Les poulets viennent des œufs. Donc les poulets ont des coquilles dures. Comment quelqu'un de raisonnable peut-il commettre ce genre d'erreur ? Pourtant, le philosophe Friedrich Nietzsche en a été accusé. L'argument de Nietzsche contre la morale chrétienne moderne déclare qu'elle puise ses origines dans la « morale des esclaves » de la Rome antique, née du mépris que les esclaves vouaient à leurs maîtres. Les esclaves méprisaient effectivement les valeurs de leurs maîtres, rendant la faiblesse « bonne », le génie guerrier de leurs maîtres « mauvais », etc. Mais même si Nietzsche a raison, cela discrédite-t-il nécessairement la morale chrétienne ? Nietzsche semble supposer que mettre en évidence un défaut dans l'origine d'une chose discrédite la chose elle-même. Or cela s'avère souvent être un faux raisonnement.

« LE PÈRE DE FRED ÉTAIT UN NAZI, DONC FRED DOIT ÊTRE UN NAZI LUI AUSSI. »

Prenez garde à ces faux raisonnements, courants dans les débats politiques : « la démocratie, en Libertagne, est née d'une lutte acharnée et sanglante, donc la démocratie en Libertagne est une mauvaise chose ». Voici un autre exemple, particulièrement séduisant : « l'activité terroriste Klingon est le résultat de doléances fondées. Donc le terrorisme est lui-même fondé ».

TEL PÈRE, TEL FILS ?

Si l'on vous incite à croire que si une chose vient d'une chose mauvaise (ou bonne), alors elle doit elle aussi être mauvaise (ou bonne), il vaut mieux examiner de plus près les arguments proposés. Il se peut qu'ils étayent un faux raisonnement.

Est-ce un faux raisonnement que d'être choqué parce que Dark Vador, le père de Luke Skywalker, n'est ni courageux ni bon comme son fils ?

Un faux raisonnement aboutit à des conclusions de la même façon qu'une montre cassée donne l'heure exacte deux fois par jour.

L'homme masqué

La loi du philosophe allemand Gottfried Leibniz (« Les objets identiques doivent partager les mêmes propriétés ») est souvent invoquée par la philosophie comme d'autres disciplines. Néanmoins, il existe un nombre important d'exceptions à cette loi. L'homme masqué est l'une des erreurs classiques concernant l'identité.

LA LOI DE LEIBNIZ

Philosophes et scientifiques s'intéressent souvent aux postulats concernant l'identité. Par exemple, on découvrit il y a longtemps que Hesperus, l'étoile du soir, était identique à Phosphorus, l'étoile du matin. Deux objets qui semblaient différents s'avèrent être un seul et unique objet, la planète que l'on appelle aujourd'hui Vénus. Les scientifiques affirment aussi que certaines propriétés sont identiques – par exemple, la chaleur et le mouvement moléculaire.

La montagne A mesure 5 000 m de haut.
La montagne B ne mesure pas 5 000 m de haut.
Donc : la montagne A n'est pas identique à la montagne B.

Les Népalais au sud de cette montagne – que nous appelons Mont Everest – l'appellent Sagramatha ; les Tibétains l'appellent Chomolungma *(ci-dessous)*. Ici, « Sagramatha est Chomolungma » est une affirmation d'identité vraie.

Comment soumet-on ces affirmations à l'épreuve ? Leibniz nota que si les objets sont identiques, alors toute propriété possédée par un objet sera aussi possédée par l'autre. La loi de Leibniz nous offre un outil utile. Imaginons qu'un explorateur découvre ce qu'il croit être deux montagnes distinctes. Il peut appliquer systématiquement la loi de Leibniz à ses caractères et propriétés, comme dans l'exemple ci-dessus, pour voir s'il a raison. Si des objets identiques partagent les mêmes propriétés, alors dès que l'explorateur aura découvert une propriété que possède une montagne mais pas l'autre, il aura la preuve qu'il y a deux montagnes et non une seule.

Superman est une personne que Lois Lane pense capable de voler. Lois Lane ne croit pas que Clark Kent soit capable de voler. Donc, Superman n'est pas Clark Kent.

DERRIÈRE LE MASQUE

Imaginons que j'assiste au cambriolage d'une banque par un homme masqué. Plus tard, les enquêteurs me disent que leur principal suspect est mon père. Horrifié, je tente de prouver l'innocence de mon père en soulignant que l'homme masqué a une propriété que n'a pas mon père. L'homme

> « JE NE CROIS PAS QUE MON PÈRE L'AIT FAIT. DONC ÇA NE PEUT ÊTRE LUI. »

masqué est quelqu'un qui, je le crois, a volé la banque, tandis que je ne crois pas cela de mon père. Les deux prémisses de ce raisonnement sont vraies. Pourtant, mon père pourrait s'avérer être le cambrioleur. Ce raisonnement est bancal, car la loi de Leibniz ne s'applique pas à toutes les propriétés. Elle est valable pour les propriétés telles que « mesurer 5 000 m », mais pas pour une propriété qui relève de la croyance, et de façon plus générale, elle n'est pas valable pour les propriétés qui impliquent l'attitude psychologique d'une personne.

UNE QUESTION D'ATTITUDE

Quand vous rencontrez une application de la loi de Leibniz, vérifiez si la propriété implique l'attitude psychologique d'une personne envers quelque chose – par exemple ce qu'elle croit, craint, espère, sait, etc., à propos d'une chose et non d'une autre. Si c'est le cas, comme dans l'exemple ci-dessus concernant Superman, le raisonnement est faussé.

La pente glissante

On nous dit souvent de faire attention à ne pas nous laisser entraîner sur une « pente glissante ». Mais il faut aussi prendre garde à ne pas surestimer les risques : à moins que le défenseur d'un raisonnement de ce genre puisse donner de bonnes raisons de supposer qu'une telle « glissade » est inévitable, ou même probable, son raisonnement est faux.

SONNER L'ALARME

Nous connaissons tous le dicton : « Qui vole un œuf, vole un bœuf ». Ce genre de proverbe nous met en garde contre un changement, même minime, prétextant qu'il initiera une chaîne d'événements impossible à arrêter. Imaginons que je vous demande de me prêter un euro. Votre ami vous avertit qu'il s'agit d'un euro aujourd'hui, mais que demain, je vous demanderai plus, et ainsi de suite, jusqu'à votre ruine. Mais bien sûr, si vous me prêtez un euro aujourd'hui, rien ne vous empêche de refuser de m'en prêter deux demain, ou dix la semaine prochaine. La pente qui glisse d'un euro à mille n'est pas inévitable. En fait, elle n'est même pas probable. C'est un faux raisonnement.

Mais il est possible de le sauver. Peut-être votre ami peut-il prouver que je suis un emprunteur invétéré et que vous avez du mal à dire « non »

Si tu prêtes un euro à Stéphane aujourd'hui, demain il t'en demandera deux, puis dix. Et bientôt, il t'en devra mille !

« CE N'EST QU'UN DÉBUT. »

Le clonage des animaux pourrait-il être une première étape vers le clonage des hommes ? Les décideurs doivent évaluer à quel point la pente est « glissante » avant de changer les lois.

À la naissance du rock and roll, beaucoup pensaient que c'était le premier pas vers une société de débauche totale.

une fois que vous avez dit « oui ». Dans ce cas, son avertissement semble plus crédible. Mais votre ami a besoin de fournir ces raisons essentielles. Sans elles, sa mise en garde est infondée.

Les raisonnements sur le modèle de la pente glissante surgissent souvent en rapport avec la légalisation, notamment de certaines drogues douces, de l'euthanasie ou en génie génétique. Par exemple, on entend souvent dire que si l'on permet à des couples de choisir le sexe de leur enfant aujourd'hui, nous permettrons demain de choisir la couleur des yeux et des cheveux, et bientôt, nous aurons permis la production de « bébés-médicaments ».

Légaliser la marijuana ne serait qu'un début. Avant de nous en rendre compte, le gouvernement aura légalisé l'héroïne et la cocaïne.

LA CRÉATION D'UN MONSTRE

Cet argument entre-t-il dans la catégorie de la pente glissante ? Oui, si aucune justification ne laisse supposer que nous ne pouvons ou ne pourrons pas simplement nous arrêter quelque part le long de cette « pente » qui part du choix du sexe vers les expériences de type « Frankenstein » que redoutent certains. Peut-être qu'une telle pente est probable. Mais dire « cela *pourrait* arriver » n'équivaut pas à dire que cela *va* arriver. Il se *pourrait* que l'on se mette à tous s'entretuer demain. Je suis sûr que vous n'y croyez pas un instant. Il incombe à celui qui tient ce genre de propos de prouver que sa pensée est fondée. La « possibilité » ne suffit pas. S'il en est incapable, c'est que son raisonnement est faux.

REPÉRER UNE PENTE

Les expressions telles que « C'est la porte ouverte à… » indiquent une mise en garde selon un raisonnement de type « pente glissante ». Quand une pente dangereuse et impossible à arrêter est censée être inévitable, sans qu'une justification appuie cette affirmation, le raisonnement est fallacieux.

DES OUTILS POUR PENSER

Penser en philosophe est une compétence. Donc plus on la cultive, mieux on la maîtrise. Ce chapitre introduit quelques « ficelles du métier » de philosophes – des outils qui, une fois maîtrisés, peuvent être appliqués dans bien d'autres domaines.

Il existe de nombreux outils pour nous permettre de mieux penser. Ceux présentés ici n'en sont qu'un infime échantillon. La plupart des outils décrits dans ce chapitre vous permettront de ne plus commettre certaines erreurs communes, parmi lesquelles l'erreur de catégorie – supposer à tort que le genre de choses qui peut être dit d'une certaine catégorie peut aussi bien être dit d'une autre catégorie ; donner des explications qui, à y regarder de plus près, sont circulaires et créent une régression ; et se laisser charmer par la trop séduisante pseudo-profondeur.

Vous y trouverez aussi un bref exposé de la méthode des contre-exemples, qui permet de répondre à un certain type de questions philosophiques. Cette forme de débat faite de questions-réponses est appréciée des penseurs depuis l'Antiquité, même si plus récemment, le philosophe autrichien Ludwig Wittgenstein (*voir p. 326-327*), avec sa théorie de l'air de famille, a suggéré que cette approche tenait moins du match de tennis philosophique que de la fausse piste.

Repérer une régression

En philosophie, on cherche souvent à expliquer les choses. Mais nos explications considèrent parfois comme acquis ce qu'elles sont censées expliquer. Lorsque c'est le cas, la régression menace. Parvenir à voir lorsqu'une explication ou un raisonnement créent une régression est une importante compétence philosophique.

Notre comportement s'explique-t-il par l'action de minuscules êtres qui circulent en nous ? Si c'est le cas, ces petits êtres sont-ils animés par de plus petits êtres encore, et ainsi de suite ?

SAVOIR OÙ S'ARRÊTER

Les objets ont besoin de reposer sur un support pour ne pas tomber. Un verre sur une table, la table sur le sol, et donc sur la Terre. Alors pourquoi la Terre ne tombe-t-elle pas ? Les Hindous pensaient autrefois que la Terre était posée sur le dos d'un énorme éléphant. Mais lui, sur quoi se tiendrait-il ? Eh bien, une tortue géante. Ici la régression est évidente. Quel que soit le nombre d'animaux gigantesques qui figurent dans ce tableau, nous n'arriverons pas à expliquer pourquoi tout ne tombe pas. À chaque étape, nous ne faisons que repousser le mystère.

Les Hindous évitaient cette régression car pour eux, la tortue était une exception et n'avait besoin de rien pour la soutenir. Mais si l'on peut introduire une exception à la règle, pourquoi aller aussi loin que la tortue ? Pourquoi ne pas faire de la Terre l'exception à la règle ? Nous ne possédons aucune justification pour faire entrer en jeu des animaux cosmiques.

Ce genre de problème apparaît en philosophie. Si tout a une cause, alors Dieu doit exister en tant que cause de l'univers. Mais si tout a une cause, alors Dieu aussi. Devrions-nous introduire un second Dieu comme cause du premier, un troisième pour expliquer le second, et ainsi de suite ? Bien sûr, de même que les Hindous avaient fait de la tortue l'exception à la règle, nous pourrions dire que Dieu est l'exception à la règle qui stipule que tout a une cause. Mais alors, pourquoi ne pas faire de l'univers l'exception à la règle ? Nous ne possédons pour l'instant pas plus de raison de croire en l'existence de Dieu qu'en celle d'une tortue géante.

La mythologie hindoue fait de la tortue l'exception à la règle – la seule qui n'ait besoin d'aucun support. Mais pourquoi s'arrêter là ? Et s'il y avait d'autres animaux, sur quoi tiendraient-ils ?

La pseudo-profondeur

Dans le monde entier, des foules attendent d'être éclairées et guidées par des experts en marketing, des coachs de vie, des mystiques, des gourous et autres mentors autoproclamés. Comment ces individus découvrent-ils leur sagesse ? Malheureusement, dans certains cas, le public est berné par leur pseudo-profondeur.

LE POIDS DES MOTS

L'art d'avoir l'air profond se maîtrise assez facilement. Il suffit de respecter quelques règles simples pour formuler des phrases qui semblent profondes et lourdes de sens. D'abord, essayez d'affirmer une évidence. Mais faites-le très lentement, en hochant la tête d'un air entendu. Cela marche particulièrement bien si votre remarque porte sur l'un des thèmes les plus importants de la vie : l'amour, la mort et l'argent. Voici quelques exemples : « On meurt tous un jour » ; « Nous avons tous besoin d'amour » ; « L'argent sert à consommer ». Essayez et vous verrez que si vous affirmez des évidences avec un air suffisamment grave, et que vous marquez une pause significative, les autres se

Un gourou est, au vrai sens du terme, un guide religieux ou spirituel. Aujourd'hui, ce terme est appliqué à divers « experts », depuis les médecins spécialistes des régimes aux coachs de développement personnel.

mettront à hocher eux aussi la tête pour marquer leur accord, et murmureront peut-être « C'est bien vrai ». Maintenant que vous vous êtes échauffé, passons à la technique du jargon. Quelques grands mots assez hermétiques et un peu d'imagination parachèveront l'illusion. Pour commencer, trouvez des mots qui ont le même sens que certains mots familiers, mais qui en diffèrent de façon subtile et jamais tout à fait expliquée. Ainsi, ne parlez pas de gens heureux ou tristes, mais de personnes ayant « des orientations d'attitude positive ou négative », ce qui produit bien plus d'effet.

À présent, traduisez quelques truismes dans ce nouveau langage. Par exemple, le fait évident que des gens heureux ont tendance à rendre heureux leur entourage, peut être dit ainsi : « les orientations

Le jargon minutieusement fabriqué par les « gourous » est parfois aussi fascinant que les paroles d'un prêcheur évangélique.

« LA VIE EST SOUVENT UNE FORME DE MORT… »

Dans 1984, de George Orwell, les slogans associent des mots au sens contraire, comme « La guerre, c'est la paix » - autre moyen facile de donner une illusion de profondeur.

d'attitude positive sont facilement transmissibles ». De plus, que vous soyez un gourou des affaires, un gourou de secte, ou un mystique, il est toujours payant de parler d'« énergies » et d'« équilibres ». Vous donnerez l'impression d'avoir découvert quelque profond mécanisme ou pouvoir qui pourrait être exploité et utilisé par d'autres. Ainsi, vous convaincrez plus facilement les gens du fait que s'ils ne suivent pas vos conseils, ce sera à leurs dépens.

Malheureusement, certains chefs de sectes, gourous des affaires et mystiques font un usage cynique de ces techniques afin de créer l'illusion qu'ils ont de profondes idées. Maintenant que vous savez comme cette illusion est facile à créer, je suis sûr que vous serez moins impressionné la prochaine fois que vous vous trouverez dans pareil cas.

La méthode des contre-exemples

Les philosophes posent souvent des questions de type « Qu'est-ce que X ? » et que l'on pose rarement en dehors de la philosophie. Nous supposons habituellement pouvoir y répondre facilement. Mais en réalité, cela reste très difficile. La méthode des contre-exemples est l'une des plus anciennes façons d'aborder ces questions.

PAS SI ÉVIDENT

Les dialogues de Platon foisonnent d'exemples de questions du type « qu'est-ce que X ? ». Sous sa plume, Socrate pose aux citoyens d'Athènes des questions telles que « qu'est-ce que le courage ? », « qu'est-ce que la beauté ? », etc. Les Athéniens pensent d'abord connaître les réponses et proposent des définitions qui, à première vue, semblent convenir. Néanmoins, Socrate a tôt fait de révéler l'inadéquation de leurs définitions en employant notamment la méthode des contre-exemples.

Marc : Qu'est-ce qu'un chiot ?
Stéphane : Un mammifère qui glapit.
Marc : Pourtant, les renards sont des mammifères qui glapissent, mais ce ne sont pas des chiots. Et Rover, ici, est un chiot, mais il ne glapit jamais !

Voici un exemple concret de cette méthode. Imaginons que nous nous demandions « Qu'est-ce qu'une chaise ? ». Il semble facile de répondre à cette question apparemment simple et nous pourrions proposer ceci : « Une chaise est un objet fabriqué pour que l'on s'y asseye », ce qui est assez satisfaisant. Mais, avec un peu d'ingéniosité, on peut trouver plusieurs contre-exemples :

> « QU'EST-CE QUE LA JUSTICE ? »
>
> **Socrate**

le banc d'un parc, par exemple, est fait pour que l'on s'y asseye, mais ce n'est pas, à proprement parler, une chaise. Ou bien supposons que vous trouviez un rocher en forme de chaise et que vous l'installiez dans votre jardin. Ce rocher fait office de chaise de jardin, pourtant, il est évident qu'il n'a pas été fabriqué à cet effet.

Devant ces contre-exemples, il faut essayer d'affiner notre

Socrate demanda « Qu'est-ce que le courage ? » au général athénien Lachès, puis opposa à sa réponse un exemple pour lequel sa définition ne correspondait pas.

définition. Essayons la suivante : « Une chaise est un objet utilisé par une seule personne pour s'asseoir ». Cette définition contre nos deux contre-exemples : le banc est disqualifié, car il est fait pour accueillir plus d'une personne. Et en passant de « fabriqué » à « utilisé pour s'asseoir », notre rocher mérite son statut de chaise. Mais il existe des contre-exemples à cette nouvelle définition : la selle d'un vélo, par exemple, est conçue pour qu'une seule personne s'y asseye, mais n'en est pas pour autant une chaise. Affinons donc encore notre définition : « Une chaise est un objet doté de pieds qui est utilisé par une seule personne pour s'asseoir ». Cette définition élimine la selle de vélo et le rocher, qui n'ont pas de pieds. Et pour traiter de nouveaux contre-exemples, il faut encore affiner

Qu'est-ce qu'une chaise ? Nous connaissons tous la réponse – n'est-ce pas ? Il est pourtant difficile de trouver une définition qui exprime toutes les formes et les styles possibles d'une chaise.

NÉCESSAIRE OU SUFFISANT ?

En posant la question « Qu'est-ce que X ? », les philosophes cherchent toujours une définition spécifique. Par exemple, un triangle pourrait être défini ainsi : « Quelque chose est un triangle si et seulement si c'est un figure à trois côtés joints ».

Être une figure à trois côtés joints est une condition nécessaire pour être un triangle – tout ce qui n'a pas trois côtés n'est pas un triangle. Être une figure à trois côtés joints est aussi suffisant pour qualifier une chose de triangle – si une chose est une figure à trois côtés joints, alors c'est un triangle.

Lorsque les philosophes demandent « Qu'est-ce que X ? », ils cherchent une définition qui donne les conditions nécessaires et suffisantes pour être X. Les contre-exemples d'une telle définition montreront soit que la définition ne spécifie pas une condition nécessaire, soit qu'elle ne spécifie pas une condition suffisante.

***La mère de Paul :* Si tu ne réussis pas à l'école, tu ne feras jamais rien de ta vie.**
***Paul :* Ce n'est pas toujours vrai. Regarde Marlon Brando. Il a été renvoyé de l'école, mais il est devenu un très grand acteur.**

notre définition. Grâce à cette méthode qui consiste à affiner une définition en la confrontant à des contre-exemples, nous pouvons espérer nous rapprocher d'une définition satisfaisante.

SAVOIR SANS LE SAVOIR

Socrate demandait souvent « Qu'est-ce que X ? » à ceux qui étaient les mieux placés pour le savoir. Puis il utilisait des contre-exemples pour mettre au jour les limites de leurs réponses. Par exemple, dans le dialogue de *Lachès*, il demande au général athénien éponyme : « Qu'est-ce que le courage ? ». Le général le définit comme l'acte de tenir bon dans la bataille. Mais Socrate offre aussitôt un contre-exemple à cette définition : quelqu'un peut tenir bon dans la bataille, mais uniquement par simple endurance, se mettant lui et les autres en danger. Ce ne serait pas du courage. Une personne véritablement courageuse sait quand tenir bon, et quand battre en retraite.

Après plusieurs autres vaines tentatives de Lachès de définir le courage, Socrate conclut que, bien qu'il semble y avoir un trait commun à tous les actes de courage en vertu desquels ils sont courageux, nous ne savons toujours pas quel est ce trait. Même si Lachès lui-même est courageux, il est incapable de définir ce qu'est le courage. Même pour lui, l'essence du courage reste mystérieuse.

Pourtant, la méthode qu'emploie Socrate pour révéler cela suggère que, à un certain niveau, nous possédons effectivement ce savoir. Car Lachès est capable de reconnaître que quelqu'un qui s'acharne à lutter n'est pas véritablement courageux. Il reconnaît qu'une telle personne est un contre-

exemple à sa définition, donc il doit, à un certain niveau, déjà savoir ce qu'est le courage. Si Lachès ne savait pas ce qu'est le courage, comment serait-il capable de voir qu'il est devant un contre-exemple ?

Lorsque nous demandons « Qu'est-ce que X ? » il semble que la connaissance que nous cherchons est, dans un sens, quelque chose que nous possédons déjà. Elle est en quelque sorte enfouie en nous (en fait, Socrate pense qu'elle est innée). Nous sommes simplement incapables de formuler cette connaissance de manière claire et explicite. La méthode des contre-exemples est conçue pour nous y aider.

Ce qu'on aime est toujours beau ? Beaucoup de choses sont considérées comme belles, qu'il s'agisse d'œuvres d'art ou de la simplicité et de la complexité de la nature – mais qu'est-ce que la beauté elle-même ? Dans les dialogues de Platon, Socrate conclut que les réponses à de telles questions nous sont en quelque sorte cachées.

« QU'EST-CE QUE LA BEAUTÉ ? »

Socrate

Un air de famille

Lorsque nous demandons « Qu'est-ce que l'art ? », nous supposons qu'il doit y avoir une qualité que toutes les œuvres d'art partagent – quelque chose qui « fait » d'elles de l'art. Pourtant, il est très difficile d'identifier cette qualité. Peut-être devrions-nous remettre en question l'existence même de ce point commun ?

CHERCHER LE LIEN

L'histoire de la philosophie occidentale est constituée de maintes et vaines tentatives pour identifier d'insaisissables dénominateurs communs. Dans les dialogues de Platon (*voir p. 244-247*), Socrate (*voir p. 242-243*) suppose que toutes les belles choses doivent avoir quelque chose en commun en vertu de quoi elles sont belles ; quelque chose que toutes les œuvres d'art possèdent en vertu de quoi elles sont des œuvres d'art. Socrate réfute ensuite diverses définitions potentielles de ce point commun en appliquant la méthode des contre-exemples (*voir p. 216-219*). Le philosophe autrichien Ludwig Wittgenstein (*voir p. 326-327*) émet cette suggestion radicale : la recherche d'une qualité commune pourrait, dans de nombreux cas, être vaine. Selon lui, il serait plus utile de penser en termes d'« airs de famille ». Si vous regardez la photo d'une grande famille réunie, vous remarquerez des ressemblances. Certains membres de la famille auront les mêmes yeux, d'autres, le même nez. Mais ces ressemblances ne signifient pas qu'il soit nécessaire que tous les visages partagent le même trait commun.

« QU'EST-CE QUE L'ART ? »

Bien que les cucurbitacées existent de toutes formes, tailles et couleurs, et même si tous ses membres ne partagent pas exactement le même trait de ressemblance, elles forment une famille très reconnaissable.

HISTOIRE DE FAMILLE

Wittgenstein appelle cette unité un « air de famille ». Il est facile de construire notre propre concept de l'air de famille. Définissons le terme « bidule » comme ceci : quelque chose est un bidule si et seulement si il possède trois ou plus des six caractéristiques listées ci-contre. Les photos ci-dessous montrent divers objets qui, selon nos critères, peuvent être perçus comme appartenant, ou non, à la famille des bidules.

Caractéristiques d'un bidule :
Il est portable.
Il coûte plus de 150 euros.
On peut souffler dedans.
Il fait du bruit.
Il est plus long que large.
Il a des trous.

Bidules
Cette clarinette, cet appareil photo et ce python sont des bidules. Notons que tous ces bidules n'ont pas un trait commun unique.

Non bidules
Ce cerf-volant, ce diamant et ce fauteuil, qui possèdent moins de trois des six caractéristiques, ne sont pas des bidules.

« IL DOIT Y AVOIR QUELQUE QUALITÉ SANS LAQUELLE UNE ŒUVRE D'ART NE PEUT EXISTER… »

Clive Bell

Wittgenstein suggère que de nombreux concepts – peut-être inclurait-il l'art – sont mieux compris en termes de ressemblances. Il illustre son propos de l'exemple des jeux. « Considérons par exemple les processus que nous appelons « jeux », écrit-il. Je veux parler de jeux de société, de jeux de cartes ou de jeux de ballon, des Jeux olympiques, etc. Qu'ont-ils en commun ? Si vous les examinez, vous ne leur trouverez pas un point commun unique, mais des similitudes, des rapports, et toute une série, en plus de cela. » Si Wittgenstein a raison, alors la recherche d'une qualité commune à toutes les œuvres d'art, par exemple – une question qui préoccupait le philosophe Clive Bell – pourrait être infondée. Lorsque l'on est devant une question de type « Qu'est-ce que X ? », il est utile d'examiner si X pourrait tenir du concept de l'air de famille.

Degrés de justification

On suppose parfois que si ni une croyance ni sa réfutation ne sont « prouvées », alors elles doivent être raisonnables ou déraisonnables de façon plus ou moins égale. Mais cela est faux. Le bien-fondé des croyances n'est jamais le même. Il existe, en quelque sorte, une échelle de degrés sur laquelle situer le bien-fondé des croyances.

JUSTIFIER NOS CROYANCES

Certaines croyances sont en effet très raisonnables. Il est raisonnable pour moi de croire qu'il y a une orange sur la table devant moi, parce que je peux l'y voir. Il est aussi raisonnable de croire que l'arbre devant ma maison existe encore, car il était là la dernière fois que j'ai regardé, et je n'ai aucune raison de croire que quelqu'un l'a enlevé depuis. Et il est raisonnable de croire que le Japon existe, malgré le fait que je n'y sois jamais allé. Je possède une énorme quantité de preuves que le Japon existe, et pratiquement aucune qui suggère le contraire.

Dans le film *The Truman Show* (1998), il est très raisonnable pour le personnage Truman Burbank de croire que le monde dans lequel il vit est réel. Si presque tous les aspects de sa vie sont faux, cela ne rend pas sa croyance moins raisonnable.

Naturellement, malgré le fait qu'elles soient très raisonnables, ces croyances peuvent s'avérer fausses. L'orange que je semble voir pourrait être une hallucination, et l'arbre dans mon jardin aurait pu être déraciné. Dans le film *The Truman Show*, on fait croire au personnage principal qu'il vit dans le monde réel, alors que tout autour de lui est un décor de programme télévisé minutieusement planté. Je pourrais être la victime involontaire d'une telle conspiration complexe pour me faire croire que le Japon existe alors que ce n'est pas le cas.

Admettons donc que je croie certaines choses à tort. Cela ne signifie pas qu'il soit déraisonnable d'y croire. La plupart d'entre elles sont très raisonnables et se trouvent au sommet de l'« échelle du bien-fondé ». Tandis que tout en bas de cette échelle se trouve, par exemple, la croyance que les fées et les lutins existent. En effet, je ne dispose d'aucune preuve valable que ces petits peuples existent, mais une foule de preuves montre qu'ils relèvent de la fiction. Vers le milieu de l'échelle se trouvent des croyances qui ne sont ni très raisonnables, ni très déraisonnables. Prenons la croyance en des formes de vie intelligentes, quelque part dans l'univers. Certes, nous n'en avons aucune preuve directe. D'un autre côté, nous savons qu'une vie intelligente a évolué sur notre planète, et nous savons aussi qu'il doit y avoir d'innombrables planètes similaires. Donc il n'est pas tout à fait improbable qu'il existe une autre vie intelligente quelque part.

> « QUI ALLEZ-VOUS CROIRE, MOI OU VOS YEUX ? »
>
> **Groucho Marx**

Le bien-fondé d'une croyance peut changer au fil du temps. Quelques décennies auparavant, croire aux électrons était considéré comme assez raisonnable. Mais à mesure que s'accumulent les preuves scientifiques, c'est aujourd'hui très raisonnable. Croire que la Terre est plate, ce qui n'était pas particulièrement déraisonnable, l'est aujourd'hui complètement. Cette échelle varie aussi d'un individu

Nous ne possédons pas toujours de preuves concluantes que des croyances hautement raisonnables sont vraies, ni que des croyances bizarres sont fausses – nous ne pouvons prouver que les fées n'existent pas, par exemple. Pourtant, croire aux fées se trouve en bas de l'échelle du bien-fondé.

Hautement raisonnable Les oranges devant vous sont réelles.

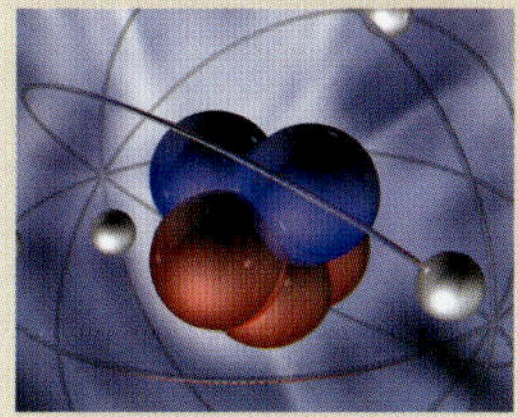

Très raisonnable Les électrons existent, même si on ne peut les voir.

Assez raisonnable Les extra-terrestres existent.

Assez déraisonnable Elvis est en vie : sa « mort » était une conspiration.

Hautement déraisonnable Les fées et les lutins sont réels.

à un autre, si l'un a accès à des preuves qu'un autre ignore.

Certains considèrent que croire en Dieu n'est pas plus raisonnable que de croire aux fées. D'autres pensent que c'est assez raisonnable – du moins autant que croire en une vie intelligente extra-terrestre. Ceux qui affirment avoir eu une expérience directe avec Dieu, ou qui pensent que les miracles suffisent à démontrer son existence, pourraient placer la croyance très haut sur l'échelle, tout en reconnaissant que leur croyance n'est pas « prouvée » *(voir ci-dessous)*.

Sur l'échelle du bien-fondé, où devrions-nous situer « Les anges existent » ? La question de savoir si cette croyance est raisonnable est largement débattue.

« LES ANGES EXISTENT. - NON, C'EST FAUX. - PROUVE-LE. »

Parfois, devant d'excellentes raisons de supposer qu'une croyance est fausse, une personne objecte : « Mais tu ne peux pas prouver que *B* est faux, n'est-ce pas ? *B* pourrait être vrai ! » Elle pense que cela montre que la croyance *B* reste assez raisonnable – peut-être tout aussi raisonnable que de croire que *B* est faux. Voici un exemple philosophique. Même si nous ne pouvons prouver ni réfuter l'existence de Dieu, il ne s'ensuit pas que la croyance selon laquelle Dieu existe est tout aussi raisonnable ou déraisonnable que celle selon laquelle il n'existe pas. S'il y a de très bonnes raisons de supposer que Dieu existe et très peu de supposer le contraire, il est bien plus raisonnable de croire en l'existence de Dieu que de la rejeter. Inversement, devant de bonnes preuves infirmant l'existence de Dieu, et peu de raisons de supposer le contraire, l'athéisme serait sans conteste la position la plus raisonnable à adopter. Nous ne devrions pas laisser le fait qu'aucune des croyances ne peut être prouvée de façon concluante masquer le fait qu'une croyance est parfois beaucoup plus raisonnable qu'une autre. Malheureusement, les croyants en Dieu répondent parfois aux athéistes que puisque ces derniers ne sont pas parvenus à prouver de façon concluante que Dieu n'existe pas, croire en Dieu doit être raisonnable. En fait, même si les athéistes ne peuvent prouver de façon concluante que Dieu n'existe pas, ils peuvent néanmoins réussir à prouver que croire en Dieu est très déraisonnable – peut-être tout autant que de croire aux fées ou aux lutins. Souligner l'absence de « preuves » contre une croyance ne la porte pas plus haut sur l'échelle du bien-fondé.

L'AMBIGUÏTÉ DES PREUVES

Qu'est-ce que l'on entend exactement par le fait de prouver une croyance ? Éliminer toute possibilité de doute ? Ou bien éliminer tout doute raisonnable ? Montrer qu'elle est certaine ? Montrer qu'elle est certainement vraie ? Montrer qu'elle est probablement très vraie ? On parle aussi de « preuves scientifiques » en dépit du fait que la plupart des affirmations scientifiques laissent la place au doute. Il faut spécifier clairement ce que l'on entend par « prouver » avant d'utiliser ce terme.

Erreurs de catégorie

L'expression « erreur de catégorie » fut introduite par le philosophe anglais Gilbert Ryle (*voir p. 331*) dans son livre *La Notion d'esprit*. On commet une erreur de catégorie lorsque l'on suppose à tort que les choses appartenant à une catégorie peuvent avoir les caractéristiques propres aux choses d'une autre catégorie.

CORPS ET ESPRIT

Imaginons que vous invitiez quelqu'un à voir votre foyer et lui fassiez visiter les pièces. Mais à la fin de la visite, votre invité vous demande de lui montrer votre foyer. Il a supposé que votre foyer rentrait dans la même catégorie que les autres pièces qu'il a visitées. Bien sûr, c'est l'ensemble de ces pièces qui constitue votre foyer, et votre invité a fait une « erreur de catégorie ». Gilbert Ryle croit que Descartes (*voir p. 276-279*) commet exactement ce genre d'erreur quand il suppose que l'esprit est une substance au même titre que la substance physique.

Les attaquants, les milieux de terrain, les défenseurs et les gardiens de but sont tous entrés sur le terrain. Mais où est l'équipe de foot ?

Pour Descartes, l'esprit n'étant pas un objet physique, il doit être immatériel. Selon Ryle, posséder un esprit, c'est posséder un ensemble de dispositions comportementales. Comme ce sont des dispositions que des organismes physiques peuvent posséder, il n'est nul besoin d'avoir recours à un « quelque chose » d'immatériel, sans quoi on commet une erreur de catégorie.

Le touriste qui dit « Oui, je sais où se trouvent les différentes facultés, mais où se trouve l'université d'Oxford ? » a fait une erreur de catégorie élémentaire : l'université, c'est l'ensemble des facultés.

QUI EST QUI ?

DANS CE DERNIER CHAPITRE, NOUS AVONS RASSEMBLÉ PLUS DE CENT PHILOSOPHES PARMI LES PLUS IMPORTANTS AYANT LÉGUÉ LEURS PENSÉES ET LEURS THÉORIES À LA POSTÉRITÉ, DEPUIS LES PENSEURS DE MILET DE LA GRÈCE ANTIQUE, IL Y A QUELQUE 2 500 ANS, JUSQU'À NOS JOURS.

La philosophie est constituée d'un corps d'idées qui s'associent et évoluent, et les spéculations de chaque penseur ne valent pas tant pour elles-mêmes que par le dialogue qu'elles nouent avec la tradition. La description isolée de la vie et de l'œuvre d'un penseur est source d'informations utiles, mais un portrait plus global se dégage lorsque l'on explore aussi ses rapports avec d'autres œuvres et philosophes.

Vous trouverez dans ce chapitre les penseurs dont les idées ont eu un impact notable sur l'évolution de la philosophie. Leur présentation chronologique, ainsi que les repères chronologiques au chapitre deux, mettent au jour les liens qu'ils entretiennent avec l'histoire sociale, culturelle et politique et retracent le développement des idées au fil des siècles. Les dates incertaines sont soulignées par l'indication « *v.* » (*vers*) et lorsque des preuves ont confirmé l'activité ou l'« essor » d'un penseur, elles sont indiquées par *fl.* (*floreat*).

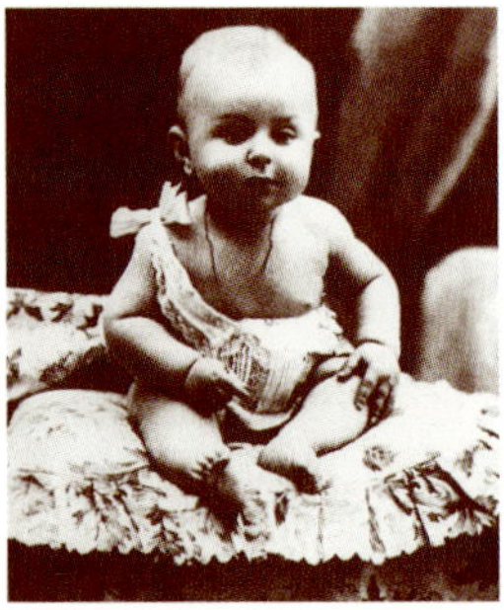

Naît-on ou devient-on philosophe ? Très jeune, Jean-Paul Sartre a commencé à s'interroger sur le sens de l'existence.

L'un des traits remarquables de l'histoire de la philosophie est l'incroyable diversité de ses préoccupations, buts et approches. Les penseurs ont des notions très différentes de leur rôle de philosophes. La conception que la philosophie a d'elle-même change continuellement. Chaque génération voit l'émergence de nouveaux sujets d'inquiétude et des champs de recherche considérés autrefois comme le domaine des philosophes sont devenus des sciences indépendantes comme la physique, la biologie et la psychologie. De plus, des questions qui semblaient être de la plus haute importance pour une génération peuvent très bien être délaissées par la suivante, pour réapparaître des siècles plus tard. Ainsi, tous les penseurs participent à l'entreprise commune : leur œuvre représente un engagement critique continuel sur des questions à la fois nouvelles et éternelles.

Les bustes des grands penseurs de l'Antiquité sont alignés sur les murs de la Salle des Philosophes au musée du Capitole à Rome. Leur influence intellectuelle se ressent encore aujourd'hui.

Siddhârta Gautama

◒ *v.* 563 – 483 AV. J.-C. ⚑ Teraï, Inde septentrionale

Au VIe siècle av. J.-C., un ascète errant s'assit sous l'arbre de la Bodhi pour méditer jusqu'à ce qu'il ait saisi la vérité ultime des choses. Il y connut l'illumination, et ses découvertes inaugurèrent un complexe système philosophique et l'une des plus grandes religions du monde.

VIE ET ŒUVRE

Les légendes sur la vie de Siddhârta émergèrent durant le siècle qui suivit sa mort et sa biographie est devenue un récit élaboré et riche d'enseignements. Il naquit à Lumbini, dans la plaine basse du Teraï, près des contreforts de l'Himalaya, dans le Népal actuel. La légende veut que sa famille fût à la tête de la tribu des Sakyas ; soucieux de ne pas le distraire de ses devoirs, son père le protégea de toute laideur et souffrance en le retenant dans les limites de ses palais.

Siddhârta fut marié à l'âge de 16 ans et eut un fils nommé Rahula, qui signifie « entraves ». On dit qu'il quitta le palais quatre fois, rencontrant tour à tour un vieillard, un malade, un cadavre, puis un ascète – un homme saint. Ces rencontres bouleversantes avec la souffrance et la mort l'incitèrent à chercher dans l'ascèse une solution à la condition humaine. À l'âge de 29 ans, il quitta en secret sa femme et son fils pour mener une quête spirituelle. Il atteint l'illumination à l'âge de 35 ans. Il prononça alors son important Premier Sermon, qui lance la roue du Dharma. Il fonda une communauté de moines chargés de répandre ses enseignements et passa le reste de sa vie à parcourir le bassin du Gange, prêchant de ville en village. Peu après sa mort, lors d'un rassemblement de ses disciples, les moines les plus anciens récitèrent ses enseignements pour que l'assemblée s'en imprègne. Transmis oralement, ils ne furent pas transcrits avant des siècles.

Un moulin à prières représente la roue du Dharma. Son moyeu est symbole de discipline, le noyau essentiel de la méditation.

CONCEPTS CLÉS

Dans son premier sermon, Siddhârta l'Éveillé – le Bouddha – résume ses enseignements en quatre « nobles vérités ». La première, qui fut le point de départ du bouddhisme, requiert que nous nous éveillions à la réalité de la souffrance humaine. Nous connaissons tous douleur, maladies et mort. Chacun de nous éprouve un jour la détresse et le chagrin. Cela ne signifie pas que la vie n'est que souffrances, mais comme tous les plaisirs sont fugaces, elle reste intrinsèquement insatisfaisante. De plus, la souffrance caractérise notre existence pour d'innombrables autres vies, puisque nous avons tous déjà vécu et renaîtrons selon un cycle sans fin.

Cette vision apparemment pessimiste – les bouddhistes diraient réaliste – est étayée par la thèse de l'impermanence radicale de toutes choses. Selon Bouddha, tout est dans un état de flux continu. Cependant, notre réticence à accepter la fragilité des choses crée un sentiment de frustration et de mal-être, et est à l'origine du désir. Nous avons soif de permanence, à la fois matérielle et

ATTEINDRE LE NIRVANA

Il existe deux nirvanas. L'un peut être atteint dans cette vie ; c'est l'illumination que connaît Siddhârta l'éveillé, c'est-à-dire un état de béatitude complète. Lorsqu'un éveillé meurt, il connaît le nirvana en tant qu'extinction, qui représente la fin du cycle des renaissances et des souffrances. Qu'arrive-t-il lorsque nous mourons ? Le Bouddha rapproche le cycle des renaissances d'une flamme que l'on passe d'une bougie à une autre. Il n'y a pas de continuité substantielle, simplement une continuité de la combustion. Le nirvana serait comme souffler cette flamme : ce n'est pas la fin du moi en tant que tel, puisqu'il n'y a pas d'âme substantielle. Il s'agit plutôt de la fin de l'illusion du moi, car toute fausse distinction entre le moi et le monde s'effondre. Désirs et combustion, qui sont les prémisses de l'obsession du moi et nourrissent le processus des renaissances, sont éteints.

personnelle, et devenons ainsi esclaves de désirs qui ne peuvent jamais être satisfaits. Ceci nous amène à la seconde noble vérité : toute souffrance est le produit d'un désir insatiable.

LES VOIES DE L'ILLUMINATION

Dans ses deux premières vérités, le Bouddha identifie le mal dont souffre la condition humaine. Mais la réaction appropriée n'est pas le désespoir. La troisième noble vérité nous enseigne qu'il existe un remède à notre souffrance, et la quatrième explique comment l'appliquer. Contrairement à ce que l'on pourrait croire, le traitement ne consiste pas à satisfaire notre désir, car cela reste temporaire et génère inévitablement d'autres désirs. Nous répéterions alors un cycle où nous alimenterions la flamme de notre douleur.

Au lieu de cela, la troisième noble vérité nous apprend que la cessation de la souffrance ne se trouve que dans le *nirvana*, qui signifie « extinction » du désir. On ne l'atteint qu'en dépassant l'attachement à notre moi et à ses besoins. En regardant en nous, nous nous apercevons que nous n'avons pas de nature essentielle, ni de moi ni d'âme ; nous ne sommes rien de plus que la somme de divers processus mentaux et physiques. Une fois que l'on reconnaît que le moi substantiel est une illusion, nos efforts pour satisfaire ses désirs s'estomperont, et nous pourrons échapper au cycle des renaissances. Le moyen d'atteindre le *nirvana* exige de suivre la « Sainte Voie aux huit membres », sorte de directive à suivre pour une vie vertueuse qui libère de tout désir, rend compatissant et purifie l'esprit. On estime que le bouddhisme compte aujourd'hui 350 millions de pratiquants dans le monde.

VOIR AUSSI ▸ Ancienne pensée orientale *(p. 26-27)* • Expérience religieuse *(p. 150-152)*

Les moines bouddhistes cheminent avec leurs sébiles. Des règles strictes gouvernent la conduite des moines, qui dépendent des dons charitables pour leur subsistance et leurs besoins matériels.

Thalès de Milet

fl. v. 585 av. J.-C. Grèce

Thalès est généralement considéré comme le premier philosophe en Occident, et le père de la science. Lui et ses disciples milésiens furent les premiers à rechercher des explications naturalistes aux phénomènes plutôt que de recourir aux mythes et à l'action de dieux anthropomorphiques.

VIE ET ŒUVRE

On sait peu de chose de la vie de Thalès, et ses écrits ayant disparu, nous devons nous fier à la légende et à ses enseignements rapportés par d'autres auteurs. La *Métaphysique* d'Aristote en est une excellente source, mais elle fut rédigée deux siècles après la mort de Thalès. Diogène Laërce parle aussi de lui, mais il vécut au IIIe siècle. Nous savons que Thalès était originaire de Milet. Selon certaines sources, il aurait beaucoup voyagé, puisant dans les cultures qu'il rencontra depuis Babylone à l'Égypte. Il aurait d'ailleurs introduit la géométrie dans le monde grec après l'avoir apprise des Égyptiens. Sa cosmologie doit certainement beaucoup à ce peuple qui croyait que la Terre flottait sur l'eau. Pour prouver la valeur de son apprentissage, Thalès appliqua son savoir aux astres et prédit une bonne récolte d'olives, puis acheta tous les pressoirs de la région pour les relouer aux récoltants et en tirer profit.

Astronome réputé, Thalès prédit une éclipse du soleil, rapportée par Hérodote, et que nous savons aujourd'hui avoir eu lieu en 585 av. J.-C.

CONCEPTS CLÉS

Thalès est connu pour avoir déclaré que l'eau est le principe de toutes choses. Ainsi, tout ce que nous observons, depuis la Terre et l'air jusqu'aux animaux et aux plantes, serait réductible à cette unique substance. Beaucoup considèrent sa pensée comme la première d'une longue lignée d'hypothèses scientifiques sur la nature qui aboutirent à la physique moderne. La théorie de l'eau est étroitement liée à l'affirmation cosmologique selon laquelle la Terre est un disque flottant sur une vaste mer, dont il émergea par un processus de solidification. Thalès semble être arrivé à cette théorie en observant le comportement des substances humides qui deviennent soit solides, soit liquides. Il avait en outre remarqué que toutes les plantes et tous les animaux absorbent l'eau, et doivent donc en être composés pour bonne partie.

Mais ce sont ses compétences en astronomie, en géométrie et en ingénierie qui semblent avoir assis sa réputation de grand sage. Diogène Laërce rapporte que Thalès détermina la hauteur des pyramides en mesurant leur ombre au moment où la sienne était égale à sa propre hauteur. Thalès est également réputé avoir mesuré la distance entre le rivage et certains navires au large. On dit aussi qu'il a dévié le cours du fleuve Halys pour que l'armée lydienne puisse le passer à gué et marcher vers les Perses.

VOIR AUSSI ▸ Grèce antique *(p. 24-25)* • Démocrite et l'atomisme *(p. 241)*

Pythagore

v. 570 – 495 AV. J.-C. Grèce

Dans la figure de Pythagore se rejoignent deux courants de pensée très différents, mais tout aussi influents. Mystique, on l'a même dit divin. On lui doit l'invention de la méthode déductive en mathématiques et plusieurs découvertes scientifiques capitales.

VIE ET ŒUVRE

Les nombreuses légendes qui entourent la vie de Pythagore mêlent fiction et réalité. Né sur l'île grecque de Samos, il fuit le tyran Polycrate et se rend probablement en Égypte, puis s'installe à Crotone, au sud de l'Italie. Là, il fonde une communauté de disciples régie par de curieuses règles, parmi lesquelles l'interdiction de manger des haricots, ou permettre aux moineaux de partager son toit. Ses disciples se consacraient à la poursuite de connaissances ésotériques, vouant une révérence quasi religieuse à leur meneur et chef.

Nous ne connaissons les enseignements de Pythagore qu'à travers ses disciples. Sa contribution la plus déterminante fut l'application des mathématiques aux domaines de la philosophie et de la science. L'idée selon laquelle l'univers peut s'expliquer de façon mathématique fut capitale pour le développement du savoir scientifique. Il est également considéré comme le père de la tradition en philosophie occidentale, qui court jusqu'au rationalisme du XVIIIe siècle, selon laquelle les mathématiques sont le paradigme du savoir véritable et le raisonnement déductif la clé de la vérité métaphysique. Sa vision selon laquelle l'intellect est la voie vers le savoir véritable et la distinction qu'il fit entre le sensible et l'intelligible ont nourri de nombreux discours dans la pensée occidentale.

L'hymne au soleil de Pythagore : les fidèles disciples de Pythagore saluaient le lever du soleil pour célébrer le début de chaque jour nouveau.

CONCEPTS CLÉS

Les idées religieuses de Pythagore sont imprégnées de la croyance en l'immortalité de l'âme et de l'idée que toute chose qui existe fait partie d'un cycle infini de renaissances. Selon lui, les actions dans cette vie seront récompensées ou punies dans la suivante, et puisque toute chose est réincarnée, nous devrions traiter les animaux comme nos pairs. Échapper au cycle infini des renaissances est possible en menant une vie philosophique de contemplation désintéressée.

Si les éléments mystiques de sa pensée semblent éloignés de ses découvertes mathématiques et scientifiques, ils sont en fait étroitement liés. Pythagore considérait la spéculation comme la voie de la sagesse, et les mathématiques comme le moyen de découvrir autrement les vérités impénétrables de ce monde.

Pythagore fonde l'arithmétique ; sa fascination pour les mathématiques était fondée sur la nature intemporelle et universelle de ses découvertes. Ainsi, même si la vérité sur les triangles rectangles (le carré de l'hypoténuse est la somme des carrés des deux autres côtés) était connue depuis des siècles, Pythagore la formula en un théorème, vérité éternelle et nécessaire.

Contrairement à toutes les vérités sur le monde physique, quelle que soit leur durabilité, les vérités mathématiques sont éternelles. De plus, Pythagore considérait que l'appréhension par l'esprit des objets mathématiques était supérieure aux versions imparfaites de leur perception dans le monde physique. Tous les cercles perçus par les sens sont approximatifs, mais nous sommes capables de comprendre l'idée d'un cercle parfait. C'est de là que vient l'idée selon laquelle les raisonnements précis appartiennent à un monde supérieur d'objets suprasensibles.

Mais les mathématiques ont elles aussi leur application empirique. On attribue à Pythagore la découverte astronomique selon laquelle l'étoile du matin et l'étoile du soir sont une seule et même planète, Vénus. Il découvrit aussi que les intervalles sur une gamme musicale ont des proportions arithmétiques exactes, et il croyait pouvoir ainsi réduire aux mathématiques d'autres découvertes dans la recherche scientifique. C'est ce qui lança le projet pythagoricien de découvrir les principes mathématiques qui sous-tendent les apparences changeantes du monde sensible : la réalité peut s'exprimer par les nombres.

« TOUT EST NOMBRE »

Attribué à Pythagore

VOIR AUSSI ▸ Raison et expérience *(p. 66-73)*

Pythagore comprit que les intervalles musicaux peuvent être exprimés par des proportions mathématiques.

Lao-tseu

fl. VIe SIÈCLE AV. J.-C. Chine

Lao-tseu signifie « Vieux Maître » en Chinois, mais l'identité de l'homme qui portait ce titre et son existence réelle restent incertaines. Considéré comme le père du taoïsme, on lui attribue la paternité de l'une des œuvres les plus importantes de la philosophie chinoise.

VIE ET ŒUVRE

Selon la légende, Lao-tseu était le gardien des archives de la Bibliothèque impériale de la dynastie des Zhou. Selon des écrits remontant au IVe siècle av. J.-C., il y aurait rencontré Confucius venu en quête de sagesse. Empli de pitié pour Confucius et son obsession des distinctions créées par l'homme, telles que le bien et le mal, il lui conseille de renoncer au respect qu'il voue aux rituels et aux coutumes, qu'il trouve déplacés. Confucius, intimidé par la sagesse de Lao-tseu, l'aurait apparenté à un dragon. Finalement exaspéré par les mœurs des hommes, Lao-tseu tourna le dos à la société à l'âge de 80 ans pour disparaître dans le désert.

TEXTES ESSENTIELS *Tao-tö-king*

CONCEPTS CLÉS

Le *Tao-tö-king* contraste avec les idées de Confucius et se pose comme l'une des deux influences dominantes de la pensée chinoise. Il traite de spiritualité personnelle, d'éthique, de politique et de métaphysique. Tandis que les *Analectes* de Confucius se concentrent sur les relations sociales, le *Tao-tö-king* se préoccupe de la façon dont un individu devrait aborder la vie. Son style est souvent elliptique, et son approche est beaucoup plus mystique. Écrit en deux parties, le Livre de la vertu (*Tö King*) traite de politique et d'éthique, et le Livre de la voie (*Tao King*) traite de métaphysique. « Tao » (la Voie) renvoie aux principes directeurs de la vie et de l'univers. C'est l'ordre naturel des choses. Le *Tao-tö-king* dit que nous ne pouvons saisir le Tao par le langage et l'ineffabilité du sujet pourrait expliquer en partie la difficulté de son interprétation. Si nous tentons de comprendre le Tao par l'intellect, nous sommes voués à l'échec. En effet, penser est la cause de tous les problèmes et tout effort est contre-productif. Il faut plutôt éviter de poursuivre un but et laisser le Tao couler à travers soi. Cette approche de la vie, appelée *wu-wei*, ou « non-agir » est la clé pour vivre en harmonie avec le Tao.

VOIR AUSSI ▸ Confucius *(p. 236-237)*

Faire brûler de l'encens revêt une part essentielle dans les prières et les cérémonies taoïstes.

Confucius

551 – 479 AV. J.-C. Chine

Le confucianisme se répand à l'époque classique de la Chine (550 – 200 av. J.-C.), et devient la philosophie officielle des Han en 140 av. J.-C. Il reste aujourd'hui une force directrice de la pensée chinoise et place l'intégrité personnelle comme garante de la cohésion et de l'harmonie sociale.

VIE ET ŒUVRE

Confucius est issu de l'aristocratie. Son père, qui a 70 ans à sa naissance, meurt quand il a 3 ans, laissant sa mère âgée de 18 ans s'occuper de la famille dans une relative pauvreté.

À 15 ans, Confucius choisit de consacrer sa vie à l'éducation, et en 527 av. J.-C., à la mort de sa mère, il transforme la maison familiale en école.

Confucius vivait dans la province de Lu à une époque où le déclin du système féodal alimentait de grandes agitations politiques. Il déplorait la dégénérescence morale qui caractérisait la vie politique et considérait que la seule façon de l'enrayer était de retourner aux valeurs du passé. Il se met à enseigner les textes classiques anciens, et on dit qu'il en chantait des strophes en s'accompagnant à la cithare. Il acceptait tous les étudiants dévoués, quel que soit leur statut social. Sans cesser d'enseigner, son intérêt pour la politique le conduit à intégrer le gouvernement local et il s'élève au rang de Ministre de la Justice. Les réformes qu'il met en place sont réputées avoir eu tant de succès que le crime était pratiquement éradiqué.

Chercher « la voie », Confucius voyagea à travers la Chine à la recherche d'un endroit pour appliquer ses idéaux sociaux.

Mais l'instabilité politique pousse Confucius, âgé de 50 ans, à quitter Lu pour s'embarquer dans treize années de voyages en quête d'un dirigeant qui l'aiderait à mettre ses idées politiques en pratique.

Il retourna à Lu en 484 av. J.-C. et passa le reste de ses jours à enseigner tandis que ses disciples transcrivaient ses idées pour la postérité dans les *Analectes* (Lun-Yu). L'école de Confucius fut perpétuée par ses disciples, et Mencius et Xunzi figurent parmi ses successeurs les plus connus.

TEXTES ESSENTIELS *Analectes*

CONFUCIUS ET LA SOCIÉTÉ

Tous les citoyens devraient avoir un rôle imparti et Confucius insistait sur la responsabilité des individus de s'acquitter des devoirs sociaux inhérents à leur position. Selon Confucius, conventions et pratiques sociales – qui s'expriment dans les rites et la musique – sont les garantes de l'harmonie sociale. Les rites aident à cimenter les rôles et la hiérarchie sociale tandis que la musique rassemble les gens dans un respect mutuel et un plaisir partagé. Rôles et relations sociales sont donc le tissu d'une société bien ordonnée. C'est pourquoi Confucius pensait que les dirigeants devraient encourager le respect des coutumes et rites traditionnels, comme le mariage.

CONCEPTS CLÉS

Dans les *Analectes*, Confucius transmet des idées traditionnelles sur la manière correcte de mener la vie politique. Il défend un retour aux valeurs et méthodes traditionnelles de gouvernement afin de gérer les troubles sociaux et conflits internes du système féodal. Le respect des coutumes consacrées par l'usage et l'étude, à travers les textes anciens, des grands événements politiques du passé, lui permit d'affirmer avoir découvert les structures traditionnelles sociales qui reflètent l'ordre naturel. Adhérer aux principes de cet ordre permettrait à un gouvernement commun à toute la Chine d'être restauré et avec lui, une paix et une prospérité durables.

L'enseignement de Confucius reflète les valeurs traditionnelles d'une société féodale. Il est donc inévitable qu'il souligne l'importance centrale des rôles familiaux et sociaux conventionnels. Il identifie des relations archétypales (entre mari et femme, parent et enfant, et dirigeant et sujet) et les devoirs réciproques qu'elles comportent. Ainsi, un sujet a le devoir d'obéir à son dirigeant, mais celui-ci a également le devoir d'écouter les critiques de ses sujets.

ENCOURAGER LE PROGRÈS

Même s'il est habituellement représenté comme un penseur conservateur, l'usage que fit Confucius des textes anciens cache ses vues réformistes. Il pensait par exemple que les dirigeants devraient être choisis en fonction de leurs mérites plutôt que leur lignage ; qu'ils devaient faire preuve d'une dévotion véritable envers leurs sujets ; et qu'ils devaient développer un caractère vertueux afin de gagner le respect et l'obéissance des citoyens. Comme les grands dirigeants du passé, ils doivent promouvoir l'éducation morale du peuple et s'assurer qu'il dispose de tout le matériel nécessaire. Le gouvernement devrait agir en faisant appel à la morale naturelle du peuple – ce qui essentiellement, signifie traiter autrui comme vous aimeriez que l'on vous traite. Forcer les gens à obéir n'est pas le but d'un gouvernement, et la force n'est pas nécessaire quand ceux qui sont au pouvoir assument correctement leurs devoirs. Pour une conduite morale appropriée, un bon gouvernement doit encourager le respect plutôt que de menacer de punition. Alors seulement la société pourra espérer fonctionner sans problème.

VOIR AUSSI ▸ Philosophie politique *(p. 160-177)*

Musique traditionnelle et rites cérémoniaux, selon Confucius, aident à unir les sociétés et promouvoir l'harmonie.

Héraclite

fl. v. 500 AV. J.-C. Grèce

L'idée de Héraclite d'un ordre éternel qui sous-tend le monde instable des apparences influença profondément Platon et, depuis le XVIIIe siècle, qui redécouvrit Héraclite, cette influence s'est amplifiée. Nietzsche voyait en lui un penseur pour qui devenir importait plus qu'être.

VIE ET ŒUVRE

Héraclite est né à Éphèse, sur la côte de la Turquie actuelle. Ses écrits, aujourd'hui perdus, étaient réputés dans l'Antiquité pour leur obscurité. Mais des fragments de sa pensée présents dans l'œuvre d'autres auteurs laissent entrevoir un personnage désagréable et dédaigneux envers ses concitoyens. Il était avare de compliments à l'égard des philosophes de Milet et des grands poètes, suggérant par exemple que Homère devrait être fouetté. Selon Diogène Laërce, Héraclite, devenu misanthrope, serait parti vivre dans les montagnes, considérant la société comme trop corrompue. Quand il tomba malade, il revint à Éphèse où il succomba à son mal.

TEXTES ESSENTIELS *De la nature* (perdu). Fragments de son œuvre dans *Vies doctrines et sentences des philosophes illustres* de Diogène Laërce.

Les ruines majestueuses de l'ancienne ville d'Éphèse, où naquit Héraclite, se visitent encore aujourd'hui.

CONCEPTS CLÉS

Un ensemble cohérent des idées de Héraclite peut être reconstruit à partir des fragments qui ont survécu dans les œuvres d'autres auteurs. Il apparentait le monde au feu, ce qui signifiait pour lui que toutes les choses changent perpétuellement. Platon le cite en disant que l'« on ne se baigne jamais deux fois dans le même fleuve » : le changement menace toujours les choses et les êtres et ce que nous considérons comme des entités stables deviennent autre chose.

Héraclite pensait que le conflit était une force motrice du processus du devenir, mais qu'il y a aussi une certaine unité dans le logos. Logos est le mot grec pour « parole » ou « raison ». Chez Héraclite, le terme semble signifier que le conflit qui caractérise la réalité est unifié au sein d'une harmonie cosmique que peut saisir la raison et le débat logique.

L'ordre, ou la loi, cosmique réconcilie les contraires, car l'harmonie sous-tend la discorde. Héraclite utilise de nombreux exemples de paradoxes pour démontrer l'équilibre des contraires, comme dans « le chemin qui monte et celui qui descend est le même ». Son idée est que rien ne reste inchangé, car la loi de l'univers est celle d'un conflit, d'un changement, d'un renouveau constant, de même que le soleil se lève à nouveau chaque matin.

VOIR AUSSI ▸ Platon *(p. 246-247)* • Nietzsche *(p. 316-317)* • Hegel *(p. 302-303)*

Parménide

◒ *v.* 515 – *v.* 445 AV. J-C. ⚑ Grèce

Parménide est le premier philosophe qui élabore de rigoureux raisonnements pour étayer ses conclusions. Il développe ses idées dans un poème épique où il rencontre une déesse qui affirme par des arguments audacieux que, malgré les apparences, la réalité est un tout immuable.

VIE ET ŒUVRE

On connaît peu la vie de Parménide, hormis le fait qu'il est né à Élée vers 515 av. J.-C. Selon Platon, il aurait visité Athènes à l'âge de 65 ans et aurait rencontré le jeune Socrate. Il connaissait probablement les travaux de Héraclite, de Pythagore et des Milésiens, car ses propres écrits semblent s'opposer à la pensée de ses prédécesseurs. Son poème philosophique *De la nature*, qu'il rédigea probablement jeune homme, regroupe ses principaux arguments. Composé de trois parties, ses raisonnements conduisent à des conclusions métaphysiques sur la véritable nature de la réalité, qu'il oppose à la façon dont le monde sensible apparaît aux simples mortels. Parménide est le fondateur de l'école éléatique.

TEXTE ESSENTIEL *De la nature*

CONCEPTS CLÉS

Dans la première partie de *De la nature*, la Voie de la Vérité, Parménide oppose « ce qui est » à « ce qui n'est pas ». Il affirme que ce qui n'est pas n'existe pas, et ne peut donc pas constituer un objet de pensée. Il explore ensuite la nature de ce qui est, et soutient que cela ne peut être ni créé ni détruit, car il est impossible que quelque chose naisse du néant.

Selon Parménide, tout changement d'un être est impossible car cela exigerait un passage de ce qui est à ce qui n'est pas (et donc n'existe pas). En outre, le changement ne se limite pas au domaine temporel, car ce qui est doit être partout, de sorte que l'on ne puisse différencier les objets les uns des autres. Ainsi, être doit être éternel.

Avec ces arguments, Parménide conclut que l'univers est un – immuable, impérissable, illimité et indivisible. Alors pourquoi percevons-nous un monde fait de multiplicité et de changements ? La réponse de Parménide est la suivante : le monde tel qu'il apparaît à nos sens est une illusion ; sa cosmologie s'oppose à la réalité découverte par la raison. Il est ainsi le premier à formuler un dualisme entre apparence et réalité.

VOIR AUSSI ▸ Raison et expérience : deux approches de la connaissance *(p. 66)*

Chez Parménide, la Voie de la Vérité est préférable à celle de l'opinion.

Zénon d'Élée

fl. v. 450 AV. J.-C. Grèce

Membre de l'école éléatique fondée par Parménide, Aristote le surnomma le « père de la dialectique ». Il est surtout connu pour ses paradoxes, qui tentent de démontrer que tout mouvement est impossible, et qui eurent un impact important sur le développement de la pensée grecque.

VIE ET ŒUVRE

Bien qu'il fût rédigé près d'un siècle après la mort de Zénon, le dialogue *Parménide* de Platon reste la meilleure source d'information sur sa vie. Selon Platon, Zénon aurait, à l'âge de 40 ans, accompagné Parménide à Athènes, où il rencontre Socrate, alors un tout jeune homme. Zénon rassembla ses arguments dans un livre qui a malheureusement été perdu. Nous connaissons ses paradoxes sur le mouvement grâce à Aristote, qui le décrivait comme le père de la dialectique. Les problèmes mathématiques que soulèvent les paradoxes de Zénon concernant l'idée d'un continuum ne furent convenablement traités qu'à l'époque moderne. Ses arguments contre la divisibilité infinie sont à l'origine chez Démocrite du développement de l'atomisme (*voir p. 241*).

CONCEPTS CLÉS

Zénon défendait l'idée audacieuse de son professeur Parménide selon laquelle la réalité est très différente du monde bigarré et changeant que nous voyons autour de nous. Il est en fait immobile, uniforme et simple *(voir p. 239)*. Selon lui, mouvement et pluralité sont des illusions des sens. En démontrant cela, Zénon est probablement le premier à utiliser la méthode de raisonnement appelée *reductio ad absurdum*. Zénon part de la position de ses adversaires – le mouvement, le changement sont réels – et la récuse en démontrant qu'il en découle des conséquences contradictoires. Selon Proclus, Zénon aurait inventé plus de 40 paradoxes, mais il en reste très peu. Parmi eux, la « dichotomie » explique que l'on ne peut jamais atteindre la ligne d'arrivée dans une course car l'on doit d'abord atteindre le point médian, puis le point médian du dernier quart, et ainsi de suite, à l'infini. Zénon imagina ainsi Achille et une tortue participant à une même course. Selon Zénon, Achille ne peut dépasser la tortue car il doit d'abord dépasser sa position actuelle, mais alors la tortue aura avancé, et donc sera toujours en tête.

« Achille et la tortue » constitue probablement le raisonnement le mieux connu de Zénon contre la possibilité du mouvement.

Démocrite

v. 460-371 AV. J.-C. Grèce

Démocrite, avec le personnage moins connu de Leucippe (dont l'activité remonte à environ 440 av. J.-C.), est le fondateur de l'atomisme. Il est en fait difficile de discerner auquel des deux philosophes on doit telle ou telle doctrine.

Même si Platon ne parle jamais de lui, peut-être en raison de son désaccord envers sa métaphysique mécaniste, Démocrite était contemporain de Socrate. Selon Aristote, la théorie atomiste constitue une réponse à Parménide, pour qui changement et mouvement sont impossibles. Selon Leucippe et Démocrite, seule une forme de non-être ou de vide permet le mouvement. Les principes de leur théorie sont les suivants : l'univers est composé d'un nombre infini de corpuscules microscopiques qui ne contiennent pas de vide, et sont donc insécables, comme l'indique l'étymologie du mot « atome ». Les différentes formes et agencements des atomes expliquent les qualités physiques des objets matériels, et leurs mouvements et collisions expliquent les changements que nous observons dans les choses. L'âme, elle aussi composée de très fins atomes, est donc matérielle, ce qui élimine toute possibilité de vie après la mort.

Mozi

479 – 438 AV. J.-C. Chine

D'origine modeste, Mozi était ingénieur et concevait entre autres des échelles pour prendre d'assaut les murs d'enceinte des villes. Comprenant parfaitement les affaires militaires, ce pacifiste parcourut sa région déchirée par la guerre pour tenter de dissuader les dirigeants de se battre.

Mozi rejetait le respect des rites de Confucius, qu'il considérait comme un conformisme creux. Il plaçait l'accent sur l'autodidactie et l'authenticité des comportements moraux. Il rejetait aussi l'idée qu'une société doit suivre l'exemple des anciens. Selon lui, bien organiser une société dépend de l'attention rationnelle et pratique que l'on porte aux réalités contemporaines. Les actes moraux sont ceux dont on peut démontrer l'utilité à promouvoir le bien véritable. Les rituels, qui ne servent aucun but, et la guerre, qui n'engendre que souffrances, doivent être éliminés.

Sun Yat-sen et Mao Zedong *(ci-contre)* considéraient le modeste Mozi comme un vrai philosophe du peuple.

Si les confucianistes insistent sur le rôle social du peuple, notamment des devoirs familiaux, Mozi prône un amour impartial pour toute l'humanité, ou *bo-ai*. Aimer sa famille génère des conflits avec les autres et aboutit à la guerre entre États. Mozi considère le paradis comme une force morale qui garantit que les actions humaines seront récompensées ou punies. Sa pensée, transcrite dans le Mozi, a connu plus tard un regain d'intérêt de la part des Républicains et des Communistes chinois.

Socrate

◒ 469 – 399 AV. J.-C. Grèce

Socrate n'ayant rien écrit lui-même, nous ne pouvons connaître sa pensée qu'au travers des écrits de Platon. La fidélité de ces derniers est discutée, mais Socrate croyait certainement que personne ne pèche de plein gré et que la réflexion critique sur la nature des vertus morales est essentielle.

VIE ET ŒUVRE

Nous avons peu de détails sur la vie de Socrate. Il est né à Athènes, d'un père sculpteur et d'une mère sage-femme. Il servit dans l'armée contre Sparte dans la Guerre du Péloponnèse, puis passa le reste de sa vie à Athènes, où il se maria et eut des enfants. Sur le champ de bataille, il fit preuve d'une force et d'une endurance physiques remarquables, et selon tous les témoignages, d'un grand courage. On le décrit comme ayant un visage laid et carlin, vêtu de façon un peu miteuse. Il restait debout immobile durant des heures, plongé dans ses pensées, et affirma avoir entendu une voix divine le dissuader d'entreprendre toute action. Malgré ces aspects insolites, Socrate avait un grand sens de l'humour, son esprit vif et son charisme lui valurent l'attachement de beaucoup. Sa démarche critique, en revanche, irrita certains Athéniens. Ayant survécu à l'époque des Trente Tyrans après la défaite d'Athènes devant Sparte, Socrate comparut devant la justice quatre ans après la restauration de la démocratie et fut condamné à mort pour impiété et corruption de la jeunesse. Alors qu'il aurait pu s'échapper, Socrate accepta sa sentence et but de plein gré la ciguë qui l'emporta. Platon, qui assista au procès, se mit en devoir de préserver dans ses dialogues la mémoire de son mentor.

CONCEPTS CLÉS

Socrate s'intéressait essentiellement aux questions morales telles que la définition de la justice, du courage et du bien. Il considérait qu'il lui incombait d'exposer l'ignorance des autres quant à la vraie nature de telles vertus, et il est réputé pour avoir mis dans l'embarras les sages de l'époque en révélant la confusion implicite de leur pensée. Il commençait par poser une question à ses interlocuteurs, comme « qu'est-ce que le courage ? » ou « qu'est-ce que l'amour ? » puis examinait les limites de leurs réponses. Il ne cherchait pas une définition digne d'un dictionnaire, mais

La mort de Socrate est devenue un événement emblématique dans la conscience occidentale. C'est l'expression ultime de l'individu qui place son intégrité morale au-dessus de son bien-être physique, et sa propre conscience avant les exigences de l'autorité.

la nature essentielle de tels concepts : ce qui fait que tous les actes courageux sont tels. Notre difficulté à découvrir l'essence de tels concepts révélait, affirmait-il, notre profonde ignorance de ce qui importe vraiment.

Pour Socrate, l'esprit critique est le plus important, car reconnaître sa propre ignorance est la première étape vers la connaissance. Ce n'est que lorsque nous comprenons que nous ne savons pas ce que nous pensions savoir que nous pouvons entreprendre de chercher à le découvrir. Socrate ne prétendait pas enseigner lui-même ce savoir mais plutôt, à la façon d'une sage-femme, aider les autres à donner naissance au savoir inné de leur esprit.

La méthode de questions-réponses par laquelle il amenait les idées est appelée dialectique. S'il offrait rarement des réponses définitives, il est clair que Socrate avait certaines positions éthiques fermes, notamment la thèse selon laquelle l'intégrité morale est une récompense en soi. Il soutenait que faire le mal nuit à l'auteur du crime bien plus qu'à la victime, car si des malheurs externes peuvent arriver, la vraie bonne vie consiste en la pureté de l'âme. Ainsi, personne ne peut faire le mal en connaissance de cause et les mauvaises actions résultent de l'ignorance. Connaître les vertus morales est donc dans notre meilleur intérêt et devrait être notre principal objectif. Ainsi, exposer l'ignorance des autres, c'est leur rendre service. Malheureusement, le régime démocratique d'Athènes, qui ne voyait pas les choses ainsi, alla jusqu'à condamner Socrate à mort.

VOIR AUSSI ▸ Platon *(p. 245-247)* • Méthode des contre-exemples *(p. 214-217)*

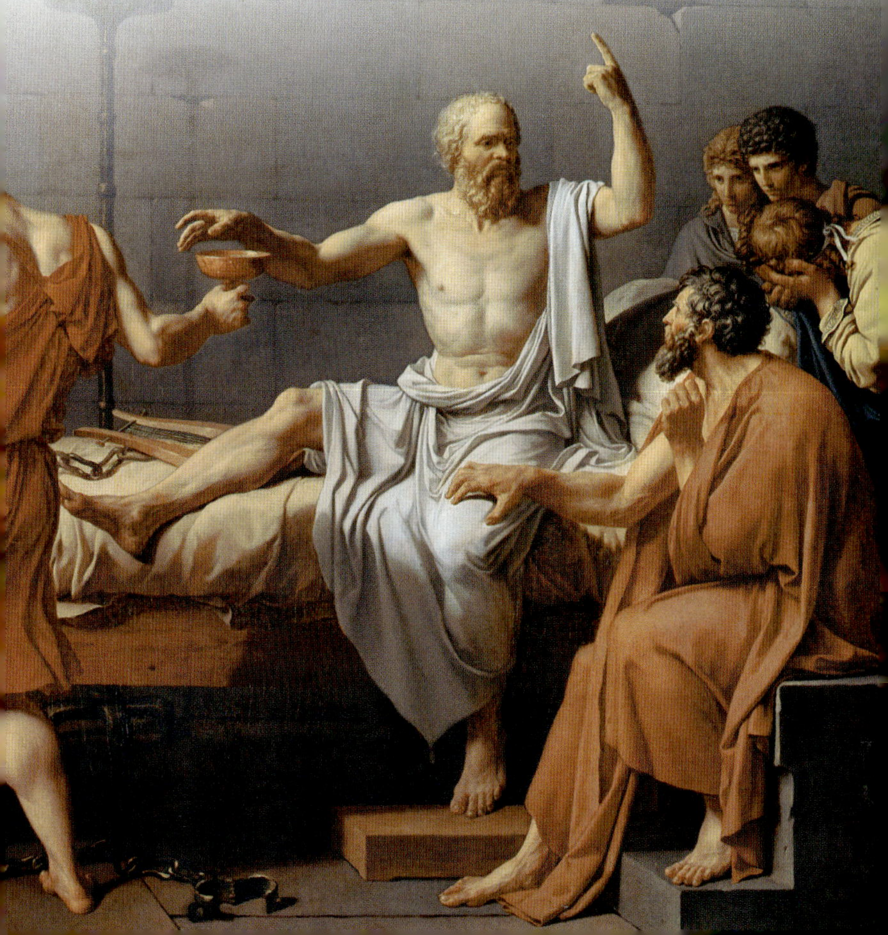

« Si nous devons jamais savoir purement quelque chose, il faut que nous nous séparions [du corps] et que nous considérions avec l'âme elle-même les choses elles-mêmes. »

Phédon **66a (trad. M. Dixsaut), GF Flammarion, Paris, 1991**

Platon

v. 427 – 347 AV. J.-C. Grèce

Platon est le premier philosophe dont un corps substantiel de textes ait survécu. Sa pensée et celle d'Aristote ont déterminé la philosophie occidentale ; à tel point que le philosophe et mathématicien Alfred North Whitehead fit la célèbre remarque selon laquelle toute son histoire n'est qu'une « série de notes de bas de page à Platon ».

Platon était le disciple de Socrate, et selon ses propres dires, assista au procès de son professeur, mais non à son exécution. Il fut profondément affecté par ces événements.

VIE ET ŒUVRE

Né d'une famille noble d'Athènes, Platon était impliqué dans le régime des Trente Tyrans (404 – 403 av. J.-C.). Mais en 399 av. J.-C., le procès et l'exécution de son professeur Socrate le poussent à remettre en cause la démocratie athénienne. Alors âgé de 30 ans, il quitte Athènes pour voyager, peut-être jusqu'en Égypte, puis en Sicile, où il intègre probablement la philosophie pythagoricienne (*voir p. 247*). Retournant à Athènes en 387 av. J.-C., il crée l'Académie. Fondée sur le principe selon lequel les étudiants doivent apprendre à critiquer et penser par eux-mêmes, plutôt que de se contenter d'accepter les pensées de leurs professeurs, on la considère souvent comme la première université. Les esprits les plus fins du monde antique, dont Aristote, furent nombreux à avoir été instruits à l'Académie. Platon se rendit deux fois en Sicile pour enseigner le tyran Denys le Jeune dans l'espoir d'en faire un dirigeant philosophe, mais sans succès.

LES DIALOGUES

La majorité de l'œuvre de Platon prend la forme de dialogues classés en œuvres de jeunesse, de la maturité et de la vieillesse. Avec Socrate comme protagoniste principal, les dialogues de jeunesse sont considérés comme des portraits raisonnablement fidèles de la pensée du mentor de Platon. Socrate y est typiquement montré en train de mettre en doute les opinions de ses interlocuteurs sur une qualité morale, telle que le courage ou la pitié, pour ensuite exposer leur ignorance sur sa vraie nature. Mais dans ces dialogues, l'exploration de la nature réelle de l'objet débattu est rarement menée plus avant. Dans les dialogues de la maturité, Platon commence à développer les doctrines positives pour lesquelles il est connu. Les dialogues de la vieillesse fascinent par leur critique détaillée des premières théories de Platon.

TEXTES *Apologie de Socrate, Phédon, La République, Les Lois*

CONCEPTS CLÉS

Platon remarqua que les affirmations portant sur le monde physique comportent toujours des qualificatifs. Par exemple, on ne peut pas dire d'un objet qu'il est la beauté en soi, ou d'une personne qu'elle est le courage en soi. Ils ne le sont que dans une certaine mesure, et ne peuvent donc correspondre à l'idéal de beauté ou de courage. Mais si rien au monde ne peut être qualifié de beau, comment concevons-nous l'idée même de beauté ? Platon répond à ces deux questions en posant comme principe l'existence d'une « idée » ou « forme » de la beauté. L'idée est l'universel auquel renvoient ces termes. Par exemple, ce qui fait qu'un chêne est un membre d'une classe de cas particuliers – les chênes – est qu'il ressemble à ou « participe de » l'idée éternelle de chêne. Les cas particuliers du monde sensible qui participent de l'idée sont des imitations ou des approximations de l'idéal. Celui-ci n'est pas observable par les sens ; c'est notre capacité à comprendre ce paradigme par une sorte de vision intellectuelle qui nous permet de reconnaître les réalités sensibles pour ce

> « CELUI QUI EST ANIMÉ DU VÉRITABLE AMOUR DU SAVOIR EST NATURELLEMENT DISPOSÉ À LUTTER POUR ATTEINDRE L'ÊTRE […] ET SON AMOUR N'A DE CESSE QU'IL N'AIT SAISI L'ÊTRE DE CHAQUE NATURE EN ELLE-MÊME. »

La République **490a (trad. G. Leroux), GF Flammarion, Paris, 2004**

L'Académie de Platon exista plus de 800 ans, jusqu'à ce que les Romains décident qu'elle constituait une menace pour leur nouveau christianisme.

qu'elles sont. Voilà en résumé la théorie des Idées de Platon (*voir aussi p. 76-81*).

LA CONNAISSANCE

Platon s'accordait avec Héraclite (*voir p. 238*) sur le fait que toute chose perçue par les sens est en perpétuel changement. Quelle que soit leur durabilité, toutes les réalités sensibles cessent un jour d'être. Mais le savoir, selon Platon, doit être fait de ce qui est pleinement, et nous ne pouvons donc avoir de vraie connaissance sur le monde sensible. Aussi, le savoir doit concerner les idées, ou bien les objets qui ne s'altèrent pas : ceux qui sont pleinement ce qu'ils sont. Ainsi, Platon partage la réalité en deux domaines : le monde physique du devenir, et le monde de l'être, celui des idées éternelles et parfaites. C'est la tâche du philosophe que d'être pleinement conscient des idées qui sous-tendent le monde changeant des sens. La méthode pour y parvenir, inspirée de Socrate, est dialectique : une coopération des esprits qui, par des questions critiques, analysent des concepts et se rapprochent de la vérité. Cependant, comprendre les idées exige d'appréhender la réalité ultime, qui est l'idée du Bien. Platon voyait là le but de toute recherche, car c'est au Bien que toutes les explications doivent tendre. En d'autres termes, avant de pouvoir expliquer quoi que ce soit, nous devons reconnaître en quoi cela est bien.

Platon considérait les arts, dont le théâtre grec *(ci-dessus)*, d'un œil très méfiant. Il y voyait une fausse représentation de la réalité.

L'IMMORTALITÉ DE L'ÂME

La dialectique est essentiellement une méthode d'analyse de concepts que nous possédons déjà, bien que de façon très implicite. Pour Platon, nous n'avons habituellement qu'une connaissance implicite des idées et la tâche de la philosophie est de rendre conscientes les connaissances enfouies en nous. Ainsi, connaître ne consiste pas réellement à découvrir quoi que ce soit, mais à s'en ressouvenir. Platon trace un parallèle entre cette méthode et le raisonnement a priori (*voir p. 66*) mathématique. Reconnaître la vérité d'une démonstration de géométrie, par exemple, est possible parce que nous n'apprenons pas vraiment quelque chose de nouveau, nous reconnaissons simplement quelque chose que nous avons rencontré avant la naissance. Si tout savoir est souvenir, comme l'affirme Platon, cela prouve que l'âme existe avant la naissance.

L'UTOPIE DE PLATON

La République représente la première de nombreuses esquisses d'une société idéale. Platon rejette la démocratie en tant que système gouvernemental car selon lui, les gens ne sont pas qualifiés pour diriger. Ceux qui sont à même de s'élever jusqu'au sommet dans une démocratie ne sont pas le genre de personnes que nous aimerions voir nous gouverner. Son modèle est un État dans lequel les conflits internes ont été abolis et chaque citoyen remplit le rôle qui lui est imparti. Cela implique l'institution d'un système rigoureux de formation et de sélection pour produire une élite de dirigeants sages et incorruptibles. Ces gardiens de l'État mériteront vraiment le nom de « philosophes » car ils seront de véritables amoureux de la sagesse. Ils doivent bien sûr acquérir la connaissance du Bien, afin qu'ils puissent gouverner efficacement pour le bien de l'État dans son ensemble.

LES INFLUENCES DE PLATON

L'influence de Pythagore et de Socrate est la clé de la philosophie platonicienne. Mais il est difficile de séparer les idées de Platon de celles de ses professeurs. De Pythagore, Platon apprit que le monde qui apparaît aux sens est trop instable pour être un objet de vraie connaissance, ainsi que les éléments plus mystiques de sa pensée, l'importance des mathématiques et l'idée de spéculation philosophique comme moyen de purifier l'âme. De Socrate, Platon acquit un intérêt pour les sujets éthiques et l'importance de connaître le Bien à travers la dialectique.

Aristote

384 – 322 AV. J.-C. Grèce

L'étendue de l'œuvre d'Aristote est vertigineuse, et sa catégorisation et terminologie ont perduré jusqu'à nos jours : éthique, logique, métaphysique, météorologie, physique, économie et psychologie. Pendant plus de 2 000 ans, il a eu une profonde influence sur la pensée européenne.

VIE ET ŒUVRE

Aristote est né à Stagire, en Macédoine, où son père était le médecin du roi Philippe. Perdant tôt ses parents, il part à 17 ans à Athènes pour étudier à l'Académie de Platon. Il y passe 20 ans, comme étudiant puis professeur, jusqu'à la mort de Platon. Mais il n'est pas choisi pour reprendre la direction de l'école, peut-être en raison de son opposition à certaines doctrines platoniciennes. Il quitte Athènes et en 343 av. J.-C., il est appelé par le roi de Macédoine pour devenir le précepteur de son fils, Alexandre. Après la mort de Philippe, Aristote retourne à Athènes. Alors âgé de 49 ans, il crée sa propre école : le Lycée ou *Peripatos* (péristyle où Aristote aimait à marcher tout en discutant de problèmes philosophiques). Cependant, comme Socrate avant lui, il est accusé d'impiété en 323 av. J.-C. Plutôt que de laisser les Athéniens « commettre un nouveau crime contre la philosophie », il s'échappe, mais décède un an plus tard d'une maladie de l'estomac. L'histoire selon laquelle il s'est suicidé en se jetant à la mer car il ne parvenait pas à comprendre la marée est probablement apocryphe. L'étendue de l'influence d'Aristote sur Alexandre est très discutée, mais les nombreuses conquêtes de son élève et la bibliothèque d'Alexandrie garantirent la transmission et la propagation de son héritage spirituel.

TEXTES ESSENTIELS *Métaphysique ; Éthique à Nicomaque ; Politique ; De l'âme*

Aristote fut le précepteur d'Alexandre le Grand et avec le temps, ses idées se répandirent à travers un empire qui s'étirait jusqu'à l'océan Indien.

CONCEPTS CLÉS

Aristote fut profondément influencé par Platon, mais il regardait d'un œil méfiant les éléments abstraits de la pensée de son professeur, notamment le discrédit qu'il jette sur les sens. Après son départ de l'Académie, il suit un parcours bien plus empirique et donne la part belle aux investigations de type scientifique. Le savoir, pour Aristote, ne se résume pas à la spéculation désintéressée, mais implique de se salir les mains. Si Platon voyait les mathématiques comme le paradigme de la connaissance, Aristote reconnaît l'importance de l'observation de l'incroyable diversité des phénomènes sensibles. Sa critique du platonisme souligne que la connaissance doit s'appuyer sur ce dont il est possible de faire l'expérience ; le point de départ de la philosophie doit donc être les sens. Spéculer sur ce qui réside au-delà de notre expérience, c'est dériver vers le mysticisme.

QU'EST-CE QUE L'EXISTENCE ?

Aristote s'intéressait à la question de l'« être » en tant qu'être, et se demandait ce qui fait qu'il est un être. Cette préoccupation l'oppose inévitablement à la théorie des idées de Platon (*voir p. 76-81*) – il existe un monde universel indépendant du monde sensible. Pour Aristote, les universaux n'ont d'autre existence que celle des nombreux cas particuliers. Il n'y a donc pas de chêne idéal, distinct de ceux qui poussent dans notre environnement. Les choses ou « substances » comportent deux aspects : la matière physique brute, et la forme qu'elle prend. Ce qui fait d'une plante ou d'un animal ce qu'ils sont, n'est pas la matière dont ils sont composés, mais la façon dont celle-ci est organisée. Différents chênes sont semblables, non pas parce qu'ils sont faits de la même substance, ou (contrairement à ce que pense Platon), parce qu'ils ressemblent à la « Forme » idéale du chêne, mais parce qu'ils partagent une structure commune. Les objets inanimés ont ainsi une forme qui détermine leur activité ou usage caractéristique. Par exemple, l'organisation des parties d'une hache détermine sa fonction : couper du bois. Parce qu'elle définit les choses par leur finalité, la théorie des substances d'Aristote est « téléologique ».

Selon Aristote, toute chose est définissable en ces termes. Cela le conduit donc à se détacher de Platon quant à la nature des êtres humains ; selon lui, notre essence n'est pas une substance distincte de notre corps, et l'idée que l'âme continue d'exister après la mort n'a pas de sens.

ÉTHIQUE ET POLITIQUE

Aristote perçoit l'être humain comme fondamentalement social, et les gouvernements comme un moyen de nous aider à mener une vie bonne au sein de la société. Il rejette l'idée platonicienne d'un état gouverné par des philosophes, car il croit qu'une démocratie est plus à même d'atteindre ce but. Les hommes recherchent le bien-être, et les moyens de l'obtenir est de vivre vertueusement et de s'engager dans la contemplation intellectuelle. Aristote offre des conseils pratiques pour vivre une vie bonne en identifiant les vertus que nous devrions rechercher comme se trouvant entre deux extrêmes de vices – la générosité, par exemple, est le « juste milieu » entre les deux extrêmes que sont l'avarice et la prodigalité.

« DANS TOUTES LES ŒUVRES DE LA NATURE RÉSIDE QUELQUE MERVEILLEUX. »

***Les Parties des animaux* 645a (trad. P. Louis), Les Belles Lettres, Paris, 1956**

VOIR AUSSI ▸ Platon *(p. 244-247)* • Platon et les Idées *(p. 76-81)* • Dualisme corps-esprit *(p. 125-127)*

Diogène de Sinope

v. 400 – v. 325 AV. J.C. Grèce

Diogène enseigna la majeure partie de sa vie à Athènes et fonda l'école philosophique des Cyniques. Il rejeta les conventions sociales et la vie civilisée, considérant la raison et la nature comme meilleurs guides.

Diogène suivit l'exemple d'Antisthène, contemporain de Platon qui, après la mort de Socrate, quitta sa vie d'aristocrate pour travailler parmi les pauvres. Mais Diogène fut bien plus radical. Il enseignait que la vertu dérive du dépassement des désirs artificiels et menait donc une existence modeste, portant sur lui tout ce qu'il possédait, et dormant dans un tonneau. Ses contemporains, trouvant son comportement pour le moins inconvenant, l'affublèrent du surnom de « cynique », du grec *kynikos*, qui signifie « comme un chien ». Les anecdotes sur sa vie sont innombrables, mais la plus connue est probablement celle où il répondit un jour à Alexandre le Grand : « Ôte-toi de mon soleil ».

Diogène, de Jan Victors : le fondateur des Cyniques prônait ses idées radicales par un comportement qui choquait la société athénienne.

Pyrrhon d'Élis

v. 360 – 272 AV. J.-C. Grèce

Pyrrhon est souvent décrit comme « le sceptique », car il fut probablement le plus radical ; on qualifie parfois le scepticisme philosophique de « pyrrhonisme ». Bien qu'il ne laissât aucun écrit, ses idées inspirèrent une école de croyance au rôle capital – et parfois destructeur – dans l'entreprise philosophique.

Pyrrhon fut le premier philosophe à adhérer au scepticisme de façon systématique, en tant que principe directeur de sa propre philosophie. Refuser de juger toute croyance n'est pas simplement un moyen de déterminer ce que nous devrions ou pas croire. Pour Pyrrhon, c'est la seule réaction raisonnable devant la faillibilité de nos facultés et la versatilité des arguments forts qui peuvent servir les deux aspects d'une même question. La tradition veut que Pyrrhon ait poussé le scepticisme à l'égard des sens à un tel extrême, que ses acolytes devaient l'accompagner pour l'empêcher de tomber d'une falaise, dont il ne pouvait asserter la présence. En outre, devant l'absence de connaissance solide, nous devons nous contenter des apparences. Aussi recommandait-il de vivre selon les croyances et pratiques conventionnelles, adoptant un style de vie le plus neutre possible.

Il se peut que Pyrrhon en soit arrivé à ces conclusions pour avoir été nourri de l'incroyable diversité de croyances et de coutumes durant les campagnes d'Alexandre le Grand. Son exemple inspira l'école sceptique, qui développa l'idée selon laquelle l'indifférence à l'égard des croyances mène à la paix de l'âme.

Épicure

341 – 270 AV. J.-C. Grèce

Épicure pensait comme Démocrite que toute chose est composée de minuscules particules insécables. Les formes et mouvements de ces atomes suffisent à rendre compte de tous les phénomènes du cosmos. Il en découle que les humains, et l'« âme », ne sont que de la matière en mouvement.

VIE ET ŒUVRE

Le père d'Épicure était enseignant dans la colonie de Samos. Lui-même enseigna à Lesbos, puis créa sa propre école à Athènes, appelée le « Jardin », car les enseignements se tenaient dans le jardin de sa maison. Son approche non autoritaire acceptait les femmes et les esclaves. Le Jardin devint le centre philosophique d'Épicure, qui prônait une vie tempérée, s'abstenant de toute croyance et pratique religieuse. Son disciple le plus notoire fut le poète Lucrèce, dont l'œuvre *De la nature* introduisit l'épicurisme dans le monde.

TEXTES ESSENTIELS Bien qu'il fût un auteur prolifique, seuls quelques fragments nous sont restés, surtout dans la *Vie des philosophes illustres* de Diogène Laërce, comme la *Lettre à Hérodote* et la *Lettre à Ménécée.*

CONCEPTS CLÉS

Matérialiste, Épicure pensait que les dieux ne se préoccupaient guère des affaires des hommes, et que les humains, comme tout le reste, sont composés d'atomes. Aussi, lorsque nous mourons, notre âme se dissipe avec notre corps, la mort physique marquant la fin de tout. Épicure en déduit qu'il est irrationnel de craindre la mort puisque, en tant que fin de toute expérience possible, elle n'a aucune signification. En outre, puisque nous n'éprouverons ni plaisir ni douleur après la mort, les seuls châtiments ou récompenses que nous pouvons espérer doivent avoir lieu dans cette vie. Il est donc de notre devoir d'optimiser notre bonheur avant de mourir. Cette doctrine hédoniste fut caricaturée par ses détracteurs comme préconisant la poursuite effrénée de plaisirs de base, alors qu'Épicure tenait les plaisirs intellectuels pour les plus élevés, le plus grand étant de philosopher entre amis. Selon lui, rechercher le plaisir sans se soucier du lendemain ne permettait pas le bonheur à long terme. Une attitude prudente était bien plus gratifiante, en ce que les désirs physiques maîtrisés accordent plus de place aux plaisirs simples. Il faut tendre vers un équilibre, plutôt que vers des plaisirs extrêmes qui engendrent inévitablement la souffrance.

VOIR AUSSI ▸ Dieu existe-t-il ? *(p. 140-149)* • Mill *(p. 308-309)* • Hobbes *(p. 275)* • Bentham *(p. 300)*

Épicure pensait qu'il prenait autant de plaisir avec un régime de pain et d'eau qu'une personne riche avec des mets raffinés.

Zénon de Kition

v. 332 – *v.* 265 AV. J.-C. Grèce

Fondateur du stoïcisme (une philosophie qui influença le monde hellénistique et, plus tard, l'Empire romain, comptant l'empereur Marc Aurèle parmi ses adeptes), Zénon voyait le monde comme ordonné rationnellement et pensait que la paix de l'esprit dérive du contrôle des passions.

VIE ET ŒUVRE

Zénon, un marchand de la colonie grecque de Kition, à Chypre, se rendit à Athènes pour étudier auprès du philosophe cynique Cratès. Pour aider son élève à se détacher des conventions sociales, Cratès l'humilia publiquement en cassant un pot qu'il portait, le laissant couvert de lentilles. Que cela ait ou non eut l'effet désiré, Zénon adopta la méfiance des Cyniques à l'égard des mondanités, qu'il considérait comme irrationnelles, et fonda l'école des Stoïques du Portique – *stoa* en grec – où il enseignait. Il mena une vie d'ascète en accord avec sa philosophie. Même s'il écrivit au sujet d'une utopie dans la *République*, aucune de ses œuvres n'a survécu. On dit que, s'étant cassé un orteil en tombant, Zénon y vit le signe que la mort l'appelait, et s'étrangla lui-même.

CONCEPTS CLÉS

Ce que nous savons des enseignements de Zénon nous vient des stoïques qui lui succédèrent. Matérialiste, il considère comme Démocrite que l'âme est constituée de feu. Il pense aussi que le cours de la nature est inflexiblement déterminé et que tous les éléments, issus du feu, y retournent dans un cycle sans fin. Les stoïques étaient des panthéistes pour qui la force créatrice suprême de l'univers imprègne toute chose, et le monde naturel est ordonné rationnellement par le législateur divin. Une vie vertueuse est une vie en harmonie avec cet ordre naturel ; nous devrions donc accepter ce que nous ne pouvons changer et ne pas en vouloir au destin : idées caractéristiques du « stoïcisme » dans l'imaginaire populaire.

Zénon admirait Socrate pour son équanimité devant la mort, sa capacité célèbre à endurer la souffrance physique, et son manque d'intérêt pour les plaisirs terrestres. Il enseignait que l'ataraxie – absence de troubles – était la voie du bonheur.

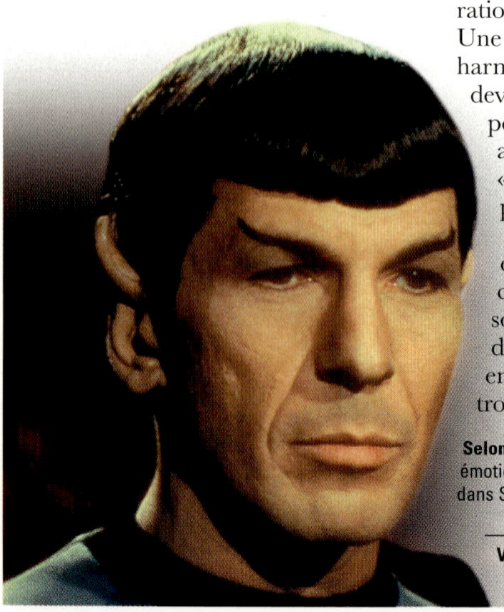

Selon Zénon, il faut résister à l'esclavage de nos émotions et passions et, comme le logique M. Spock dans Star Trek, suivre la voie de la raison.

VOIR AUSSI ▸ Héraclite *(p. 238)* • Socrate *(p. 242-243)* • Diogène *(p. 250)*

Han Fei Zi

◒ *v.* 280 – 233 AV. J.-C. Chine

Avec Li Si, Han Feizi fonda l'école du légisme, qui mettait l'accent sur l'application de la loi pour garantir l'ordre public. Plaçant l'intérêt de l'État au-dessus des libertés individuelles, le légisme devint la justification philosophique du gouvernement impérial de la Chine.

VIE ET ŒUVRE

Né dans la seigneurie de Han, Han Fei Zi étudie avec Li Si auprès du maître confucianiste Xunzi. Espérant influencer le Roi des Han, il lui fait part de ses idées et conseils politiques, mais sans succès. Cependant, ses écrits retiennent l'attention du dirigeant voisin des Qin, Shi Huangdi, qui devint plus tard le premier Empereur de Chine. En 234 av. J.-C., Qin attaqua Han et, envoyé comme émissaire, Han Fei Zi rencontra Shi Huangdi. Mais l'ancien compagnon d'étude de Han Fei Zi, Li Si, à présent chancelier des Qin, retourna Shi Huangdi contre Han Fei Zi et le fit emprisonner. De sa prison, il écrivit à Shi Huangdi des recommandations pour acquérir l'hégémonie sur les États en guerre, mais Li Si, qui continuait d'œuvrer contre son ancien ami, lui envoya du poison en prison afin qu'il se suicide, ce qu'il fit. Malgré cela, le légisme eut une profonde influence sur Shi Huangdi et, plus récemment, sur Mao Zedong.

TEXTES ESSENTIELS *Han Fei Zi*

Le premier empereur de Chine, bâtisseur de la Grande Muraille unificatrice, fut influencé par le légisme de Han Fei Zi.

CONCEPTS CLÉS

Han Fei Zi vécut à la fin d'une période troublée par la guerre où le besoin d'ordre civil préoccupait de nombreux penseurs. À cette époque, le grand débat entre son professeur Xunzi et l'autre grand confucianiste d'alors, Mengzi (Mencius), consistait à savoir si les êtres humains sont naturellement bons ou mauvais. Selon Mengzi, la compassion est innée et n'a besoin que d'être nourrie, tandis que Xunzi soutenait que la socialisation est nécessaire pour instiller un comportement moral. Han Fei Zi était de cet avis, pensant que les gens sont motivés par le profit personnel et le désir d'éviter tout châtiment. L'éducation et un système strict de lois et de punitions sont donc essentiels pour garantir un comportement moral. Han Fei Zi, qui rejetait l'importance que le confucianisme accorde à la tradition, était pour l'introduction d'un nouveau système légal codifié. Selon lui, le dirigeant est lui aussi lié par la loi, mais d'autres légistes, comme Li Si, le considèrent comme exempt des restrictions imposées aux citoyens ordinaires, tant que l'ordre est maintenu. Cela suscita des comparaisons avec Machiavel, et une justification du totalitarisme.

VOIR AUSSI ▸ Lao-tseu *(p. 235)* • Machiavel *(p. 270-271)* • Marx *(p. 311-312)* • Philosophie politique *(p. 160-177)*

Plotin

205–270 Égypte

Vivant à une époque de grands troubles dans l'Empire romain, Plotin se consacra à la recherche de la connaissance du monde idéal caché par le monde illusoire des apparences. Sa version du platonisme fut déterminante pour le développement de la métaphysique chrétienne au Moyen Âge.

VIE ET ŒUVRE

Nous connaissons la vie de Plotin grâce à sa biographie rédigée par son étudiant Porphyre en préface des *Ennéades*. Il étudia pendant 11 ans à Alexandrie, alors capitale du monde intellectuel, et y reçut une formation approfondie de la philosophie grecque dont, bien sûr, celle de Platon. Il participa à l'expédition militaire de l'Empereur Gordien III en Perse et en Inde pour, semble-t-il, apprendre la philosophie orientale. Lorsque l'expédition fut abandonnée après que l'Empereur Gordien fut assassiné par son armée en Mésopotamie, en 244, Plotin sembla renoncer à son apprentissage. À 40 ans, il se rendit à Rome et créa une école où il enseigna sa vision du platonisme : le néo-platonisme.

C'est à la bibliothèque d'Alexandrie que Plotin étudia la philosophie grecque et probablement le bouddhisme qui, déjà connu en Égypte, a peut-être influencé les idées de Plotin.

Il chercha alors à obtenir la permission de créer une communauté fondée sur *La République* de Platon (la Platonopolis), mais l'Empereur Gallien lui retira son soutien. Après 20 ans d'enseignement à Rome, il fut encouragé par son disciple Porphyre à rassembler ses idées sous forme systématique pour la postérité. Après la mort de Plotin, Porphyre édita ses écrits en six volumes comptant chacun neuf traités : les *Ennéades*.

CONCEPTS CLÉS

Plotin révérait l'œuvre de Platon et sa propre philosophie est née de ses efforts pour systématiser et défendre les principales affirmations métaphysiques du système platonicien. Chez Plotin, l'idée du Bien devient l'« Un », la plus élevée de ses trois hypostases, ou stades de réalité. L'Un est le premier principe absolument simple de ce système. Il ne peut être saisi par le langage puisque affirmer quoi que ce soit à son sujet serait lui imposer des limites. Comme l'idée du Bien chez Platon, l'Un transcende l'être mais est aussi à l'origine de tout être et rend possible la connaissance. Autosuffisant, il est sa propre cause. Tout être devant « émaner » de lui, il est à l'origine des deux autres hypostases : l'intellect et l'âme du monde. La doctrine de l'émanation n'implique pas un acte conscient de création, comme chez le Dieu chrétien, mais plutôt une dépendance ontologique (*voir p. 140-141*). L'intellect est le domaine des idées platoniciennes, et c'est de là que dérive

Les corps physiques sont de simples objets matériels, mais la conception d'un artiste de la beauté idéale émane peut-être d'un stade plus élevé de réalité. Pour beaucoup, le David de Michel-Ange a une qualité transcendante.

l'être à l'existence différenciée ; c'est le domaine dans lequel nous entrons lorsque nous menons un examen philosophique. Mais l'être humain et les autres êtres vivants sont caractérisés par l'âme, qui rend compte de notre condition en tant qu'êtres désirant.

Prisonnière du corps, l'âme lutte sans cesse pour obtenir ce qui se trouve à l'extérieur, comme la nourriture ou le plaisir sexuel. Le corps fait partie de la Nature, c'est-à-dire du monde matériel, le stade le plus bas du système de Plotin. Aussi, reconnaître la beauté dans le monde physique, aperçu de l'autre monde, représente un moyen par lequel notre esprit peut être transporté vers l'idéal.

L'IMMORTALITÉ DE L'ÂME

Comme Platon, Plotin admettait l'immortalité de l'âme, soutenant qu'elle ne peut être la forme aristotélicienne du corps, ni une chose matérielle. Il croyait en la réincarnation, dont la nature dépend du type de personne que l'on a été. C'est pourquoi l'équilibre moral est important. En effet, il est possible pour les individus éclairés d'accéder à l'entendement de l'Un en vivant une bonne vie, en se détournant du corps et du monde matériel pour se consacrer à l'examen philosophique. Après de sérieux efforts intellectuels, on peut accéder à une union mystique avec l'Un, perdant tout souvenir de nos vies passées et toute conscience de soi, échappant ainsi au cycle des renaissances.

VOIR AUSSI ▸ Le problème du mal *(p. 153)* • L'expérience religieuse *(p. 150-152)*

Saint Augustin

◒ 354–430 ⚑ Afrique du Nord (Algérie actuelle)

L'un des plus grands saints de la foi catholique, Augustin, d'après ses dires, produisit 230 œuvres. Les plus connues sont son autobiographie, les *Confessions*, dans laquelle il relate sa vie de pécheur et sa découverte de Dieu, et *La Cité de Dieu*, description du royaume divin.

VIE ET ŒUVRE

Augustin reçoit de sa mère une éducation chrétienne en Afrique du Nord. Mais durant sa jeunesse, étudiant à Carthage, il ne se satisfait plus de l'apparente naïveté des écritures chrétiennes. En quête d'une religion digne d'un philosophe, il adhère au manichéisme, mouvement religieux fondé par le prophète Mani, crucifié en Perse en 277.

Selon ses *Confessions*, les jours d'Augustin passés dans et autour de Carthage à étudier puis à enseigner furent plutôt licencieux. Mais à 18 ans, il s'installe avec la mère anonyme de son fils. On ne sait pas bien pourquoi ils ne se marièrent jamais : peut-être était-elle une ancienne esclave, et le mariage leur était donc interdit par la loi romaine. En 384, la petite famille part en Italie, où Augustin tombe sous l'influence du néoplatonisme qui, non sans difficulté, parvient à le réconcilier avec la religion de sa mère. Il se convertit au christianisme en 386. Il retourne en Afrique du Nord en 391 et, prêt pour une vie de célibat, devient presbytre puis, plus tard, évêque de Hippone. Il crée alors une communauté de disciples dans sa ville natale, Thagaste, en Numidie. Il mourut à Hippone à l'âge de 75 ans, lors du siège de la ville par les Vandales, qui la mirent ensuite à sac.

TEXTES ESSENTIELS *Confessions ; La Cité de Dieu.*

Après des années de lutte et de tourments intérieurs, Augustin embrassa la foi de son enfance et se convertit au christianisme.

CONCEPTS CLÉS

Augustin abandonne tôt la foi chrétienne parce qu'il ne parvient pas à réconcilier l'idée d'un univers matériel et d'un créateur immatériel. Il n'accepte pas non plus les problèmes du mal et de la souffrance au sein d'une foi chrétienne en un Dieu créateur omniscient, tout amour et tout-puissant. Un tel être doit être conscient de la présence du mal dans sa création, et à la fois vouloir et pouvoir l'en éliminer. Le fait qu'il ne l'ait pas fait infirme fortement son existence. Il n'est donc peut-être pas surprenant qu'Augustin trouve d'abord le manichéisme plus satisfaisant, car il caractérise l'univers depuis le commencement en termes de lutte entre le bien et le mal. En revanche, le manichéisme ne fait pas naître chez Augustin une résolution durable de l'esprit de recherche, et ses rencontres avec les œuvres de Platon (*voir p. 244-247*) et de Plotin (*voir p. 254-255*) lui offrent une solution à ces difficultés.

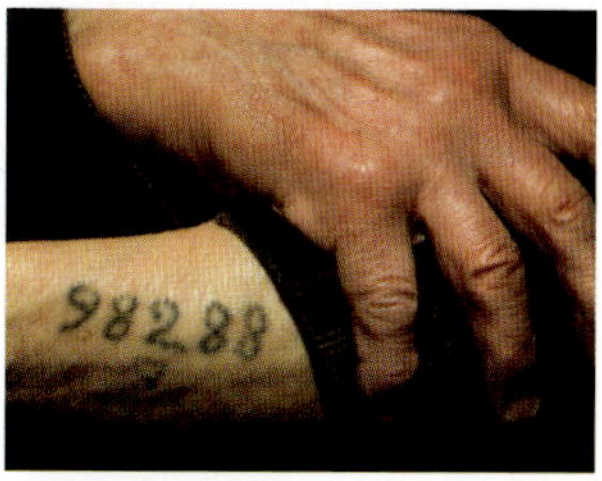

Augustin identifiait le libre arbitre comme source des souffrances humaines, comme l'holocauste, absolvant ainsi Dieu.

L'idée néoplatonicienne d'un monde immatériel d'idées et du Bien, ou de l'Un, en tant que principe premier de tout être laisse la place pour un créateur spirituel qui est à l'origine de tout. Seul Dieu est complètement réel ; le monde créé est moins réel en ce qu'il est distant de lui.

« DIEU N'EST PAS LE RESPONSABLE DES MAUX… LES MAUX EXISTENT PAR LE PÉCHÉ VOLONTAIRE DE L'ÂME À LAQUELLE DIEU A LAISSÉ LE LIBRE ARBITRE. »

***Contra Fortunatum Manichaeum,* Acta seu Disputatio Ch. 20**

En même temps, Dieu illumine les objets de la contemplation intellectuelle. Donc, si les sens sont une source non fiable de connaissance, le véritable entendement commence avec la contemplation intérieure de son propre esprit pour s'élever graduellement vers la contemplation de Dieu. Enfin, la véritable illumination spirituelle vient de l'union avec Dieu.

UNE JUSTIFICATION DU MAL

La théodicée d'Augustin reste l'un des moyens les plus ingénieux de traiter le problème du mal. Il soutient d'abord que le mal n'est pas une chose en soi, mais plutôt une privation ou un manque de bien. Tout ce que Dieu a créé est bon, et le mal ne se produit que lorsque sa création est corrompue. Aussi, Dieu ne peut être responsable de la création du mal, qui dérive de l'action libre des anges et des hommes.

PRÉDESTINATION ET PÉCHÉ

Malgré la soif de communion spirituelle d'Augustin, il trouva difficile de renoncer à la compagnie des femmes. Pourtant, il ne prétendait pas que ce fut seulement par un acte de volonté qu'il put enfin embrasser la foi. Sa doctrine de la prédestination signifie que notre salut ou notre envoi en enfer est le choix de Dieu. La vision d'Augustin du péché originel – la Chute – comme étant la source de la souffrance faisait chorus avec le récit de la Genèse et devint la position officielle de l'Église. La culpabilité d'Adam se transmet de génération en génération, rendant notre punition juste.

VOIR AUSSI ▸ Le problème du mal *(p. 153-154)* • Le libre arbitre est-il responsable du mal ? *(p. 155)*

Boèce

◒ *v.* 480 – 524/526 ⚑ Italie

Parfois considéré comme le dernier des philosophes romains et le premier scolastique, Boèce participa activement à la transmission de la pensée grecque dans la tradition latine et la philosophie médiévale, sur laquelle il eut une immense influence.

Anicius Manlius Severinus Boethius, né d'une famille patricienne de Rome, étudie le grec à Athènes et Alexandrie. Il sert Théodoric, le roi ostrogoth d'Italie, et s'élève au rang de consul et de maître du palais. Cependant, accusé de déloyauté et emprisonné en 523, il est torturé puis exécuté. Sa chute tragique depuis une position de richesse, prestige et pouvoir forme la toile de fond de son célèbre ouvrage, la *Consolation de philosophie*, où il décrit Dame Philosophie le consolant de ses malheurs, révélant une conception chrétienne profondément influencée par le néoplatonisme. Ses autres œuvres comprennent les traductions latines de certaines œuvres de Platon, des commentaires sur celles d'Aristote et aussi des œuvres de logique.

Boèce, consolé par la Philosophie personnifiée dans sa cellule tandis qu'il attend son exécution. Il transcrit leurs dialogues dans sa *Consolation de Philosophie.*

Al-Farabi

◒ 870–950 ⚑ Perse

Néoplatonicien, al-Farabi identifiait Allah à l'Un de Plotin. Il fut aussi influencé par Aristote et écrivit des commentaires sur son œuvre ainsi que sur de nombreux autres sujets dont la logique, la médecine, la musique et les sciences naturelles.

Les historiens ne sont pas sûrs du lieu de naissance d'al-Farabi (Faryab, en Iran, ou Farab, dans le Kazakhstan). Mais il est certain qu'il se rend en 901 à Bagdad, où il passe sa vie à enseigner et à écrire, sans cesser de voyager. Sa réputation se propage et il finit par être appelé le « second maître », Aristote étant le premier. Les détails de sa mort sont confus ; certains croient à une mort naturelle, d'autres, à un meurtre par des bandits.

Al-Farabi considérait la philosophie comme un appel d'Allah et comme l'unique voie vers la vraie connaissance. Donc, même si le Coran est effectivement révélé par Allah, ses affirmations doivent être traitées comme symboliques et relatives. Al-Farabi soutenait par exemple que l'âme ne survit généralement pas à la mort physique. Les propos du Coran sur l'immortalité ne devraient donc pas être pris au pied de la lettre. Néanmoins, il admettait qu'une vie de réflexions philosophiques pouvait mener à l'immortalité. Ainsi, les philosophes ont le devoir de guider les gens en matière de politique et sa *Cité vertueuse* décrit une utopie platonicienne dirigée par des prophètes philosophes.

Avicenne (Ibn Sina)

980–1037 Perse

Le système philosophique d'Avicenne réunit les traditions néoplatonicienne et aristotélicienne et la théologie musulmane. Philosophe important du Moyen Âge, son Canon de la Médecine fut le manuel de médecine principal utilisé dans toute l'Europe médiévale.

VIE ET ŒUVRE

Nous connaissons les 30 premières années de la vie d'Avicenne grâce à son autobiographie, et le reste, grâce à son disciple al-Juzajani. Né près de Boukhara, capitale de l'Ouzbékistan actuel, il se fit remarquer très tôt par son intelligence : à l'âge de 10 ans, il avait mémorisé le Coran, et à 14 ans, il s'intéressait à la métaphysique, lisant l'ouvrage éponyme d'Aristote 40 fois pour mémoriser les termes, même s'il avoua ne pas les avoir compris avant de lire les commentaires d'al-Farabi. Il apprit seul la médecine et à 16 ans, soignait ses premiers patients, guérissant le roi de Boukhara d'un mal mystérieux. En récompense, on lui accorda l'accès à la bibliothèque royale, où il poursuivit ses recherches quelques années. À 21 ans, il était déjà médecin à la cour et administrateur politique, mais quand la région devint instable, il alla aider d'autres dirigeants, terminant ses jours au service du Préfet d'Ispahan. Environ 150 de ses œuvres ont survécu, dont 40 sur la médecine, la plus importante étant le *Livre de la Guérison*, une encyclopédie de philosophie, et le *Canon de la Médecine*.

« EN MÉDECINE, NOUS DEVRIONS CONNAÎTRE LES CAUSES DES MAUX ET DE LA SANTÉ. »

Poème de la médecine

TEXTES ESSENTIELS *Livre de la guérison (Kitab al-shifa) ; Canon de la médecine (Al-qanun fil-tibb).*

Le médecin Avicenne tente de corriger la scoliose d'un patient.

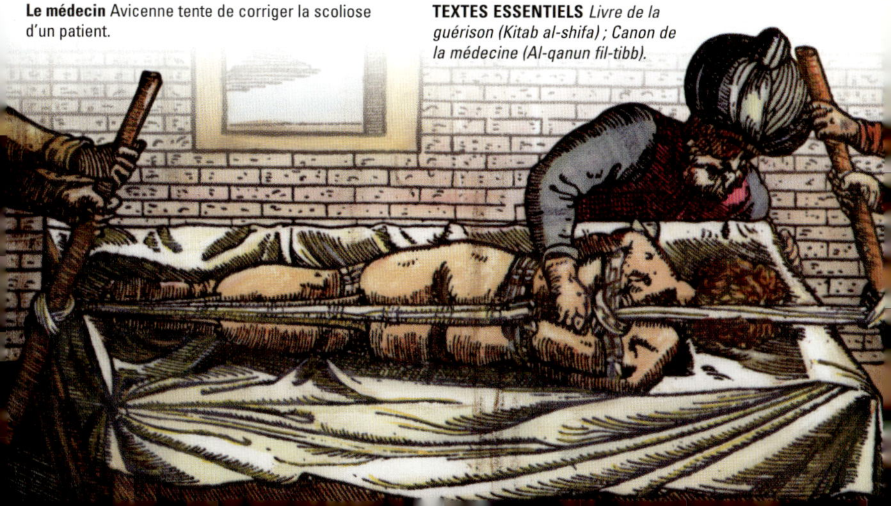

CONCEPTS CLÉS

La philosophie d'Avicenne développe celle d'al-Farabi (*voir p. 258*), bien que son approche tende à minimiser l'importance des éléments néoplatoniciens en faveur d'Aristote. Développant l'idée de Plotin d'une hiérarchie des êtres à partir de l'Un, ou Allah, vers le monde de la matière, il pensait que toute âme humaine est immortelle et que la recherche intellectuelle du monde intelligible est la voie vers l'union ultime avec Allah et une meilleure vie après la mort.

AVICENNE LE SCIENTIFIQUE

Un cratère de la lune a été nommé d'après Avicenne, en hommage à ses remarquables accomplissements en tant qu'astronome et scientifique.

Parmi ses affirmations scientifiques qui se sont avérées correctes : la vue n'est pas une faculté de l'œil à saisir un objet ; une source de lumière émet des particules lumineuses qui voyagent à une vitesse finie et que l'œil saisit. Il observa également le contour de Vénus contre le Soleil, et inféra que Vénus doit être plus près du Soleil que la Terre.

LE KALAM

Avec d'autres philosophes musulmans de cette époque, Avicenne propose une version de l'argument cosmologique en faveur de l'existence de Dieu (*voir p. 142*), le Kalam, qui dérive d'Aristote. Il part de l'observation, prise chez al-Farabi, que toutes les choses de l'univers sont des êtres en puissance, signifiant par là qu'elles auraient pu ne pas exister et n'ont aucune raison inhérente d'exister. L'« essence » de ces êtres est dite distincte de leur « existence » ; ainsi, le fait qu'ils existent n'est pas déterminé par ce qu'ils sont. Leur existence doit donc dépendre d'autre chose. Mais cela ne peut être vrai de tout ce qui existe, car il y aurait alors une régression infinie, et aucune raison ultime à l'existence de quoi que ce soit. Il s'ensuit qu'il doit y avoir un être dont l'existence est nécessaire, qui est sa propre cause et permet à tout le reste d'exister dans l'univers : Allah. En tant qu'être nécessaire et parfait, Allah ne peut changer, et est donc éternel. Allah ne peut avoir agi pour créer l'univers, car cela impliquerait un changement. Donc selon Avicenne, l'univers « émane » par nécessité de la nature d'Allah. Il suit en cela la lignée des néoplatoniciens pour qui tout être émane de Dieu. Mais cette vue soulève certaines difficultés théologiques pour les penseurs islamiques et chrétiens, car elle est en conflit avec les récits coraniques et bibliques de la Création. Aussi, si l'univers émane de Dieu, alors tout est nécessaire. Cela implique que les événements et les actions sont prédéterminés, problématisant ainsi la responsabilité morale et la justice divine.

VOIR AUSSI ▸ Dieu existe-t-il ? *(p. 140-149)*

Un conflit théologique oppose les idées d'Avicenne aux enseignements du Coran.

Anselme de Canterbury

1033–1109 Italie

Scolastique doué, Anselme produisit son chef-d'œuvre, le *Proslogion*, en 1078. Il devint archevêque de Canterbury, et occupa cette position jusqu'à sa mort, malgré de longues luttes de pouvoir avec la Couronne qui le forcèrent à s'exiler plusieurs fois.

Anselme quitte sa famille d'Aoste, dans le Piémont, à l'âge de 23 ans, avec l'intention de devenir moine. Après quelques années sur les routes, il rejoint l'Abbaye bénédictine de Bec, en Normandie. Il gravit rapidement les échelons pour être nommé abbé en 1078. Le puissant monastère de Bec était un important centre d'éducation. En tant qu'abbé, Anselme se rend fréquemment en Angleterre et, en 1093, il est nommé archevêque de Canterbury, à la tête de l'Église d'Angleterre.

Anselme résumait son entreprise philosophique comme une « foi en quête d'entendement ». Pour lui, la raison approfondit la compréhension des vérités révélées. Il élabore plusieurs arguments pour appuyer les principaux articles de la foi chrétienne, tels que La Trinité et l'expiation. Mais il est surtout connu comme l'inventeur de l'« argument ontologique » (*voir p. 140-141*) formulé dans le *Proslogion*. Cet argument n'essaie pas simplement d'établir l'existence du plus grand être imaginable, mais aussi les divers attributs que Dieu doit posséder afin d'être le plus grand : toute-puissance, omniscience, autosuffisance, etc. Malgré de puissants détracteurs, dont Saint Thomas d'Aquin et Kant, le débat concernant l'argument d'Anselme a récemment resurgi.

Al-Ghazali

1058–1111 Perse

Al-Ghazali dirigea la prestigieuse école de Nizamiyya à Bagdad, de 1092 à 1096. Il écrivit *Les Intentions des philosophes*, où il explique les vues néoplatoniciennes et aristotéliciennes des scolastiques islamiques, dont al-Farabi et Avicenne.

Né à Tus, en Iran actuel, al-Ghazali devint l'un des scolastiques les plus célèbres de l'âge d'or de la philosophie islamique. Ses enseignements à l'école de Nizamiyya attiraient des centaines d'étudiants et lui apportèrent richesse et un immense respect.

Il finit par considérer les vues des philosophes, dans *Les Intentions*, comme contraires à l'islamisme, et produit un ouvrage sceptique, *Incohérence des philosophes*, qui entreprend de les réfuter par des arguments philosophiques plutôt que de recourir à la foi. Cette attaque de la raison philosophique est suffisamment forte pour qu'Averroès *(voir p. 263)* ressente le besoin de prendre leur défense dans *Incohérence de l'incohérence*.

Après quelques années, al-Ghazali quitte son poste, distribue ses richesses et entreprend un voyage spirituel comme soufi errant sur les terres sacrées. Son autobiographie, *Erreur et délivrance*, laisse penser que cette décision découlait de sa reconnaissance que la vérité révélée ne peut être découverte par la philosophie, mais seulement en se consacrant aux pratiques mystiques. Il revint ensuite à Tus où il enseigna jusqu'à sa mort.

Aujourd'hui, on s'intéresse souvent à l'analyse d'al-Ghazali de la causalité, dans laquelle il nie toute cause matérielle directe entre les événements, soutenant que les régularités causales sont possibles par la volonté de Dieu.

Pierre Abélard

1079–1142 France

Si l'on a surtout retenu sa tragique histoire d'amour avec son élève Héloïse, Pierre Abélard fut néanmoins un remarquable scolastique et professeur. Adepte de la méthode scolastique, il s'opposait à la position réaliste dominante sur les universaux héritée de Platon (*voir p. 244-247*).

Abélard appartenait à l'École de la cathédrale Notre-Dame de Paris. Brillant étudiant, il devint un professeur charismatique. À 22 ans, il avait créé sa propre école à Paris, et obtint la Chaire de Notre-Dame à 34 ans.

Reconnu pour ses compétences en dialectique, Abélard rejetait l'approche réaliste et affirmait que les termes universaux, comme « chêne », ne sont que des mots qui ne dénotent aucune réalité au-dessus des nombreux chênes particuliers.

Abélard rencontra Héloïse en 1117, alors qu'elle avait 16 ans. Elle tomba enceinte et donna naissance à un fils nommé Astrolabe.

La légendaire amoureuse Héloïse était fort lettrée elle-même ; elle devint abbesse de son couvent.

Ils se marièrent en secret, mais lorsque le mariage devint public, Héloïse se retira dans un monastère. Sa famille, la croyant répudiée, fit émasculer Abélard, qui devint moine. Quelques lettres de leur correspondance ont survécu, et leur histoire est devenue l'une des plus grandes romances de la littérature européenne.

Abélard continua à flirter avec la controverse – son œuvre fut condamnée comme hérétique en 1121, et en 1132, il échappa à une tentative d'assassinat. La même année, il résuma sa vie dans son *Histoire de mes malheurs*. Il finit par quitter le monastère et devint ermite.

Moïse Maimonide

1135–1204 Espagne

Maimonide écrivit sur la loi juive et la médecine, mais les philosophes se souviennent de lui pour son *Guide des égarés*, qui exerça une influence considérable sur les scolastiques médiévaux, notamment Thomas d'Aquin et Duns Scot.

Maimonide, issu d'une famille juive d'érudits, étudia la Torah auprès de son père. Ils vécurent sous un régime islamique libéral en Andalousie, mais sa chute devant la conquête d'Almohades en 1148 força la famille à l'exil, d'abord en Espagne puis, en 1158, au Maroc. Ils s'installèrent finalement en Égypte, où Maimonide devint médecin du vizir du sultan Saladin.

Le *Guide des égarés* cherche à ancrer la théologie juive dans la pensée aristotélicienne, tout en se détachant d'Aristote lorsqu'il est en conflit avec les écritures. Le *Guide* offre diverses preuves de l'existence de Dieu et détermine certaines de ses qualités – par exemple, son incorporalité. Maimonide défend ainsi une forme de « théologie négative » : nous ne pouvons rendre justice à Dieu en le décrivant en termes anthropomorphiques, et puisque aucun prédicat ne convient, nous ne pouvons le décrire que de façon détournée, parce qu'il n'est pas.

Averroès (Ibn Rushd)

1126–1198 Espagne

Averroès, le dernier grand philosophe de l'âge d'or de l'islam, commenta profusément l'œuvre d'Aristote, ce qui conduisit à la redécouverte du philosophe grec par les penseurs chrétiens du Moyen Âge. Son œuvre fut donc très influente, car l'étude religieuse islamique s'écartait de la philosophie.

VIE ET ŒUVRE

Averroès vivait en Andalousie sous l'autorité islamique, lorsque les intellectuels jouissaient d'une relative liberté face à l'ingérence politique. Issu d'une famille de juristes, il est formé en médecine et en droit, ainsi qu'en théologie et philosophie. Il devint juriste à Séville et Cordoue en 1169, puis médecin à la cour du calife de Cordoue. Durant cette période, il écrit ses nombreux commentaires – 38 en tout – sur Aristote. Son *Incohérence de l'incohérence* réfute la position d'al-Ghazali qui défend l'enseignement orthodoxe islamique et rejette les éléments aristotéliciens et platoniciens de la scolastique. La défense d'Averroès de la raison philosophique lui vaut l'inimitié des ecclésiastiques et en 1195, il est accusé d'hérésie et banni.

CONCEPTS CLÉS

La philosophie d'Averroès, essentiellement aristotélicienne, comprend des éléments néoplatoniciens. Comme d'autres penseurs islamiques, il pense que l'univers est une hiérarchie, avec à son sommet Allah, qui est forme pure, et la matière informe à sa base. Allah est le bien suprême et ce à quoi tend l'âme humaine pour accéder à la connaissance. Mais contrairement à al-Ghazali, il pense que révélation et raison sont les deux voies vers la connaissance. Ainsi, dans l'*Incohérence de l'incohérence*, il récuse la tentative d'al-Ghazali de prouver que la raison est incapable de démontrer des vérités philosophiques essentielles, légitimant ainsi la revendication de la philosophie à se prononcer sur des sujets théologiques. Il existe donc diverses voies vers la vérité.

Averroès pense que ce qui est immortel chez l'être humain est son âme universelle – c'est-à-dire partagée par tous. Son idée d'immortalité collective en lieu de survivance personnelle rappellera plus tard le bouddhisme et fera l'objet de l'anathème des penseurs chrétiens.

VOIR AUSSI ▸ Foi et raison *(p. 157)* • Al-Ghazali *(p. 261)* • Avicenne *(p. 259)* • Plotin *(p. 254-255)* • Platon *(p. 244-247)* • Thomas d'Aquin *(p. 264-265)*

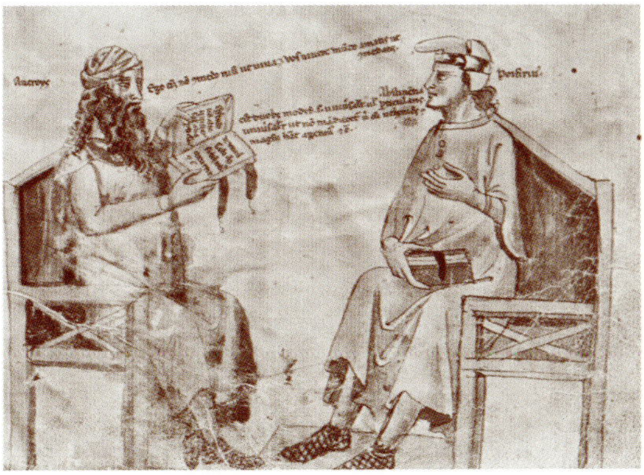

Averroès *(ci-contre, à gauche)* en conversation avec Porphyre, grand professeur et auteur néoplatonicien du troisième siècle.

« Certaines vérités sur Dieu dépassent la capacité de la raison humaine… Mais il y a certaines vérités que la raison naturelle est capable d'atteindre. Comme celle que Dieu est. »

Somme contre les gentils, **livre I**

Thomas d'Aquin

◒ 1225–1274 Italie

La redécouverte des œuvres d'Aristote après l'âge des ténèbres (500 – 1000) ouvrit la voie à une nouvelle ère de courants intellectuels en Europe. Thomas d'Aquin est la figure la de proue de ce renouveau, et son œuvre reste le pilier des engagements métaphysiques, cosmologiques et éthiques de l'Église catholique.

Beaucoup considèrent Thomas d'Aquin comme le plus grand théologien de l'Église catholique. Son corps de doctrine, le thomisme, compte encore beaucoup dans le catholicisme.

VIE ET ŒUVRE

Né d'une famille noble du royaume de Naples, Thomas d'Aquin entama son éducation au monastère de Monte Cassino à l'âge de 5 ans. Il étudie ensuite à Naples, où il découvre Aristote, et en 1243 environ, il décide d'intégrer l'ordre des dominicains. Voulant l'en dissuader, ses frères l'enlevèrent et le séquestrèrent pendant deux ans. Ils tentèrent entre autres de lui présenter une prostituée, mais Thomas la repoussa avec un tison et fit brûler un crucifix sur sa porte. Quand ses frères finirent par céder, Thomas d'Aquin rejoignit l'ordre et fut envoyé étudier auprès de l'aristotélicien Albertus Magnus à Cologne et à Paris. Il resta sous sa tutelle de nombreuses années jusqu'à ce que, en 1257, il obtienne sa maîtrise et soit autorisé à enseigner.

AQUIN LE PROFESSEUR

Thomas d'Aquin voyagea et enseigna dans divers centres d'études européens. Auteur prolifique, il s'engagea activement dans les controverses théologiques de l'époque. Mais le 6 décembre 1273, il fait une expérience mystique et cesse d'écrire (laissant sa grande œuvre, la *Somme théologique* inachevée), disant que tout ce qu'il a écrit jusqu'à présent semble de la paille en comparaison de ce qui lui a été révélé. Quatre mois plus tard, le Pape lui ordonne d'assister au Conseil de Lyon, mais il tombe malade et meurt durant le trajet.

Même si Aquin était parfois surnommé « bœuf muet » à cause de la lenteur de son élocution et de son physique râblé, son intellect et son caractère impressionnaient son entourage. Son professeur Albertus Magnus avait vu juste quand il dit : « un jour, les beuglements de ce bœuf résonneront à travers le monde ». En 1323, Thomas d'Aquin fut sanctifié par le Pape Jean XXII. Sa philosophie scolastique a récemment fait l'objet d'un regain d'attention.

TEXTES ESSENTIELS

Somme contre les gentils ; Somme théologique, commentaires sur Aristote.

CONCEPTS CLÉS

Selon Thomas d'Aquin, l'esprit est à la naissance une « table rase », et tout notre savoir dérive de l'expérience sensible. Il discerne deux voies vers la connaissance. L'une consiste à raisonner sur la base de preuves provenant du monde sensible. L'autre est la révélation. Mais s'il distingue une théologie « naturelle » d'une théologie « révélée », il pense que leurs découvertes doivent être compatibles, car toutes deux représentent des voies offertes par Dieu vers la même réalité. Il n'est donc pas surprenant qu'il considère que l'œuvre du grand philosophe païen Aristote, correctement interprétée, est en accord avec l'enseignement du christianisme. C'est pourquoi il se consacra à réconcilier les deux systèmes de pensée.

ESSENCE ET EXISTENCE

Thomas d'Aquin hérite d'Aristote un intérêt pour l'être et adhère à la notion, pour chaque chose, d'essence ou de caractéristique déterminante. Mais la question de l'essence d'une chose (ce qu'elle est) diffère de celle de son existence (si elle est). Une licorne peut, par exemple, être définie comme un cheval à une corne : c'est son essence. Mais savoir cela ne nous renseigne pas sur son existence. L'essence de toute chose, dans le monde de la création, peut être considérée comme précédant l'existence, c'est-à-dire que Dieu en aurait eu l'idée avant de la créer. Mais l'essence de Dieu est la seule qui ne précède pas son existence ; il est donc le seul être pour qui le fait d'être et ce qu'il est sont identiques.

> « TROIS CHOSES SONT NÉCESSAIRES AU SALUT DE L'HOMME : SAVOIR CE QU'IL DOIT CROIRE ; SAVOIR CE QU'IL DOIT DÉSIRER ; ET SAVOIR CE QU'IL DOIT FAIRE. »
>
> ***Traité des deux préceptes de la charité***

DIEU EXISTE-T-IL ?

Même si l'existence de Dieu nous est révélée dans la Bible, et est acceptée par la foi, Thomas d'Aquin pensait qu'elle pouvait aussi être démontrée. Il refusait néanmoins l'argument ontologique d'Anselme (*voir aussi p. 140-141*),

La tentation de saint Thomas, de Vélasquez : les efforts de Thomas d'Aquin pour rester fidèle à sa vocation sont très bien documentés.

affirmant que l'expression « Dieu existe » ne va pas de soi. L'existence de Dieu ne peut être établie par la raison seule, mais uniquement par des arguments fondés sur des preuves puisées dans la nature. Il propose cinq démonstrations célèbres, dont les trois premières sont des versions de l'argument cosmologique, la quatrième, de l'argument moral et la cinquième, de l'argument téléologique (*voir aussi p. 147-149*).

NOTRE PERCEPTION DE DIEU

Même si nous pouvons prouver son existence rationnellement, la vraie nature de Dieu échappe à notre esprit limité. Notre langage renvoie au monde sensible et ne peut donc décrire correctement un être transcendant. Ainsi, lorsque nous parlons de Dieu comme étant sage et compatissant, nos descriptions ne correspondent pas à la réalité. Mais cela ne signifie pas que notre description de Dieu est fausse ou dénuée de sens. Nous employons le langage de façon analogique et disons que les qualités dont il est doté existent en lui de façon plus parfaite que notre expérience ne nous permet de les envisager.

L'ÂME

Comme Aristote, Thomas d'Aquin croit que chaque être vivant possède une âme, qui est la forme du corps et son principe d'unité, et que la personne humaine est une unité psychologique. Ce qui nous différencie des autres animaux en tant qu'êtres spirituels, c'est notre faculté de raisonner. L'intellect, dont l'objet est spirituel, est immortel. Ainsi, contrairement à Aristote, Thomas d'Aquin affirme que la mort physique n'est pas la fin. Cependant, afin de jouir de la vie éternelle, l'âme, qui est naturellement faite pour s'unir avec le corps, doit être réunie avec lui lors de la Résurrection générale.

L'ÉTHIQUE DE LA LOI NATURELLE

L'éthique de Thomas d'Aquin part elle aussi d'Aristote et de l'idée selon laquelle toute chose créée a une finalité, et que la réalisation de ce but est leur bien. Pour un chrétien, c'est parfaitement sensé, puisque dans la nature de l'univers, chaque chose fait partie du plan divin, et donc tout dessein inhérent à une chose constitue ce qu'il y a de mieux pour elle. Les êtres humains ne font pas exception, mais ce qui nous différencie, c'est notre capacité, en tant qu'êtres rationnels, à prendre conscience de notre finalité et à nous diriger librement vers elle. Selon Thomas d'Aquin, la raison nous dit que notre bien-être ou bonheur est notre bien, qui inclut la satisfaction de nos désirs fondamentaux tels que se nourrir ou procréer. Cela ne signifie pas que le bien-être est affaire de richesse, santé, plaisir ou tout autre bien terrestre, mais plutôt qu'il consiste à vivre une vie vertueuse au sein de la communauté, à rechercher l'accomplissement intellectuel et à contempler l'essence de Dieu.

DANTE ET THOMAS D'AQUIN

La succession de sphères concentriques soutenue par le principe premier (Dieu) de la cosmologie de Dante reflète celle de Thomas. Dans sa *Divine Comédie*, Dante rencontre Socrate et Platon en enfer, mais lorsqu'il entre au Paradis, il rencontre l'esprit glorifié de Thomas d'Aquin. Dante lui vouait une telle admiration que l'on dit souvent que la *Divine Comédie* est la *Somme théologique* en vers. Comme Thomas d'Aquin, Dante considérait la quête de la sagesse comme constituante d'une vie vertueuse.

Dante et Virgile se penchent sur un enfer circulaire qui a happé les âmes des philosophes grecs de l'Antiquité, tandis que Thomas d'Aquin demeure au Paradis.

VOIR AUSSI ▸ Dieu existe-t-il ? *(p. 140-149)*

Raymond Lulle

1232–1316 Espagne

Éduqué à la cour de Majorque, Lulle élabore une version mystique du néo-platonisme. Après avoir eu une vision du Christ, il entre chez les franciscains et travaille comme missionnaire en Afrique du Nord. Persuadé que la raison peut convaincre les musulmans et les juifs de se convertir au christianisme, Lulle rédige sa grande œuvre, *Ars Magna*, qui tente de démontrer les vérités chrétiennes à partir des concepts fondamentaux admis par tous les monothéistes. Il met au point des techniques complexes pour créer différentes combinaisons des concepts fondamentaux dans l'espoir de regrouper le savoir humain au sein d'un seul système.

Maître Eckhart

v. 1260–1327 Allemagne

On connaît peu la jeunesse d'Eckhart. Il entre chez les dominicains à Erfurt et occupe divers postes administratifs et de lectorat à travers l'Europe. Suivant Thomas d'Aquin (*voir p. 264-265*), sa pensée s'écarte de la scolastique prédominante, de même que les images mystiques de sa prose. Il est surtout connu pour ses sermons (en vernaculaire), qui insistent sur la présence de Dieu dans l'âme humaine. Condamné pour hérésie, il se défendit en disant que le langage fleuri qu'il utilisait pour inspirer à ses auditeurs de bonnes actions, l'aurait fait s'écarter du chemin de l'orthodoxie. Il abjura pour éviter le bûcher.

John Duns Scot

*v.*1266–1308 Écosse

Duns Scot devint franciscain en 1281 et fut ordonné 10 ans plus tard. Parmi les métaphysiciens et les logiciens les plus influents du Moyen Âge, il est l'auteur d'une complexe version de l'argument cosmologique de l'existence de Dieu (*voir p. 142-143*).

Duns Scot étudia et enseigna à Oxford puis à Paris, d'où il fut brièvement expulsé pour avoir pris le parti du Pape contre le roi.

Contrairement à Thomas d'Aquin (*voir p. 264-267*), il pensait que les prédicats, appliqués à Dieu, ont la même signification que pour les objets ordinaires. Réaliste sur la question des universaux, il maintenait toutefois que nous pouvons appréhender les réalités sensibles directement par la perception, sans la médiation de concepts généraux ; il inventa le terme d'haeccéité (singularité unique), pour désigner la qualité d'un cas particulier qui fait de lui ce qu'il est.

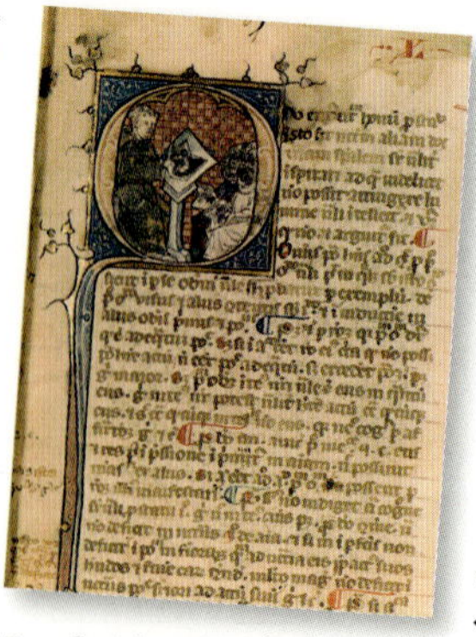

Duns Scot devant ses étudiants, dont certains éditèrent son œuvre après sa mort.

Il défendait aussi nos facultés naturelles contre les sceptiques, affirmant que la connaissance est accessible par leur usage correct, sans avoir recours à l'« illumination » divine.

L'argumentation de Scot est caractérisée par une rigueur et une complexité qui lui valurent le surnom de « Docteur subtil ». Plus tard, certains philosophes se montrèrent moins flatteurs, et la difficulté de la plupart de son argumentation conduisit ses détracteurs anglophones à surnommer ses disciples « Dunses » (*dunce* en anglais signifie « cancre »).

Guillaume d'Ockham

◒ *v.* 1285 –1347 Angleterre

Ockham était un franciscain. Il étudia puis enseigna à Oxford et à Avignon. Là, il fut impliqué dans une controverse avec la papauté qui conduisit à son excommunication, même si sa philosophie ne fut jamais condamnée officiellement.

Dans le grand débat médiéval sur les universaux (*voir Platon p. 244-247*), Ockham s'oppose à la vue « réaliste » selon laquelle les termes généraux renvoient à des entités qui existent indépendamment des cas particuliers. Parce qu'il soutient comme les « nominalistes » que les universaux sont des abstractions de notre expérience sensible, il est souvent considéré comme un avant-gardiste de l'empirisme britannique moderne. Selon son principe méthodologique le « rasoir d'Ockham », les « entités ne devraient pas être multipliées plus que de nécessaire » : il faut toujours avoir recours au plus petit nombre de facteurs pour expliquer les choses.

De nombreux parents pensent, comme Ockham, que l'explication la plus simple est souvent la bonne.

Nicolas de Cues

◒ 1401–1464 Allemagne

Nicolas de Cues obtint son doctorat de droit canonique à Padoue en 1423 puis fut chargé d'un légat pontifical. Nommé cardinal, il est affecté au diocèse de Brixen en 1450. Mais une querelle avec le Duc Sigismond d'Autriche, qui le fit emprisonner brièvement, l'empêcha de remplir ses fonctions après 1460. Dans *La Docte Ignorance* (1440), il avance que les limites de notre intellect nous empêchent d'avoir une connaissance positive de Dieu. La raison est contrainte par la loi de la non-contradiction, mais en Dieu, les opposés se rejoignent d'une façon qui nous est incompréhensible, et comme l'univers reflète Dieu, il est lui aussi infini et insondable. En astronomie, il devança Copernic en suggérant que la Terre était ronde et tournait autour du Soleil.

Érasme

◒ *v.* 1466 –1536 Hollande

Érasme est une figure importante du nouvel humanisme de la Renaissance en Europe du Nord. Ordonné en 1492, il étudia à Paris puis consacra sa vie à l'éducation dans divers centres culturels européens. Érasme critiqua durement le catholicisme orthodoxe, considérant comme sa mission de réformer la religion organisée. Son *Éloge de la folie* (1509) dresse une satire des pratiques religieuses et prône une foi libérée des fioritures de la théologie scolastique. Si son projet était proche de celui de Luther, Érasme ne partageait pas sa position sur le libre arbitre.

Nicolas Machiavel

◒ 1469–1527 ⚑ Italie

La vision de Machiavel sur la façon dont les monarques doivent exercer le pouvoir politique pour atteindre leurs buts rendit son nom synonyme d'une conduite sans scrupule, et *Le Prince* fut condamné comme l'œuvre du diable. Selon lui, une action est justifiée en fonction des fins.

VIE ET ŒUVRE

Machiavel passa sa vie à Florence. Secrétaire de la République florentine (établie après la chute des Médicis en 1494), il part en missions diplomatiques en Italie, en France et en Allemagne et rencontre de nombreuses figures politiques importantes telles que Louis XII, le Pape et surtout, César Borgia (qui, pense-t-on, a servi de modèle pour *Le Prince*). Quand les Médicis revinrent au pouvoir en 1512, il fut accusé de conspiration contre leur retour, emprisonné et torturé. Clamant son innocence, il fut finalement libéré par le nouveau Pape en 1513, mais contraint de se retirer de la vie politique. Il continua néanmoins à théoriser et, dans l'espoir de revenir dans la vie politique, dédia *Le Prince* (1513) aux Médicis. Ses *Discours* sur Tite-Live (1517) sont une analyse de l'histoire de la République romaine de Tite-Live, et son soutien pour le républicanisme se rapproche vraisemblablement de ses véritables opinions. La notoriété de Machiavel se répandit rapidement de son vivant, au point que le terme « machiavélique » devint synonyme d'un exercice sans scrupule du pouvoir politique.

TEXTES ESSENTIELS *Le Prince ; L'Art de la guerre ; Discours sur la première décade de Tite-Live.*

CONCEPTS CLÉS

Avant Machiavel, les théoriciens politiques avaient coutume de décrire l'organisation de l'État parfait et d'exposer les vertus nécessaires au dirigeant idéal. De telles discussions étaient censées fournir un modèle auquel aspireraient peut-être les acteurs de la vie politique. Mais ces penseurs négligeaient l'organisation effective des États et la façon dont ils maintiennent l'ordre. Dans *Le Prince*, l'œuvre pour laquelle il est le plus célèbre, Machiavel entreprend d'insuffler un peu de réalisme à la philosophie politique. Présenté comme manuel à l'intention des princes exerçant une autorité politique et rédigé dans un style délibérément provocateur, il traite de la façon d'obtenir et de garder le pouvoir, étayant ses affirmations de preuves historiques. S'il serait agréable d'avoir un monarque vertueux, cela est

Les intrigues tissées par les familles nobles de la Renaissance à Florence furent insérées par Machiavel dans la théorie politique de son célèbre ouvrage *Le Prince.*

irréaliste dans la pratique. De plus, adhérer à nos notions communes de décence morale ne contribue pas à un gouvernement efficace, car les actions immorales sont souvent nécessaires à la réalisation d'objectifs politiques. Pour réussir, un prince doit savoir donner une apparence d'intégrité morale tout en étant préparé à agir sans merci pour atteindre ses buts. Les analyses de Machiavel du rôle de la force, de la dissimulation, de l'inconstance dans ses promesses, etc., comme moyens vers des fins politiques lui valurent une réputation durable de comploteur sans scrupule. Si on a vu dans *Le Prince* un conseil aux dirigeants d'ignorer la morale dans l'exercice de la politique, les véritables intentions de Machiavel étaient de montrer que, malheureusement, il est souvent nécessaire, même quand on a des buts louables, de ne pas tenir compte de la morale. Par buts louables, Machiavel entendait notamment la fin des troubles civils ou des agressions extérieures, des maux dont il avait lui-même pâti en raison de l'instabilité politique à Florence. Son autre œuvre majeure, les *Discours*, traite de l'efficacité de l'autorité républicaine, de la nécessité de tolérer les dissidences internes, et du soutien public du gouvernement.

« LES ACTIONS RÉPRÉHENSIBLES PEUVENT ÊTRE EXCUSÉES PAR LEURS EFFETS ; ET LORSQUE LES EFFETS SONT BONS, L'ACTION EST TOUJOURS EXCUSÉE. »

Machiavel, *Discours sur la première décade de Tite-Live 1.9*

VOIR AUSSI ▸ Philosophie politique *(p. 160-177)* • Les valeurs morales sont-elles des faits ? *(p. 118)*

Francisco de Vitoria

1480–1546 Espagne

Théologien très respecté et thomiste (voir Thomas d'Aquin, *p. 264-267*), de Vitoria fonda le mouvement scolastique de l'université de Salamanque. On associe principalement son nom à la théorie de la guerre juste et à son projet d'élaborer un code pour les relations internationales fondé dans le droit naturel.

Francisco de Vitoria grandit au temps de l'unification politique de l'Espagne et de la découverte puis de la conquête des Amériques. Il entra chez les dominicains en 1504 et enseigna à Paris de 1515 à 1523. Puis il rentra en Espagne et occupa la chaire de théologie à l'université de Salamanque. Figure de proue de la renaissance culturelle espagnole, il pensait que la foi chrétienne ne devrait pas être imposée aux peuples autochtones d'Amérique du Sud, auxquels on devrait offrir le droit à la propriété et à se gouverner eux-mêmes, même s'il croyait au droit de l'Espagne à bâtir un empire.

Francisco de Vitoria, à l'époque des conquêtes et de la colonisation espagnole, nourrissait de profonds doutes quant à la conduite de son pays.

Michel de Montaigne

1533–1592 France

L'un des auteurs les plus influents de la Renaissance en France, Montaigne est surtout connu pour son invention de l'« essai » comme forme littéraire moderne. Son œuvre la plus importante, publiée pour la première fois en 1580 et intitulée simplement *Essais*, contient une série de courtes discussions sur divers sujets. Il y soutient que la foi est faillible, et il réactualise le scepticisme – sa « devise » était « que sais-je ? ». Son œuvre influença le scepticisme de Descartes (*voir p. 276-279*) et de Hume (*voir p. 290-291*). Montaigne croyait en Dieu et ne voyait pas de raison concluante de rompre avec la croyance religieuse traditionnelle, pas plus qu'il n'en voyait de s'adonner à la ferveur religieuse qui mena aux persécutions de son époque.

Giordano Bruno

1548–1600 Italie

Penseur peu orthodoxe, Bruno fut influencé par Nicolas de Cues (*voir p. 269*) et le *Corpus Hermeticum* – recueil de traités occultes que l'on croyait antérieur à la philosophie grecque de l'Antiquité. De Nicolas, il retint l'idée d'un univers infini, dans lequel notre système solaire est une vie intelligente parmi d'autres, ainsi que la notion de concordance des contraires. Son système est panthéiste et animiste : Dieu est immanent à un univers composé de « monades » ou atomes animés – des idées qui précèdent Spinoza et Leibniz (*voir p. 284-285*). Ses opinions et l'intérêt qu'il portait à la magie et à l'astrologie furent jugés comme hérétiques par l'Église, qui le condamna au bûcher. Son refus d'abjurer fit de lui un martyre emblématique de la liberté de penser.

Francisco Suárez

◒ 1548–1617 ⚑ Espagne

Dernier grand scolastique et chef de file de la théologie jésuite, Suárez est salué comme le plus grand théologien après Thomas d'Aquin. Il s'oppose au principe de royauté de droit divin, et est considéré comme l'un des fondateurs spirituels du droit international.

VIE ET ŒUVRE

Né à Grenade, Suárez entre chez les jésuites en 1564. Il étudie la philosophie et la théologie à Salamanque et obtient son diplôme en 1570. Durant sa carrière, il occupe plusieurs postes de professeur en Espagne et à Rome. Auteur prolifique, sa réputation grandit rapidement. Surnommé « Docteur éminent », il est bientôt considéré comme le plus grand philosophe de son époque. On pense que le Pape Grégoire XIII assista à ses cours à Rome. Il écrivit sur de nombreux sujets, dont les plus réputés sont le droit (*De legibus ac Deo legislatore* en 1612) et la métaphysique (*Disputationes Metaphysicae* en 1597). En 1613, il soutient dans son *De Defensione Fidei* que les gens ont le droit de rejeter un roi tyrannique. Ses derniers mots furent « Je n'aurais jamais cru cela si doux de mourir. »

CONCEPTS CLÉS

La conception métaphysique de Suárez est fondamentalement aristotélicienne, mais ses *Disputationes Metaphysicae* tentent d'aborder systématiquement la « science de l'être ». Bien que thomiste, il se détache de saint Thomas sur plusieurs points essentiels. Dans la controverse sur les universaux, Suárez maintient que seules les réalités sensibles existent. Il soutient aussi qu'entre les deux voies divines de connaissance – connaissance de ce qui est réel et connaissance de ce qui est possible – il existe une « connaissance intermédiaire » de ce qui se serait passé si les choses avaient été différentes. Il croyait que Dieu possède ce savoir quant à nos actions, sans impliquer que Dieu les a causées ni qu'elles sont nécessaires.

VOIR AUSSI ▸ Platon *(p. 244-247)* • Thomas d'Aquin *(p. 264-267)* • De Vitoria *(p. 272)* • Aristote *(p. 248-249)*

Les œuvres de Suárez furent brûlées en public sur ordre royal à Londres pour leur critique du pouvoir absolu des rois.

Francis Bacon

1561-1626 Angleterre

Chancelier à la cour d'Angleterre, Bacon est mieux connu pour sa philosophie de la science. Il reconnut le pouvoir sur la nature que le savoir scientifique pouvait conférer à l'humanité et y voyait une voie vers la prospérité, le progrès social et le bien-être des hommes.

VIE ET ŒUVRE

Plus jeune fils du lord garde des sceaux, Francis Bacon étudia le droit avant d'entrer au parlement anglais. Il devint chancelier en 1618 avant d'être emprisonné pour corruption. Il fut dépouillé de ses titres, déchu de sa position et enfermé à la Tour de Londres. Banni de toute carrière publique, il consacre ses dernières années à l'écriture, et sa vision d'un collège dédié à la recherche scientifique est considérée comme l'inspiration de la création de la Royal Society en 1660. Son *Novum Organum* (1620) soutient que l'expérience devrait être à la base de toute science. Il mourut d'une pneumonie contractée lors d'une expérience visant à montrer que la neige peut servir à conserver une volaille.

TEXTES ESSENTIELS *Novum Organum*

CONCEPTS CLÉS

Profondément conscient des fantasmes dont nous sommes esclaves et qui doivent être éliminés de toute recherche scientifique, Bacon les distinguait en quatre genres : les « idoles de la tribu », illusions auxquelles nous soumet notre nature, comme notre tendance à accepter les preuves sensibles sans esprit critique. Les « idoles de la place publique », des chimères produites par notre interaction avec autrui, surtout par la confusion née des mots. Les « idoles de la caverne », des méprises particulières à chaque individu et à son éducation. Et les « idoles du théâtre », qui sont les illusions des grands systèmes philosophiques tels que fabriqués par les scolastiques dans la lignée d'Aristote.

Il comparait les métaphysiciens scolastiques à des araignées tissant de fines théories à partir d'un matériau issu de leur esprit. Mais Bacon rejetait aussi l'approche des « empiriques » qui, comme les fourmis, recueillent des informations sans réfléchir et ne parviennent à forger des hypothèses. Les scientifiques devraient prendre exemple sur les abeilles : rassembler des données issues de l'expérimentation et de l'observation, puis chercher les régularités afin de formuler des hypothèses concernant les lois de la nature. Ces hypothèses doivent être soumises à l'épreuve de l'expérience pour être confirmées ou réfutées. Ce système d'« induction », ou méthode baconienne, inspira et guida la nouvelle science émergente du XVIIe siècle.

VOIR AUSSI ▸ Le problème de l'induction *(p. 180-181)* • La réfutation *(p. 186-187)* • Popper *(p. 332)*

Pour Bacon, les problèmes complexes construits par les métaphysiciens sont sans rapport avec la réalité

Thomas Hobbes

1588-1679 Angleterre

Premier matérialiste moderne, Hobbes affirma avec courage, à un âge profondément religieux, que la substance spirituelle n'existe pas. On le connaît surtout pour sa philosophie politique : les individus se soumettent rationnellement à un souverain puissant pour garantir l'ordre et la paix.

VIE ET ŒUVRE

Après avoir étudié à Oxford, Hobbes fut le précepteur du Comte du Devonshire et voyagea beaucoup à travers l'Europe, rencontrant les intellectuels de l'époque, comme Descartes, Galilée et Gassendi. Il retourna en Angleterre pour fuir aussitôt en France en 1640, avant que n'éclate la guerre civile anglaise, où il prend le parti des Royalistes. Alors précepteur du futur roi exilé, Charles II, il rédige le troisième recueil d'objections aux *Méditations* de Descartes et entame sa trilogie philosophique avec *Du Citoyen* (1642). En 1651 paraît son œuvre majeure, le *Léviathan*, mais elle ne lui vaut pas l'amitié des autorités françaises, ce qui précipite son retour en Angleterre au moment où capitule le Commonwealth d'Oliver Cromwell. Hobbes continua à écrire et à mener une vie intellectuelle active jusqu'à sa mort, à l'âge de 91 ans.

Un frontispice du *Léviathan* de Hobbes, où le souverain assure ordre et stabilité.

TEXTES ESSENTIELS *Du Citoyen ; De l'Homme ; Léviathan*

CONCEPTS CLÉS

Comme les atomistes de l'Antiquité, Hobbes pensait que le monde est exclusivement constitué de particules de matière en mouvement, et que l'idée d'une substance immatérielle, à la base des concepts traditionnels de Dieu et de l'âme, est contradictoire en soi. Ainsi, tout l'univers, y compris les actions des hommes, s'explique par des principes purement mécaniques. Cela implique que l'esprit peut être réduit à des mouvements dans le corps, notamment dans le cerveau. Les sensations, l'imagination, même les pensées abstraites sont réductibles à ces processus matériels : tous nos motifs, aversions ou appétits ne sont finalement que les tiraillements de particules.

La philosophie politique de Hobbes naît de cette explication matérialiste de la nature humaine. Parce que les hommes ont des désirs semblables, ils sont forcés d'entrer en conflit dans un monde où les ressources sont limitées. Dans le *Léviathan*, Hobbes imagine un « état de nature », situation antérieure à la formation de la société, dans lequel chaque personne poursuit ses propres intérêts : un état où chacun de nous est en guerre contre les autres. Tout le monde gagnerait à coopérer. Il est donc rationnel que nous prenions sur notre liberté et obéissions aux lois si nous savons que tous les autres en font de même. Cela est possible, selon Hobbes, si un contrat social place le pouvoir entre les mains d'un souverain capable de faire respecter universellement les lois.

VOIR AUSSI ▸ L'humanisme et la montée des sciences *(p. 34-36)* • Machiavel *(p. 270-271)* • Le contrat social *(p. 165)*

« Je ne suis pas seulement logé dans mon corps ainsi qu'un pilote en son navire, mais [...] je lui suis conjoint très étroitement, et tellement confondu et mêlé que je compose comme un seul tout avec lui. »

Méditations métaphysiques, **(sixième méditation), Larousse, Paris, 1950, p. 86**

René Descartes

1596–1650 France

L'éloquence et la clarté de la prose de Descartes inaugurèrent la philosophie « moderne ». Il ébranla la philosophie scolastique traditionnelle du Moyen Âge et posa les bases d'une approche systématique de l'acquisition du savoir fondée sur la mesure et le raisonnement mathématique, ce qui reste les bases de la science aujourd'hui.

Descartes pensait que nous devons nous appuyer sur l'intellect pour connaître l'essence de la matière sous ce qui apparaît aux sens.

VIE ET ŒUVRE

Né à La Haye en Touraine, Descartes entre au collège jésuite de La Flèche où il se montre brillant en mathématiques. En 1617, il commence une carrière militaire et voyage à travers l'Europe durent la Guerre de Trente Ans, puis renonce à la vie militaire en 1621. Il continue de voyager jusqu'en 1629, où il s'installe en Hollande et entreprend son *Traité du monde ou de la lumière*, qui soutient la thèse de la rotation de la Terre.

Quand Descartes entend parler de la condamnation par l'Inquisition romaine de Galilée qui défendait le système copernicien en 1633, il retire son *Traité du monde* de la publication. Sa première œuvre publiée, le *Discours de la Méthode*, introduit ses vues métaphysiques du monde et donne une explication autobiographique de son propre développement intellectuel et un aperçu de ses vues sur l'approche correcte de l'acquisition de la connaissance.

UNE RENOMMÉE GRANDISSANTE

En 1641, déçu de l'accueil reçu par son *Discours de la méthode*, Descartes écrit les *Méditations métaphysiques* comme une tentative de donner à ses idées philosophiques à une audience plus large. En 1644, il publie ses *Principes de la philosophie*, dans lesquels il reformule ses vues philosophiques, ainsi que des discussions de physique et de cosmologie extraites de son *Traité du monde*, qui reste non publié.

Sa renommée grandissant rapidement en Europe, il répond à l'invitation en 1649 pour être le précepteur de la reine Christine de Suède. Étudiante exigeante, la reine Christine voulait que ses leçons débutent à 5 heures du matin, trois jours par semaine, et durent cinq heures chaque fois. Guère habitué à ce nouveau régime, ni au froid sévère de l'hiver en Suède, Descartes contracta une pneumonie et mourut quelques mois après son arrivée.

TEXTES ESSENTIELS
Discours de la méthode ; Méditations métaphysiques ; Principes de la philosophie ; Traité du monde ou de la lumière.

CONCEPTS CLÉS

Grand philosophe, Descartes était aussi un brillant mathématicien. Il inventa la géométrie analytique et le graphique : les axes *x* et *y* sont nommés coordonnées cartésiennes après lui. La fascination de Descartes pour les mathématiques est la clé pour comprendre la méthode et les ambitions de sa philosophie. Il était impressionné par le fait que les conclusions mathématiques aient le caractère de la certitude et de l'universalité. Et bien que ces conclusions soient parfois complexes et peu évidentes au premier abord, elles peuvent être obtenues par étapes progressives à partir de principes initiaux simples et évidents, tels que : une sphère n'a qu'une seule surface, ou bien deux et deux font quatre.

Descartes comprit très tôt que la tradition philosophique qu'on lui enseignait offrait matière au doute et au débat. Si le modèle mathématique pouvait être appliqué à la philosophie et à la science, pensait-il, nous pourrions espérer établir une connaissance du monde durable et incontestable. Descartes découvrit ainsi son ambition : établir les fondements et la composition de l'ensemble des connaissances humaines à venir, unifiant ainsi la science dans un seul système.

LA MÉTHODE DU DOUTE

Afin de découvrir quelque chose de « solide et constant dans les sciences », Descartes pensait, en suivant le modèle mathématique, qu'il devait d'abord établir des principes de base dont on ne puisse douter. Et pour découvrir de tels principes, il décida de soumettre toutes ses opinions au scepticisme le plus radical possible. Si une croyance survivait à ce baptême du feu, elle constituait un fondement digne de son corps de connaissances. Dans ce but, Descartes émit des doutes sur la fiabilité de ses sens, car ils peuvent être trompeurs. Il se demanda s'il n'était pas en train de rêver, et envisagea la possibilité d'être trompé dans toutes ses perceptions par quelque esprit puissant et malin. Un tel esprit serait capable de le duper quant à la croyance la plus simple et la plus irrésistible, telle que : les carrés ont quatre côtés, ou le fait qu'il

Descartes mit quatre ans à écrire son *Traité du Monde*, qui, avec ses autres œuvres, eut un impact durable sur le développement intellectuel en Europe.

possède un corps physique. Grâce à ce doute radical, il obtint la première certitude de son nouveau système de connaissances et sa célèbre découverte : qu'il soit ou non victime d'une illusion, il ne pouvait douter de sa propre existence. Sa conscience, et ce dont il était directement conscient, étaient des certitudes que pas même un esprit maléfique ne pouvait dissiper : « Je pense, donc je suis. »

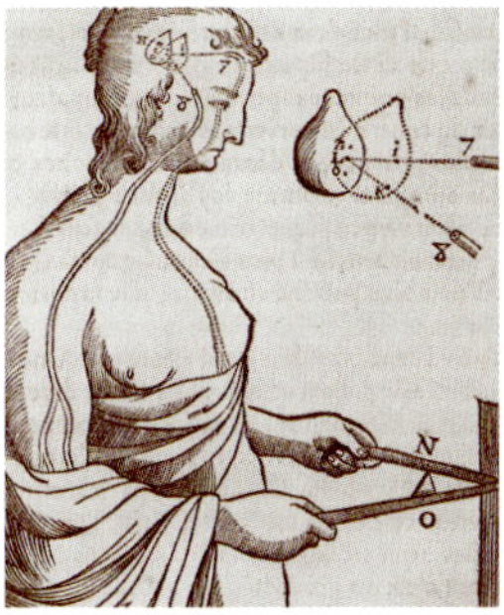

Les diagrammes de Descartes, où il esquisse les « voies » possibles des impulsions du cerveau, étaient en avance sur leur temps.

L'EXISTENCE DE DIEU

Après ce premier succès, Descartes se trouva dans l'obligation de chasser le spectre du scepticisme afin de progresser. Seule l'existence d'un Dieu non trompeur pouvait éradiquer la possibilité d'un mauvais génie et permettre de progresser dans la reconstruction d'un corps de connaissances. Ainsi, pour garantir la fiabilité de la cognition humaine, Descartes propose deux arguments en faveur de l'existence de Dieu. L'un est une version de l'argument ontologique formulé par Anselme (*voir p. 261*) ; l'autre, la « marque de l'ouvrier » (*voir aussi p. 68-69*), avance que notre conception d'un être parfait ne peut résulter de rien de moins parfait que Dieu, et donc, Dieu doit l'avoir lui-même imprimée dans notre esprit pour nous permettre de connaître notre créateur et savoir que nous pouvons accéder à la vérité en raisonnant correctement. Fort de cette garantie divine, Descartes avance à partir de principes premiers et procède prudemment, sans jamais faire de jugement hâtif, pour construire un système de connaissances exempt d'erreurs. Le système que Descartes développe soutient que même si les sens peuvent être trompeurs, en utilisant prudemment les facultés de correction de notre raison, la science peut repartir sur des bases saines. Longueur, profondeur et largeur étant l'essence de la matière, les sciences physiques devraient reposer solidement sur la géométrie et les mathématiques.

LE DUALISME

À partir du fait qu'il est directement conscient de son propre esprit, même lorsqu'il doute de l'existence de toute chose physique, y compris son propre corps, Descartes fut conduit à penser que son essence repose dans le fait d'être une chose purement pensante.

Bien que substance distincte, ce moi immatériel est pour Descartes intimement lié au corps physique, au moins pendant qu'il est en vie. Et tandis que le monde physique, y compris le corps, peut être décrit mathématiquement et suit des lois physiques précises, le monde de l'esprit est libre de poursuivre ses propres pensées. L'indétermination de l'esprit est prouvée par notre capacité à utiliser le langage et à réagir à des circonstances de façon imprévisible. Cette capacité n'est pas réductible à des principes mécaniques, et ainsi, tandis que le monde matériel est réductible aux sciences mathématiques, l'âme humaine nécessite une science propre.

« SOIT QUE JE VEILLE OU QUE JE DORME, DEUX ET TROIS JOINTS ENSEMBLE FORMERONT TOUJOURS LE NOMBRE DE CINQ… »

***Méditations métaphysiques*, première méditation, Larousse, Paris, 1950, p. 30**

VOIR AUSSI ▸ Raison et expérience *(p. 66-73)*

Baruch Spinoza

◒ 1632–1677 Pays-Bas

Spinoza fut le plus radical des premiers penseurs modernes. Il appliqua la méthode mathématique à la philosophie et élabora un grand système métaphysique fondé sur des principes rationnels. Sa critique de la religion organisée et ses vues politiques libérales lui valurent de nombreux ennemis.

VIE ET ŒUVRE

Fuyant le Portugal devant l'Inquisition, la famille de Spinoza s'installa à Amsterdam où Baruch vit le jour. Il reçut une éducation juive orthodoxe et malgré ses bons résultats, il interrompit ses études à 17 ans pour travailler avec son père.

En 1656, Spinoza fut excommunié par la communauté juive pour avoir exprimé des idées que l'on retrouvera dans ses écrits, comme son rejet du peuple juif comme étant élu, l'idée d'un Dieu personnel, ou de la Bible comme vérité révélée ou encore l'immortalité de l'âme. Il changea de nom pour sa forme latine, Benedictus, et quitta Amsterdam, gagnant sa vie en polissant des verres de lunettes, télescopes et autres instruments optiques de l'époque.

En 1663, Spinoza termine la seule œuvre publiée de son vivant sous son nom, un exposé critique intitulé *Principes de la philosophie de Descartes*. À cette époque, il travaillait aussi à son *Traité théologico-politique* qui, publié anonymement en 1670, lui valut de nombreuses attaques, et à son *Éthique*, publiée après sa mort. Spinoza succomba à la phtisie, probablement aggravée par l'inhalation de la poussière du verre qu'il polissait.

Spinoza gagnait sa vie en polissant les verres d'instruments optiques, comme ce microscope, du nouvel âge de la recherche scientifique.

TEXTES ESSENTIELS *Principes de la philosophie de Descartes (Principia philosophiae cartesianae) ; Traité théologico-politique (Tractatus Theologico-Politicus) ; Éthique.*

CONCEPTS CLÉS

L'*Éthique*, chef-d'œuvre de Spinoza, se présente comme un manuel de géométrie. Partant d'axiomes et de définitions, il déduit une série de théorèmes et construit un système complexe englobant la métaphysique, l'éthique et la psychologie, tous établis de manière objective, comme s'il étudiait des lignes, des plans et des solides.

Dans la première partie, Spinoza établit qu'il ne peut y avoir qu'une seule substance, et qu'il ne peut rien exister au-delà du monde naturel. Puisque cette substance unique est tout ce qui existe, elle répond à ce que nous entendons normalement par les mots « Nature » et « Dieu », qui sont donc la même chose. Bien que Spinoza ait démontré l'existence de Dieu, l'apparente identification de Dieu à une substance matérielle sembla pour beaucoup équivaloir à de l'athéisme et fut la principale raison de sa réputation d'apostat et de radical, menaçant et dangereux.

DEUX GENRES DE CONNAISSANCE

S'il n'y a qu'une seule substance, elle a néanmoins différents modes, et nous en connaissons deux : l'esprit et la matière. En d'autres termes, le mental et le physique sont les deux façons dont nous sommes conscients de cette substance. Ce développement du dualisme de Descartes (corps et esprit) implique que toute chose physique, pas uniquement le corps humain, est sensible dans une certaine mesure. Ainsi, la désintégration du corps signifie la mort de la personne, ce qui élimine toute récompense ou punition non terrestres.

THÉOLOGIE ET POLITIQUE

Dans son *Traité théologico-politique*, Spinoza est le premier à examiner la Bible et les écritures comme documents historiques plutôt que comme vérités révélées, et il en conclut qu'elles sont l'œuvre de nombreux auteurs, durant de nombreuses années. Il rejetait la théologie de l'Ancien Testament comme étant anthropomorphique et pensait que ses mythes et histoires ne devraient pas être compris à la lettre. L'importance de la Bible réside dans son message moral. Une analyse textuelle détaillée, selon Spinoza, révèle qu'elle prône la tolérance des différentes positions religieuses.

Comme Hobbes avant lui (*voir p. 275*), Spinoza utilise dans sa pensée politique l'idée d'un état de nature originel, mais pour appuyer son propos selon lequel le droit d'un gouvernement à exercer le pouvoir ne s'étend que dans la mesure où il peut compter sur la coopération de ses citoyens, et un gouvernement devrait considérer la liberté d'expression et de culte comme les meilleurs moyens de garantir l'ordre public.

Spinoza voyait dans la démocratie la forme la plus stable de gouvernement et le système le plus à même d'offrir le bien-être individuel – une chose qui n'est possible qu'en échappant à l'esclavage de nos passions pour des biens éphémères et de nos superstitions religieuses et en vivant dans la quête de la connaissance.

La Hollande du XVIIe siècle offrait un environnement libéral et progressif favorable à la recherche scientifique et philosophique, comme dans la *Leçon d'anatomie du Dr Nicolaes Tulp*, de Rembrandt.

VOIR AUSSI ▸ L'énigme de la conscience *(p. 124-127)* • Philosophie de la religion *(p. 138-159)* • Fonder la morale dans la raison *(p. 105)* • L'idéal libéral *(p. 162-171)* • Descartes *(p. 276-279)*

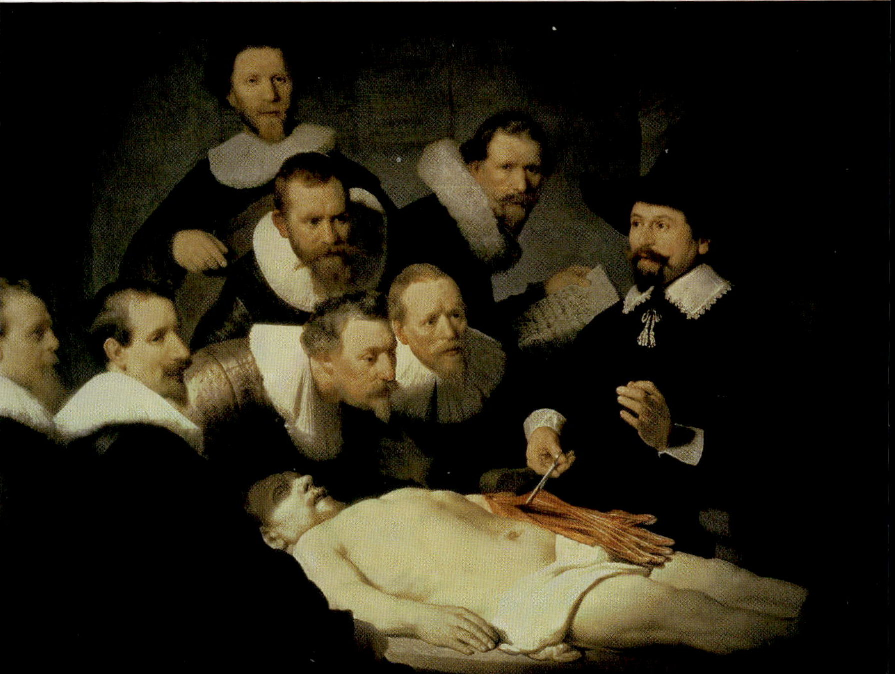

John Locke

1632–1704 Angleterre

Premier grand philosophe empiriste britannique, Locke avait pour projet de déterminer les limites de la connaissance humaine. Comme celle-ci dérive des sens, son acquisition se fait peu à peu, limitée par la nature finie de notre expérience, qui laisse certains sujets au-delà de notre entendement.

VIE ET ŒUVRE

Le père de Locke s'était battu du côté des Parlementaires durant la guerre civile, et Locke resta convaincu que le peuple, et non le monarque, est le souverain ultime. Il étudia à Westminster et à Oxford, où il enseigna après avoir obtenu un diplôme de médecine. À cette époque, sa rencontre avec la scolastique aristotélicienne ne lui fait guère apprécier la philosophie. Mais dès 1675, il passe quelques années en France, où son étude de Descartes a sur lui un impact considérable. En 1681, son protecteur, le comte de Shaftesbury, est accusé de trahison et peu après, Locke quitte l'Angleterre pour la Hollande, où il travaille à son *Essai sur l'entendement humain*. Il soutient activement l'accession au trône de Guillaume d'Orange et après la Glorieuse Révolution de 1688, Locke retourne en Angleterre. En 1690, il publie l'*Essai* et les *Deux traités du gouvernement civil*, œuvres qui assurèrent sa renommée.

TEXTES ESSENTIELS
Essai sur l'entendement humain ; Deux traités du gouvernement civil.

CONCEPTS CLÉS

Locke fut profondément influencé par Robert Boyle et sa théorie « corpusculaire » de la matière qui réactualise l'idée atomiste d'un univers composé de particules minuscules qui expliquent le comportement et l'apparence de toute chose matérielle. Ces corpuscules peuvent être décrits en termes géométriques – ils possèdent une position, une taille et une forme, et se déplacent dans l'espace – mais notre perception des qualités comme les couleurs, les odeurs et les sons, dérive des agencements imperceptibles de ces particules. La vision de Locke de la réalité est donc très mécaniste.

Locke adhère à une théorie de la perception « représentative », c'est-à-dire que la perception est une conséquence de l'impact des objets physiques sur nos

organes sensoriels, et les sensations produites sont pareilles à une image de la réalité. Nous n'avons directement accès qu'à nos propres sensations et devons inférer à partir d'elles la nature du monde. Il n'y a donc de connaissance possible que des caractéristiques observables des objets, pas de ce qu'ils sont en eux-mêmes, ce qui laisse la place à une remise en question sceptique de notre connaissance de la réalité.

LA POLITIQUE

La philosophie politique de Locke fut aussi influente que ses travaux en épistémologie. Dans la lignée de Hobbes (*voir p. 275*), Locke utilise l'image de l'état de nature pour justifier l'autorité politique. Avant la politisation, les hommes s'unissaient pour se défendre et avaient besoin d'un juge impartial qui se prononce sur les conflits internes. Le juge avait besoin de la communauté en tant que tout. Chaque individu devait reconnaître l'autorité suprême de la loi. Il existe donc un contrat implicite entre sujets et dirigeants : l'autorité du dirigeant n'est pas absolue, il est responsable devant la majorité. Si le dirigeant rompt les termes du contrat, les gouvernés ont le droit de se rebeller.

VOIR AUSSI ▸ La prééminence de l'esprit *(p. 82-99)* • L'idéal libéral *(p. 162-171)*

Locke rejetait le droit divin des rois par lequel les représentants de Dieu reconnaissent lors du couronnement une filiation directe du monarque avec Adam.

Gottfried Wilhelm Leibniz

1646–1716 Allemagne

Leibniz est, avec Spinoza, l'un des principaux rationalistes de l'époque moderne. Il développa une philosophie fascinante de thèses imbriquées les unes dans les autres, dont l'incroyable richesse peut être abordée au hasard, chaque idée étant liée à une autre.

VIE ET ŒUVRE

Au début de sa carrière, Leibniz travailla pour le baron de Boyneburg puis pour le duc de Hanovre comme secrétaire, conseiller, diplomate et bibliothécaire, poursuivant ses études durant son temps libre. Il était réputé pour ses travaux en droit, géologie, physique et ingénierie ainsi que pour sa philosophie. Lors d'une mission diplomatique en Angleterre, il fut reçu par la Royal Society, à laquelle il présenta son invention : une machine à calculer, la première capable d'exécuter les quatre opérations arithmétiques.

À son retour d'Angleterre en 1676, il rendit visite à Spinoza en Hollande et lut certains de ses écrits non publiés. Il rédigea un commentaire page par page de l'*Essai sur l'entendement humain* de Locke, mais décida de ne pas le publier en apprenant la mort du philosophe. Leibniz était alors surtout connu comme mathématicien, et bien qu'il découvrît le calcul indépendamment de Newton, la Royal Society l'accusa en 1711, avec apparemment l'accord de Newton, de plagiat, une accusation qui ne fut levée qu'après sa mort. Cependant, la réputation de Leibniz en Grande-Bretagne et en France déclinait. Dans son roman *Candide*, Voltaire fit de lui une célèbre caricature sous les traits de *Pangloss* ; l'esprit empiriste à la mode au XVIIIe siècle se plut à le décrier. En revanche, les philosophes allemands continuèrent de s'intéresser à lui et depuis la fin du XVIIIe siècle, nourrissent un respect croissant pour ce penseur complexe et ingénieux ; il est aujourd'hui reconnu comme l'un des plus grands esprits européens.

TEXTES ESSENTIELS *Discours de métaphysique ; Nouveaux Essais sur l'entendement humain ; Théodicée ; Monadologie.*

LEIBNIZ SUR L'ESPRIT ET LE CORPS

Selon Leibniz, deux substances, y compris l'esprit et le corps, ne peuvent interagir. Si l'expérience semble prouver qu'une blessure du pied génère la souffrance dans mon esprit, Leibniz soutient que cette apparence résulte du développement programmé de chaque substance. La blessure du corps coïncide avec l'occurrence d'une douleur dans l'esprit parce que les deux substances suivent des instructions préétablies.

Leibniz compare le synchronisme du corps et de l'esprit à deux horloges indépendantes mais programmées pour être coordonnées.

CONCEPTS CLÉS

Dans la *Monadologie*, Leibniz présente son système en partant de l'analyse de la nature de la substance. Pour lui, une vraie substance doit être totalement indépendante de tout, car avoir une relation de causalité avec une autre substance compromettrait son individualité distincte. Il s'ensuit que tout changement au sein d'une substance résulte simplement de son état précédent, et son développement entier doit se dérouler selon sa propre dynamique interne. L'univers est, selon Leibniz, composé d'une infinité de substances – qu'il appelle « monades ». Chaque monade étant une chose individuelle, elle doit être « simple », c'est-à-dire indivisible (les monades de Leibniz sont des esprits vivants immatériels plutôt que des atomes physiques). Ainsi, la vision de Leibniz de la réalité est panpsychique. Les récentes découvertes dues au microscope semblèrent confirmer son idée selon laquelle chaque parcelle de matière est un corps vivant abritant d'autres organismes, et ce à l'infini.

LE PROJET DIVIN

Leibniz savait que ses conclusions métaphysiques ne s'accordaient pas avec la position commune selon laquelle l'univers est composé d'objets matériels en interaction causale. Mais il considérait que l'espace et la causalité sont simplement apparents et n'existent que dans la perception de chaque esprit ou monade. Dieu soutient le système entier, car il a préprogrammé les monades à la Création pour qu'elles déploient leur nature selon leur propre dynamique interne et ressentent les perceptions qu'elles auraient s'il y avait une interaction causale entre elles. Ainsi, chaque monade reflète ce qui se passe dans toutes les autres monades de l'univers, signifiant qu'il y a une harmonie préétablie entre toutes les substances créées. Dieu étant bon et tout-puissant, il s'ensuit que ce monde est nécessairement le meilleur possible : tout ce qui arrive se déroule selon les plans divins et rien ne peut se dérouler autrement.

CHAQUE PORTION DE LA MATIÈRE PEUT ÊTRE CONÇUE COMME […] UN ÉTANG PLEIN DE POISSONS. MAIS CHAQUE MEMBRE DE L'ANIMAL, CHAQUE GOUTTE DE SES HUMEURS EST ENCORE UN TEL ÉTANG.

Monadologie 67 **(dir. A. Robinet), Vrin, Paris, 1974**

TIMEO

Platon et Aristote au centre de la scène dans l'*École d'Athènes* de Raphaël *(voir aussi p. 22-23)*. Leur influence traversa la Renaissance, où l'Antiquité païenne fut « redécouverte », et cette peinture achevée, jusqu'aux philosophes des Lumières.

George Berkeley

1685–1753 Irlande

Berkeley affirmait : « être, c'est être perçu ou percevoir ». Ainsi, l'univers est essentiellement mental plutôt que matériel. Mais cela ne signifie pas, selon Berkeley, que rien n'existe au-delà de nos perceptions, car Dieu perçoit tout. Dieu est donc la source de tout ce qui existe.

VIE ET ŒUVRE

Au Trinity College de Dublin, Berkeley se familiarise avec l'œuvre de Descartes et de Locke. En 1709, il est ordonné ministre de l'Église anglicane et publie les œuvres qui le rendent célèbre alors qu'il n'a qu'une vingtaine d'années (*Essai pour une nouvelle théorie de la vision* et *Traité des principes de la connaissance humaine*). Les *Principes* traitent de l'existence de la matière ; une seconde partie, sur l'existence de l'esprit ou de l'âme, fut perdue lors d'un voyage en Italie. Berkeley se rend en Angleterre où il publie les *Trois dialogues entre Hylas et Philonoüs*, puis à Paris, où il est réputé avoir défendu ses idées devant le philosophe cartésien Malebranche. Installé ensuite à Londres, il travaille à l'institution d'un collège missionnaire aux Bermudes et se rend à Rhode Island en 1728 pour faire connaître le projet. Là, il écrit *Alciphron ou le petit philosophe* (1732). Ne parvenant pas à lever des fonds, il retourne en Irlande où il devient évêque de Cloyne en 1734. Sa dernière œuvre, *Siris* (1744), reste connue pour avoir vanté les vertus médicinales de l'eau de goudron.

TEXTES ESSENTIELS *Essai pour une nouvelle théorie de la vision ; Traité des principes de la connaissance humaine ; Trois dialogues entre Hylas et Philonoüs.*

Une statue de Berkeley rend hommage à sa carrière au Trinity College, à Dublin.

CONCEPTS CLÉS

Berkeley adhère au principe empiriste, réactualisé par Locke (*voir p. 282-283*), selon lequel il n'y a rien dans l'esprit qui ne dérive au préalable des sens. Comme Locke, Berkeley croit que tous nos concepts sont des copies d'expériences sensibles. Ces copies nous permettent de penser à ce dont nous n'avons pas fait l'expérience. Ainsi, je peux penser à un chien parce que j'en ai déjà rencontré un, et que mon esprit en a retenu le concept. Inversement, nous ne pouvons former le concept d'une chose sans en avoir d'abord fait l'expérience sensible. Par exemple, je ne peux pas savoir ce qu'est le rouge si je n'ai jamais vu cette couleur.

Berkeley défendait l'existence de Dieu car pour lui, la cohérence et la prévisibilité de nos perceptions signifie qu'elles doivent avoir été placées là.

« BREF, S'IL Y AVAIT DES CORPS EXTÉRIEURS, IL EST IMPOSSIBLE QUE NOUS PARVENIONS JAMAIS À LE SAVOIR ; ET S'IL N'Y EN AVAIT PAS, NOUS POURRIONS AVOIR EXACTEMENT LES MÊMES RAISONS QUE NOUS AVONS À PRÉSENT DE PENSER QU'IL Y EN A. »

***Principes* I, 20 (trad. D. Berlioz), GF, Paris, 1991**

ESPRIT ET MATIÈRE

Berkeley s'intéresse au concept de la matière de Locke. En tant que réaliste représentatif, Locke affirme que la matière est ce qui sous-tend notre perception et nous permettant d'avoir des sensations ; mais nous ne pouvons l'appréhender directement. Un voile entre nous et le monde nous empêche donc de percevoir la réalité elle-même. Mais Berkeley voit là une contradiction. Car si tous les concepts dérivent de l'expérience, nous ne pouvons pas avoir de concept cohérent d'une chose dont nous n'avons pas fait l'expérience. Donc, la notion de matière du réaliste représentatif est une confusion philosophique.

Berkeley en tire la conclusion frappante que la matière n'existe pas, et que tout ce que nous pouvons connaître, c'est le contenu de nos expériences conscientes. En affirmant que nous pourrions connaître la substance matérielle, Locke rompit avec le principe fondamental des empiristes : la connaissance humaine est limitée à ce dont nous pouvons faire l'expérience. Si nous ne pouvons soulever le voile de la perception, alors nous n'avons aucune garantie sur le fait qu'il existe quoi que ce soit au-delà ce voile. En effet, selon Berkeley, nous ne pouvons comprendre l'idée que nos expériences ressemblent à une réalité inaccessible. Nous pouvons comprendre comment une expérience sensible peut être semblable à une autre, puisque les deux sont mentales. Mais nous ne pouvons affirmer qu'une expérience peut ressembler à quelque chose de non sensible et de non mental. Avec ces arguments, Berkeley avait une position que Boswell qualifia de « sophisme ingénieux » dans son livre *Vie de Samuel Johnson*. Pourtant, cette tendance idéaliste a perduré sous diverses formes jusqu'à nos jours.

VOIR AUSSI ▸ La prééminence de l'esprit *(p. 82-99)* • L'idéal libéral *(p. 162-171)*

David Hume

1711–1776 Écosse

Probablement le plus grand philosophe anglophone, Hume était surtout connu à son époque comme historien. Mais c'est son approche révolutionnaire de l'épistémologie qui fit de lui une figure essentielle des Lumières, et lui vaut d'être encore réputé aujourd'hui.

VIE ET ŒUVRE

Hume naît dans une famille de petits propriétaires terriens au sud-est de l'Écosse et étudie le droit à l'université d'Édimbourg. Il s'écarte des positions presbytériennes de son éducation et, son diplôme en poche, s'installe à La Flèche, où Descartes suivit des cours. Là, il se concentre sur ses écrits et en 1739, publie son *Traité de la nature humaine*. De retour à Édimbourg, il écrit en 1742 ses *Essais moraux et politiques*. Déçu de l'accueil reçu par ces œuvres, selon lui parues trop tôt, il publie ses deux *Enquêtes*, qui présentent les mêmes idées que le *Traité*, mais de manière plus accessible. Son *Histoire de la Grande-Bretagne* en six volumes lui apporte renommée et revenus stables pour le reste de sa vie. Il postula sans succès pour la chaire de philosophie des universités d'Édimbourg et de Glasgow, sans doute en raison de sa réputation de sceptique, surtout en matière de religion. Ses *Dialogues*, parmi les attaques les plus féroces de la croyance religieuse dans le canon philosophique, ne furent publiés qu'après sa mort.

« **Je dîne,** je joue au trictrac, je parle et me réjouis avec mes amis » : Hume chasse ainsi les nuages de la « mélancolie philosophique ».

TEXTES ESSENTIELS *Traité de la nature humaine ; Enquête sur l'entendement humain ; Enquête sur les principes de la morale ; Histoire de la Grande-Bretagne ; Dialogues sur la religion naturelle.*

CONCEPTS CLÉS

Hume tenta de décrire l'esprit humain comme d'autres phénomènes naturels, et de découvrir les lois générales expliquant les processus mentaux. Dans la lignée empiriste de Locke (*voir p. 282-283*), et de Berkeley (*voir p. 288-289*), Hume considère les sens comme notre source principale de connaissance. Il divise le contenu de l'esprit en deux catégories : les « impressions », les perceptions du monde par nos sens ; et les « idées », qui sont des copies moins vivaces des impressions. Les idées sont les concepts et les pensées que nous sommes capables de rassembler dans notre esprit à propos de choses dont nous ne faisons plus l'expérience. L'intérêt de cette distinction philosophique est qu'elle insiste sur le fait que tout, dans l'esprit – même la pensée la plus abstraite – est une simple sensation transformée.

IDÉES SIMPLES ET COMPLEXES

Les idées simples dérivent des impressions simples, et les idées complexes peuvent être le résultat d'une réorganisation par l'esprit d'idées simples. Nous sommes ainsi capables de former le concept, comme celui de la licorne, de choses dont nous n'avons jamais fait l'expérience. En revanche, si nous ne

Dorothée est surprise par un épouvantail qui parle dans *le Magicien d'Oz*. Si Hume a raison, il est aussi raisonnable de s'attendre à ce que le monde devienne pareil à celui d'Oz, que de croire que rien ne va changer.

pouvons retracer une idée jusqu'à son impression simple originale, alors elle ne peut être véritable. Hume critique ainsi des concepts philosophiques clés tels que le moi, Dieu, les objets matériels, ou la causalité. Car si nous ne pouvons trouver l'origine de ces concepts, alors il faut les repenser.

LE MOI

Hume soutient que lorsqu'il examine son esprit, il trouve un courant d'impressions et d'idées, mais aucune impression ne correspond à un moi qui dure dans le temps. Il en conclut que le moi n'est rien de plus qu'une perception parmi les autres. Le « moi durable » n'est qu'un produit de l'imagination.

PHILOSOPHIE MORALE

Selon Hume, les jugements moraux ne sont pas basés sur des faits objectivement observables. Dire d'un acte qu'il est mal, c'est exprimer des sentiments à son sujet. Mais cela ne signifie pas que la morale est entièrement subjective. Tous les êtres humains partagent une nature commune qui nous fait éprouver de la compassion pour nos semblables, et parce que la compassion est programmée en nous, les jugements moraux sont l'expression de vérités universellement acceptées.

« LA RAISON EST, ET NE PEUT ÊTRE QUE L'ESCLAVE DE NOS PASSIONS, ET NE POURRA JAMAIS PRÉTENDRE À AUTRE CHOSE QUE DE LES SERVIR ET DE LEUR OBÉIR. »

Traité de la nature humaine

VOIR AUSSI ▸ Cause et effet *(p. 90-93)* • Expliquer la finalité et l'ordre *(p. 147)* • Le problème de l'induction *(p. 180-185)*

Jean-Jacques Rousseau

1712–1778 Suisse

Rousseau, le « premier philosophe du romantisme », est réputé pour son *Contrat social*, qui affirme que l'être humain naît bon et que la société le corrompt. Il est l'auteur de pièces de théâtre, de poésie et de l'une des plus grandes autobiographies de la littérature européenne.

VIE ET ŒUVRE

Rousseau part de chez lui à 16 ans et se réfugie en France chez Mme de Warens. Celle-ci le persuade de se convertir au catholicisme et en fait son amant. Il gagne sa vie comme précepteur, musicien et auteur, d'abord à Lyon puis, après 1742, à Paris. Il y vit avec une femme et a cinq enfants illégitimes, qui sont tous confiés à un orphelinat. Il rencontre les Encyclopédistes *(voir encart ci-dessous)* et contribue à l'*Encyclopédie* de Diderot. En 1750, son *Discours sur les sciences et les arts* remporte le prix de l'Académie de Dijon. Ensuite, dans son *Discours sur l'origine de l'inégalité*, il développe ses idées sur l'influence néfaste de la société. En 1792, il publie *Émile*, qui expose sa conception de l'éducation et le *Contrat social*, sa théorie politique. Ces œuvres font scandale et ses livres sont brûlés à Genève, sa ville natale. Il semble que ces événements déclenchent chez lui une dépression paranoïaque à la fin des années 1760, et dont Rousseau ne s'est jamais tout à fait remis. Il entre dans une période trouble, hébergé un moment par David Hume (*voir p. 290-291*) en Angleterre. Mais ses accusations contre Hume précipitent son retour à Paris. Là, il rédige une autobiographie poignante de franchise, les *Confessions*.

TEXTES ESSENTIELS *Discours sur l'origine et les fondements de l'inégalité parmi les hommes ; Émile ; Du Contrat social.*

CONCEPTS CLÉS

Comme Hobbes (*voir p. 275*) avant lui, Rousseau imagine dans le *Contrat social* des êtres humains dans un « état de nature » pour décrire les origines de l'organisation sociale. Mais contrairement à Hobbes, sa représentation est romantique. Il dépeint l'homme dans son état originel mythique comme étant en harmonie avec la nature et montrant naturellement de la compassion pour autrui. La société est à l'origine de l'oppression et de l'inégalité car le développement de la raison corrompt et étouffe nos sentiments naturels de pitié.

Rousseau envisage une manière différente d'organiser la société, croyant que lorsque les peuples verront les bénéfices de la coopération, ils abandonneront de plein gré leurs droits naturels pour se soumettre à la « volonté générale » de la société. La volonté générale n'est pas

LES ENCYCLOPÉDISTES

Rousseau compte parmi les auteurs et penseurs français les plus remarquables qui, avec Voltaire et Montesquieu, ont contribué à la grande Encyclopédie de Diderot *(voir ci-contre)*. Ce projet de vingt ans, point de repère des Lumières, est un extraordinaire recueil de connaissances. Les intellectuels qui collaborèrent à son élaboration furent surnommés « les Encyclopédistes ».

simplement l'agrégat des volontés de chacun, mais plutôt la volonté de tendre vers le bien commun de la société. Pour Rousseau, la liberté, dans une telle société, n'est pas affaire de permission d'agir à son gré, car satisfaire ses désirs n'est pas une forme de liberté mais une soumission aux passions. La véritable liberté implique de vivre en accord avec les règles sociales qui expriment la volonté générale et auxquelles chacun contribue activement. Ainsi, si l'on n'est pas disposé à se plier à la volonté générale, on peut être « forcé à être libre », car la volonté générale représente ce que nous voulons vraiment, même si nous ne le savons pas. Rousseau était en faveur d'une démocratie directe plutôt que représentative : un système dans lequel le citoyen a une voix directe dans la gestion des affaires de l'État, car c'est en participant qu'il peut identifier sa propre volonté à la volonté générale.

Ce n'est que lorsque le « noble sauvage », idéalisé par Paul Gauguin dans son *Eiaha Ohipa* (Ne travaille pas), déchoit de l'état de nature originel et innocent que ses problèmes commencent.

L'ÉDUCATION

La conviction de Rousseau que la société a une influence corruptrice sur l'état naturel de l'homme va de pair avec sa conception de l'éducation. Tout en admettant être un mauvais père, il a de ferventes idées sur l'éducation d'un enfant et croit qu'il existe une manière naturelle dont les êtres humains se développent et apprennent. L'éducation devrait faciliter ce processus naturel plutôt que d'œuvrer contre de façon agressive comme le font les approches éducatives traditionnelles. Il insistait aussi sur l'importance de la santé physique, qui à ses yeux, comptait autant que le développement mental.

> « L'HOMME NAÎT LIBRE, MAIS PARTOUT IL EST DANS LES FERS. »
>
> ***Du contrat social*, ch.1**

VOIR AUSSI ▸ Le contrat social *(p. 165)* • Les droits *(p. 168-169)* • Le bien commun *(p. 172-173)*

« La métaphysique est un sombre océan sans rivages ni phares, jonché d'épaves philosophiques. »

Attribué à Emmanuel Kant

Emmanuel Kant

◒ 1724–1804 Allemagne

Kant qualifiait son œuvre de pont entre les traditions rationaliste et empiriste du XVIIIe siècle, et sa révolution épistémologique et métaphysique est peut-être le développement philosophique le plus important des Temps modernes. Mais son influence en philosophie de la religion, de l'éthique et de l'esthétique fut tout aussi marquante.

Emmanuel Kant fut l'un des philosophes européens les plus influents depuis les Grecs de l'Antiquité.

VIE ET ŒUVRE

Kant passe toute sa vie à Königsberg, sa ville natale, alors la capitale de la Prusse (aujourd'hui Kaliningrad, en Russie), dont il ne s'éloigne jamais de plus d'une journée de route. Il entre à l'université de Königsberg en 1740, où ses études philosophiques sont centrées sur Leibniz (*voir p. 284-285*). Après avoir obtenu son diplôme, Kant est précepteur. En 1755, il enseigne à l'université des sujets aussi divers que la physique, l'anthropologie, la géographie et la philosophie. À 45 ans, il est nommé professeur de logique et de métaphysique.

DES MOTS DE POIDS

Après la dissertation inaugurale qui lui valut son poste, Kant ne publie plus rien pendant 11 ans. Cependant, selon ses propres dires, sa rencontre avec la philosophie de Hume (*voir p. 290-291*) le sortit d'un « sommeil dogmatique », et pendant ces années, il travaille à sa révolutionnaire *Critique de la raison pure*, qui paraît en 1781. Long et ardu, cet ouvrage ne reçoit pas un accueil très attentif. Déçu, Kant résume ses idées en 1783 dans les *Prolégomènes* et en 1785, paraît sa première œuvre de philosophie morale, les *Fondements de la métaphysique des mœurs*.
Sa réputation ne cessant de croître, Kant en vient à se soucier de la direction prise par ceux qui se réclament de l'influence de sa philosophie, c'est-à-dire les partisans de ce que l'on appellera plus tard l'idéalisme allemand.

Si Kant ne voyagea jamais loin et mena une vie si routinière que les gens disaient pouvoir régler leur montre sur elle, ce n'était pas un personnage solennel. Il appréciait beaucoup sa riche vie sociale et était réputé pour ses brillantes leçons.

TEXTES ESSENTIELS

Critique de la raison pure ; Prolégomènes à toute métaphysique future qui pourra se présenter comme science ; Fondements de la métaphysique des mœurs ; Critique de la raison pratique ; Critique de la faculté de juger.

CONCEPTS CLÉS

Kant s'intéresse à la connaissance de ce qui se trouve au-delà de l'expérience sensible. Il y est incité par le scepticisme de Hume, pour qui toute connaissance substantielle sur le monde nécessite le recours à l'expérience sensible (il est impossible d'étendre nos connaissances par le seul usage de la raison). Si elle est correcte, cette théorie pose des limites au savoir et rend impossible toute connaissance des substances matérielles, de la causalité, et du moi.

Kant tente de montrer que nous pouvons découvrir d'importantes vérités sur la réalité « a priori » (ou grâce à la raison pure ; *voir p. 66*), en examinant les conditions de notre expérience. Plutôt que se demander traditionnellement si notre connaissance reflète la réalité, Kant se demande comment la réalité reflète notre cognition. Selon lui, le savoir dérive de l'expérience, mais il nécessite d'être ordonné par l'esprit. Et il est possible, grâce à la raison, de décrire la structure que doit avoir l'expérience pour découvrir des vérités universelles sur notre monde.

Kant remarque que toute expérience du monde est spatio-temporelle : espace et temps sont les conditions a priori et la structure nécessaire de l'expérience sensible. Kant isole en outre des catégories générales de pensée qui nous permettent d'organiser le matériau sensible. Ces catégories comprennent la substance (les choses matérielles) et la cause et l'effet (les événements sont liés par des lois). Ces conditions nécessaires à la connaissance sont, comme l'espace et le temps, des caractéristiques du monde tel qu'il apparaît à l'esprit, non pas tel qu'il est. C'est ainsi que Kant dépasse le scepticisme de Hume, en montrant que nous pouvons acquérir la connaissance du monde *tel qu'il nous apparaît.* Mais cela implique que nous ne pouvons connaître le monde au-delà des apparences. Le monde réel – ce que Kant appelle « noumène » - n'est peut-être pas spatio-

La raison dit aux voyants que l'oxygène est présent même s'il est invisible. Qu'en est-il de ceux qui sont nés aveugles ? Kant pense que notre appareil sensoriel détermine notre façon de connaître le monde.

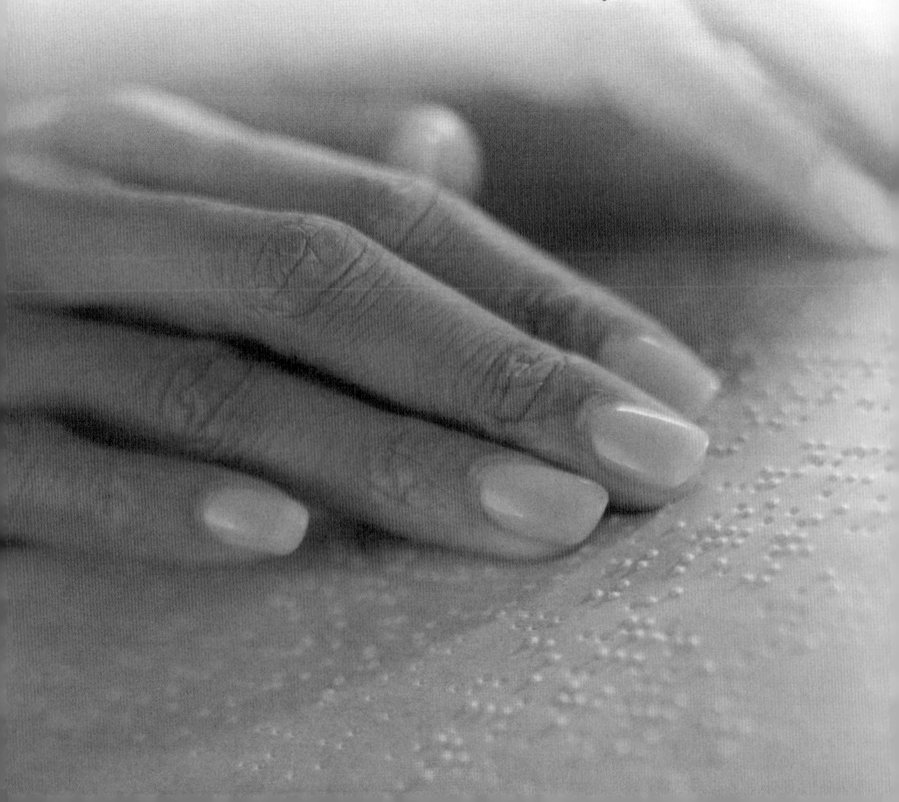

temporel, ne contient pas de substances, ni n'obéit à des lois de causalité ; en effet, nous ne pouvons rien avancer de certain à son sujet. Et puisque nous ne pouvons appliquer la raison qu'à l'univers tel qu'il nous apparaît – aux phénomènes – nous ne pouvons l'utiliser pour débattre de l'univers en tant que tout, ni de ce qui réside au-delà. Kant en vient ainsi à proscrire de nombreuses spéculations métaphysiques – l'existence de Dieu, la cause de l'univers et ses limites dans l'espace et le temps, l'immortalité de l'âme – car de tels sujets ne peuvent être soumis à l'expérience réelle.

CHANGEMENT PARADIGMATIQUE

L'astronome et mathématicien Copernic (1473 – 1543) comprit que le mouvement des étoiles et des planètes ne peut s'expliquer par leur rotation autour du spectateur : c'est le spectateur qui tourne. De la même façon Kant pensait que nous ne pouvons découvrir ce que nous pouvons connaître en nous concentrant sur le monde. Nous devons plutôt placer au centre de notre investigation la structure de nos capacités cognitives et la façon dont elles structurent le monde sensible.

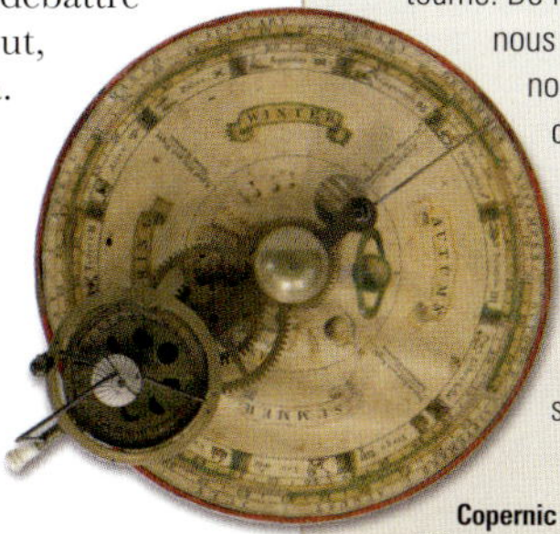

Copernic proposa un modèle rationnel et héliocentrique de la galaxie, dans lequel le soleil, comme le moi de Copernic, est au centre d'une révolution.

L'ÉTHIQUE

Nos actions sont-elles déterminées par des lois physiques ? Kant pensait qu'il était évident, par expérience, que nous sommes libres, et donc que nous ne sommes pas de simples êtres phénoménaux. Notre moi nouménal doit être la source de notre libre arbitre et permettre à la morale d'intervenir. Selon Kant, seuls les agents capables de délibérer rationnellement sur leurs choix peuvent être dits libres. Nous ne pouvons espérer que nos devoirs soient assumés par une autorité supérieure, ou imposés par nos émotions : nous devons les découvrir nous-mêmes par l'emploi autonome de la raison. Seule la raison est universelle et peut avoir des exigences universelles quant à notre comportement. Ainsi, ce qui fait qu'un acte est véritablement moral, est qu'il est motivé par une acceptation rationnelle du devoir, et non par quelque autre motivation telle que le profit personnel, la culpabilité ou la compassion.

« L'ORDRE ET LA RÉGULARITÉ, C'EST DONC NOUS-MÊMES QUI LES INTRODUISONS DANS LES PHÉNOMÈNES QUE NOUS APPELONS NATURE. »

***Critique de la raison pure A125* (trad. A. Renaut), Aubier, Paris, 1997**

Un devoir moral est une exigence inconditionnelle ou « catégorique ». Il exige que nous fassions une chose simplement parce que nous voulons nous conformer à notre devoir. Kant différencie les impératifs catégoriques, véritablement moraux, des impératifs hypothétiques, qui ne le sont pas. Les impératifs hypothétiques nous imposent de faire une action afin d'atteindre quelque autre but. Pour Kant, seul un impératif ayant véritablement une application universelle (qui est juste en toutes circonstances équivalentes) peut être moral. Notre devoir est d'agir de manière telle que nous souhaiterions voir tous les autres agir. Pour Kant, cela signifie que nous devrions toujours traiter autrui comme une fin, et non comme un moyen servant nos propres fins – et donc respecter les buts d'autrui plutôt que de les utiliser pour atteindre les nôtres.

VOIR AUSSI ▸ La prééminence de l'esprit *(p. 82-99)* • Dieu existe-t-il ? *(p. 140-149)* • Que devrais-je faire ? *(p. 102-103)*

Adam Smith

◒ 1723–1790 ▣ Écosse

Réputé surtout comme économiste, Smith était aussi un remarquable philosophe. *La Richesse des nations* défend un capitalisme de marché libre et constitue la première étude systématique des rouages du commerce. Beaucoup voient en lui le père du libéralisme moderne.

VIE ET ŒUVRE

Baptisé en juillet 1723 à Kirkcaldy, Smith étudie à l'université de Glasgow puis à Oxford avant de retourner en Écosse en 1748. Il enseigne un temps à Édimbourg, où il se lie d'amitié avec Hume (*voir p. 290-291*) et développe les idées qui constitueront *La Richesse des nations*. En 1751, Smith obtient la chaire de logique de Glasgow et publie la *Théorie des sentiments moraux* en 1759.

Il quitte l'université en 1763 pour être le précepteur d'un noble écossais avec lequel il fait le tour de la France, et rencontre plusieurs des Encyclopédistes. Il rentre ensuite à Kirkcaldy et, en 1776, publie son œuvre la plus célèbre.

TEXTES ESSENTIELS *Théorie des sentiments moraux ; Enquête sur la nature et les causes de la richesse des nations.*

CONCEPTS CLÉS

La Richesse des nations est une œuvre majeure en ce qu'elle assoit l'économie comme discipline indépendante. C'est d'elle que naissent les théories économiques classiques et modernes. L'argument principal de Smith est que le marché libre est la voie du succès économique car il tend vers la production d'une saine diversité de biens tout en garantissant des niveaux de production acceptables. Toute pénurie fera croître la demande, engendrant une augmentation des prix qui, à son tour stimulera la production car les producteurs bénéficieront des marges de profit lucratif. D'un autre côté, tout surplus engendrera naturellement une baisse des prix, réduisant ainsi l'intérêt du producteur à vendre son produit. Donc, même si les actants sont intéressés, un système capitaliste tend à maintenir des prix bas et encourage la satisfaction des besoins des hommes. Il devrait donc servir les intérêts de tous sans avoir recours à l'ingérence de l'État.

Même s'il jouissait de l'aval du libertarisme, Smith reconnaissait les limites du marché et admettait que les services publics et l'éducation des pauvres soient pris en charge par les impôts généraux.

Selon Smith, une « main invisible » contrôle le marché ; la demande dicte les prix, et les gouvernements adoptent l'attitude du « laisser-faire ».

VOIR AUSSI ▸ Liberté négative *(p. 162)* • Le contrat social *(p. 165)* • Marx *(p. 311-312)*

Edmund Burke

1729–1797 Irlande

On se souvient de Burke pour le soutien qu'il apporta aux colonies américaines réclamant l'indépendance et pour son opposition à la Révolution française : une incohérence apparente dont a souffert sa réputation. Penseur conservateur, il défendait les réformes ancrées dans la tradition.

VIE ET ŒUVRE

Né en Irlande (qui fait encore partie de l'Empire britannique), Burke reçoit une éducation anglicane. Diplômé du Trinity College de Dublin, il se rend à Londres en 1750 pour étudier le droit, mais renonce pour faire le tour de l'Europe. *Une Apologie de la société naturelle*, où il défend une position politique anarchique, paraît anonymement en 1756. Devenu politicien, il affirme qu'il s'agissait d'une satire. Sa *Recherche philosophique sur l'origine de nos idées du sublime et du beau* influença la pensée de Kant.

TEXTES ESSENTIELS *Recherche philosophique sur l'origine de nos idées du sublime et du beau ; Réflexions sur la révolution de France.*

Burke devint membre du Parlement en 1756, appartenant au parti Whig qui perdit sa position dominante en 1783. Il resta dans l'opposition jusqu'à sa retraite en 1794.

CONCEPTS CLÉS

Les écrits de Burke sont caractérisés par une rhétorique fleurie plus que par des raisonnements rigoureux. Il se démarque par son sens pratique, préoccupé d'influencer la scène politique plus que d'instaurer une philosophie abstraite. En entrant à la Chambre des Communes, Burke se trouve impliqué dans les efforts de dilution du pouvoir du monarque George III, et dans la défense des revendications des colonies américaines contre l'autorité impériale britannique.

En 1790 cependant, ses Réflexions sur la révolution de France révèlent une autre de ses facettes. Il y traite des relations entre la révolution et la philosophie de Rousseau et prédit que, en déchirant le tissu de la société, la révolution ouvre la porte à la terreur et à la tyrannie. Burke voyait l'essor de l'athéisme en France d'un œil méfiant, et la Révolution comme une usurpation illégitime du pouvoir et non une assertion des droits démocratiques. Il accusa Rousseau et d'autres Encyclopédistes d'avoir cru découvrir une conception parfaite de la société à travers la spéculation théorique coupée des aspects pratiques de la tradition et de la politique. Selon lui, le sentiment instinctif de la parenté est bien plus important dans le maintien de la cohésion sociale que ne l'est la raison abstraite, insistant sur l'importance des structures sociales établies et des droits hérités dans la garantie de l'ordre politique. La théorie de Burke fut justifiée lorsque les idéaux révolutionnaires français cédèrent au règne de la Terreur et au régime autocratique de Napoléon.

VOIR AUSSI ▸ Philosophie politique *(p. 160-177)* • Rousseau *(p. 292-293)*

Jeremy Bentham

1748-1832 Angleterre

Bentham s'exprima sur l'éthique, la politique, l'économie et le droit, on le connaît surtout comme le fondateur de l'utilitarisme. Selon lui, est moralement bon tout ce qui maximise le bonheur du plus grand nombre, y compris des réformes politiques et légales qui profiteraient à l'ensemble de la population.

VIE ET ŒUVRE

Bentham étudie le droit à Oxford et sort diplômé de Lincoln's Inn. Cependant, il est en tel désaccord avec l'inapplicabilité du droit anglais qu'il renonce à exercer et se consacre à sa réforme. Rendu célèbre par sa critique du théoricien conservateur Blackstone dans son *Fragment sur le gouvernement*, il fonde le *Westminster Review*, trimestriel radical qui sera repris par John Stuart Mill, et à travers lequel il milite toute sa vie pour des réformes politiques et sociales. En 1792, il se voit attribuer le titre de citoyen de la République française en hommage à ses critiques des arguments traditionnels qui étayent des injustices établies (malgré le fait qu'il considérait la *Déclaration des droits de l'homme* comme une absurdité métaphysique). Avant de mourir, Bentham s'arrangea pour faire conserver son corps comme « auto-icône » et que l'on peut voir à l'University College de Londres.

Le corps embaumé de Bentham (tête de cire) est exposé à l'University College de Londres, qu'il fonda.

TEXTES ESSENTIELS *Fragment sur le gouvernement ; Introduction aux principes de la morale et de la législation.*

CONCEPTS CLÉS

Bentham croyait que la « Nature [nous a donné] deux maîtres souverains, le plaisir et la douleur ». La quête du plaisir ou l'évitement de la douleur sont donc les seules motivations des hommes. La moralité d'une action est fonction de sa tendance à engendrer le plaisir ou la douleur. C'est le principe de l'utilité. Ainsi, l'attitude morale et, plus important, la politique sociale ou légale à adopter est celle qui présente le plus de plaisir et le moins de douleur pour la population.

Bentham avait pour ambition d'établir le système légal parfait et de rendre les hommes vertueux. Pour cela, ses projets de réforme exigeaient que la législation soit formulée exclusivement sur le principe de l'utilité. Pour aider les législateurs à évaluer la somme de plaisir produite par les politiques, il imagine le calcul « hédonique ». Celui-ci prend en compte la durée, l'intensité et autres caractéristiques des plaisirs ou douleurs, constituant une base scientifique pour élaborer une politique sociale.

Les utilitaristes eurent une profonde influence sur les réformes en Grande-Bretagne, offrant une base « rationnelle » qui démontre en quoi la législation diffère de fictions comme le droit naturel, ou le recours à l'autorité religieuse. L'influence de Bentham se lit toujours dans toute analyse coûts-avantages des décisions politiques.

VOIR AUSSI ▸ Éthique normative *(p. 102-111)* • Mill *(p. 308-309)*

Johann Gottlieb Fichte

1762–1814 Allemagne

Premier philosophe ayant repris la révolution kantienne, et premier membre du groupe des Idéalistes allemands, Fichte en appelait à un renouveau moral en Allemagne après les défaites devant Napoléon. Ses discours sont cités parmi les fondements du totalitarisme nationaliste allemand.

VIE ET ŒUVRE

La première œuvre de Fichte, *Essai d'une critique de toute révélation*, fut publiée anonymement et, étant donné ses accents kantiens, prise pour une œuvre du grand philosophe. Fichte y gagna sa réputation et un poste de professeur à l'université de Iéna en 1793. Sa franchise dans ses vues sur la nature de Dieu, que l'on rapprochait de l'athéisme, et sa défense de la Révolution française l'obligent à quitter son poste en 1799. Kant désavoua son disciple, mais Fichte trouva un poste à l'université de Berlin, associée au cercle romantique, où il fit ses célèbres *Discours à la nation allemande*.

TEXTES ESSENTIELS *Essai d'une critique de toute révélation ; La Théorie de la science ; Les Fondements du droit naturel ; Initiation à la vie bienheureuse.*

CONCEPTS CLÉS

Fichte continua le projet de Kant, y apportant quelques ajustements capitaux. Kant pensait que nous ne pouvons connaître qu'un monde d'apparences : les choses elles-mêmes sont inaccessibles à l'entendement humain. En soutenant que le sujet connaissant doit poser en principe l'existence d'un tel monde, Kant aurait dû, selon Fichte, reconnaître que la chose en elle-même existe *pour* la conscience. Le processus par lequel l'ego devient conscient de lui-même implique nécessairement qu'il s'oppose à ce qu'il n'est pas, c'est-à-dire au non-moi. Projeter l'existence d'une chose en elle-même, posée comme opposée au moi, est une condition de la connaissance de soi. Le moi constitue donc toute la réalité, et l'ego est identifié à la réalité ultime. Afin de ne pas tomber dans une forme d'idéalisme où toute objectivité devient impossible, Fichte examine l'idée d'autorégulation et reprend l'idée kantienne du moi comme législateur du droit moral. En reconnaissant son activité productrice d'objectivité, l'ego rencontre l'« absolu », faisant de Fichte le premier idéaliste absolu.

VOIR AUSSI ▸ Dieu et l'esprit *(p. 86-89)* • Kant *(p. 294-297)*

Fichte affirmait que la connaissance de soi n'est possible qu'en l'opposant à ce qui n'est pas soi – le monde du non-moi.

Georg Hegel

1770–1831 Allemagne

Hegel devint le plus grand philosophe allemand de son époque. Son projet englobait toute l'histoire, la réalité et la pensée dans un seul système philosophique. La réalité est constituée du *Geist* (« esprit »), force dynamique qui dirige le processus historique vers un but ultime.

VIE ET ŒUVRE

Né dans une famille protestante, Hegel a pour ambition de devenir pasteur et entre au séminaire de Tübingen, où il rencontre Schelling (*voir p. 306*) et le poète Hölderlin. Après avoir obtenu son doctorat, il poursuit une carrière universitaire en philosophie, enseignant à l'université d'Iéna, comme Schelling. Tous deux fondent le *Journal critique de philosophie*. En 1805, tandis que Napoléon s'apprête à livrer la bataille d'Iéna, Hegel termine sa première œuvre majeure, *La Phénoménologie de l'Esprit*. Hegel se sent solidaire de Napoléon, qu'il voit comme porteur des principes d'un nouvel ordre mondial, et publiera plus tard un journal napoléonien. En 1816, après la parution de *La Science de la Logique*, il obtient la chaire de philosophie de Heidelberg, puis de Berlin. En 1831, il est décoré par Frédéric-Guillaume III, mais meurt quatre mois plus tard du choléra.

TEXTES ESSENTIELS *La Phénoménologie de l'Esprit ; La Science de la Logique ; Principes de la philosophie du droit.*

Un artiste imagina Hegel, admirateur de Napoléon, saluant l'Empereur victorieux dans les rues d'Iéna durant l'occupation française.

CONCEPTS CLÉS

Hegel avait une vision holistique et organique de la réalité comme processus spirituel tendant vers un but ultime. La nature de ce processus relève de l'investigation rationnelle, son but et son sens est discernable grâce à l'étude de l'histoire, qui nous révélera notre nature et notre place dans le monde. Hegel utilise le terme de *Geist* : les esprits individuels sont sans importance, de simples pions dans une dynamique menée par sa propre logique inexorable.

LA DIALECTIQUE

La logique de la marche de l'Histoire est ce que Hegel appelle la dialectique. Toute situation est lieu de tensions qui la rendent fondamentalement instable, nourrissant ainsi l'histoire de changements. Selon Hegel, cette logique dialectique, un mouvement de la thèse à l'antithèse, puis à la synthèse, s'applique au développement de l'histoire sociale, économique, et politique comme au développement des idées religieuses et philosophiques. Le conflit étant

Une ruche est une analogie simple de l'idéal hégélien : une société sans conflits, dans laquelle la volonté de l'individu est subsumée au bien collectif.

« L'HISTOIRE DU MONDE N'EST AUTRE QUE CELLE DU PROGRÈS DE LA CONSCIENCE DE NOTRE LIBERTÉ. »

La Philosophie de l'histoire

le moteur du changement, surmonter les conflits et parvenir à l'harmonie sera la fin de l'Histoire. En termes sociaux, c'est la réalisation d'un État ayant surmonté ses luttes internes. En termes d'idées, les tensions cessent lorsque le *Geist* atteint la réalisation de lui-même, c'est-à-dire quand il parvient à se connaître, reconnaissant qu'il est la réalité ultime. L'Esprit a pris conscience de lui-même et reconnaît la vérité de l'idéalisme absolu de Hegel, dans lequel rien – aucune chose en soi – ne s'oppose à la conscience. Cette transformation finale étant atteinte dans la propre philosophie de Hegel, elle représente la culmination du processus historique.

HEGEL ET LA LIBERTÉ

En politique, la fin de l'Histoire signifie la libération de l'homme. La notion de liberté hégélienne est très différente de la version libérale de Mill, qui la définit en termes d'absence de contraintes, car elle ignore les forces qui déterminent les choix que nous faisons et que nous ne contrôlons pas. Hegel est conscient de la façon dont l'histoire détermine notre nature et nos choix. Pour lui, la vraie liberté ne peut donc exister qu'une fois que nous contrôlons ces forces. Cela est impossible tant que la société est traitée comme une collection atomisée d'individus qui poursuivent chacun leurs buts. Il faut que la volonté de l'individu soit absorbée dans celle du collectif et reconnue par la raison comme étant partagée par tous. Alors, ce ne sera plus un objet dont nous nous sentons étrangers, et nous reconnaîtrons nos devoirs sociaux comme étant dans notre propre intérêt. Libérés des conflits dans une communauté rationnelle et harmonieuse, nous deviendrons source de la loi et donc enfin libres.

VOIR AUSSI ▸ L'idéal libéral *(p. 162)* • John Stuart Mill *(p. 308-309)* • Marx *(p. 311-312)*

UN HÉRITAGE PARTAGÉ

Hegel semblait croire que la monarchie constitutionnelle de la Prusse représentait la culmination historique, position pour laquelle il fut accusé par Schopenhauer *(voir p. 304-305)* de « passer à l'ennemi », et qui servit de base au nationalisme prussien des hégéliens de droite. Cependant, les hégéliens de gauche, parmi lesquels le jeune Karl Marx, voyaient dans les failles de la Prusse contemporaine le moteur d'un nouveau mouvement dialectique, révolutionnaire cette fois-ci.

Arthur Schopenhauer

1788–1860 Prusse

La prose de Schopenhauer compte parmi les plus belles de la langue germanique. Mais sa philosophie est réputée pour son pessimisme, qu'il situait en réaction à l'optimisme de son contemporain Hegel. La vie est une continuelle souffrance à laquelle l'art peut accorder quelque répit temporaire.

VIE ET ŒUVRE

Schopenhauer partagea son enfance entre Hambourg, Paris et un pensionnat anglais. À la mort de son père (peut-être un suicide), il s'installe en 1806 à Weimar avec sa mère, romancière à succès qui organise chez elle des soirées littéraires. Le jeune Schopenhauer reçoit une éducation riche. Il obtient son doctorat à l'université d'Iéna et entame une carrière universitaire à Berlin. Il y enseigne à la même époque que Hegel (*voir p. 302-303*), qu'il considérait être un charlatan. En signe d'opposition, il met en place ses cours aux mêmes heures que ceux de son adversaire. Mais, étant donné la prééminence de Hegel à l'époque, presque personne n'assiste aux cours de Schopenhauer et il finit par quitter l'université. Il vécut le reste de ses jours sur son héritage, figure solitaire et irascible qui connut une certaine gloire à la fin de sa vie.

Schopenhauer élabora son système philosophique assez tôt dans sa carrière, comme exposé dans *De la quadruple racine* et *Le monde comme volonté et comme représentation*, dont ses œuvres suivantes sont essentiellement des perfectionnements et des défenses. Il est aussi l'auteur de deux importants essais, *Essai sur le libre arbitre* et *Le Fondement de la morale*, publiés ensemble dans *Les Deux Problèmes fondamentaux de l'éthique*.

TEXTES ESSENTIELS *De la quadruple racine du principe de raison suffisante ; Le monde comme volonté et comme représentation ; Les deux problèmes fondamentaux de l'éthique ; Parerga et Paralipomena.*

UNE VIE SIMPLE

Le pessimisme de Schopenhauer est peut-être le mieux résumé dans l'acronyme WELT (monde) : Weh (malheur), Elend (misère), Leid (souffrance) Tod (mort). Il croit qu'une vie d'ascète et de renoncement peut mettre fin au vouloir-vivre. En abolissant l'effort, le monde des phénomènes devient néant : temps et espace, sujet et objet et le moi disparaissent tous.

Schopenhauer ne pratiquait pas ce qu'il prêchait. Il continua de vivre confortablement, profitant de mets raffinés et de maintes liaisons romantiques – ce qui a conduit certains à mettre en doute sa sincérité.

En menant une vie de chasteté, de pauvreté, d'autopunition et de jeûne, l'ascète est capable d'échapper au cycle de la misère humaine.

CONCEPTS CLÉS

Comme Kant (*voir p. 294-297*), Schopenhauer voit le monde des phénomènes comme sujet à la détermination causale ou, ainsi qu'il la qualifie dans sa thèse, au « principe de raison suffisante ». Mais tandis que Kant pensait que le monde des noumènes (le monde tel qu'il est en lui-même) était inconnaissable, Schopenhauer soutient que nous pouvons y accéder « de l'intérieur », via la volonté. Il identifie la volonté à une force impersonnelle qui contrôle tout, y compris nous-mêmes. Le concept de pluralité n'étant applicable qu'au domaine des apparences, cette volonté est l'unique force qui sous-tend le monde des phénomènes. L'univers est donc une grande énergie cosmique de l'existence qui se manifeste chez les êtres conscients.

Influencé par la pensée hindoue, Schopenhauer fait correspondre le monde des phénomènes à la « maya », cycle infini d'efforts et de souffrances. La volonté produit des désirs insatiables, et lui étant soumis, nous ne sommes pas maîtres de nos vies – d'où le célèbre pessimisme de Schopenhauer.

Schopenhauer fut aussi influencé par la théorie des idées de Platon : il pensait que nous reconnaissons des archétypes universaux, ou idées, qui se manifestent dans les choses du monde des phénomènes. Les arts ayant trait à l'universel dans les cas particuliers, ils offrent une échappatoire au monde des phénomènes. L'expérience ascétique nous transforme en ce qu'elle nous permet de dépasser le monde de l'individualité et, même brièvement, de nous soulager de la souffrance.

Une autre voie salvatrice dérive du dépassement des efforts produits par la volonté, ce qui peut être atteint en menant une vie d'ascète *(voir page de gauche)*. Schopenhauer suit ici les enseignements de Bouddha, selon lesquels la souffrance étant née du désir, il faut éradiquer tout désir.

VOIR AUSSI ▸ Platon et les Idées *(p. 76-81)* • Kant *(p. 294-297)* • Bouddha *(p. 230-231)*

« LA MUSIQUE EST L'EXERCICE INCONSCIENT DE LA MÉTAPHYSIQUE PAR LEQUEL L'ESPRIT NE SAIT PAS QU'IL PHILOSOPHE. »

Attribué à Schopenhauer

Friedrich Wilhelm Joseph von Schelling

1775–1854 Allemagne

Comme Fichte et Hegel, Schelling fut d'abord théologien. Mais, imprégné de l'esprit kantien, il entreprend une carrière universitaire en philosophie. Il étudie avec Hegel à l'université de Tübingen et assiste Fichte à Iéna avant d'occuper diverses chaires à Würzburg, Erlangen, Munich et Berlin.

C'est à Schelling que l'on doit l'expression d'« idéalisme absolu », qui renvoie à l'idée post-kantienne selon laquelle la chose en soi est superflue, et le moi et le monde sont identifiables. L'idéalisme comporte une vision romantique de la nature comme complexe de processus physiques constitués d'un esprit ou « *Geist* ». Schelling développe donc une vision panpsychique de la nature, pour laquelle les explications mécanistes sont inadaptées. La conscience humaine est la nature devenue consciente, et le processus de l'histoire tend vers la connaissance de soi ; l'Absolu se révèle alors et les fausses oppositions entre le moi et le monde, l'esprit et la matière, sont dissoutes. L'art est la clé de voûte de ce système, car à travers lui, l'humanité touche à l'essence de la réalité, qui est elle-même une œuvre d'art créée par Dieu. Schelling eut un profond impact sur Hegel (*voir p. 302-303*), notamment dans sa reconnaissance de l'importance de l'histoire et sa conception organico-spirituelle de la réalité.

Auguste Comte

1798–1857 France

L'importance de Comte réside dans sa reconnaissance de la nature conditionnée par l'histoire de l'activité intellectuelle. Pour lui, chaque science avait sa propre méthodologie et devait évoluer selon trois étapes clés.

Athée, Auguste Comte développa une théorie du développement intellectuel et sociologique selon laquelle tous deux progressent en trois étapes : théologique, métaphysique et positive. La première étape, représentée par la période médiévale en Europe, se caractérise par les croyances dans le surnaturel. Cette attitude devient métaphysique, où l'on croit toujours à des forces invisibles, mais où se développe en même temps une spéculation sur la nature de la réalité. De là naît l'âge scientifique « positiviste », dont Comte fut le messager. L'attitude véritablement scientifique se confine à la description et à la prédiction basées sur des régularités observables ; elle n'essaie pas d'*expliquer* les phénomènes.

L'étude de la société humaine et de son évolution (on doit à Comte le terme de « sociologie ») est sur le point d'être reconnue comme une science à part entière, dont les lois sont élaborées à partir de données observables.

Le zèle de Comte pour sa nouvelle idéologie positiviste était tel qu'il créa une religion athéiste avec ses cérémonies et ses fêtes, imaginant un calendrier de « saints laïques » tels que l'économiste et philosophe Adam Smith (*voir p. 298*).

Pour Comte, la superstition gouverne les premières étapes d'une société.

Ralph Waldo Emerson

1803–1882 · États-Unis

Poète et essayiste, Emerson fut aussi le plus grand philosophe américain du XIXe siècle. Figure de proue des transcendantalistes de Nouvelle-Angleterre, ses idées étaient inspirées par le romantisme européen et l'idéalisme absolu.

La pensée peu systématique d'Emerson se déploie à travers essais, discours et sermons qui éveillent un intérêt considérable pour ses idées. Son thème central est l'unité de la nature, où chaque particule de matière et chaque esprit sont un microcosme qui reflète le tout, insistant sur la continuité fondamentale entre le moi, le monde et le divin. Il rejette la conformité sociale et l'autorité traditionnelle, défendant l'indépendance et l'intégrité personnelle comme seuls impératifs moraux. L'irrésistible style aphoriste de ses essais lui garantit un attrait durable, influençant parmi d'autres son filleul William James et Nietzsche, dont certains aphorismes sont presque des traductions d'Emerson.

Emerson préférait vivre en harmonie avec la nature et rejetait la société industrielle moderne.

Ludwig Andreas Feuerbach

1804–1872 · Allemagne

Feuerbach étudie la théologie et la philosophie à Berlin auprès de Hegel (*voir p. 302-303*) et développe par la suite son propre courant hégélien naturaliste. Son œuvre majeure, *L'Essence du christianisme* (1841), expose son interprétation anthropologique de la croyance religieuse.

Feuerbach constate que l'être humain est le seul animal conscient d'appartenir à une espèce particulière, et qui reconnaît que l'essence de l'humanité a des vertus, comme notre capacité de raisonner, d'aimer ou de s'entraider. En revanche, nous sommes séparés de notre essence et projetons nos sentiments sur un être transcendant que nous supposons être omniscient, tout amour, etc. Dieu est donc une illusion, une projection de notre propre nature intérieure idéalisée ; ce que le sentiment religieux a de vrai est l'amour de l'humanité. Une fois cette aliénation reconnue, elle peut être surmontée, et notre amour pour Dieu redirigé vers l'être humain. Ainsi, l'essence de l'homme peut se réaliser sur Terre dans une république démocratique.

L'importance de Feuerbach pour l'histoire de la philosophie réside essentiellement dans son influence sur Marx, et notamment son emploi du concept d'aliénation à la fois dans sa critique de la religion et son idée que les besoins matériels sont à la base des structures politiques et sociales. Ses *Pensées sur la mort et l'immortalité* (1830) récusent la transcendance de Dieu et de l'immortalité de l'âme, des positions considérées tellement radicales qu'elles coûtèrent à Feuerbach sa carrière universitaire.

John Stuart Mill

1806–1873 Angleterre

La vision philosophique de Mill était empiriste en ce qu'il fondait le jugement sur ce qui est observable plutôt que sur l'emploi de la seule raison. Sa position éthique, l'utilitarisme, est conséquentialiste, car elle évalue les résultats observables d'une action pour déterminer sa valeur morale.

VIE ET ŒUVRE

Le père de John Stuart Mill, le philosophe et économiste James Mill, éduqua son fils lui-même, s'assurant qu'il n'ignore rien des classiques, de l'éthique utilitariste et de la politique libérale. Selon son autobiographie, Mill avait lu les histoires de Hume et de Gibbon à l'âge de 6 ans, maîtrisait le grec et le latin à 7, devint un logicien compétent dès 12 ans et un expert en économie à 16. Ce régime intensif l'affaiblit et il fit une dépression nerveuse à 20 ans, puis développa ensuite une approche plus pragmatique. Durant les années 1830, il s'occupa de la *Westminster Review* fondée par Jeremy Bentham (*voir p. 300*) et travaille pour la *East India Company* jusqu'en 1858. Il eut une liaison romantique avec une femme et l'épousa quand elle fut veuve, renonçant à ses droits de propriété. Il fut nommé à la Chambre des Communes pour représenter Westminster en 1865 mais perdit son siège plus tard.

TEXTES ESSENTIELS *Système de logique inductive et déductive ; L'Utilitarisme ; La Liberté ; Examen de la philosophie d'Hamilton ; La Sujétion des femmes.*

CONCEPTS CLÉS

Mill hérita de la vision utilitariste et eudémoniste de son père et de Jeremy Bentham, chez qui il percevait cependant plusieurs failles. L'une d'elles était l'insistance de Bentham sur le fait que tous les plaisirs ont la même valeur, qu'ils soient des plaisirs physiques, les plaisirs de l'amitié, ou les plaisirs esthétiques, qui nécessitent efforts et éducation pour être appréciés. Pour Mill, ces derniers plaisirs avaient plus de valeur, et il pensait que l'éducation pour tous améliorerait le bonheur général en ouvrant de nouvelles voies vers l'épanouissement.

Mill fut l'un des premiers défenseurs de la libération des femmes, comme le montre cette satire.

Mill s'écarte aussi de l'utilitarisme de Bentham en reconnaissant l'importance des règles dans notre pensée morale. Certaines actions immorales, comme le mensonge, le vol, ou même le meurtre, sont justifiables selon Bentham, si elles engendrent de bonnes conséquences. La fin peut donc justifier les moyens. Mais cela ne correspond pas à notre intuition morale de certaines actions comme intrinsèquement mauvaises. Les idéaux, tels que la justice, semblent avoir de la valeur indépendamment du bonheur qu'ils engendrent, et Bentham néglige toute justice dans la répartition du bonheur. Pour Mill, de simples raisons utilitaristes peuvent souvent justifier l'acceptation générale des principes moraux.

LA LIBERTÉ

Convaincu que l'accomplissement humain nécessite la liberté individuelle, Mill prône la liberté de penser et d'expression. Pour lui, la liberté d'un individu ne devrait être limitée que par son impact sur celle d'autrui, et il devrait donc exister un domaine privé dans lequel l'État n'intervient pas, et où l'individu peut vivre selon ses convictions avec une liberté absolue. En d'autres termes, la coercition n'est autorisée que pour empêcher de blesser autrui, ce qui élimine le droit de l'État de promulguer des lois qui protègent les citoyens d'eux-mêmes.

MILL ET LA SCIENCE

Dans le *Système de logique*, Mill pense que l'induction est à la base des découvertes des lois de causalité et il explore la nature de l'investigation et de l'explication scientifique. Il espérait pouvoir appliquer les principes scientifiques aux phénomènes sociaux et trouver ainsi les causes des événements. Cet ouvrage fait également une distinction influente entre la dénotation – ce à quoi renvoie un terme – et la connotation – le sens de ce terme.

VOIR AUSSI ▸ Philosophie politique *(p. 160-177)* • Utilitarisme : Soyez heureux *(p. 102-103)* • Cause et effet *(p. 90-93)* • Frege *(p. 318)* • Hegel *(p. 302-303)*

Le plaisir tiré de l'appréciation culturelle, disait Mill, élève les masses : ici, des ouvriers écoutent un opéra chinois. Mill pensait que l'éducation améliorerait la qualité de vie de chacun.

Søren Kierkegaard

◒ 1813–1855 Danemark

Kierkegaard posa les fondements de l'existentialisme et accusait les penseurs hégéliens d'ignorer l'expérience individuelle, la relation personnelle avec Dieu et l'importance du choix individuel – domaines dans lesquels les questions éthiques et religieuses sont les plus problématiques.

VIE ET ŒUVRE

Kierkegaard se méfie de l'hégélianisme dès qu'il étudie la théologie à l'université de Copenhague. En 1843, après avoir décidé de ne pas épouser sa fiancée, il écrit *Ou bien… ou bien*, où il traite du choix entre une vie « esthétique » ou « éthique ». Plus tard cette année-là paraît *Crainte et tremblement*, et en 1845, *Étapes sur le chemin de la vie*, qui expose son propre mode de vie « religieux ». Son œuvre la plus réputée est une analyse du désespoir, *La Maladie à la mort* (1849). Passant la fin de sa vie en reclus, Kierkegaard devint le sujet de moqueries locales après une polémique par journaux interposés, mais il ne cessa d'attaquer l'Église officielle jusqu'à sa mort.

TEXTES ESSENTIELS *Ou bien… ou bien ; La Maladie à la mort.*

CONCEPTS CLÉS

La philosophie de Kierkegaard naît en réaction à la construction abstraite des systèmes hégéliens, qui ne tiennent compte ni de l'unicité des choses, ni de la réalité concrète de la conscience individuelle. Kierkegaard réaffirme le choix individuel en tant que source de la responsabilité et de l'authenticité. Sous un pseudonyme, il explore une variété de perspectives subjectives tandis que l'individu se trouve confronté à différentes dimensions affectives de la condition humaine.

Kierkegaard s'opposa violemment à l'Église officielle du Danemark qui, selon lui, est structurée de façon à éloigner l'individu de toute relation authentique avec Dieu. Il voyait l'engagement religieux comme un acte de foi devant l'incertitude de l'existence de Dieu. Son influence est également humaniste car elle insiste sur la nécessité d'assumer sa liberté de choisir son mode de vie dans un univers impie.

VOIR AUSSI ▸ Hegel *(p. 302-303)* • La volonté de Dieu *(p. 107)* • Dieu existe-t-il ? *(p. 140-141)* • Un saut dans le vide *(p. 158)*

Notre relation avec Dieu relève du privé ; nous devons assumer nos propres décisions et faire nos choix moraux, quelle qu'en soit la difficulté.

Karl Marx

1818–1883 Allemagne

Les idées de Marx eurent un profond impact sur l'histoire du monde : 66 ans après sa mort, un tiers de la population mondiale vivait sous un régime se réclamant de sa philosophie. Il pensait que la réalité est constituée par l'histoire, dont les conflits internes sont les moteurs du changement.

VIE ET ŒUVRE

D'origine juive, les parents de Marx se convertissent au luthéranisme et très tôt, il s'oppose à la religion. Il étudie le droit à l'université puis se tourne vers la philosophie (il rédige sa thèse doctorale sur les atomistes de l'Antiquité, Démocrite et Épicure). Particulièrement influencé par la version matérialiste de Feuerbach de l'hégélianisme (*voir p. 307*), il est membre du cercle des hégéliens de gauche. Mais son athéisme lui fait perdre tout espoir de carrière universitaire. En 1843, Marx se rend à Paris et rencontre son collaborateur de toujours, Friedrich Engels, issu d'une famille de riches filateurs à Manchester. C'est de lui que Marx apprend les conditions de l'Angleterre industrielle et la théorie économique britannique. Exilés en 1845, les deux compagnons s'installent à Bruxelles, où ils rédigent le *Manifeste communiste* en 1848. Ils retournent en Allemagne pour prendre part aux révolutions, mais Marx doit se réfugier à Londres où il passa le reste de sa vie avec sa famille dans la pauvreté, bénéficiant du soutien matériel d'Engels. Le premier volume du *Capital* parut en 1867 ; le second et le troisième, à titre posthume.

TEXTES ESSENTIELS *Le Capital (trois volumes).*

CONCEPTS CLÉS

Comme Hegel, Marx pensait que le processus de l'histoire était ouvert à l'investigation rationnelle et que les lois gouvernant ses transformations sont dialectiques, c'est-à-dire que les situations historiques abritent des conflits internes qui les rendent fondamentalement instables, ce qui engendre leur délitement et l'avènement d'un nouvel état de choses. Contrairement à Hegel, Marx considérait l'inexorable logique qui dirige le cours de l'histoire comme strictement matérielle. Parce que les forces matérielles affectent les actions humaines et sont le moteur du changement social, Marx en vient à se concentrer sur l'économie. Selon lui, les moyens de production et de distribution, ainsi que le conflit dialectique entre les différentes classes socio-économiques qui en découlent, déterminent le cours de l'histoire. Ils guident les bouleversements sociaux observables entre, par exemple, les sociétés féodales et industrielles, et déterminent les phénomènes de « superstructure » sociale tels que les institutions politiques, les religions, les idéologies, les philosophies et les arts.

L'histoire du Cuirassé Potemkine se passe au début de la Révolution russe inspirée par le marxisme.

Il faut donc voir en elles l'expression de leur situation sociale et de leur époque. Par exemple, la religion sert à maintenir le *statu quo* qui opprime les ouvriers – d'où sa qualification d'opium du peuple. De la même façon, les arts ne servent que l'idéologie de la classe dirigeante.

Marx analyse le capitalisme en termes d'opposition entre ceux qui détiennent les moyens de production, les capitalistes, et les ouvriers industriels. Le travail est l'ultime source de valeur, et le profit résulte de l'exploitation des ouvriers dont on paie le travail à sa moindre valeur. Les ouvriers n'ont pas accès à ce qu'ils produisent ; ils sont déshumanisés et isolés par la production de masse. Selon Marx, le capitalisme creuse inévitablement l'écart entre capitalistes et ouvriers à mesure que l'on tire toujours plus de profit d'une main-d'œuvre toujours plus nombreuse, et plus pauvre. La révolution est l'inévitable résultat de ce processus. Une fois que les ouvriers auront pris le contrôle des moyens de production, les profits seront équitablement partagés, mettant un terme au conflit des classes et aux changements dialectiques. Marx considérait cette analyse comme une démonstration scientifique de la fin de l'histoire et de l'institution du communisme.

« CE QUE LA BOURGEOISIE PRODUIT SURTOUT, CE SONT SES PROPRES FOSSOYEURS. SA CHUTE ET LA VICTOIRE DU PROLÉTARIAT SONT TOUTES DEUX INÉVITABLES. »

Manifeste du parti communiste 6 : 496

VOIR AUSSI ▸ Hegel *(p. 302-303)* • Philosophie politique *(p. 160-177)*

Marx ne vit pas les révoltes des ouvriers russes et chinois. Il croyait qu'une révolution permettrait aux ouvriers de contrôler les moyens de production, et ainsi de mettre fin au processus dialectique.

Charles Sanders Peirce

1839–1914 États-Unis

Essentiellement connu comme l'un des fondateurs du pragmatisme (doctrine philosophique née en Amérique), C. S. Peirce est influencé par Kant et sa pensée marque profondément son proche ami William James (*voir ci-dessous*).

Peirce était avant tout un scientifique, et ses expériences en laboratoire façonnèrent sa réflexion. À l'encontre de la tradition philosophique, il pensait que la voie de la connaissance ne s'emprunte pas seul, en quête de certitudes, mais consiste en l'approche expérimentale d'une communauté de chercheurs scientifiques qui examinent les incertitudes au sein d'un système de croyances acceptées.

La lecture de Kant (*voir p. 294-297*) fut la principale influence philosophique de Peirce et il voyait son entreprise comme une poursuite du projet kantien à la lumière des progrès de la logique, dont nombre lui sont dus. Selon le pragmatisme de Peirce, le sens d'un terme est épuisé par ses effets pratiques sur nos actions et la façon dont nous menons nos recherches. Il est donc définissable en termes d'utilité rationnelle.

Peirce ne connut jamais vraiment la gloire de son vivant, et il n'occupa jamais de poste universitaire en philosophie plus de quelques années. Mais il est l'auteur d'un vaste corpus d'articles (*Collected papers*, 1931-1935) qui établirent son importance.

William James

1842–1910 États-Unis

William James fit toute sa carrière à Harvard, passant de la médecine à la psychologie, puis à la philosophie. L'un de ses premiers articles « La volonté de croire » (1897) révèle un vif intérêt pour la croyance religieuse, qu'il pensait être justifiable par autre chose que des preuves.

La première œuvre majeure de James, *Les Principes de la psychologie* (1890), est célèbre pour la notion de « courant de conscience », qui récuse la notion empiriste traditionnelle d'une expérience morcelée en faveur d'un flux continu, où passé immédiat et futur immédiat colorent le moment présent. En 1902, James explore le mysticisme et les expériences religieuses dans *Les Formes multiples d'expérience religieuse* (voir aussi *p. 150-151*) avant d'adhérer au « pragmatisme » de Peirce (ci-dessus). Il développa une théorie de la vérité à partir de sa théorie du sens, proposant (dans *Le Pragmatisme*, 1907) que la vérité d'une phrase n'est pas définie par le fait qu'elle corresponde à la réalité, mais par son usage pratique – elle peut être vraie si, par exemple, elle prédit correctement une expérience.

William James venait d'une riche famille cosmopolite new-yorkaise, son jeune frère, le romancier Henry James, est ici à gauche.

À la fin du XIXe siècle, les États-Unis, terre d'accueil des immigrants, virent naître leur premier courant philosophique : le pragmatisme. Le département de philosophie de Harvard, cher aux pragmatistes C. S. Peirce et William James, était considéré par beaucoup comme le meilleur du monde.

Friedrich Nietzsche

◒ 1844–1900 Allemagne

Peu considéré de son vivant, Nietzsche prédit à raison que le monde n'était pas prêt pour sa philosophie. Son influence s'est en effet répandue dès la seconde moitié du XXe siècle, dans des courants tels que l'existentialisme, le post-structuralisme et le postmodernisme.

VIE ET ŒUVRE

Fils d'un pasteur luthérien, Nietzsche fit de brillantes études et sa jeune carrière universitaire progressa en flèche, culminant par sa position de professeur de philologie classique à Bâle, à seulement 24 ans.

En 1865, le moment clé du développement intellectuel de Nietzsche est la découverte fortuite du *Monde comme volonté et comme représentation*, de Schopenhauer (1818). L'influence du compositeur Wagner, dont Nietzsche fut l'ami quand il était étudiant, paraît aussi dans ses premières œuvres. Mais il rompit ces liens d'amitié car il trouvait l'opéra *Perceval* trop chrétien. En 1879, sa santé se détériorant, Nietzsche renonce à sa carrière et séjourne plusieurs années dans les villes des Alpes. Il publie durant cette période plusieurs recueils d'aphorismes et rédige son chef-d'œuvre philosophico-littéraire, *Ainsi parlait Zarathoustra*. Il continue d'écrire et de publier à un rythme prolifique malgré sa santé déclinante, mais s'effondre à Turin victime d'une crise de folie, en 1889. Nietzsche ne s'en remit jamais, mais sa renommée grandit vite à travers l'Europe.

TEXTES ESSENTIELS *La Naissance de la tragédie ; Humain, trop humain ; Par-delà le bien et le mal ; La Généalogie de la morale ; Ainsi parlait Zarathoustra.*

CONCEPTS CLÉS

Les premières préoccupations philosophiques de Nietzsche naissent de sa confrontation avec la vision esthétique de Schopenhauer d'un monde gouverné par des forces irrationnelles et caractérisé par la lutte et la souffrance (*voir p. 304-305*). Si Nietzsche applaudissait l'éradication de toute dimension spirituelle de la condition humaine, il rejetait la réaction pessimiste de Schopenhauer. Dans une Europe ayant perdu la foi dans l'ordre divin qui ébranlait son système traditionnel de valeurs, l'attitude à adopter consistait non pas à sombrer dans le nihilisme, mais à relever le défi et à forger de nouvelles valeurs pour une nouvelle ère. Tout le projet philosophique de Nietzsche est une tentative de sa part de tracer une voie après le malaise engendré par la mort de Dieu. Dans *Par-delà le bien et le mal* et *La Généalogie de la morale*, Nietzsche développe ses critiques les plus célèbres des valeurs judéo-chrétiennes, qu'il espère dépasser. Selon lui, ce que nous considérons normalement comme « bien » est en réalité une valorisation de la condition du faible. Le déni chrétien des différences entre les êtres

Selon Nietzsche, la morale chrétienne est celle du troupeau, qui condamne comme « mauvais » les genres nobles qui se démarquent de la foule.

humains, la prétendue humilité, l'amour universel, la condamnation des passions physiques et d'un monde de péchés dérivent tous d'un mépris des valeurs viriles d'un genre d'homme noble et élevé. La morale esclavagiste, qui essaie de dompter la bête qui est en nous, doit être combattue afin que les valeurs nobles, qui s'expriment courageusement par la force et le pouvoir, soient revivifiées. C'est de là que naît le grand défi que Nietzsche lance à l'humanité, et le grand remède au nihilisme : sa vision du « surhomme », une nouvelle race d'hommes qui transformerait les valeurs établies.

« À SUPPOSER QUE LA VÉRITÉ SOIT FEMME… »

Par-delà le bien et le mal
(trad. C. Heim), Gallimard, Paris, 1971

LE PERSPECTIVISME

Le feu critique de Nietzsche est aussi pointé contre la volonté de vérité du philosophe. La connaissance, suggère-t-il, est inatteignable, car il est impossible d'arriver à une conception objective du monde exempte de toute interprétation. Nietzsche ne rejette pas pour autant l'idée de vérité même, car il admet qu'à travers l'interprétation, les opinions puissent être vraies. En revanche, les interprétations doivent être jugées en termes des valeurs qu'elles expriment. Aussi, le conflit doit faire partie intégrante du discours philosophique, et les aphorismes de Nietzsche sont autant de perspectives cherchant à ouvrir de nouvelles voies de pensée et à donner des armes aux philosophes à venir.

VOIR AUSSI ▸ La morale est-elle relative ? *(p. 120-121)* • Le faux raisonnement génétique *(p. 205)*

L'approche directe des philosophes dogmatiques a inévitablement échoué à découvrir la vérité. Nietzsche suggère que la vérité devrait plutôt être séduite.

Gottlob Frege

1848–1925 Allemagne

L'un des fondateurs de la tradition analytique en philosophie, et parmi les premiers à développer la logique après Aristote – ouvrant la voie à la logique moderne du XXe siècle – Frege établit les fondements sains d'une théorie mathématique logiciste et influença profondément la philosophie du langage.

VIE ET ŒUVRE

Frege suit des cours à l'université d'Iéna, obtient son doctorat à Göttingen, puis retourne à Iéna enseigner les mathématiques. En 1879 paraît sa première œuvre majeure, *Begriffsschrift* (idéographie), puis en 1884, il réduit l'arithmétique à la logique dans *Les Fondements de l'arithmétique*. Sa philosophie du langage est contenue dans trois importants essais : *Fonction et concept* (1891) ; *Concept et objet* (1891) ; et surtout *Sens et dénotation* (1892), dans lequel il explore la nature des concepts sémantiques tels que la distinction entre sens et dénotation, qui est au centre de la philosophie du langage.

TEXTES ESSENTIELS *Begriffsschrift ; Les Fondements de l'arithmétique, Fonction et concept ; Concept et objet ; Sens et dénotation.*

CONCEPTS CLÉS

Par son approche de mathématicien, Frege a effectué une révolution de la philosophie logique. *Begriffsschrift* introduit le calcul propositionnel, les fonctions de vérité et l'idéographie – encore utilisée aujourd'hui – pour exprimer quantificateurs et variables. Ces découvertes permirent à la logique moderne de prendre un essor rapide.

Dans *Les Fondements de l'arithmétique*, Frege défend une version du réalisme platonique où les nombres sont des objets abstraits qui existent indépendamment de l'esprit, et la théorie des nombres traite des relations qu'ils entretiennent. Il tenta de réduire les opérations arithmétiques à des vérités logiques via la théorie des ensembles, mais les travaux de Bertrand Russell (*voir p. 332-333*) mirent fin à ce projet. Malgré cela, l'œuvre de Frege a eu un immense impact sur la philosophie.

Les noms « Everest » et « Chomolungma » renvoient à la même montagne mais n'ont pas tout à fait le même sens, croyez-en un explorateur égaré. Selon Frege, la signification d'un terme dépend de sa référence, mais aussi de son sens.

Edmund Husserl

◒ 1859–1938 Allemagne

Fondateur du courant phénoménologique, Husserl eut une profonde influence sur la philosophie du XXe siècle en Europe. La phénoménologie, ou théorie des apparences, s'intéresse à la façon dont le monde apparaît à la conscience sans rien présupposer d'une autre réalité.

VIE ET ŒUVRE

Né en Moravie dans la République tchèque actuelle, Husserl obtient son doctorat à Vienne en 1883. Là, il assiste aux cours de Franz Brentano (figure influente en philosophie et psychologie), puis enseigne à l'université de Halle, où il commence à travailler à la *Philosophie de l'arithmétique* et à l'important *Recherches logiques*. En 1916, il est nommé professeur de philosophie à Fribourg, où enseignait Heidegger, et y reste jusqu'en 1928. Avec la montée des Nazis, Husserl fait l'objet d'attaques antisémites et ses œuvres sont interdites.

TEXTES ESSENTIELS *Philosophie de l'arithmétique ; Recherches logiques ; Idées directrices pour une phénoménologie ; Méditations cartésiennes.*

CONCEPTS CLÉS

Dans ses premiers travaux, Husserl tente d'expliquer empiriquement notre entendement des concepts mathématiques à travers une analyse des processus psychologiques. Frege (*voir p. 318*) critiqua cette approche qui négligeait selon lui l'objectivité des mathématiques, dont les vérités sont logiquement indépendantes de la façon dont un individu les obtient. Husserl semble avoir accepté ces critiques et rejeté le « psychologisme » de ses premiers travaux, voyant l'objectivité en termes d'« essences » perçues par l'esprit. Dans ses *Recherches logiques*, il soutient que les lois de l'arithmétique ne sont pas psychologiques mais idéales et nécessaires.

Certains éprouvent une peur *de* l'araignée : ce que Husserl nomme l'intentionnalité.

PHÉNOMÉNOLOGIE

Husserl constate, après Brentano, que les états mentaux sont toujours orientés au-delà d'eux-mêmes. La conscience est toujours conscience de quelque chose, et cette « intentionnalité » est devenue le cœur de sa nouvelle méthodologie philosophique, la « phénoménologie ». Elle implique une description pure des contenus de l'expérience consciente. Il faut suspendre toute croyance dans le monde naturel et toutes les suppositions qu'elles entraînent. Ainsi, on peut examiner le contenu essentiel de l'expérience et sa structure intentionnelle, et donc décrire l'intuition de l'esprit de l'essence des réalités sensibles.

VOIR AUSSI ▸ Phénoménalisme *(p. 88)* • Heidegger *(p. 328-329)*

Henri Bergson

1859–1941 France

L'influence de Bergson rayonna dans le monde littéraire comme philosophique. Il distinguait la connaissance acquise par l'intellect, qui requiert des concepts et traite du monde extérieur, et la connaissance de l'esprit grâce à l'intuition – la vraie méthode philosophique.

VIE ET ŒUVRE

Diplômé de l'École normale supérieure en 1881, il est élu au Collège de France en 1900, où il enseigne pendant 20 ans. En 1901 paraît *Le Rire*, un essai sur la signification de la comédie, et en 1907, *L'Évolution créatrice*, où il critique Darwin. En 1908, il rencontre William James (*voir p. 313*), qui l'introduit à la communauté philosophique anglophone. En 1927, il reçoit le prix Nobel de Littérature et publie son œuvre majeure, *Les deux sources de la morale et de la religion* en 1932. Il meurt d'une bronchite contractée en faisant la queue sous la pluie pour être inscrit sur le registre des juifs sous le gouvernement de Vichy.

TEXTES *Durée et simultanéité ; Matière et mémoire ; Les Deux sources de la morale et de la religion.*

CONCEPTS CLÉS

Au cœur de la philosophie bergsonienne réside la notion de « durée ». Il distingue le temps tel qu'il est perçu, et le temps objectif, mesuré par l'horloge. Nous concevons ce dernier sur le modèle de l'espace, comme une substance homogène, quantifiable et divisible en intervalles égaux. Ce temps des physiciens est radicalement différent de la durée perçue comme un flux uni et continu, dont chaque instant est qualitativement unique. Selon Bergson, nous sommes conscients de la durée grâce à un mode de cognition immédiat et non conceptuel : l'« intuition ». Contrairement à l'intellect, l'intuition ne sépare pas celui qui sait de la chose qu'il sait, ni ne divise l'expérience en quantités, mais coïncide avec son objet.

ÉLAN VITAL

L'intuition nous permet de prendre conscience de la liberté de la volonté. Elle révèle en outre que le mouvement de la durée est dû à un « élan vital », que Bergson considère comme constituant de la vie et utilise dans sa critique de la sélection naturelle de Darwin. Pour Bergson, une explication mécaniste du développement de la vie ne tient pas compte de la nécessité d'une force créatrice qui pousse la matière inerte dans de nouvelles formes et organisation.

Une madeleine fait renaître de vifs souvenirs dans *Du côté de chez Swann* de Proust, influencé par l'idée de Bergson selon laquelle notre mémoire du passé peut être réveillée par une odeur ou un goût.

Nishida Kitaro

1870–1945 Japon

Nishida grandit à l'époque où le Japon s'ouvre à l'influence européenne après des siècles d'isolement. Il étudie le taoïsme et le confucianisme à l'école, puis la philosophie occidentale à l'université de Tokyo, dont il sort diplômé en 1894. Il pratiquait la méditation zen et enseignait à l'université à Kyoto.

Kitaro est le premier à tenter d'appliquer les méthodes philosophiques occidentales pour explorer les idées orientales, notamment celles du bouddhisme zen. Ainsi, il en fait un objet d'études au Japon, et finit par créer l'École de Kyoto. La « logique du lieu » est au cœur de sa philosophie. Elle cherche à réconcilier les oppositions occidentales traditionnelles entre sujet et objet par un retour à l'état d'« expérience pure » auquel aspire le méditant zen, et dans lequel disparaissent les distinctions entre celui qui sait et la chose connue, ou le moi et le monde.

Deux des œuvres clés de Kitaro sont *Essai sur le bien* (1905) et *Logique du lieu et vision religieuse du monde* (1945).

La paisible « Promenade du Philosophe » à Kyoto est ainsi nommée car Kitaro y méditait souvent.

George Santayana

1863–1952 Espagne

Né en Espagne, Santayana vit aux États-Unis dès l'âge de 9 ans et rédige tous ses ouvrages en anglais. Il enseigne à Harvard entre 1888 et 1912, époque où il écrit *Le Sentiment de la beauté* et *Vie de raison*. Après s'être retiré à Rome, il écrit *Scepticism and Animal Faith* puis *Gens et lieux*, qui donnent la pleine mesure de sa philosophie mature.

Santayana est influencé par le pragmatisme de Peirce et de James (*voir p. 313*), avec qui il étudie puis travaille à Harvard. Selon lui, la cognition humaine doit être vue dans une perspective évolutionniste. Il considérait que cultiver l'imagination était la voie de l'épanouissement.

Miguel de Unamuno

1864–1936 Espagne

Poète, dramaturge, philosophe, professeur de grec et essayiste, Unamuno s'oppose à la dictature de Primo de Rivera et est exilé de 1924 à 1930. Revenant en Espagne durant la Seconde République, il se joignit aux Rebelles de Franco avant de les désavouer, provoquant son arrestation et sa mort. Unamuno adhérait à une version du « vitalisme » d'Ortega y Gasset (*voir p. 324*) : dans *Vie de Don Quichotte et Sancho*, il prend le parti du chevalier dans sa croisade contre la raison. *Le Sentiment tragique de la vie* soutient que le désir d'immortalité est peut-être vain, mais c'est une réaction inévitable à la condition humaine. De cet espoir absurde naît le besoin de croire en Dieu.

Bertrand Russell

1872–1970 Angleterre

L'œuvre la plus lue de Russell est probablement sa magistrale *Histoire de la philosophie occidentale* ; néanmoins, sa réduction de l'arithmétique à la logique, son atomisme logique et sa théorie des descriptions (textes du début de sa carrière) revêtent une plus grande importance philosophique.

VIE ET ŒUVRE

Trinity College, à Cambridge, où Russell étudia et enseigna. Il était une sorte de mentor pour le jeune Wittgenstein.

Né d'une famille aristocratique, Russell est éduqué chez lui, comme son parrain John Stuart Mill. Il étudie les mathématiques à Cambridge, puis la philosophie. En 1900, sa rencontre avec Peano réveille son goût des mathématiques et en 1901, il découvre le Paradoxe de Russell, élabore sa théorie des descriptions définies et sa théorie des types. Entre 1907 et 1913, il collabore avec son professeur sur *Principia Mathematica*, qui tente de réduire les mathématiques à des principes logiques.

Après la déclaration de la guerre, Russell perd sa position à Cambridge en raison de ses activités pacifistes et, en 1919, il passe cinq mois en prison, où il écrit *L'Introduction à la philosophie mathématique*. Il se rendit en Union soviétique, enseigna en Chine, et travailla aux États-Unis, chaque fois perdant sa place à cause de ses opinions. Il soutint l'effort de guerre contre les Nazis et, en 1944, retourna à Cambridge après avoir écrit son *Histoire de la philosophie occidentale*. Il reçut le prix Nobel de Littérature en 1950.

TEXTES ESSENTIELS *The Principles of Mathematics, Principia Mathematica (en 3 volumes) ; Histoire de la philosophie occidentale.*

CONCEPTS CLÉS

Russell se consacre d'abord aux fondements des mathématiques et s'attache à démontrer que l'arithmétique dérive de la logique, un concept appelé « logicisme ». Les *Principia mathematica*, en collaboration avec A. N. Whitehead, tendent vers ce but. Il apporta d'importantes contributions à la logique philosophique en tentant de surmonter les difficultés de la théorie des ensembles et du projet logiciste soulevées par le paradoxe de Russell.

ATOMISME LOGIQUE

Selon Russell, le langage ordinaire renferme toutes sortes de confusions, et reformuler les problèmes philosophiques avec logique et précision permettrait de les résoudre. Il mit donc au point une théorie de ce qui rend le langage signifiant : l'atomisme logique affirme que le sens des termes est ce qu'ils représentent, et que les phrases signifiantes doivent refléter des états de choses ; leur sens doit donc être fondé dans l'expérience. L'analyse philosophique des phrases du langage ordinaire devrait pouvoir les décomposer en propositions simples ou « atomiques ». Ces propositions atomiques sont connaissables par contact direct et pourraient, par exemple, énoncer

Russell *(au centre, avec le chapeau)*, activiste engagé pour les droits civiques et grand pacifiste, lutta jusqu'à sa mort pour le désarmement nucléaire.

le contenu d'une perception simple. La critique principale de cette théorie est que les propositions qui ne peuvent être décomposées en propositions simples (*voir aussi p. 326*) fondées sur l'expérience ne concernent rien, et sont donc dénuées de sens.

NOMS VIDES

Cependant, la théorie du sens de Russell résout le problème de l'analyse des propositions comprenant des références à des entités non existantes. Prenons par exemple la phrase « Pégase n'existe pas ». Elle semble dire une chose vraie à propos d'une certaine entité : Pégase. La difficulté, c'est qu'il n'existe aucune entité à laquelle se réfère le nom « Pégase ». Dans ce cas, comment la phrase peut-elle avoir du sens et être vraie ? Selon Russell, il faut analyser ce genre de proposition pour révéler leur véritable forme. « Pégase n'existe pas » dit peut-être que le cheval ailé n'existe pas, qui est à son tour analysé par Russell comme affirmant que rien n'est uniquement un cheval ailé. L'apparente référence à un individu non existant a ainsi disparu.

VOIR AUSSI ▸ Frege *(p. 318)* • Wittgenstein *(p. 326-327)* • Connaissances mathématiques *(p. 73)*

« LA GUERRE NE DÉTERMINE PAS CEUX QUI ONT RAISON – SEULEMENT CEUX QUI RESTENT. »

Bertrand Russell

José Ortega y Gasset

◒ 1883–1955 Espagne

Ortega est réputé pour avoir renversé le *cogito ergo sum* de Descartes en : « Je vis, donc je pense ». Selon lui, ce qu'il appelait « vitalisme » est la troisième voie entre l'idéalisme et le réalisme. Ce qui est réel n'est donc pas le moi, ni l'esprit, ni le monde matériel, mais la vie.

VIE ET ŒUVRE

Ortega fut professeur de métaphysique à Madrid entre 1910 et 1936. En 1917, il contribue régulièrement au journal *El Sol* qui publie, sous forme d'essais, ses deux ouvrages principaux : *L'Espagne invertébrée* et *La Révolte des masses*, qui lui valut une gloire internationale. Partisan de la République, il est exilé durant la Guerre civile et ne revient en Espagne qu'en 1945. Ortega a, entre autres, profondément influencé Xavier Zubiri, Pedro Laín Entralgo, José Luis López-Aranguren et Julián Marías. Son influence est aussi visible dans l'existentialisme et l'œuvre de Heidegger, ce que Gasset lui-même semble avoir souvent souligné.

TEXTES ESSENTIELS *L'Espagne invertébrée ; Méditations sur Don Quichotte ; La Révolte des masses.*

CONCEPTS CLÉS

La vie est une dialectique entre le moi et la situation dans laquelle il se trouve – « Je suis moi et ma circonstance ». C'est aussi un projet dans lequel se crée l'individu (« ma vie est une tâche »). Pour Ortega, la raison est un outil au service de la vie, et il remplace la notion de vérité objective par la perspective de l'individu. Son rejet d'une nature humaine déterminée et son éloge de la liberté individuelle pour transformer la réalité rappellent l'existentialisme *(voir Jean-Paul Sartre, p. 336)*. Cependant, contrairement à Sartre et malgré son soutien à la République d'Espagne, Ortega défend l'autorité aristocratique où une élite maintiendrait et guiderait la culture. *La Révolte des masses* (1929) rejette la célébration de la médiocrité sans vision ni valeur tournée vers l'avenir qui caractérise la culture de masse.

VOIR AUSSI ▸ Heidegger *(p. 328-329)*

Dans ses *Méditations sur Don Quichotte*, le perspectivisme d'Ortega célèbre la vision créative de l'individu qui forge sa propre vie.

Max Scheler

◒ 1874–1928 Allemagne

Scheler entame sa carrière universitaire en 1901 à Iéna, où il tombe sous l'influence de la phénoménologie husserlienne (*voir p. 319*). À Munich, il utilise dans *Le Formalisme en éthique* (1907) la méthode phénoménologique pour critiquer Kant, défendant l'existence de valeurs morales objectives acquises non pas par l'intellect, mais par une intuition émotionnelle. Nous avons conscience aussi des émotions des autres car l'amour sous-tend les actes éthiques. Après la Première Guerre mondiale, Scheler occupe la chaire de philosophie et de sociologie de Cologne et publie *De l'Éternel en l'homme*, une exploration de la phénoménologie de l'attitude religieuse. Dans *La situation de l'homme dans le monde*, il explique comment Dieu, l'homme et la nature forment un processus de « devenir ».

Titus Brandsma

◒ 1881–1942 Hollande

Moine carmélite, Brandsma devient prêtre en 1905, obtient un doctorat de philosophie à l'université pontificale grégorienne de Rome, puis enseigne à l'université catholique de Nimègue. À ses yeux, l'ordre carmélite suivait un juste milieu entre l'intellectualisme dominicain et l'insistance des franciscains sur les émotions comme voies de connaissance de Dieu. On se souvient de lui non pas pour ses nombreux cours théologiques mais pour sa forte opposition au nazisme. Il fut arrêté en 1942 et déporté à Dachau, où il fut exécuté. En 1985, il fut béatifié par le Pape Jean-Paul II.

Karl Jaspers

◒ 1883–1969 Allemagne

Psychiatre, Jaspers devint l'un des penseurs phares de l'existentialisme. Il enseigna la psychiatrie à Heidelberg puis, la philosophie à partir de 1921, jusqu'à ce que les nazis l'empêchent d'exercer en 1937. Après la guerre, il devint professeur à Bâle.

Jaspers admire Kierkegaard et Nietzsche comme des philosophes qui explorent la condition humaine depuis la perspective de la lutte de l'individu. La philosophie devrait tenter d'amener l'individu à se découvrir et à vivre de manière authentique plutôt que de poursuivre un effort vain d'objectivité et de systématisation. Selon lui, il faut pour cela confronter notre finitude et accepter le « transcendant ».

Ernst Bloch

◒ 1885–1977 Allemagne

Philosophe marxiste, Bloch prônait la possibilité d'un monde sans exploitation ni oppression. Il débute sa carrière en Allemagne et en Suisse, où il se réfugie durant la Première Guerre mondiale, et écrit *L'Esprit de l'utopie* (1918). En 1933, il fuit les nazis et part aux États-Unis, où il entreprend son œuvre maîtresse *Le Principe Espérance* (1954 – 1959). Après la Seconde Guerre mondiale, Bloch enseigne à Leipzig mais la construction du mur de Berlin le fait se réfugier en Allemagne de l'Ouest en 1961. Son marxisme peu orthodoxe voit la réalité comme animée par un processus dynamique et téléologique qui, sur un plan politique, tend vers une transformation socialiste du monde. La religion est peut-être l'opium du peuple, mais sa version mystifiée du paradis sur Terre est inatteignable. Bien qu'athée, Bloch influença principalement la théologie chrétienne de la libération.

Ludwig Wittgenstein

◒ 1889–1951 Autriche

La carrière philosophique de Wittgenstein se partage en deux périodes distinctes. La première se résume dans le *Tractatus* et la seconde, dans les *Investigations philosophiques*. Toutes deux sont liées par sa conviction que les problèmes philosophiques résultent des confusions du langage.

VIE ET ŒUVRE

Le plus jeune des huit enfants d'un riche industriel autrichien, Wittgenstein envisage de devenir moine avant de se tourner vers l'ingénierie mécanique à Berlin. En 1908, il se rend à Manchester pour faire un doctorat d'ingénierie aéronautique. Là, il tombe sur les *Principia mathematica* de Russell (*voir p. 322-323*). Son intérêt pour les fondements des mathématiques et de la logique le pousse à montrer à Frege (*voir p. 318*) (qui enseigne à Iéna) un essai de sa composition. Frege lui conseille de poursuivre ses études auprès de Russell à Cambridge. Quand la guerre éclate en 1914, Wittgenstein s'engage dans l'armée austro-hongroise et est fait prisonnier de guerre, dans un camp près de Monte Cassino en Italie. Il poursuit ses travaux philosophiques et publie le *Tractatus* en 1921. Après la guerre, il quitte ses habitudes luxueuses et donne tout son argent à ses frères et sœurs qui, déjà riches, ne risquaient pas d'être corrompus par l'argent.

Pensant avoir résolu tous les problèmes de la philosophie avec le *Tractatus*, Wittgenstein devient instituteur, mais son tempérament violent et exigeant ne l'y prédisposait guère. Il finit par comprendre que son approche dans le *Tractatus* était simpliste et en 1929, il reprend ses recherches philosophiques à Cambridge, et devient professeur en 1939.

TEXTES ESSENTIELS *Tractatus Logico-Philosophicus ; Le cahier bleu et le cahier brun ; Investigations philosophiques ; De la certitude.*

CONCEPTS CLÉS

Le *Tractatus* vise à clarifier le fonctionnement du langage en proposant une version de l'atomisme logique (*voir p. 322*). Tout discours signifiant peut être analysé en énoncés simples qui décrivent des faits atomiques. Selon la théorie de la représentation de Wittgenstein, une proposition énonce une affirmation sur le monde si elle contient des éléments – des noms qui représentent les éléments de la réalité. Associés de diverses manières, ces noms représentent un état de choses correspondant. Par exemple, en appelant un chat *a* et un tapis *b*, puis en plaçant *a* sur *b*, la proposition « le chat est assis sur le tapis » peut être imaginée. Une proposition n'est vraie que lorsque les objets du monde sont combinés comme dans sa représentation. Selon Wittgenstein, les noms représentent des faits « simples » - des composants logiquement inanalysables et indestructibles de la réalité empirique. Tout discours signifiant doit être réductible à la façon dont sont combinés ces faits simples (comme dans le discours scientifique). Ainsi, Wittgenstein élimine nombre de spéculations métaphysiques comme étant dépourvues de sens.

Le *Tractatus* reste laconique envers ce qui doit être « passé sous silence », c'est-à-dire le discours religieux et éthique, ou les spéculations métaphysiques sur la structure de l'expérience et la nature du moi. En effet, dans sa

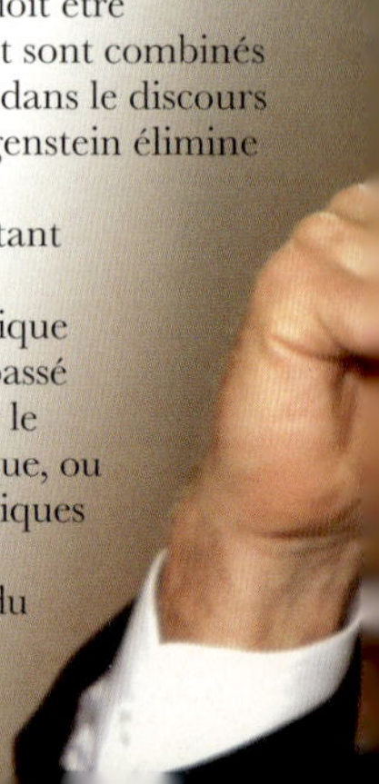

LA MAISON DE WITTGENSTEIN

Ayant résolu les problèmes dominants de la philosophie, Wittgenstein s'intéressa à l'architecture et conçut une maison pour sa sœur. Ses exigences compliquèrent la tâche des ouvriers – il voulait par exemple que les radiateurs soient positionnés de façon à ne pas ruiner la symétrie, et quelques millimètres d'écart suffisaient à le mettre dans des colères noires.

Wittgenstein aborda l'architecture aussi méticuleusement que la philosophie, et son style moderniste lui valut une large estime.

seconde période, Wittgenstein reconnut que sa théorie du sens ne pouvait rendre compte de tous les usages du langage. Le caractère abstrait et austère de ses premiers travaux céda la place à la richesse et aux nuances du discours réel, tout en retenant la notion de manque de clarté du langage comme étant la source des problèmes philosophiques.

Les *Investigations* suggèrent que le langage a différentes fonctions. Plutôt que de supposer que l'unité linguistique fondamentale est un nom qui représente une chose, il insiste sur l'extraordinaire variété des usages des expressions. Le langage scientifique n'est plus le seul à être signifiant. Il existe maintes formes de discours, dont chacune a ses propres règles et « grammaire ». La confusion en philosophie naît lorsque nous sommes séduits par des similitudes superficielles entre des expressions et que nous oublions les différences d'usage. Elle peut être résolue en recentrant notre attention sur la pratique linguistique.

VOIR AUSSI ▸ Un air de famille *(p. 220-221)* • L'incohérence du scepticisme *(p. 56-57)*

« LES PROBLÈMES PHILOSOPHIQUES NAISSENT LORSQUE LE LANGAGE EST EN FÊTE. »

Investigations philosophiques 38 **(trad. P. Klossowski), Gallimard, Paris, 1961, p 133**

Les politiciens doivent privilégier les clarifications pour que leurs propos ne soient pas mal interprétés. En philosophie, le manque de clarté conduit souvent à du charabia.

Martin Heidegger

◒ 1889–1976 Allemagne

L'influence de Heidegger se retrouve dans le mouvement existentialiste et le projet déconstructionniste de Derrida. Sa préoccupation concernait la « science » de l'être et son « ontologie fondamentale » insistait sur le fait d'*être* dans le monde plutôt que de le *connaître*.

VIE ET ŒUVRE

La famille de Heidegger le destinait à être prêtre. Il reçut une éducation financée par l'église catholique, d'abord à Constance, puis à Fribourg, où il étudia la théologie catholique, puis la philosophie. Il obtient son doctorat et fut habilité en 1915. En 1916, Husserl intégra le département comme professeur, et sa pensée eut un impact considérable sur le développement de Heidegger. En 1923, il est nommé professeur à Marburg grâce à la parution de *Être et Temps*. Il retourna ensuite à Fribourg pour remplacer Husserl qui prit sa retraite en 1928.

Attiré par le nazisme, Heidegger adhère au Parti en 1933 ; il devint recteur de l'université de Fribourg la même année et fit un célèbre discours. Après la guerre, il fut interdit d'enseignement jusqu'en 1951 en raison de son affiliation au parti nazi. Il passa le reste de ses jours à écrire et à enseigner.

TEXTES ESSENTIELS *Être et Temps ; Qu'est-ce que la métaphysique ?*

L'appartenance de Heidegger au mouvement nazi, et la façon dont cela doit changer notre lecture de sa philosophie, restent sujettes à controverse.

CONCEPTS CLÉS

L'œuvre majeure de Heidegger, *Être et Temps*, affirme que la tradition philosophique occidentale, depuis les Grecs, a oublié « la question de l'être » et ne s'est intéressée qu'au présent, ignorant les dimensions temporelles du passé et du futur.

L'EXISTENTIALISME

Être et Temps vise à rouvrir la question de l'être en explorant la façon dont nous affrontons notre propre existence et la façon dont le monde nous apparaît. Heidegger revient au « Je pense, donc je suis » de Descartes *(voir p. 276-279)* pour créer sa propre version du cogito cartésien : le « Dasein », ou être-là, est le terme dont il qualifie ce mode original de conscience. Le Dasein diffère du cogito cartésien en ce qu'il est « toujours déjà » dans le monde plutôt que d'en être séparé. Là où Descartes prend son esprit connaissant comme source de certitudes et l'oppose au monde matériel, Heidegger insiste sur la réalité vécue de notre être dans un monde que nous ne choisissons pas. Le Dasein implique donc une existence incarnée dans le matériel et située dans le temps et dans un lieu socio-historique, dimensions que le « je » cartésien oublie. L'être du Dasein est un projet ouvert de « devenir » : nous nous créons par nos actions et nos choix. Heidegger décrit les dimensions affectives de l'être : l'expérience de l'ennui, de l'inquiétude, de la culpabilité et de la crainte. Pour avoir traité des problèmes les plus généraux de la condition humaine, on le considère souvent comme le père de l'existentialisme.

Heidegger critiquait la culture de masse et de la technologie moderne qui éloignent l'homme de la nature, engendrant une perte de l'unité originelle de l'humanité primitive. Cela explique peut-être son attrait pour le nazisme qui semblait annoncer un retour à l'ancienne culture et à la terre, par opposition au modernisme technocratique qu'il percevait chez les États-Unis et l'URSS.

« JE VOYAIS DANS [LE PARTI NAZI] LA POSSIBILITÉ D'UN SOUVENIR ET D'UN RENOUVEAU INTERNES DU PEUPLE, ET UNE VOIE QUI LUI PERMETTRAIT DE DÉCOUVRIR SA VOCATION HISTORIQUE DANS LE MONDE OCCIDENTAL. »

« Discours de rectorat », 1933-1934

VOIR AUSSI ▸ Husserl *(p. 319)* • Sartre *(p. 336)* • Derrida *(p. 344)* • Gadamer *(p. 330)*

Rudolf Carnap

1891–1970 Allemagne

Défenseur du « positivisme logique », doctrine qui doit beaucoup à Wittgenstein (*voir p. 326-327*), Carnap pense que les propositions non vérifiables par l'expérience sont empiriquement vides, et donc dénuées de sens. Dans cette catégorie, tombe toute la métaphysique traditionnelle, résultat de confusions linguistiques.

Au début de sa carrière, Carnap enseigna aux universités d'Iéna et de Prague puis, à l'époque du nazisme, en Amérique. Ses articles « *Scheineprobleme in der Philosophie* » (1928) et « Le dépassement de la métaphysique par l'analyse logique du langage » (1932) clarifient son critère vérificationniste du sens (une proposition n'a de sens que si elle peut être vérifiée par l'expérience).

L'un des premiers à mesurer l'importance des progrès opérés en logique par Gottlob Frege (*voir p. 318*) et Bertrand Russell (*voir p. 322-323*), Carnap les lie à l'empirisme en fondant son explication de la connaissance du monde sur les données élémentaires de l'expérience. *La Construction logique du monde* (1928) élabore cette position, mais Carnap la considéra plus tard comme une base trop subjective pour la connaissance scientifique. Selon lui, les questions apparemment métaphysiques ne dépendent d'aucun sujet substantiel, et ne sont qu'un choix sur la façon de décrire la matière. Phénoménalisme et réalisme ne relèvent donc que d'un choix entre deux cadres linguistiques. Ses œuvres comprennent entre autres *La Syntaxe logique du langage* (1934) et *Signification et Nécessité* (1947).

Hans-Georg Gadamer

1900–2002 Allemagne

Connu pour sa théorie de l'interprétation ou « herméneutique philosophique », Gadamer récusait l'idée que l'interprétation d'un texte requiert une compréhension objective des intentions de son auteur.

Gadamer étudia auprès de Heidegger (*voir p. 328-329*), enseigna à Marburg et à Leipzig, et devint professeur à Heidelberg. Son œuvre majeure, *Vérité et Méthode* (1960), établit que nous ne pouvons échapper au conditionnement de notre situation historique. La compréhension d'un texte implique nécessairement deux perspectives : celle de l'auteur et celle de l'interprète. L'interprétation est donc un processus à double sens dans lequel ces perspectives se fondent en une « fusion des horizons ». De plus, parce que tout texte reste ouvert à de nouvelles interprétations, révélant sans cesse de nouveaux aspects de lui-même, ce processus ne peut être ramené à une méthode figée.

Gadamer adhérait tant à l'idée de dialogue qu'il s'engageait publiquement dans des débats avec ses collègues philosophes Habermas et Derrida.

Gilbert Ryle

◒ 1900–1976 Angleterre

Influencé par Wittgenstein, Ryle pensait que nombre des problèmes philosophiques étaient de simples confusions dues à de simples abus de langage. Il faut donc dissoudre ces confusions par l'analyse linguistique. Son œuvre ouvrit la voie aux théories de l'esprit de la fin du XXe siècle.

VIE ET ŒUVRE

Ryle étudia et enseigna à l'université d'Oxford. Il fut d'abord influencé par la phénoménologie dans les années 1920 puis épousa plus tard une forme de philosophie du « langage ordinaire » qui prédominait à Oxford dans les années 1940 et 1950. Son article « *Systematically misleading expressions* » introduit l'idée que la philosophie doit viser à clarifier la logique des expressions : une approche développée en 1938 dans son article « *Categories* ». Il fut recruté comme agent secret durant la guerre, puis devint professeur de philosophie métaphysique à Oxford en même temps qu'il édite la prestigieuse revue *Mind* de 1948 à 1971. Outre *La Notion d'esprit* (1971), il publia *Collected Papers* (1971), *Les Dilemmes* (1954) et *L'Itinéraire de Platon* (1966).

TEXTES ESSENTIELS *La Notion d'esprit ; Catégories.*

CONCEPTS CLÉS

Selon Ryle, les philosophes supposent souvent que les expressions qui fonctionnent grammaticalement de manière superficiellement identique appartiennent à la même catégorie logique. Ces « fautes de catégorie » créent de faux problèmes philosophiques, qu'une attention rigoureuse prêtée à la fonction propre du discours ordinaire permet de surmonter.

Dans *La Notion d'esprit*, Ryle étale la carte de la « géographie logique » de nos concepts d'esprit et de corps pour mettre un terme aux difficultés qui y ont trait. La principale cause de ces erreurs est, selon lui, la tendance cartésienne à traiter l'esprit comme une entité non physique à l'intérieur du corps, d'où il produirait les comportements. Ryle lança l'expression de « fantôme dans la machine » pour caricaturer cette faute de catégorie. Son analyse vise à montrer que parler de l'esprit revient simplement à parler du comportement.

VOIR AUSSI ▸ Le mystère de la conscience *(p. 124-127)* • Wittgenstein *(p. 326-327)* • Erreurs de catégorie *(p. 225)*

Le lanceur lance, le batteur bat, mais demander quel joueur est responsable de « l'esprit d'équipe », est une faute de catégorie.

Karl Raimund Popper

1902–1994 Autriche

Critique envers les philosophies politiques utopiques, Popper est un épistémologue réputé. Selon lui, la science ne progresse pas en généralisant à partir d'observations, mais grâce à d'audacieuses conjectures qui doivent être testées en vue d'une éventuelle réfutation.

VIE ET ŒUVRE

Popper obtint son doctorat à Vienne en 1929. Son premier ouvrage, *La Logique de la découverte scientifique*, expose ses vues sur la méthode scientifique, qu'il développera dans *Conjectures et réfutations*. En 1937, devant l'imminence de l'annexion de l'Autriche par l'Allemagne nazie, Popper part en Nouvelle-Zélande. Pendant la guerre, il écrit *La Société ouverte et ses ennemis*, une défense de la démocratie libérale à travers une critique de la philosophie politique de Platon, Hegel et Marx. Après la guerre, il enseigne à la London School of Economics, et devient professeur en 1949. Dans *The Self and Its Brain*, écrit avec John Eccles, il défend une forme d'interaction corps-esprit.

TEXTES ESSENTIELS *La Logique de la découverte scientifique ; La Société ouverte et ses ennemis ; Misère de l'historicisme ; Conjectures et réfutations ; Connaissance objective ; The Self and Its Brain.*

CONCEPTS CLÉS

Comme Carnap et les positivistes logiques, Popper voit dans la science le paradigme de la recherche rationnelle. Il s'intéresse au « problème de l'induction » de Hume, selon lequel peu importe le nombre d'observations, elles ne peuvent confirmer une hypothèse – l'accepter ou la rejeter reste tout aussi rationnel. Récusant la vision « inductive » de la méthode de Bacon, Popper pense que les théories sont réfutées, et non confirmées, par la preuve empirique. Les progrès scientifiques naissent donc lorsque l'on avance des hypothèses pour tenter de les réfuter. Pour être véritablement scientifique, une théorie doit être ouverte à la réfutation, car si elle ne peut être réfutée, c'est qu'elle ne fait pas de proposition sur le monde.

VOIR AUSSI ▸ Le problème de l'induction *(p. 180-185)* • Bacon *(p. 274)* • Carnap *(p. 330)* • Quine *(p. 337)*

Selon Popper, la science progresse en éliminant des théories qui s'avèrent fausses : par exemple, lorsqu'un cygne noir réfute la théorie « tous les cygnes sont blancs. »

Theodor Adorno

1903–1969 Allemagne

Musicologue, critique littéraire, sociologue et philosophe, Adorno est une figure de proue de l'École de Francfort, qui visait à donner une nouvelle direction à la pensée marxiste après l'échec du communisme en Europe occidentale et sa dégénérescence en stalinisme à l'Est.

VIE ET ŒUVRE

Brillant étudiant passionné de musique, Adorno étudie la musicologie, la sociologie et la philosophie à l'université de Francfort. En 1925, il étudie à Vienne auprès du compositeur Alban Berg. Il retourne à Francfort pour enseigner et collabore aux travaux de l'Institut de recherches sociales fondé par son ami Max Horkheimer. En 1933, les nazis l'empêchent d'enseigner, et il émigre en Angleterre, puis aux États-Unis. Après la guerre, il revint à Francfort et devint directeur de l'Institut, et membre éminent de l'École de Francfort, avec Horkheimer et Marcuse.

Adorno admirait la musique atonale de Schoenberg et détestait le jazz, juste bon pour amadouer les foules.

TEXTES ESSENTIELS *Dialectique des Lumières ; Philosophie de la musique nouvelle ; La Personnalité autoritaire : Minima Moralia ; Dialectique négative.*

CONCEPTS CLÉS

Dans les années 1930, la production et la culture de masse étaient lancées et les penseurs de gauche comme Adorno renoncèrent à voir le capitalisme succomber à la révolution prolétaire. Le capitalisme perdurait et l'approche interdisciplinaire d'Adorno – recherches dans la culture et l'esthétique populaire utilisant souvent les outils de la psychanalyse – explora les mécanismes avec lesquels la société contemporaine désamorce les forces du changement révolutionnaire. *La Dialectique des Lumières*, écrite avec Horkheimer, examine les problèmes posés par la modernité, dont notamment l'adhésion sans critique à la « raison » qui, plutôt que d'être une force pour la libération, est devenue un autre mécanisme de contrôle social à travers la technologie. Dans le même temps, l'industrie culturelle et les médias de masse, surtout aux États-Unis, créant le besoin artificiel de produits prêts à être assimilés et de divertissements conçus pour apaiser le consommateur, répondent à un même processus de domination. Dans *La Personnalité autoritaire*, Adorno décrit la personnalité de ceux qui sont attirés par le fascisme ; ils se soumettent volontiers à l'autorité, mais exultent en exerçant le pouvoir sur d'autres.

Dans les années 1960, Adorno s'engagea dans un célèbre débat sur le positivisme, rejetant le « rationalisme critique » de Popper.

VOIR AUSSI ▸ Marx *(p. 311-312)* • Popper *(p. 332)* • Habermas *(p. 343)*

« L'ENFER, C'EST LES AUTRES. »

Jean-Paul Sartre, *Huis Clos*

A.T.K.S
2001
ICI C'EST PARIS

Jean-Paul Sartre

1905–1980 France

Chef de file de l'existentialisme d'après-guerre, Sartre pensait que la liberté des hommes est totale et exige qu'ils assument la responsabilité de leurs actes et de leur devenir. Il explora ses thèmes à travers des pièces de théâtre, des romans et des essais critiques, ainsi qu'à l'université.

VIE ET ŒUVRE

Sartre étudie la philosophie à l'École normale supérieure, où il rencontre sa compagne Simone de Beauvoir. En 1945, sa conférence *L'Existentialisme est un humanisme* et plusieurs pièces de théâtre, le rendirent célèbre. Ses penchants marxistes le poussent à l'activisme politique, par exemple en soutenant la lutte algérienne contre l'autorité coloniale française. En 1964, il refuse le prix Nobel de Littérature et en 1972, malgré sa vue défaillante, il écrit son étude sur Flaubert, *L'Idiot de la famille*.

TEXTES ESSENTIELS *La Nausée ; L'Être et le Néant ; Critique de la raison dialectique ; L'Idiot de la famille.*

Le café Les Deux Magots est le lieu de rendez-vous de Sartre et de Beauvoir. À ses funérailles, 50 000 personnes envahirent les rues de la capitale.

CONCEPTS CLÉS

Très tôt, Sartre rejette les valeurs bourgeoises de son éducation. La quête d'une vie librement choisie et authentique – qui ne soit pas déterminée par la religion, l'autorité ou la tradition – devient l'un de ses thèmes de prédilection. Son approche philosophique est ancrée dans la phénoménologie husserlienne et la tentative de décrire les structures universelles de l'expérience humaine du point de vue subjectif de l'ego cartésien. L'« existentialisme » de la pensée de Sartre, c'est l'importance donnée à l'expérience concrète de l'être humain, qu'il dissèque dans ses romans, ses pièces et des ouvrages plus traditionnellement philosophiques.

Sartre différenciait la matière physique et la conscience, qui est caractérisée par sa liberté. Quelle que soit notre situation, nous sommes libres de la « nier » – d'imaginer les choses différemment ou de nous efforcer de les changer. C'est à travers nos choix et nos actes que nous nous créons librement. Mais assumer cette responsabilité a un prix psychologique. La « nausée » de son premier roman renvoie à la réaction pathologique du héros, Roquentin, face à la réalité de sa propre liberté et à sa quête de sens dans un monde où règne l'indifférence. Dans *L'Être et le Néant*, Sartre explore plus avant notre être-au-monde, exposant la mauvaise foi – notre tendance à nous aveugler – avec laquelle nous tentons d'échapper à la responsabilité de nos actes. Dans *La Critique de la raison dialectique*, il tente de résoudre le conflit qu'il perçoit entre le point de départ subjectif de sa philosophie et la vision marxiste « scientifique » de l'histoire.

VOIR AUSSI ▸ Kierkegaard *(p. 310)* • Husserl *(p. 319)* • Heidegger *(p. 328-329)* • de Beauvoir *(p. 338)*

Willard Van Orman Quine

1908–2000 États-Unis

Considéré par beaucoup comme le philosophe le plus important du monde anglophone de la seconde moitié du XXe siècle, Quine est l'auteur d'ouvrages très originaux en logique, ontologie, épistémologie et philosophie du langage. Il voyait la philosophie comme la continuation des sciences naturelles.

VIE ET ŒUVRE

Né à Akron, en Ohio, Quine étudie les mathématiques et la philosophie, puis voyage en Europe où il assiste à des réunions du Cercle de Vienne, groupement de philosophes et de savants adeptes d'une philosophie antimétaphysique, et où il rencontre Carnap. Durant la Seconde Guerre mondiale, il est agent secret dans la marine, puis il retourne à Harvard, où il passe le reste de sa vie. Quine continue d'exercer une immense influence sur la philosophie anglo-américaine, dont il enseigna certaines des figures les plus importantes, comme Hilary Putnam, Donald Davidson et Daniel Dennett.

TEXTES ESSENTIELS *Du point de vue logique ; Le Mot et la Chose ; Relativité de l'ontologie ; Quiddités.*

CONCEPTS CLÉS

Quine prônait une forme forte de naturalisme : tout ce qui existe fait partie de la nature, et la science seule permet de connaître le monde. Il appliqua ces idées à des questions fondamentales sur le sens et la connaissance.

Il attaqua la distinction entre propositions analytiques (vraies en vertu de leur sens) – comme « Les hommes non mariés sont célibataires » – et les propositions synthétiques (vraies en raison de l'état du monde) – comme « Le chat est assis sur le tapis », érodant la revendication de la philosophie à contribuer pertinemment à la connaissance et à fournir des fondements à la science. La force de sa position amena le *Philosophical Lexicon* à définir le verbe « *to quine* » comme « renier résolument l'existence ou l'importance de quelque chose de réel ou de signifiant ». Bien que sa pensée soit complexe et controversée, le style de Quine était d'une grande clarté.

VOIR ▸ Deux approches de la connaissance *(p. 66-67)* • Philosophie des sciences *(p. 178-189)* • Carnap *(p. 330)*

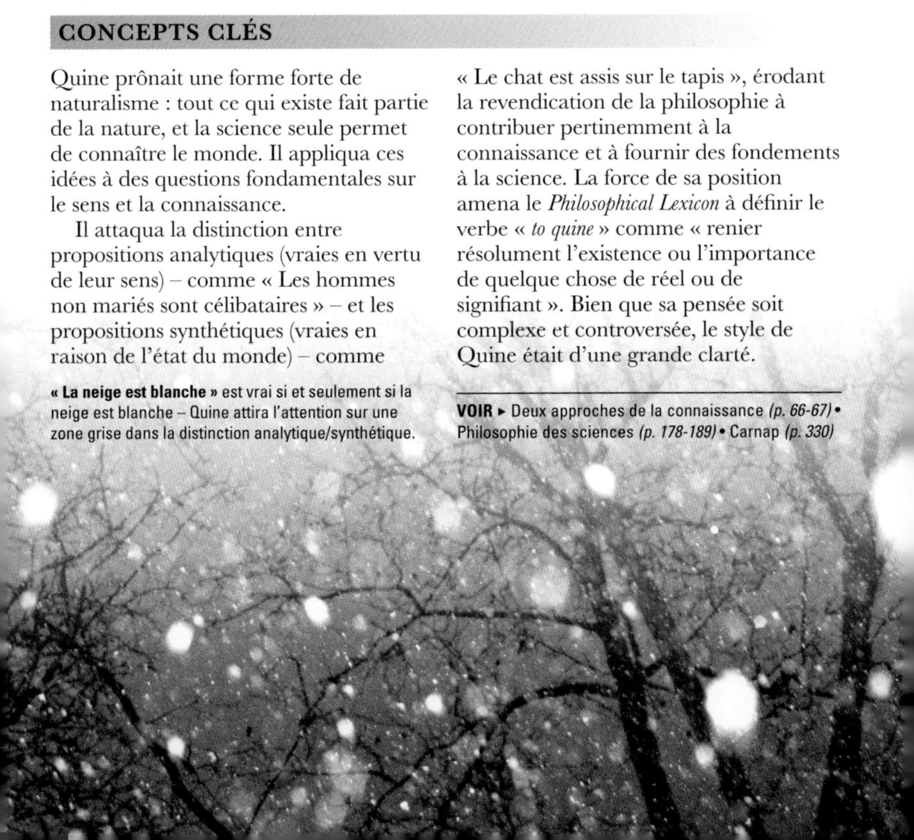

« La neige est blanche » est vrai si et seulement si la neige est blanche – Quine attira l'attention sur une zone grise dans la distinction analytique/synthétique.

Simone de Beauvoir

1908–1986 France

La philosophe et romancière féministe est indissociable de Sartre *(p. 336)*. Son magistral *Le Deuxième Sexe* (1949) utilise nombre des outils conceptuels de la phénoménologie et de l'existentialisme, sans négliger la dimension sociale de l'être humain. Elle y explore la façon dont la femme a toujours été reléguée au second plan et suggère que le sexe biologique et le genre construit socialement sont délibérément confondus par une société dominée par les hommes. Les femmes ont donc du mal à rompre avec les stéréotypes et aspirations créés pour leur sexe par les hommes.

Donald Davidson

1917–2003 États-Unis

Davidson étudia auprès de Quine *(p. 337)* à Harvard et poursuivit une carrière universitaire distinguée. Son originalité réside dans le fait qu'il n'a jamais écrit de livre majeur ; son importance lui vient de ses nombreux articles courts mais perspicaces. En philosophie de l'esprit, Davidson a une position matérialiste, supposant que chaque événement mental est aussi un événement physique. Il croyait néanmoins que le mental ne peut être réduit, ni expliqué en termes physiques. Il rejetait aussi toute loi liant les deux. Avec le logicien polonais Tarski, Davidson pensait que pour être appris, un langage doit comporter un nombre fini d'éléments : le sens des phrases doit être le produit de ces éléments et des règles de combinaison.

John Langshaw Austin

1911–1960 Angleterre

Diplômé d'Oxford, où il enseigne toute sa vie, Austin est la figure de proue du « langage ordinaire » de l'école d'Oxford, très à la mode dans les années 1950. Résistant à la tentation traditionnelle du philosophe de discourir sur la façon dont le langage *devrait* traiter un sujet, l'approche d'Austin consiste en des analyses rigoureuses et méticuleuses de la façon dont le langage fonctionne réellement dans son usage ordinaire. En examinant nos propos du quotidien sur, par exemple, la liberté ou l'action humaine, il est possible de découvrir les subtiles distinctions nécessaires à la résolution des difficultés les plus profondes. Auteur attachant et souvent amusant, son œuvre est connue grâce aux articles et conférences rassemblés après sa mort dans *Le Langage de la perception* (1972) et *Quand dire, c'est faire* (1972).

Alfred Ayer

1910–1989 Angleterre

Diplômé d'Oxford, Ayer y enseigne avant de travailler à l'University College de Londres. En 1959, il occupe la chaire Wykeham de logique à Oxford. Son *Langage, vérité et logique* (1936) introduit le positivisme logique dans le monde anglophone. Ayer y défend une version du principe de vérification (une proposition n'a de signification que s'il existe une méthode pour la valider). Les propositions portant sur les objets physiques peuvent être réduites logiquement à des propositions sur la perception sensible réelle ou possible. « Émotiviste », il soutenait que les propositions morales manquent de contenu cognitif car elles sont la simple expression d'attitudes émotionnelles (*voir aussi p. 115*).

Arne Naess

◒ 1912– Norvège

Alpiniste zélé, activiste politique, et professeur de philosophie à l'Université d'Oslo de 1939 à 1969, Naess est surtout connu pour son éthique de la solidarité inspirée de Gandhi, non seulement avec autrui, mais avec l'environnement tout entier.

L'« écosophie » de Naess (du grec « foyer » et « sagesse ») défend un mode de vie sage dans notre foyer, qui est l'ensemble de la nature. L'importance donnée à la place de l'humanité au sein du système écologique signifie qu'il n'y a aucune distinction réelle entre nous et chaque être vivant dans le monde.

La pensée de Naess inspira le mouvement « *Deep Ecology* », qu'il fonda et nomma. Il prône la résistance pacifiste par action directe ; en 1970, il s'opposa avec succès aux plans de construction d'un barrage en s'enchaînant, avec d'autres manifestants, à des rochers de la chute d'eau Mardalsfossen.

Comme Spinoza, Naess prône la réalisation personnelle, mais au sein de l'ensemble écologique, et pense que tout être vivant a de la valeur et le droit de s'épanouir.

Louis Althusser

◒ 1918–1990 France

Spécialiste de Marx, Althusser pense qu'il y a une différence radicale entre les premiers écrits de Marx et la période « scientifique » du *Capital* (*voir aussi p. 311-312*). Les premières recherches de Marx se concentrent sur des concepts hégéliens comme l'aliénation (*voir p. 302-303*), tandis que dans ses œuvres matures, l'histoire est perçue comme ayant son propre dynamisme indépendant des intentions et actions humaines. Althusser pense que nous sommes déterminés par les conditions structurelles de la société, ce qui implique le rejet controversé de l'autonomie humaine, enlevant à l'action individuelle tout rôle historique. Althusser fut un atout théorique important pour le Parti communiste.

Peter Strawson

◒ 1919–2006 Angleterre

Philosophe du langage à Oxford, Strawson engage une controverse dans « *On Referring* » (1950) avec la théorie russellienne des descriptions (*voir p. 323*), selon laquelle une proposition comme « l'actuel roi de France est chauve » implique l'affirmation qu'il y a actuellement un roi de France, et est donc fausse. Strawson pense que faire référence à une chose ne revient pas à affirmer son existence, et même si la phrase *présuppose* qu'il y a un roi de France, l'incapacité de la description à faire référence à un individu signifie que la question de la vérité ne se pose pas. Il s'intéressa ensuite à la « métaphysique descriptive », visant à analyser les catégories de base de notre pensée impliquées dans le langage ordinaire.

John Rawls

1921–2002 États-Unis

La *Théorie de la justice* de Rawls est la première tentative soutenue depuis Kant d'offrir une alternative à l'éthique utilitariste. Pierre de touche de la philosophie politique dans la tradition anglo-américaine, elle réactualise les théories du contrat social de Hobbes, Locke et Rousseau.

VIE ET ŒUVRE

Diplômé de Princeton, Rawls s'engage dans l'armée pendant la guerre du Pacifique et visite Hiroshima après sa destruction par la bombe atomique. Il quitte l'armée pour retourner à une vie universitaire, enseignant à divers postes avant de s'installer à Harvard en 1962, où il resta jusqu'à sa mort. Ses premiers articles, tels que « La justice comme équité » révèlent son goût pour la justice distributive. La *Théorie de la justice* tente de situer ses conclusions dans un ensemble systématique. L'ouvrage eut un succès immédiat ; il transforma la philosophie politique dans le monde anglophone et en détermina l'orientation, malgré les critiques de ses principes.

TEXTES ESSENTIELS *Théorie de la justice ; Libéralisme politique ; Le Droit des peuples et la raison publique.*

CONCEPTS CLÉS

Selon Rawls, une société juste est une société dans laquelle les gens s'engageraient s'ils n'étaient pas influencés par leur propre situation. Pour définir ce à quoi ressemblerait une telle société, Rawls nous demande de nous imaginer dans une « position originelle » hypothétique dans l'ignorance de nos circonstances sociales. Rationnellement, nous choisirions une société qui ne favorise aucun groupe ou individu en particulier, et notre priorité serait d'éviter à quiconque d'être tributaire de restrictions indues de liberté, ou d'extrême pauvreté.

Pour garantir la justice, Rawls suggère le « principe de liberté » (tous sont également libres), et le « principe de différence » (les biens sont distribués également, à moins que les inégalités ne bénéficient aux plus désavantagés).

Si vous ne saviez pas quelle position vous occuperiez dans la société, demande Rawls, quel genre de société choisiriez-vous ?

VOIR AUSSI ▸ Le contrat social *(p. 165)* • Utilitarisme : soyez heureux *(p. 102-103)* • Hobbes *(p. 275)* • Locke *(p. 282-283)* • Rousseau *(p. 292-293)* • Kant *(p. 294-297)* • Mill *(p. 308-309)*

Thomas S. Kuhn

1922–1996 États-Unis

Physicien de formation, Kuhn mit en question, dans *La Structure des révolutions scientifiques*, la vision du progrès scientifique comme accumulation de connaissances. Selon lui, la science procède par étapes séparées de périodes distinctes.

Kuhn pense qu'en des périodes de « science normale », les scientifiques prennent comme acquises les présuppositions du cadre théorique dominant de l'époque, le paradigme. Le paradigme (par exemple, la dynamique newtonienne) impose le genre de problèmes à résoudre et les méthodes que doivent appliquer les scientifiques. Mais à un moment donné, l'accumulation des énigmes non résolues déclenche une crise et une révolution cyclique où de nouveaux paradigmes essaient de s'imposer. Pour autant un nouveau paradigme n'usurpe pas l'ancien en ce qu'il est plus vrai ; aucun recours neutre aux « faits » ne peut les départager. La conclusion radicale qui en découle est que le progrès scientifique est déterminé par le changement social plutôt que par la raison.

L'identification des lunes orbitales de Jupiter fut l'un des facteurs de la révolution copernicienne, « changement paradigmatique » essentiel pour la science, selon Kuhn.

Jean-François Lyotard

1924–1998 France

Engagé dans les cercles politiques de gauche au début des années 1960, Lyotard trouva plus tard beaucoup à redire au marxisme dans son *Économie libidinale* (1974). Dans la *Condition postmoderne* (1979), il rejette les « grands récits » ou systèmes d'idées, chrétiens ou marxistes, qui tentent de tout expliquer. Il élabore ainsi une critique du modernisme et des valeurs des Lumières. Il reprend le terme de « postmodernisme » *(voir aussi p. 43)* pour annoncer l'avènement d'un nouveau subjectivisme et une défiance de la raison humaine comme voie du salut. Dans sa critique du modernisme, Lyotard s'en prend à la notion de jeux de langage de Wittgenstein (*voir p. 326-327*) et à la théorie des actes de discours d'Austin (*voir p. 338*).

Gilles Deleuze

1925–1995 France

Deleuze voyait la philosophie comme un procédé créatif pour construire des concepts. Ses travaux puisent ostensiblement dans l'histoire de la philosophie, mais ses interprétations ne tentent pas de dévoiler le « vrai » Spinoza ou Nietzsche. Elles retravaillent les mécanismes conceptuels pour ouvrir de nouvelles voies de pensée. Deleuze est connu pour sa collaboration avec le psychanalyste Félix Guattari, notamment pour l'*Anti-Œdipe* (1972), *Qu'est-ce que la philosophie* (1991), et pour des commentaires influents de films, de littérature et d'art. Après des années de souffrance due à un cancer du poumon, « enchaîné comme un chien » à des bouteilles d'oxygène, il se suicide en sautant de la fenêtre de son appartement parisien.

Michel Foucault

1926–1984 France

L'œuvre de Foucault mêle histoire et philosophie. Il examina les réseaux complexes de croyances qui caractérisent les différentes pratiques culturelles au cours d'époques données, exposant leur usage dans le contrôle social et révélant ainsi la nature historique des relations de pouvoir.

VIE ET ŒUVRE

Philosophe de formation (École normale supérieure), Foucault enseigne à l'université avant d'être élu en 1970 professeur d'histoire des systèmes de pensée au Collège de France. Sa première œuvre majeure, *Histoire de la folie*, explore l'origine des asiles et l'histoire des attitudes européennes face à la folie. Dans *Les Mots et les choses*, il enquête sur les formes courantes de connaissance et défend sa première méthodologie dans *L'Archéologie du savoir*. Parmi ses œuvres importantes figurent *Surveiller et punir*, étude du développement du système carcéral, et les trois tomes de l'*Histoire de la sexualité*.

TEXTES ESSENTIELS *Histoire de la folie à l'âge classique ; Les Mots et les Choses ; L'Archéologie du savoir ; Surveiller et punir ; Histoire de la sexualité.*

CONCEPTS CLÉS

L'œuvre de Foucault naît de sa conviction que les structures qui organisent les croyances d'une culture sont conditionnées par l'histoire. Ces « epistemes », constructions historiques, sont déterminées par les règles et pratiques sociales qui régulent le discours. Dans *L'Archéologie du savoir*, il examine l'émergence historique des structures et des systèmes de contrôle social qu'elles ont engendrés. Son but n'est pas de produire une simple histoire sociale, mais plutôt une « histoire du présent » : controverse critique avec le discours et les pratiques actuelles à travers l'exploration des processus qui les créent.

Foucault pense que l'émergence des sciences humaines au XVIIIe siècle, soumettant l'être humain au regard scientifique, coïncide avec l'essor des systèmes de contrôle disciplinaire. En comprenant leur développement, nous pouvons résister à l'image que nous impose l'ordre dirigeant, et forger ainsi de nouveaux modes de vie.

VOIR AUSSI ▸ Habermas *(voir page de droite)*

Les Ménines de Vélasquez est analysé dans *Les Mots et les Choses* comme représentant l'émergence du sujet humain en tant que catégorie de pensée.

Noam Chomsky

1928– États-Unis

L'œuvre déterminante de Chomsky, *Structures syntaxiques*, a profondément influencé la linguistique théorique. Aujourd'hui, il est plus connu comme activiste politique pour ses critiques détaillées et variées des gouvernements occidentaux.

Chomsky obtient son doctorat de linguistique à l'université de Pennsylvanie en 1955, et enseigne depuis au M.I.T. Dans *Structures syntaxiques*, il souligne que les enfants assimilent la grammaire de leur langue natale avec une étonnante rapidité, sur des preuves limitées et sans entraînement particulier. On peut donc supposer qu'ils ont une disposition innée d'apprentissage du langage et une connaissance tacite de la « grammaire générative ». Ce don étant universel, certaines structures grammaticales doivent être communes à toutes les langues.

Activiste infatigable, Chomsky cherche à exposer la façon dont les élites puissantes restreignent les termes du débat au sein des médias et manipulent les populations des sociétés démocratiques.

Très tôt, les enfants sont capables de produire un nombre infini de phrases en usant d'un nombre limité de mots et un ensemble inflexible de règles syntaxiques.

Jürgen Habermas

1929– Allemagne

Habermas est le plus important représentant contemporain de l'École de Francfort de la théorie critique. Son néo-marxisme résiste au courant relativiste dans la majorité du discours sur la « postmodernité », réaffirmant la possibilité de retrouver l'idéal des Lumières d'un consensus rationnel.

Habermas étudie à l'Institut des recherches sociales de Francfort auprès de Horkheimer et d'Adorno (*voir p. 333*). Comme eux, il se méfie de l'« instrumentalisme » de la société technocratique moderne. La technologie, et l'importance qu'elle accorde à l'entendement et au contrôle, est perçue comme le moyen d'atteindre des fins sociales. Mais il manque une « sphère publique » où débattre de la nature et de la désirabilité de ces fins. En opposition à cet instrumentalisme, et pour réactualiser le projet des Lumières, Habermas développe une théorie de la communication en société. Remarquons ici que tandis que nombre d'intellectuels contemporains sont accusés de quiétisme politique, Habermas s'engage presque autant que Chomsky *(ci-dessus)* dans des débats à la portée signifiante sur des sujets d'intérêt public international, comme la globalisation et le rôle de la religion dans une société laïque. Il a récemment critiqué ouvertement la position des États-Unis envers l'Irak.

Parmi les œuvres majeures de Habermas figurent *L'Espace public* (1962) et *Théorie de l'agir communicationnel* (1981).

Richard Rorty

◒ 1931– ⚑ États-Unis

Formé dans la tradition anglo-américaine de la philosophie « analytique », Rorty est connu pour ses critiques de nombreux aspects centraux de cette tradition, comme la possibilité d'une connaissance et d'une vérité objectives.

Rorty étudie à Chicago et à Yale, puis enseigne à Princeton et Virginia. Il est aujourd'hui professeur à l'université de Stanford, en Californie. Influencé par les critiques que Quine formula à l'égard de l'empirisme (*voir p. 337*) et par la tradition pragmatique américaine, il se rapproche du travail des penseurs dits « postmodernes ».

La théorie de l'esprit « anti-représentationnaliste » de Rorty, développée à la fin des années 1970, le conduit à mettre en question le modèle de la philosophie comme visant à découvrir et à décrire la vérité de la réalité. *L'Homme spéculaire* (1990) attaque la possibilité d'un état neutre d'où l'on peut jeter un regard objectif sur un quelconque sujet. Puisque nous n'avons accès qu'à nos croyances, et non aux faits tels qu'ils sont en eux-mêmes, nous ne pouvons espérer les comparer avec la réalité pour garantir leur vérité.

Du pragmatisme, Rorty reprend l'idée que la vérité se trouve dans ce qui fonctionne plus que dans une correspondance entre croyances et faits. Il nous encourage donc à « voir la connaissance comme un sujet de conversation et une pratique sociale plutôt que comme une tentative de refléter la nature ». Rorty s'allie ouvertement à d'autres penseurs anti-représentationnalistes, depuis Nietzsche (*voir p. 316-317*), Heidegger (*voir p. 328-329*) et Derrida (*ci-dessous*) jusqu'à James (*voir p. 313*) et Wittgenstein (*voir p. 326-327*).

Jacques Derrida

◒ 1930–2004 ⚑ France

Derrida est associé au terme de « déconstruction », qui implique une lecture attentive des textes pour en dégager la fluidité de sens, révélant des détails apparemment insignifiants pour mettre au jour leurs aspects cachés.

Derrida étudie à l'École normale supérieure auprès de Foucault (*voir p. 342*) et Althusser (*voir p. 339*), puis y enseigna à son tour.

Influencé par le structuralisme, Derrida nie que le sens d'un terme est déterminé par son référent. Selon lui, il résulte de ses relations différentielles avec d'autres termes. De plus, puisque notre interprétation ne peut sortir du langage, le sens n'est jamais définitif, mais constamment « différé ». Derrida introduit le néologisme « différance » pour parler de la nature différée/différente du sens. La force des textes philosophiques réside autant dans les tournures figuratives et rhétoriques que dans l'argumentation stricte. Selon Derrida, la métaphysique occidentale a été organisée par une métaphorique qui donne la priorité à la « présence » : c'est-à-dire qu'elle est guidée par un désir de faire naître à l'esprit immédiatement et dans leur intégralité des concepts comme l'essence, l'origine, la substance, la fin, la vérité, etc. Dans l'inévitable frustration du désir de fonder le sens dans ces termes résident les graines de la « déconstruction » du texte, un processus que Derrida perçoit comme de son devoir de retracer. Son œuvre a eu un impact considérable dans le monde anglophone, notamment au sein des études littéraires.

Saul Kripke

1940– États-Unis

Kripke publia le premier de plusieurs articles sur la logique modale à l'âge de 19 ans. Reprenant l'idée de Leibniz selon laquelle une vérité nécessaire est une vérité vraie dans tous les mondes possibles, ils contribuèrent à la sémantique des mondes possibles.

Kripke pense qu'un nom correct réfère au même objet dans tous les mondes possibles où il existe et donc, que les vraies propositions d'identité comportant des noms « propres », comme « L'Everest est le Chomolungma », sont métaphysiquement nécessaires. Selon Kripke, certaines vérités nécessaires ne peuvent être découvertes qu'empiriquement, comme par exemple : l'eau est H_2O. Ses œuvres majeures sont *La logique des noms propres* (1980) et *Règles et Langage Privé* (1982).

Sorte de prodige, Kripke enseigna la logique à l'Institut technologique du Massachusetts (MIT) alors qu'il était encore étudiant à Harvard (ci-contre).

Peter Singer

1946– Australie

Singer est surtout connu pour ses travaux en éthique appliquée, où ses opinions ont été attaquées par les activistes contre l'avortement et les défenseurs des droits des handicapés. Basé la majorité de sa carrière à Melbourne et professeur à Princeton, Singer a développé l'utilitarisme de Bentham et de Mill pour traiter divers sujets contemporains, tels l'avortement, l'euthanasie et l'égalitarisme social. Dans le célèbre *La Libération animale* (1976), il condamne le « spécisme » de la justification du mauvais traitement que nous imposons aux animaux, alléguant qu'ils ne sont pas humains. Ce qui importe, ce sont les capacités à souffrir d'un être, à raisonner et à être conscient de lui. La controverse porte sur le fait que les fœtus et les êtres humains diminués ont un statut moral inférieur à celui des grands singes.

Julia Kristeva

1941– Bulgarie

Considérée comme la féministe philosophe contemporaine la plus influente, Kristeva est née en Bulgarie mais s'installe à Paris en 1966. Si elle enseigne la linguistique à Paris VII, sa pensée se démarque par une approche interdisciplinaire. De l'œuvre du psychanalyste Jacques Lacan, elle développe l'idée que l'inconscient est structuré comme un langage et distingue ce qu'elle appelle le « sémiotique » – ce qui est instinctif et sensuel, dérivant du développement pré-linguistique du petit enfant – du « symbolique » – système de signes gouverné par des règles de l'usager adulte de la langue, où les mots correspondent à un sens.

INDEX

Les numéros de pages en **gras** font référence aux entrées principales ; les numéros en *italique* indiquent les pages des illustrations et des légendes.

A

B

C

D

E

F

G

H

REMERCIEMENTS

Remerciements de l'auteur

Bien que Stephen Law soit le principal directeur, auteur et éditeur de cet ouvrage, les personnes suivantes y ont également collaboré : Dan Cardinal, Michael Lacewing (Heythrop College), Chris Horner (William Morris Academy). Stephen Law voudrait les remercier pour leurs textes de grande qualité sans lesquels ce livre aurait été moins riche. De plus, James Garvey du Royal Institute de Philosophie, a offert ses nombreuses réactions, fines et minutieuses. Stephen Law voudrait également remercier Peter Gallagher, du Heythrop College, université de Londres, pour ses commentaires précieux sur plusieurs des entrées du Qui est Qui. Dan Cardinal voudrait aussi remercier Gerald Jones et Jeremy Hayward pour leur aide pour le chapitre II.

Remerciements de l'éditeur

L'éditeur voudrait remercier :
Carolyn Walton, Steve Setford, et Klara et Eric King pour le suivi éditorial ; Hilary Bird pour l'index ; Charles Wills et Jenny Siklos pour l'américanisation ; Yukki Yaura pour les lettres chinoises des pages 134-135 ; Nick Harris et Splinter Group pour l'illustration de la page 98 ; et toutes les personnes ou organisations qui nous ont aidé à obtenir les photographies pour le Qui est Qui.

Crédits photographiques

L'éditeur voudrait remercier les personnes suivantes pour leur autorisation à reproduire leurs photographies :

(h : en haut, b : en bas, c : au centre, t : tout en haut, e : à l'extrémité, tc : sur le titre courant, g : à gauche, d : à droite)

1 Alamy Images : Visual Arts Library (Londres) (t). 2 – 3 Corbis : Bettmann (c). 4 iStockPhoto : Lynn Chealander (c). 5 Science Photo Library : Mehau Kulyk (c). 6 – 7 Corbis : Ali Meyer (c). 8 Alamy Images : Dale O'Dell (bd). 9 Corbis : Steve Raymer (c). Mary Evans Picture Library : Mary Evans Picture Library (t). 10 – 11 iStockPhoto : Daniela Andreea Spyropoulos (tc) 10 DK Images : Rough Guides (c). 11 iStockPhoto : John Grigg (c). 14 – 21 DK Images : David Malin/Anglo Australian Observatory (tc) 14 Alamy Images : Christian Darkin (b). 15 Corbis : Burstein Collection (td). 16 The Art Archive (ch). 16 – 17 Alamy Images : Robert Fried (cb). 18 Corbis : Kazuyoshi Nomachi (b). 19 Science Photo Library : David Parker (tg). 20 Mary Evans Picture Library (c). 21 Getty Images : Matthias Clamer (c). 22 – 23 Getty Images : The Bridgeman Art Library (c). 24 – 43 DK Images : Rough Guides (tc). 25 iStockPhoto : Sandra von Stein (t). 26 Alamy Images : Mary Evans Picture Library (c). 27 Corbis : Punit Paranjpe/Reuters (c). 28 Corbis : Adam Woolfitt (b). Mary Evans Picture Library : Edwin Wallace (c). 30 Mary Evans Picture Library (c). 31 Corbis : Murat Taner/Zefa (c). 32 Alamy Images : Ben Ramos (bg). Corbis : Archivo Iconografico, S.A. (td). 33 DK Images : Museo de Bellas Artes, Seville (bd). 34 Corbis : Bettmann (c). 35 Corbis : Arte & Immagini SRL (t). 36 Mary Evans Picture Library (t). 37 Alamy Images : Visual Arts Library (Londres) (b). 38 – 39 Corbis : Bettmann (b). 41 The Kobal Collection : Renn Prod/France 2/D.D.Prod (c). 42 Corbis : Peter Turnley (c). 43 iStockPhoto : Arpad Benedek (c). 44 – 45 Getty Images : Altrendo Nature (c). 46 – 189 iStockPhoto : Jeffrey McDonald (tc). 46 Alamy Images : Mary Evans Picture Library (tc). 48 Mary Evans Picture Library : Harry Price (c). 49 iStockPhoto : Gloria-Leigh Logan (t). 50 Corbis : Historical Picture Archive (c). 51 The Kobal Collection : Warner Bros/Jasin Boland (b). 52 Corbis : Hulton-Deutsch Collection (bd). 53 Alamy Images : Hideo Kurihara (b). 54 – 55 Alamy Images : Chris Howes/Wild Places Photography (bg). 55 Alamy Images : Phototake Inc. (ch). Rutgers State University of New Jersey : Alvin Goldman (bd). 56 Corbis : Bettmann (ch). iStockPhoto : Ulrich Zillmann (ebg) ; (bg). 57 Corbis : H & S Produktion (b). 58 Getty Images : Hulton Archive (b). 59 Corbis : Swim Ink 2, LLC (ch). 60 Mary Evans Picture Library (b). 61 Alamy Images : Visual Arts Library (Londres) (cgh). iStockPhoto : Li Kim Goh (ch). 62 – 63 Corbis : Reinhard Eisele (b). 63 Corbis : Ronnie Kaufman (cdh). 64 – 65 Jupiter Images : Lorenz/Avelar (c). 66 Science Photo Library : Bluestone (b). 67 Alamy Images : Classic Image (cd) ; Mary Evans Picture Library (cg). 68 – 69 Corbis : Richard T. Nowitz (b). 70 Alamy Images : Zak Waters (b). iStockPhoto : Vasko Miokovic (c). 71 The Kobal Collection : MGM (bd). 72 Alamy Images : Photofusion Picture Library (t). Mary Evans Picture Library (bc). 73 Alamy Images : Visual Arts Library (Londres) (ch). 74 Corbis : Louie Psihoyos (c). 75 iStockPhoto : Michael Puerzer (t). 76 – 77 Alamy Images : Philip Bramhill (bg). 77 iStockPhoto : PhotographerOlympus (ch). 78 – 79 Jupiter Images : Ken Sherman (b). 79 Alamy Images : Mary Evans Picture Library (ch). 80 Alamy Images : Peter Horree (b). 81 The Kobal Collection : Walt Disney Pictures/Walden Media (t). 82 iStockPhoto : Peter Elvidge (bg). 82 – 83 Alamy Images : Phototake Inc. (tg). 84 Alamy Images : Mary Evans Picture Library (bd). 85 Science Photo Library : Richard Megna/ Fundamental Photos (td). 86 Corbis : Zen Icknow (bg). 87 Corbis : Cooperphoto (c). 88 Alamy Images : Bert Klassen (b). 89 akg-images (td). 90 iStockPhoto : Bonnie Schupp (bg). 91 iStockPhoto : Jose Antonio Nicoli Andonie (bd) ; Maciej Stachowiak (t). 92 Alamy Images : Mary Evans Picture Library (ch). iStockPhoto : Andrzej Tokarski (b). 93 iStockPhoto : Dóri O'Connell (cd). 94 – 95 Getty Images : The Bridgeman Art Library/John William Waterhouse (c). 96 Alamy Images : Werner Otto (ch). Corbis : David Turnley (b). 97 iStockPhoto : Vasiliy Yakobchuk (t). 99 Corbis : Roger Ressmeyer (b). iStockPhoto : Enrico Fianchini (ch). 100 Corbis : Todd Gipstein (c). 101 Frances Twitty (t). 102 iStockPhoto : Daniel Goldwasser (bg). 103 Alamy Images : Peter Horree (c). Corbis : Mark Peterson (t). 105 The Kobal Collection : Warner Bros/ILM (b). 106 Getty Images : Altrendo Images (t). 107 Corbis : Kapoor Baldev/Sygma (b). 108 Corbis : Pierre Perrin/Corbis Sygma (b). 109 Corbis : Ted Streshinsky (cb). iStockPhoto : Duncan Walker (td). 110 iStockPhoto : Alvaro Pantoja (cra). 111 Science Photo Library : Zephyr (b). 112 Getty Images : Orlando/Hulton Archive (b). 113 The Art Archive : Musée du Louvre Paris/Dagli Orti (t). iStockPhoto : Scrambled (cb). 114 iStockPhoto : Ljupco (b). Mary Evans Picture Library (ch). 115 Corbis : BBC (b). iStockPhoto : Morgan Mansour (ch). 116 – 117 iStockPhoto : Thomas Tuchan (c). 118 Corbis : James Robert Fuller (td). 119 Getty Images : Taxi/Alan Powdrill (b). 120 Alamy Images : Black Star (b). 121 Alamy Images : Tim Graham (t) ; Mary Evans Picture Library (cb). 122 iStockPhoto : Johanna Goodyear (c). 124 NHPA : Stephen Dalton (bd). 125 iStockPhoto : konradlew (b). 126 Mary Evans Picture Library (b). 127 Alamy Images : Mary Evans Picture Library (cb). iStockPhoto : Ralph Paprzycki (td). 128 Alamy Images : supershoo (t). 129 Frank Jackson (bd). 130 – 131 The Kobal Collection : MGM (c). 132 Corbis : John Springer Collection (b). iStockPhoto : Kenneth C. Zirkel (c). 133 Science Photo Library (bd). 134 – 135 Corbis : Pete Leonard/Zefa (b). 136 Science Photo Library : David McCarthy (c). 137 Corbis : Bettmann (bd) ; Gregor Schuster/zefa (t). 138 Corbis : Kazuyoshi Nomachi (c). 139 iStockPhoto : Ron Hohenhaus (t). 140 Alamy Images : Visual Arts Library (Londres) (c). 140 – 141 iStockPhoto : Mlenny (b). 141 Alamy Images : Mary Evans Picture Library (tc). 142 – 143 Corbis : Drew Gardner (b). 144 – 145 Corbis : Jagadeesh NV/Reuters (c). 146 Alamy Images : David Pearson (t). Richard Swinburne (bc). 147 Corbis : Bettmann (b). 148 – 149 Corbis : Randy Faris (b). 149 Science Photo Library : David Goodsell (tc). 150 – 151 Mary Evans Picture Library (bd). 151 Alamy Images : Visual Arts Library (Londres) (bd). 152 Alamy Images : Visual Arts Library (Londres) (b). 153 Alamy Images : Westend61 (b). 154 Getty Images : Daniel Berehulak (t). 155 Alamy Images : Visual Arts Library (Londres) (c). iStockPhoto : Christian Wagner (b). 156 – 157 iStockPhoto : Shaun Lowe (b). 157 Alamy Images : Popperfoto (cd). 158 – 159 Getty Images : Ken Fisher (b). 160 Alamy Images : Nicholas Pitt (c). 161 iStockPhoto : Vladimir Pomortsev (t). 162 – 163 Alamy Images : Network Photographers (b). 163 Alamy Images : Visual Arts Library (Londres) (td). 164 Corbis : Joseph Sohm ; ChromoSohm Inc. (b). 165 Corbis : Stefano Bianchetti (tc). 166 – 167 Mary Evans Picture Library : Mary Evans Picture Library (c). 168 iStockPhoto : webking (tc). 169 Alamy Images : Classic Image (tc). Corbis : Randy Faris (b). 170 iStockPhoto : Katie Winegarden (tc). 170 – 171 Corbis : The Art Archive (b). 172 Corbis : Bernard Bisson/ Corbis Sygma (bc) ; Ruggero Vanni (c). 173 Alamy Images : Greenshoots Communications (t). 174 Alamy Images : Visual Arts Library (Londres) (td). 174 – 175 Corbis : Diego Goldberg (b). Charles Taylor (td). 176 – 177 Corbis : Peter Turnley (bc). 177 akg-images (td). 178 Corbis : Bettmann (c). 180 – 181 iStockPhoto : Matthew Scherf (bc). 182 – 183 Corbis : Carl &

Ann Purcel (b). 183 Corbis : Hulton-Deutsch Collection (c). 184 Getty Images : Alexander Walter (bc). 184 – 185 Alamy Images : Mary Evans Picture Library (c). 185 Alamy Images : ImageState (c). 186 DK Images : NASA (bg). 187 Alamy Images : Arco Images (tc). 188 Alamy Images : Michael Hilton (bg). Mary Evans Picture Library (ch). 189 Corbis : Vincent/Zefa (b). 190 – 191 Getty Images (c). 192 Getty Images : FPG (c). 193 The Kobal Collection : Walt Disney/The Kobal Collection/Peter Mountain (c). 195 Alamy Images : Pictorial Press (cra). iStockPhoto : Adrian Moisei (tg). 196 iStockPhoto : Andriy Doriy (c) ; (cd) ; Robert Kyllo (tg). 196 – 197 iStockPhoto : Adam Booth (b). 198 – 199 Corbis : H. Armstrong Roberts (b). 199 Alamy Images : Suzy Bennett (bg). iStockPhoto : Kai Krien (tg). Mary Evans Picture Library (cdh). 200 Alamy Images : TH Foto (tg). Getty Images : Thomas Wiewandt (b). 201 Alamy Images : Mary Evans Picture Library (cra). Corbis : Bettmann (bg). iStockPhoto : Tom Grill (tg). 202 iStockPhoto : YangYin (tg). 202 – 203 Corbis : Rick Friedman (b). 203 Alamy Images : Popperfoto (bg). Corbis : Franco Vogt (cdh). iStockPhoto : Nicholas Belton (tg). 204 Alamy Images : Suzie Packard (b). iStockPhoto : javaman3 (tg). 205 Corbis : Photowood Inc (cgh). iStockPhoto : powershot (tg). The Kobal Collection : Lucasfilm/20th Century Fox/Frank Connor (bd). 206 – 207 iStockPhoto : Ines Gesell (c). 208 Alamy Images : Content Mine International (tg). Corbis : John Van Hasselt (cg). 208 – 209 Alamy Images : Nigel Hicks (b). 209 Alamy Images : Pictorial Press Ltd (td). 210 iStockPhoto : Julie Deshaies (tg). 210 – 211 Getty Images : Jason Hosking (b). 211 Corbis : Bettmann (tg). iStockPhoto : Tomasz Zajaczkowski (cd). 212 Corbis : H. Benser (b). 213 Alamy Images : Papilio (bd/panda) ; Worldspec/NASA (bd/Terre). DK Images : Lindsey Stock (bd). iStockPhoto : Umbar Shakir (cgh). 214 iStockPhoto : Cindy England (tg). 214 – 215 Corbis : Chris Rainier (b). 215 akg-images (cg). Getty Images : Tim Brown (tg). 216 iStockPhoto : Ralf Stadtaus (tg). Mary Evans Picture Library : Edwin Wallace (bg). 216 – 217 Getty Images : Dave Nagel (cd). 218 Corbis : CinemaPhoto (tg). 218 – 219 Alamy Images : Phil Talbot (bd). 219 Alamy Images : Visual Arts Library (Londres) (ecg). iStockPhoto : Jamey Ekins (cg) ; Juan Jose Gutierrez Barrow (cd) ; Keith Lamond (ecd). 220 Alamy Images : Marilyn Shenton (b) ; Stockfolio (tg). 221 iStockPhoto : Ramsey Blacklock (cdh) ; Derek Dammann (td) ; Nicola Gavin (tg) ; maodesign (cgh) ; Adrian Moisei (tc) ; Ivan Stevanovic (ch). 222 iStockPhoto : Christos Georghiou (tg). 222 – 223 The Kobal Collection : Paramount/Melinda Sue Gordon (b). 223 Corbis : Swim Ink 2, LLC (bd). iStockPhoto : Creacart (td) ; Lise Gagne (cdb) ; Jose Antonio Nicoli Andonie (cdh) ; Lee Pettet (cd). 224 iStockPhoto : Arne Thaysen (cd). 224 – 225 Corbis : Adam Woolfitt (b). 225 iStockPhoto : David Safanda (tg). 226 – 227 Corbis : Archivo Iconografico, S.A. (c). 228 Corbis : Hulton-Deutsch Collection (c). 229 Corbis : Massimo Listri (c). 230 DK Images : Rough Guides (tg). 231 Alamy Images : Ron Yue (d). 232 iStockPhoto : Henry Lucenius (cd). Mary Evans Picture Library (tg). 233 Alamy Images : Mary Evans Picture Library (tg). Getty Images : Fedor Andreevich Bronnikov (b). 234 Corbis : Tim Pannell (b). 235 Alamy Images : Mary Evans Picture Library (tg). Corbis : Kevin Fleming (bd). 236 Alamy Images : Mary Evans Picture Library (tg) ; (c). 237 Corbis : Dave G. Houser (bd). 238 Corbis : Chris Hellier (cd) ; Corbis (tg). 239 Corbis : Mimmo Jodice (tg). iStockPhoto : Christian Wagner (b). 240 Alamy Images : Mark Sykes (bg) ; Mary Evans Picture Library (tg). 241 Alamy Images : Popperfoto (tg). 242 Corbis : Gianni Dagli Orti (tg). 242 – 243 Corbis : Francis G. Mayer (b). 244 Corbis : Peter Johnson (c). 245 Alamy Images : Visual Arts Library (Londres) (td). 246 Corbis : Araldo de Luca (b). 247 Corbis : Bettmann (tc). 248 Alamy Images : North Wind Picture Archives (b). 249 DK Images : Natural History Museum, Londres (tc). 250 Alamy Images : Classic Image (td). Corbis : Christie's Images (cdh). 251 Corbis : Araldo de Luca (tg). 252 Alamy Images : Classic Image (tg). The Kobal Collection : Paramount Television (bg). 253 Baidu Image Search Service : Baidu Image Search Service (tg). Corbis : Keren Su (c). 254 Alamy Images : Visual Arts Library (Londres) (tg). Mary Evans Picture Library (c). 255 Alamy Images : nagelestock.com (g). 256 Alamy Images : Mary Evans Picture Library (tg). Corbis : Brooklyn Museum (b). 257 Getty Images : Ian Waldie (tc). 258 Alamy Images : Trip (bg). Corbis : Leonard de Selva (td). 259 Alamy Images : Mary Evans Picture Library (tg). Corbis : Bettmann (b). 260 Corbis : Kazuyoshi Nomachi (b). 261 Alamy Images : Mary Evans Picture Library (tg) ; Trip (cg). 262 Mary Evans Picture Library (tc). 263 The Bridgeman Art Library : Ms Lat 6 823 fol.2 Averroes (1 126 – 98) Averroès dialogue avec Porphyre (v.232 – v.305) (plume & encre et lavis sur papier) (b/w photo), Italian School, (XIVe siècle)/Bibliothèque nationale, Paris, France, Giraudon / The Bridgeman Art Library (bd). Corbis : Roger Antrobus (tg). 264 iStockPhoto : Vaide Dambrauskaite (c). 265 Corbis : National Gallery Collection ; By kind permission of the Trustees of the National Gallery, Londres (td). 266 Alamy Images : Visual Arts Library (Londres) (bg). 267 Mary Evans Picture Library (cd). 268 Corbis : Gianni Dagli Orti (cg) ; Stapleton Collection (bc). 269 Alamy Images : Corbis (td). Corbis : Archivo Iconografico, S.A. (bd). 270 Alamy Images : AEP (tg). 271 iStockPhoto : Hedda Gjerpen (b). 272 Alamy Images : Mary Evans Picture Library (td). 273 Alamy Images : Mary Evans Picture Library (b). John J. Burns Library (tg). 274 Alamy Images : Mary Evans Picture Library (tg). iStockPhoto : Caitriona Dwyer (bd). 275 Alamy Images : Pictorial Press Ltd (tg). Corbis : Bettmann (c). 276 Getty Images : Vanessa Berberian (b). 277 Corbis : The Art Archive (td). 278 Corbis : Stapleton Collection (b). 279 Corbis : Archivo Iconografico, S.A. (ch). 280 Corbis : Archivo Iconografico, S.A. (tg). 281 Alamy Images : Visual Arts Library (Londres) (b). 282 Alamy Images : Classic Image (tg). 283 Alamy Images : Mary Evans Picture Library (b). 284 Alamy Images : Mary Evans Picture Library (tg). iStockPhoto : Jeff Dalton (b). 285 Corbis : Wolfgang Kaehler (td). 286 – 287 Corbis : Ted Spiegel (c). 288 Alamy Images : Leslie Garland Picture Library (b) ; Mary Evans Picture Library (tg). 289 Mary Evans Picture Library (td). 290 Corbis : Christie's Images (tg). DK Images : National Maritime Museum (cg). 291 The Kobal Collection : MGM (t). 292 Alamy Images : Mary Evans Picture Library (tg). Mary Evans Picture Library (bc). 293 Corbis : Alexander Burkatovski (t). 294 Alamy Images : Fabrice Bettex. 295 Alamy Images : Lebrecht Music and Arts Photo Library (td). 296 Getty Images : Richard Price (b). 298 Corbis : Hulton-Deutsch Collection (tg). 299 Mary Evans Picture Library (tg) ; (cd). 300 Alamy Images : Mary Evans Picture Library (tg) ; Visual Arts Library (Londres) (c). 301 Corbis : Bettmann (tg). iStockPhoto : David Virtser (b). 302 Alamy Images : Mary Evans Picture Library (tg). Mary Evans Picture Library (c). 303 iStockPhoto : Szabolcs Borbely (t). 304 Alamy Images : Lebrecht Music and Arts Photo Library (tg). Corbis : Christophe Boisvieux (bd). 305 iStockPhoto : Gintautas Tumulis (b). 306 Alamy Images : Visual Arts Library (Londres) (cg). DK Images : Judith Miller/Jo de Buck (bc). 307 Alamy Images : Lebrecht Music and Arts Photo Library (tg). Corbis : Jean Louis Atlan (cd). 308 Alamy Images : Mary Evans Picture Library (tg). Corbis : Catherine Karnow (b). 309 Corbis : Hulton-Deutsch Collection (tc). 310 Alamy Images : Mary Evans Picture Library (tg). Corbis : David Turnley (b). 311 Alamy Images : Lebrecht Music and Arts Photo Library (tg). Corbis : Swim Ink 2/LLC (bc). 312 Corbis : Peter Turnley (b). 313 Corbis : Bettmann (tg) ; (bd). 314 – 315 Alamy Images : Les Polders (c). 316 Alamy Images : Lebrecht Music and Arts Photo Library (bc) ; Popperfoto (tg). 317 Corbis : Christies Images (bg). 318 akg-images (tg). iStockPhoto : Goran Mottram (b). 319 Alamy Images : Popperfoto (tg). 320 Alamy Images : Mary Evans Picture Library (tg). Corbis : Bilic/photocuisin (bg). 321 Corbis : Macduff Everton (c). 322 Alamy Images : Popperfoto (tg). 323 Corbis : Terry Cryer (b). 324 Corbis : Bettmann (tg) ; Christie's Images (b). 325 Corbis : Bettmann (bg). Nederlands Carmelitaans Instituut (td). 326 Getty Images : Hulton Archive (tg). 327 Alamy Images : Arcaid (td). Corbis : Brooks Kraft (b). 328 Corbis : Bettmann/(tg) ; Peer Grimm/EPA/(b). 330 akg-images : ullstein bild (bg). Alamy Images : Neil McAllister (bd). 331 Getty Images : George Douglas/Stringer (tg). iStockPhoto : Bjorn Barton-Pye (b). 332 Corbis : G. Baden/zefa (b). Getty Images : Hulton Archive (tg). 333 Getty Images : Hulton Archive (tg). Mary Evans Picture Library (c). 334 – 335 Corbis : Christian Liewig (c). 336 Alamy Images : Popperfoto (tg). 337 Getty Images : Farhad J Parsa (b). Dr Douglas Boynton Quine (tg). 338 Alamy Images : Popperfoto (cd). Corbis : Bettmann (tg). 339 Sijmen Hendricks (tg). iStockPhoto : emily2k (cd). 340 Corbis : Everett Kennedy Brown/epa (b). Harvard University Gazette : Jane Reed (tg). 341 Getty Images : Bill Pierce (td). 342 Corbis : Bettmann (tg). Getty Images : Diego Rodriguez de Silva y Velasquez (bg). 343 Corbis : Christopher Felver (tg). iStockPhoto : Elena Kouptsova-Vasic (cdh). 344 Corbis : Richard Melloul/Sygma (bg). Getty Images : Time & Life Pictures/Marty Katz (tg). 345 Alamy Images : Visions of America, LLC (cd). Getty Images : Jim Bourg (bd). Peter Waldvogel (tg). 346 – 352 iStockPhoto : Daniela Andreea Spyropoulos (tc).

L'éditeur s'est efforcé d'indiquer les références de toutes les illustrations. Toutefois l'éditeur tient à présenter ses excuses pour toute omission involontaire et apportera les corrections nécessaires lors des futures réimpressions.